반더발 성경연구

반더발 성경연구 3

복음서에서 예언서까지(마태복음-요한계시록)

코넬리스 반더발 지음
명 종 남 옮김

솔라피데출판사

예배와 삶의 일치

복음에는 하나님의 의가 나타나서
믿음으로 믿음에 이르게 하나니 기록된 바
"**오직** 의인은 **믿음**으로 말미암아 살리라" 함과 같으니라
로마서 1:17

반더발 성경연구 3(마태복음 - 요한계시록)

재판 1쇄 발행 : 1999년 4월 30일
재판 6쇄 발행 : 2025년 3월 25일

저자 : 코넬리스 반더발
역자 : 명종남
발행인 : 이원우 / 발행처 : 솔라피데출판사
주소 : (10881)경기도 파주시 문발로 123 출판문화정보산업단지
전화 : (031)992-8691 / 팩스 : (031)955-4433
Email : vsbook@hanmail.net
등록번호 : 제10-1452호
공급처 : 솔라피데출판유통
전화 : (031)992-8691 / 팩스 : (031)955-4433

Printed in Korea
값 25,000 원
ISBN 978-89-87613-08-6 04230(3권)
ISBN 978-89-87613-05-5 04230(전3권)

Search the Scriptures

by

Cornelis Vanderwaal

Most of this material was
originally published in Dutch
under title Sola Scriptures

Published by Paideia Press
Canada
Korean edition

Printed in Korea

차　　례

Search the Scriptures

마가복음

누가복음

요한복음

차　　례

로 마 서

차 례

Search the Scriptures

차 례

Search the Scriptures

차 례

Search the Scriptures

□추천의 글

합동신학교 신학박사
박 형 용

지난 100여 년 동안 한국교회는 양적 부흥에서 많은 진전을 보았다. 이는 하나님의 축복임에 틀림없다. 그리고 그런 축복 가운데 하나님의 목적이 있는 줄 안다. 하나님께서는 그리스도의 몸된 한국교회가 성숙하게 되어 교회의 본래의 사명을 감당하기 원하신 것이다. 그리고 성숙한 교회가 되기 위해서는 하나님의 뜻이 담겨져 있는 성경 말씀을 바로 알지 아니하면 안 된다. 하나님의 뜻도 바로 알지 못하면서 하나님을 바로 섬긴다고 말할 수 없기 때문이다.

그런데 한국교회 성도 중 많은 사람들이 성경을 단순히 도덕적 교훈집처럼 생각한다. 물론 성경은 우리에게 어떻게 살 것을 가르친다. 우리들이 성경의 교훈에 부합하게 사는 것은 대단히 중요한 일이다. 하지만 성경은 도덕적 교훈집 이상의 책이다. 성경은 하나님이 어떤 분이시며, 과거에 무슨 일을 하셨고, 현재 무슨 일을 하고 계시며, 앞으로 무슨 일을 하실 것인지를 보여준다. 그러므로 우리는 성경의 도덕적 요소를 강조할 지라도 바른 전망 가운데서 강조해야 하는 것이다.

「성경신학(구속사)적 관점에서 본 반더발 성경 연구」는 바른 전망가운데서 성경을 쉽게 풀어준 책이다. 본서의 장점을 몇가지로 나누어 생각해 보도록 한다.

첫째, 본서는 성경에 대한 바른 영감론과 성경의 절대 권위를 인정하는 가운데 기록된 책이다. 본서의 저자는 "성경이 하나님의 권위있는 말씀이다"(Search the Scirptures Vol. 1, p. 9)라는 입장이 본서를 써나가는 출발점이라고 명시한다. 본서는 성경의 권위에 도전하는 사람들의 입장을 다룰 때에는 물론, 성경내의 난제들을 설명할 때 성경 자체가 하나님의 권위있는 말씀이라는 기본 입장을 전혀 양보하지 않는다. 그러므로 독자들은 본서를 읽을 때 안심하고 읽을 수 있다.

둘째, 본서는 성경 구절의 의미를 설명할 때 역사의 흐름에 근거를 두고 설명한다. 본서는 성경이 단순히 도덕적 교훈을 모아 놓은 책이 아니요, 역사에 근거를 둔 역사적인 책이라는 사실을 명백히 한다. 본서를 처음부터 읽어 내려가면 독자가 창조 때로부터 시작하여 역사 여행을 하는 듯한 느낌을 갖게 한다. 그만큼 본서는 역사의 진행과 성경의 내용을 분리시키지 않으려고 노력했다. 기독교의 성경은 구속 역사에 근거를 두고 있기 때문에 다른 종교의 경전보다 훨씬 탁월한 것이다. 창조의 사건이 없었다면 창세기가 있을 수 없고, 출애굽의 사건이 없었다면 출애굽기가 있을 수 없지 않는가? 본서는 성경의 역사성을 부각시키는데 크게 기여했다고 생각된다.

셋째, 본서는 간결하고 이해하기 쉽게 기록되었다. 본서는 성경 가운데서 발견될 수 있는 어려운 문제들을 피해가지 않고 그 문제와 부딪히면서 해결을 시도했다. 본서는 어려운 신학적 문제까지라도 이해하기 쉽게 설명해 주었다. 물론 본서의 특성상 어려운 난제들을 깊이있게 취급하지는 못한다. 그러나 본서는 독자들이 성경을 공부할 때 접하게 될 어려운 문제들을 비교적 쉽게 설명해 주고 있다.

끝으로, 본서의 한글판에 대해 몇 마디 하고자 한다. 시중에 나온 어떤 번역판은 원문을 읽는 것보다 더 어렵게 느껴질 때가 있다. 그런데 본서의 번역은 원문의 뜻을 명료하게 전달하고 있다. 번역을 맡아 수고한 명종남 목사에게 치하의 말씀을 드리고 싶다. 그리고 본서를 한국어판으로 펴낸 솔라피데출판사의 비전과 노력에 감사를 드린다.

본인은 마음에 즐거움을 가지고 본서를 추천한다. 그 이유는 본서가 한국교회의 내적 성장을 위해 기여할 수 있다고 믿기 때문이다. 본서는 주일 저녁이나 수요일 저녁 예배를 인도할 때 유익한 자료로 사용될 수 있을 것이며, 특히 그룹 성경공부를 위해 좋은 자료가 될 것이다. 본인은 본서가 한국교회를 좀더 건강하게 하는데 도움이 될 수 있기를 바란다.

박 형 용

□추천의 글

총신대학교 신학박사
김 의 원

한국교회의 장점 중의 하나는 교인들이 성경을 세계 어느 나라 교인들보다 더 많이 읽고 암송하는 것이다. 수를 헤아릴 수 없을 정도로 읽고 자유자재로 성경을 인용하는 능력을 지녔지만 성경을 전체로 이해하는 폭은 매우 좁다고 볼 수 있다. 그러한 단면은 교회생활에 여실히 드러난다. 강단이나 성경 공부에서 즐겨 읽히고 선포되는 성경 말씀은 단편적인 몇 구절에 치중되어 있고, 그것마저도 본문이 의도하는 바가 전달되기 보다는 단편적인 성경 지식에 근거한 윤리적인 해석과 적용으로 끝나버린다.

이러한 배경은 성경의 통일된 전체 구도를 잘 이해하지 못한데서 비롯된다. **저자인 코넬리스 반더발이 이 책을 통해서 강조하는 것은 성경의 통일성이다.** "실제로 오늘날 대다수의 그리스도인들이 성경을 전체적인 안목에서 이해하지 못한 채 여전히 주일학교 시절에 배웠던 단편적인 성경 지식에 머물러있으며 설사 성경을 읽는다 하더라도 극적인 이야기에나 관심을 기울이는 듯한 경향이 많다"(본문 중에서 인용). 왜 이같은 문제가 나타나는가? 성경 자체에 귀를 기울이지 않았기 때문이다. 그리스도 안에서 한 언약을 세우신 하나님께서 우리로 하여금 옛 언약과 새 언약이 다름아닌 '한 언약'임을 깨닫도록 하시는데 이것을 전체로 보는 능력이 없기 때문이다.

성경은 여러 저자들이 오랜 기간 동안 여러가지 문학 형태로 기록한 다양한 책이지만 신구약 전체가 하나의 통일성을 이루어 그 기저(基底)에 통일된 계시로서의 역사가 흐르면서 점진적이고 유기적으로 발전하면서 다양한 국면을 보여주고 있다.

여기에는 여러가지의 다양한 견해가 있다 : (1) 성경에 통일성이 없다고 주장하는 자들은 일부 비평주의자들과 세대주의자들을 들 수 있다. 전자는 "하나의 (통일된) 신학은 없고 (여러 개의) 신학들이 있다"고 말하고 후자는 성경 전체를 7개의 단절된 세대로 철저하게 구분하여 하나님의 계시가 각 세대마다 달라졌다고 주장한다. 이들은 성경의 중심점을 부정하고 통일된 신학보다는 다양한 사상의 흐름을 강조하고 있다. 반면에 (2)성경에 통일성을 주장하는 자들로는 루터파와 언약이론파 그리고 유기적 발전 모델을 주창한 자들이 있다. 루터파 이론에 따르면 성경에 두 개의 사상인 율법과 은혜가 병행적으로 끊임없이 진행되면서 신구약 전체를 흐르므로 이것들이 주경적인 수단이 된다고 한다. 이와 반면에 언약 이론은 조직 신학에서 주로 얘기하는 이론으로 신구약의 체계는 통일성을 주장하는데는 훌륭하나 성경의 내용을 두 개의 대칭 개념으로 정리하여 너무 간소화한 느낌이 든다.

끝으로 유기적 발전 모델은 나무가 점점 자라듯이 계시가 점진적으로 나타난다는 입장이다. 근자에 이 이론을 중심으로 한 풍성한 성경 신학이 진행되고 있다. 이 이론은 세대주의와 언약론자의 중간 위치에 있다. 세대주의자들은 언약론자들을 성경 속의 중요한 구별점을 무시한다고 비판하고 언약론자들은 세대주의를 향해 성경의 핵심적인 통일성을 너무 약화시킨다고 비판했다. 이러한 두 주장의 의견을 수렴한 이 이론은 구속사의 통일성과 다양성을 잘 표현해 주고 있다.

유기적 모델을 통해 성경을 바라보면, 성경 신학이란 하나님의 주도하에 점진적으로 창조 때부터 종말까지 발전해가는 계시 역사를 연구하는 학문이다. 성경 안에는 점진적이고 유기적인 계시의 발전이 있다. 하나님의 계시는 역사의 과정 가운데서 인류의 각 세대들에게 나타난 구속 행위의 과정에서 주어졌기 때문에 점진적이고 유기적으로 발전되는 성격을 가진다. 이러한 점진적 계시의 유기적 성격은 씨 형태로부터 완전한 나무에로의 성장을 말한다. 그러나 질적인 의미에서 그 씨가 나무보다 덜 완전하다고 말하지 않는다. 씨 형태에서라도 불가결한 지식의 최소량은 이미 가지고 있다. 또 그것은 늘 동일하게 발전하는 것이 아니고 오히려 '시대에 따라' 발전하면서 다양한 국면을 보여준다.

계시 역사와 성경 신학은 불가분의 관계를 지니기에 성경 신학은 성경의 원저자인 하나님이 인간 저자를 통해 의도적으로 기록한 사실과 이에 대한 해석에 따라 통일성과 다양성을 밝혀내는 것이라 할 수 있다. 이 일을 위하여 성경의 시대를 주제별로 이어가는 통시적(通時的) 방법은 매우 유용하다. 성경의 각 저자는 의식적으로 하나의 내적인 핵심 내지는 계획을 가지고 기록하는데, 반복되는 개념을 중심으로 하여 절이나 어휘들이 계속 반복되는 것이 그것이다. 좋은 예로는 '언약' '약속' '율법' '하나님의 통치' 등이다. 성경학자는 계시의 씨앗이 심겨져 완전한 열매를 맺기까지를 점진적으로 발전해가는 역사의 규범 속에서 시대 구분과 발전 개념을 통해 추적하게 된다.

코넬리스 반더발은 이러한 계시의 발전을 중심으로 하여 성경을 전체로 보는 안목을 Sola Scriptura란 제목으로 편찬하였고 그 후에 테오돌 플란팅가에 의하여 Search the Scriptures란 제목으로 영역되었다가 이제는 한국교회를 위하여 줄과추에서 번역하였다. 화란과 영미개혁교회 내의 이런 종류의 책들이 한국 강단에 많이 소개되었으면 한다. 성경만이 신앙과 행위의 유일한 규범이 되기에 많은 그리스도인들은 성경에 관하여 많은 학자들의 견해를 알기 보다는 성경 자체를 연구하는데 많은 시간을 할애해야 할 것이다.

다시 말하면 성경에 관한 신학보다는 '성경이 무엇이라고 말하는가'를 직접 성경에서 들을 수 있는 훈련이 필요하다. 이런 훈련의 지침서로 이 책은 매우 유용하다. 반더발은 어느 특정 개념을 중심으로 하여 발전하였다기 보다는 여러 개념을 모두 언급하면서 통일성을 밝히고 있다. 따라서 말씀 사역자나 평신도를 가릴 것 없이 이 책을 통하여 하나님의 계시의 점진적 발전 개념을 깊이 이해한 뒤에 이보다 더 나은 책들이 우리의 손에 의하여 나타나기를 희망한다. 성경 신학의 중심 개념은 학자마다 매우 다양하게 다루어지는데, 이는 성경 신학이 얼마나 다양하다는 것을 알려주며, 어떤 사건의 중심 하나가 하나님의 계시를 일괄적으로 조직시켜 놓을 수 있다는 것을 보여준다.

그러기에 우리는 점진적으로 유기적 계시 발전을 이해한 뒤에 우리의 관심을 고정된 어느 한 개념에 집착할 것이 아니고, 하나님의 행위의 다양한 일면을 체계화시켜 역사상 어떻게 점진적으로 발전해가는가를 연구하여 '우리의 성경신학'을 정립하여야 할 것이다.

김의원

□ 역자 서문

성경을 "하나님의 말씀"으로 고백하고 그것이 "신앙과 행위에 대하여 정확무오한 유일한 법칙"임을 인정하는 대다수의 그리스도인들에게 있어서 불행히도 성경은 여전히 "닫혀진" 책이다. 그 이유는 여러가지로 들 수 있겠지만 무엇보다도 성경의 방대함 및 그 내용의 난해함에 있다고 하겠다. 그리하여 성경을 읽으려 시도했던 많은 분들이 중도에서 포기하고, 설사 지속적으로 읽는다 하여도 그 중심 내용을 거의 놓쳐 버린 채 "수박 겉핥기 식", "아전인수(我田引水)", "이현령비현령식(耳懸鈴鼻懸鈴)"으로 끝날 때가 많은 것이다.

이에 역자는 성경 전 권을 "성경신학적 관점"에서 단시간내 통독할 수 있는 교재를 찾던 중 "구속사적(또는 언약사적) 관점"에서 "신구약 성경 전 권을 훌륭하게 개관, 해설한 C. Vanderwaal의 「Search the Scriptures」(전 10권)을 발견, 번역에 착수하게 되었다.

역자는 번역하는 중 어떤 부분은 원문에 입각하여 자유로이 번역하였다. 그것은 어디까지나 독자들의 편의를 위해서였다. 또한 역자는 번역을 다 마친 후 신학적 소양이 부족하거나, 문맥 및 내용의 이해 또는 더 깊은 연구를 위한 가이드로서 하는 수 없이 원서에도 없는 역자주를 굳이 첨가해야만 했다. 역자의 월권에 대해 독자들의 이해를 바란다. 그러나 꼭 필요하다고 생각되는 것 외에는 굳이 주석을 달지 않았으므로 독자들은 매 장을 공부할 때마다 해당 본문을 읽고, 괄호 안의 참조, 비교 설명 구절들을 일일이 찾아보는 일과 관련 참고 도서를 참조하는 일을 게을리하지 말아야 할 것이다.

번역의 미숙으로 인해 뜻이 불분명하거나 오역된 부분이 있다면 다음 기회에 수정, 보완해 나갈 것을 약속드린다.

끝으로 이 책을 완역하는데 있어서 여러 부분을 번역해 주신 정중은 목사님, 추천사를 흔쾌히 써주신 박형용, 김의원 두 교수님께 그리고 도서출판 줄과추의 대표 이원우 사장님께 심심한 감사의 말씀을 드린다.

본서가 한국 교계에 크게 기여되기를 기도한다.

역자 명종남

마태복음

1. 네 복음서 안에 있는 하나의 복음

(1) 그리스도의 복음의 통일성

성경에 대해서 잘 알고 있는 사람이라면 누구나 신약 성경이 네 "복음서"로 시작된다는 사실을 모르는 자가 없을 것이다. 그렇지만 바울은 갈라디아서 1장에서 복음은 오직 하나 밖에 없다는 사실과, 만일 누가 그 복음 외에 다른 복음이 있다고 주장한다면 그가 누구든지 저주를 받을 것이라는 사실을 독자들에게 분명한 어조로 말하였다.

바울의 주장은 물론 사실이다. 따라서 우리는 그의 경고를 심각하게 받아들여야만 한다. 복음은 오직 하나의 복음 밖에 없으며, 우리를 위한 하나의 기쁜 소식 밖에 없다. 그러므로 마태 또는 마가나 누가 또는 요한의 복음이라고 말하지 않는 것이 훨씬 좋을 것이다. 대신에 원문 성경의 표제에서 발견하는 것처럼 마태, 마가, 누가 또는 요한에 의해 씌어진 복음이라고 말해야 할 것이다.[1)]

물론 마태의 복음(또는 마태복음)이라고 말할 때 어떤 악의가 게재된 것은 아닐 것이다. 그 이유는, 이 복음서가 마태에 의해 씌어졌다는 의미에서 마태"의" 복음이라고 할 수 있기 때문이다. 그러나 우리가 성경책에 대해 언급할 때에는 예수 그리스도의 복음의 **통일성**을 강조하는 것이 보다 더 낫다. 따라서 신약의 맨 처음의 책인 마태복음서는 마태에 의해 씌어진(또는 기술된) 복음이라고 해야 할 것이다.

신약의 맨 처음의 책들인 네 복음서에는 하나의 참된 복음이 있다. 네 복음서 모두 육신이 되어 십자가에 못박혀 죽으시고 무덤으로부터 다시 살아나신 예수 그리스도에 대해 증거하고 있다. 비록 예수님의 탄생기사를 마태와 누가는 언급하고 있는 반면 마가와 요한은 언급하고 있지 않다 할지라도 그 이야기의 골격은 네 책 모두 거의 동일하게 전개되어지고 있다.

(2) 공관 복음서

네 복음서를 읽을 때 필경 여러분은 처음의 세 복음서들이 대체로 많은 공통적인 자료를 갖고 있는 반면 요한에 의해 씌어진 것은 다소 다르다는 인상을 갖게 될 것이다. 1774년 독일 학자 그리스바흐(J. J. Griesbach)는 처음의 세 복음서를 "공관적"(共觀的; synoptic)이라고 표현하였는데 그 이유는, 이 세 복음서에 있는 세 가지의 병행 기사들을 배열할 때, 한눈에 쉽게 살펴볼 수 있는 공통적인 자료들이 많이 있었기 때문이다(synopsis라는 단어는 개관하다 또는 관찰하다라는 의미를 가지고 있다). 실제로 마태, 마가, 누가의 기사를 병행 대조한 책이 출판되고 있다. 어쨌든 그리스바흐 이래 이 세 복음서는 공관 복음서로서 알려져 오고 있다.

마가에 의한 복음은 약 660절로 구성되어 있다. 그것들 중 606절이 완전히 또는 부분적으로 마태복음서에서 나타나고 있으며 누가복음서에서도 약 380 절이 나타나고 있다. 따라서 이 세 복음서의 상호관계에 대해 관심을 갖고 있는 학자들은 "공관복음서의 문제"를 언급하기 좋아한다.[2)]

우리가 네 개의 각각 독립된 자료들로부터 예수님의 말씀과 행하심을 인식할 수 있게 된 것 역시 하나님의 뜻이라 할 수 있다. 이미 지적하였듯이 이것은 우리에게 있어 커다란 유익이 아닐 수 없다. 우리의 구속자의 사역이 네 가지 관점에서 조명되고 있다. 따라서 우리는 그것으로부터 각각 다른 관점을 제공받게 되는 것이다.

네 복음서에는 복음서 기자들의 독특한 개성이 반영되어 있다. 각 권마다 그 자체의 계획과 목적을 가지고 있다. 어떤 것을 입체적으로 살펴볼 때 알고자 하는 바를 보다 분명하게 이해할 수 있다. 그리스도에 대해서도 마찬가지이다. 각기 다른 기자들에 의해서, 각각 다른 관점에 의해서 씌어진 복음서를 통해 그리스도를 각기 다른 네 가지의 관점에서 이해할 수 있다. 따라서 우리는 그리스도를 보다 분명하고 깊이있게 이해할 수 있는 것이다.

(3) 상관없는 이야기들의 집합이 아님

복음서 기자들은 무계획적인 순서에 따라 상관없는 이야기들을 모아 놓으려는 의도를 가지고 있지 않았다. 그렇다. 그들은 분명히 마음 속에 자신들의 독자들과 청중들을 고려해 넣고 있었다. 그리스도의 말씀과 행하심을 기록할 때에 그들은 그 당시에 제기되었던 문제들과 교회를 위협하는 이교(異教)에 대해 집중하고 있었다. 그들이 그 당시의 사람들에게 말했던 것은 당시의 주요한 관심거리이자 중요한 문제들이었을 뿐만 아니라 우리 시대까지 직접적인 연관성을 갖는 것이었다.

네 명의 증인은 각기 자기 나름의 스타일과 방식을 좇아 독자들을 붙잡고 있다. 각 복음서 기자들은 잘 제한된 계획을 따라 사도적 증거를 기술하고 있다. 네 복음서를 차례대로 공부해 나갈 때 성령께서 각 기자의 독특한 성격과 과거의 경력을 얼마나 잘 사용하셨는가를 알 수 있다. 마태는 유대인이었으며 전직이 세리였다. 마가는 예루살렘 출신의 유대인이었으며 베드로 및 바울과의 접촉을 계속적으로 가졌던 사람이었다. 누가는 이방인이었으며 의사 출신이었다. 요한은 예수님께서 가장 사랑하는 제자였다.

주

1) 원문 성경을 보면 신약 성경의 처음 네 권은 Κατα 라고 하는 전치사로 시작하고 있다. 즉, Κατὰ Μαθθαιον Κατὰ Μαρκον Κατᾶ Λομκαν, Κατᾶ 'Ιωὰννηγ 이다. 우리 말의 마태복음, 마가복음, 누가복음, 요한복음은 바로 "마태에 의해 씌어진 복음, 마가에 의해 씌어진 복음, 누가에 의해 씌어진 복음, 요한에 의해 씌어진 복음"이라는 뜻이다. 우리말 성경은 이에 대한 구별이 없으나 영어 성경은 "according to"라고 하는 단어를 사용함으로써 그 의미를 분명하게 밝혀 주고 있다. 본서에서는 이를 구별하기 위해 한글 개역의 "마태복음"은 "마태복음서" 또는 "마태에 의한 복음"이나 "마태에 의해 씌어진 복음"으로 번역하였다.

2) 소위 "공관복음문제"를 거론하기를 즐기는 사람들은 "자료비평주의자들"이다. 이들의 의견에 따르면, 마태와 누가는 마가의 기록을 자신들의 제 일차적 자료로 삼았으며 두 복음서의 이차적인 자료들은 Q(독일의 Quelle의 첫 글자를 딴 자료)에서 얻었다고 한다. 그리고 이상의 두 자료 외에 마태와 누가가 각각 사용한 특수자료는 M(마가특수 자료)과 L(누가 특수자료)에서 얻었다고 주장한다. 이를 도표로 나타내면 다음과 같다.

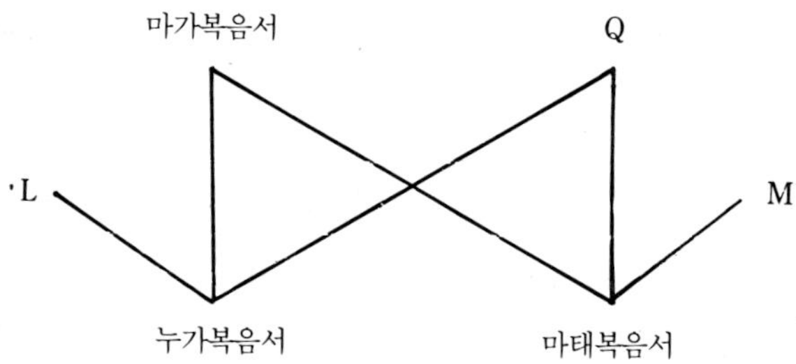

그러나 이 견해는 하나의 가설일 뿐 대체적으로 신빙성이 없는 것으로 오늘날 받아들여지고 있다. 다만 그것은 자료들의 성격을 파악하는 데에는 도움을 주고 있는 정도이다..

2. 역사로서의 "복음서"

(1) 성경에 대한 비평적 접근

도드(C. H. Dodd)는 성경에 대한 비평적 접근을 다음과 같이 옹호하고 있다.

> 성경 비평은 단지 다른 학문연구 분야에 채택된 합리적이고 과학적인 연구 방법론을 성경의 기록물에 적용하는 것에 지나지 않는다 ….
>
> 그러나 설사 성경 비평이 합법적이고 게다가 유용한 과학적 연구의 한 부문이라고 하더라도, 고고학이나 고대 역사에 대해서 특별한 관심을 갖고 있지 않는 일반 독자들에게 그것이 중요한 것이겠는가? … 유감스럽게도 나는, 성경에 대한 유일한 연구 방법은 최근의 치밀한 비평학적 연구를 통해서 이루어진다고 말하고 싶다. 그러나 비평주의가 관계하는 문제들은 성경을 이해하기 원하는 여느 독자라도 직면하는 문제들이며, 성경을 접근하는 수단으로서의 비평적 방법은 일종의 종교 서적으로서의 성경을 깊이 연구하는 것과 분명한 관련을 가지고 있다.[1]

오늘날 성경에 대해 진지하게 연구하기를 원하는 자들이 부딪히는 문제는 과연 예수님에 관한 성경의 기록물에 대해 비평적 접근이 허용되었는가의 여부이다. 그것이 싫든 좋든간에 우리는 신약 성경의 첫 네 복음서에서 예수님에 관해 읽는 모든 것이 과연 사실인가의 여부에 직면해 있는 것이다.

(2) 역사냐, 메시지냐?

일부 성경 학자들은 "복음서" 기자가 우리에게 주고자 하는 것은 실제 역사가 아니라 역사적 근거가 희박한 일종의 이야기 형식으로 표현된 예수님에 관한 메시지라고 주장한다. 과학적인 견지에서 볼 때 예수님께서 적은 양의 음식물로 수천 명의 사람들을 먹였다는 것은 도저히 불가능한 것이라고 말한다.

그러나 이 학파의 사상을 살펴볼 때 문제는 과학적인 것에 있지 않음을 알 수 있다. 그들의 관심사는 그와 같은 이야기들이 예수님께서 여전히 자기 교회와 함께 하시며 돌보신다는 선포로서 읽혀져야 한다는데 있다. 모든 사건이 성경에 기록된대로 발생했느냐의 여부는 중요하지 않다.

심지어 예수님의 부활 사건 역시 그러하다. 예수님은 어떤 역사적 인물로서가 아니라 오늘을 살아가고 있는 사람들에게 감화를 끼치는 분으로 이해되어져야 한다고 한다. 그들에 따르면, 구속과 그것의 역사는 일체 언급되지 않아야 한다. 그 이유는, "구속"과 "영생"에 대한 열망은 일종의 이기주의(egoism)이기 때문이다.

그들에 따르면 자신들은 예수님의 생애에 대한 확실한 역사적 지식을 갖고 있지 않다고 한다. 즉, 자신들이 읽은 대부분의 것은 신화로서 간주되어야만 한다는 것이다. 따라서, 복음서 기자들의 글 속에 깊이 파묻혀 있는 메시지를 들추어내기 위해서 그들이 말한 것을 "비신화화"해야 한다고 주장한다.[2)]

(3) 초대 교회의 증거

일부 학자들은, "복음서"에 내포되어 있는 것은 예수 그리스도의 설교가 아니라 초대 교회의 설교라고 주장한다. 그들에 따르면, 네 복음서의 기자들은 교회의 공동체로부터 출현하였다는 것이다. 따라서 그들은 예수님께서 실제하셨던 말씀의 일부를 우리에게 전했지만,

종종 예수님께서 직접 말씀하신 것처럼 표현하고 그러한 것들을 통해 자신들의 뜻을 나타냈다는 것이다. 바꾸어 말하면, 예수님께서 자신들이 믿고 있는 것을 증언하도록 하기 위해서 일부 예수님의 진술들을 변형시켰다는 것이다.

이상의 견해에 따르면 "복음서"는 예수님 자신의 신빙성있는 말씀의 기록으로 간주되기 보다는 초대 교회의 증거로서 이해되어져야만 한다. 따라서 복음서는 신적인 계시가 아니라 교회의 신학을 나타내는 것으로서 간주된다. 예를 들면, 요한에 의해 씌어진 복음은 초대 교회 설교자들이 행한 일련의 설교들로서 어떤 고정된 역사적 요점[3]이 뒤섞인 것이라고 한다. 이런 입장을 견지하는 많은 학자들은 마태, 누가 및 요한을 가공 인물들로 간주, 그들이 각 "복음서"의 저자인 것을 부인하는 한편 마가만을 그 책의 저자로서 수납한다.

(4) 목격자의 권위있는 설명

이상의 모든 주장들—그것이 개신교에서 비롯됐건 로마 가톨릭에서 비롯됐건—에 대해 성경은 한 가지 유일한 답변을 제공하여 준다. "우리 주 예수 그리스도의 능력과 강림하심을 너희에게 알게 한 것이 공교히 만든 이야기를 좇은 것이 아니요 우리는 그의 크신 위엄을 친히 본 자라"(벧후 1 : 16) 누가에 의해 씌어진 복음의 서문에 보면 이렇게 기록되어 있다. "우리 중에 이루어진 사실에 대하여 처음부터 말씀의 목격자 되고 일꾼된 자들의 전하여 준 그대로 내력을 저술하려고 붓을 든 사람이 많은지라 그 모든 일을 근원부터 자세히 미루어 살핀 나도 데오빌로 각하에게 차례대로 써 보내는 것이 좋은 줄 알았노니 이는 각하로 그 배운 바의 확실함을 알게 하려 함이로라" (눅 1 : 1-4).

성경은 그 자체의 권위를 가지고 있으며 우리로 하여금 그것을 권위있는 것으로서 받아들일 것을 요구한다. 성경은 초대 교회의 여러 신학자들에게서 비롯된 견해와 저작들로 뒤섞여있는 잡동사니로서 또는 조화된 지식을 갖춘 경건한 그리스도인들의 숙고에 의해 비롯된 일종의 산물로서 그 자체를 제시하지 않는다. 성경은, 학자들이나 컴퓨터에 의해 상호 모순되고 역사적으로 신뢰할 수 없는 "선포들"로서 분석될 수 있는 상관없는 기록물들을 한데 모은 책이 아니다.

신약은 우리에게 위대한 권위를 가진 어떤 메시지를 전해 주고 있다. 신약은 우리에게 무엇이 말씀되어졌으며 어떤 사건이 일어났는가에 대해 말해 주고 있다. 그것은 예수라는 이름을 가진 어떤 과격한 자의 말씀과 행위를 재창조하거나 재형성한 것이 아니다. 그것은 하나님께로부터 온 계시, 즉 의문시되고 궁극적으로는 거절되어질 인간의 책이나 기록물과 동일한 수준에 놓여져서는 안 될 계시를 우리에게 제공하여 준다. 우리는 신약을 접근함에 있어서 (역사서[4]를 포함하여) 성경은 정확하고 신뢰할 만한 것이라는 믿음 가운데서 나아가야만 할 것이다.

(5) 하나님의 완전한 말씀

이른바 성경 기록의 불일치되는 부분들을 지적하는 자들을 우리는 두려워해서는 안 된다. 이러한 "문제들"의 대부분은 성경 자체가 모순이라는 사실을 증명하려는 의도 하에서 학자들이 고안해 낸 것이다.

하나님의 말씀은 파기되어질 수 없다. 그 분의 말씀은 완전하다. 이 규칙을 가지고 진행해 나간다면 성경에 대한 의문과 불신을 극복할 수 있는 강한 위치에 있게 될 것이다. 그 이유는, 최종적인 분석 단계에 이르게 되면 결국 문제가 되는 것은 성경이 참으로 하나님의 말씀이냐의 여부로 귀착될 것이기 때문이다. 한때 과학적으로 비판의 여지가 없는 것으로서 제시되었던 많은 이론들이 그 후 지지할 수 없는 것으로 판명되었다.

성경이 그 자체의 해석자가 되게 하라. 성경의 역사에 대해 의문을 제기하는 자는 실제로 자신들이 앉아 있는 가지를 잘라내는 것이다.

요컨대, 만일 이런 저런 것들이 실제로 일어났다는 확신의 정도가 기껏해야 "옛날 옛날에"로 시작되는 전설의 고향(사람들이 꾸민 이야기)을 대하는 정도라면 복음이 내게 어떤 유익을 주겠는가?

(6) 설화체와 역사적인 정확성

가끔씩 후기의 사건이 전기의 사건보다 앞서서 기록된 사실을 들어 "공관 복음서"에서의 사건들과 어록들(sayings)이 무질서하게 섞여 있다고 주장하는 자들의 영향을 받지 않도록 주의하자. 물론 그들의 결론은, 공관 복음서에는 우리가 안심하고 믿을 만한 역사적 사실이 전혀 없다는 것이다.

그러나 이러한 주장의 약점은 우리의 역사 기록 방법을 공관 복음서 기자들에게 요구하는데 있다. 과연 성경 역사를 기록하는 자들이 그 역사를 서술할 때에 연대기적 순서에 따라 사건과 날짜를 제시해야 한다는 의무감에 매어 있었겠는가? 구약의 역사서(예를 들면, 열왕기서와 예레미야)를 보더라도 분명히 그렇지 않았다.

그와 같은 책들에서 우리가 발견하는 것은, 그 순서가 서로 다르게 기록되었다는 사실이다. 다시 말하자면, 그것들은 그것을 기록하는 저자의 목적에 따른 순서대로 기록되어 있는 것이다. 그렇다고 해서 그와 같은 책들이 진정한 역사적 기록물이 아닌 것은 아니다. 구약의 경우에 있어서 우리가 읽는 것에 확증을 줄 만한 성경 외적인 자료가 많이 있지만 신약의 경우에는 매우 드물다. 그것이 신약의 역사적 부분들을 의심할 만한 이유가 된다는 말인가?

20세기의 역사 학자들의 작품을 보더라도 그 자료 배열이 거의 일치되지 않는 것을 발견할 수 있는바, 실제로 그것이 그렇게 이상스럽게 여겨지는가? 우리는 대개 우리에게 일어났던 사건들을 다른 이들에게 설명하여 줄 때 어떤 식으로 이야기를 전개하는가? 먼저 우리가 처해 있었던 곤경을 묘사하지 않는가? "야, 참 아찔했어. 보조 타이어도 없었지, 설상가상으로 기름까지 떨어지지 않았겠어…."

그리고 나서 어떻게 자신이 그와 같은 곤경에 빠져 들어가게 되었는지의 과정을 설명하는 것이 상례가 아닌가?

우리의 이야기 스타일과 "복음서" 기자들의 그것과 다른 그 무엇이 있는가? 우리는 엊그제 우리에게 일어났던 것에 대한 보고서가 역사학자들이 선호하는 형태로 다듬어지지 않았다고 해서 그것이 공상으로 취급되기를 원하지 않을 것이다. 그런즉 기억해야 할 요점은, 우리는 그 저자의 의도를 염두에 두지 않으면 안 되며 그를 20세기의 역사가로 여겨서는 안 될 것이라는 사실이다.

주

1) The Bible To-day (Cambridge University Press, 1962), pp. 23, 27. 도드는 "가장 초기의, 그리고 가장 신뢰할 만한 복음 전승의 형식들을 발견하기 위해서는" 분명한 비평적 방법을 통하여 복음의 메시지에 접근할 것을 제안하였다(The Authority of the Bible, Harper Torchbooks, 1958, p. 228). 도드에 따르면, 네 "복음서" 사이에는 모순이 있다고 한다.

2) 20세기에 접어들면서 양식사학파가 출현, 신학계에 영향을 미쳤다. 불트만은 그 영향을 받아 성경 및 그에 관련된 일체의 것, 예를 들면, 예수 그리스도의 구속, 종말론적 사건 및 역사적 예수까지도 신화로 처리한다. 즉, 복음서는 초대 그리스도교 공동체의 신앙의 산물이요 그러므로 그것은 역사적 기록물일 수 없고 거기서 예수님의 가르침이나 역사적 예수를 발견할 수는 없다고 한다. 그는 이렇게 복음서를 양식비평연구에 의존함으로써 복음서를 "초대 그리스도교 공동체가 부활 이전의 연구를 어떻게 이해하였느냐"의 신앙고백으로 규정, 결국 복음서는 역사가 아니요 중요한 것은 선포(Kerygma)라고 했다. 이러한 그의 이해는 자연히 이른바 "비신화화"로 이어진다. 즉, 성경의 모든 기록은 신화이기에 그것을 현대인들이 이해하도록 하기 위해서 신화적 요소를 제거함으로써 그것을 실존론적으로 해석, 이해해야 한다고 주장했다. 오늘날 우리 교계 안에서도 이러한 신화의 영향을 받은 자들이 많이 있다는 사실에 대해서 놀라고 긴장해야 한다. 설교에 있어서 중요한 것은 "역사"로서의 성경 말씀을 어떻게 선포하느냐에 있기 보다는 단지 거기에 있는 메시지를 선포하여 청중들로 하여금 실존적인 만남을 갖게 하는데 관심이 있는 것이다. 즉, 부활이 역사적으로 있었느냐 없었느냐는 중요하지 않다. 단지 부활이라는 메시지가 중요하다는 것이다. 그리하여 이 부활의 개념은 지극히

통속적인 것이 된다. 오늘날 운동권(또는 예술계)에서 말하는 부활의 개념은 성경적인 것이 아니라 일반화된 부활의 메시지이다. 그래서 심지어는 "행동하는 신앙 속에 ○○는 부활한다"는 식의 논리와 구호를 전개하는 것이다. 종말론에 있어서도 마찬가지다. 예수님의 최후의 강림과 전적인 승리에는 관심이 없다. 중요한 것은 그 메시지이다. 그래서 "우리 승리하리라"고 노래한다. 이것은 종말의 역사적인 승리가 아니라 이 현세에서의 권력(가진 자)과의 싸움에서 못가진 자의 승리인 것이다. 주의해야 할 일이다.

3) T. Baarda는, "우리가 이해하는 것과 같은 의미에서의 역사적 신빙성에 대한 언급은 일체 있을 수 없다"라고 주장하였다(De Betrouwbaarheid van de Evangeliën Kampen, 1967, p. 83). "전승의 가장자리에서 우리는 대중적인 전설들, 소문들 그리고 때때로 전승을 전수시킨 자들의 개인적인 느낌들로 빠져 든다. 편집자가 어떻게 이 모든 것을 분류해 낼 수 있었겠는가? 때때로 편집자는 어떤 개인이 이야기나 단어에 대해 해석해 놓은 것을 통해서 그가 복음서를 기록하는 양식을 결정할 수 있었을 것이다(p. 76). 따라서 Baarda의 주장은, 복음서를 구성하는데 있어서 환상이 작용했다는 것이며, 종종 소문과 같은 경우에서 볼 수 있는 것처럼 자료의 변형이 있었다는 것이다. 그에 따르면, 우리는 복음서에 대해 어떤 입장을 취해야 할는지를 결정하는데 있어서 어려운 시점에 서 있다고 한다. 그 이유는, 그것들 안에 기록되어 있는 모든 것이 실제로 일어났고 말씀되어진 것들인지를 추정할 수 없기 때문이라고 한다(p. 80). Baarda에게 있어서 예수님이 누구이셨는가는 문제가 되지 않는다. 중요한 것은 실제로 우리에게 선포된 예수님이 누구이신가에 있다(p. 50). 이렇게 복음서를 실존론적으로 해석하는 이들에게 있어서 역사는 선포를 싸고 있는 일종의 겉옷이요, 그것을 담고 있는 일종의 상자로서 이해되어진다. Baarda가 이러한 견해를 완성했을 때 복음서를 기록하는데 사용되었던 언어를 신빙성있는 것으로 받아들이는 자들은 그다지 많지 않았다.

4) 복음서와 사도행전.

3. 마태와 그의 "복음서"

(1) 가버나움 출신의 세리

누가와 마가는 가버나움 출신의 세리 레위(Levi)의 소명에 대해서 언급하지만(눅 5 : 27; 막 2 : 14), 그가 사도인 마태(그의 이름은 하나님의 선물이라는 뜻이다)라고는 언급하지 않는다. 하지만 마태는 그의 복음서 기사에서 마태라 불리우는 어떤 사람의 소명에 대해 언급하고(9 : 9), 그를 열 두 사도 중의 한 사람으로 밝히고 있다.

마태는 세리였다. 그러므로 신약의 첫번째 책의 저자인 그는, 자신이 부르심을 받았던 임무에 아주 어울리는 사람이었음에 틀림없다. 그 이유는, 세관에서 그는 일들을 기록하는 일에 있어서 풍부한 경험을 쌓았기 때문이었다. 그는 적어도 두 가지 정도의 언어는 알고 있었음에 틀림없다. 더욱이 사실들을 기록할 수 있는 능력을 가지고 있었으며 산술에 능했고 상황을 판단하는 능력 또한 겸비하고 있었음이 분명하다.

(2) 전략적 중심지

예수님과 마태는 한동안 같은 도시 가버나움에서 살았다. 따라서 그가 사도로 부르심을 받기 이전에 예수님의 말씀과 행하심에 익숙했다는 것은 가능하다. 필경 그는 부르심을 받을 그 때 이미 예수님을 믿었을 것이다.

우리는, 하나님께서 정해 주신 곳에서 우리의 사역을 감당하지 않으면 안 된다. 그러므로 마태가 가버나움에 대해 특별한 관심을 표명하는 것과, 그의 복음서 전체에 걸쳐서 이 도시가 언급되고 있는 것을 이상스럽게 볼 필요가 없는 것이다. 예수님께서는 세례를 받으신 후 가버나움에 가셨다.

> 갈릴리로 물러 가셨다가 나사렛을 떠나 스불론과 납달리 지경 해변에 있는 가버나움에 가서 사시니 이는 선지자 이사야로 하신 말씀을 이루려 하심이라 일렀으되 스불론 땅과 납달리 땅과 요단강 저편 해변 길과 이방〔열방〕의 갈릴리여 흑암에 앉은 〔언약〕백성이 큰 빛을 보았고 사망의 땅과 그늘에 앉은 자들에게 빛이 비취었도다(4 : 12－16; 참조. 사 9 : 1－2)

가버나움은, 마태가 예수님에 관해(예루살렘을 향한 예수님의 마지막 여행을 포함하여) 우리에게 말하고자 하는 모든 것의 전략적 중심지이다. 백부장의 하인, 베드로의 장모, 12년 동안 혈루증을 앓던 여인 그리고 야이로의 딸이 나음을 입었던 곳이 바로 이 가버나움이었다. 심지어 마태는 가버나움을 예수님의 "본(本) 동리"(own city)라고까지 말하고 있다(9 : 1).

예수님께서는 예루살렘에 극적으로 입성하기 바로 직전에 가버나움에 계셨으며 그 곳에서 놀라운 방법으로 성전세를 지불하셨다(17 : 24 이하). 그렇지만 마태는 역시 예수님께서 "가버나움아 네가 하늘에까지 높아지겠느냐 음부에까지 낮아지리라"(11 : 23)고 말씀하셨던 것을 기록하고 있다.

(3) 유대인을 위한 유대인의 기록

전승에 따르면 마태는 어떤 이의 요청으로 먼저 예수님의 말씀을 히브리어나 아람어로 기록했으며, 그 후 이 자료를 헬라어로 번역, 약간의 설화 부분을 첨가함으로써 현재 우리에게 알려진 마태에 의해 씌어진 복음이 만들어지게 됐다고 한다. 이것은 사실인지도 모른다.

마태가 그의 "복음서"를 구성할 때 특별히 그의 동포들, 즉 유대의 언약 백성을 염두에 두었음은 분명하다. 구약은 이미 한 "다스리는 자"가 나와서 "내 백성 이스라엘의 목자"가 되리라고 예언하지 않았던가? (2 : 6; 미 5 : 2; 삼하 5 : 2)

예수님은 이스라엘의 대장(General)이시요 왕이셨다. 그러나 그 언약 백성들의 마음은 "완악하여져"(13 : 15; 사 6 : 10)갔다. 그들이 입술로는 하나님을 존경했지만 마음은 그 분에게서 멀었다(15 : 8; 사 29 : 13). 마가와는 달리 마태는 그 백성의 지도자들을 언급했을 뿐만 아니라 그 언약 백성의 대제사장들과 장로들이 그리스도를 거절했던 사실을 분명히 선포하고 있다(26 : 3, 47; 27 : 1). 마태만이, 군중들이 빌라도를 향해 "그 피를 우리와 우리 자손에게 돌릴지어다"(27 : 25)라고 외치면서 예수님을 십자가에 못박을 것을 요구했을 바로 그때 언약의 진노를 부르는 그들의 외침을 기록하고 있다.[1]

마태의 이러한 독특한 면모는 그가 구약을 자주 인용하고 있는 사실에서도 찾아 볼 수 있다. 최소한 열 군데에서 그는 구약의 여러 구절들이 예수님 안에서 성취되었음을 지적하고 있다.

마태는 자신의 독자들에게 예수님이 이스라엘의 왕이시며 성경에서 약속된 분이시라는 사실을 인식하기를 호소하고 있다. 그는 예수님께서 새 백성인 교회(에클레시아) 즉, 새 언약의 공동체를 세우셨으며, 따라서 이미 그리스도인이 된 유대인들은 회당에서 예배할 필요가 없다는 것과 여전히 그리스도인이 되기를 주저하는 자들은 결단해야 할 것을 권면하고 있다. 왜냐하면, 배교한 백성 위에 내리는 언약의 심판이 그들 위에 임할 것이기 때문이었다. 마태는 가버나움과 예루살렘에 발해지는 일부 심각한 경고의 말씀들을 기록하고 있다(11 : 23; 23 : 1－24 : 35).

(4) 주도면밀하게 구성된 책

마태는 그의 복음서를 기록함에 있어서 매우 신중한 자세를 취했다. 그때 백성들로부터 멸시를 받던 헤롯 안티파스(Herod Antipas) 관원 중의 한 사람이요, 변경 도시 가버나움에 주둔한 로마인들에 의해 고용된 세리였던 마태는 그 당시에 일어났던 사건들을 기억하고 자료들을 정리하는 방법을 알고 있었다. 그는 예수님과 그의 선교에 관하여 기록하고자 했을 때 자신의 솜씨를 유감없이 발휘했던 것이다.

고대 근동의 저작물에서 숫자의 상징적인 사용은 우리가 생각하는 것 이상으로 큰 의미를 지니고 있었다. 성경 역시 예외가 아니다. 마태에 의해 씌어진 복음서는 예수님께서 행하신 다섯 편의 설교를 중심으로 구성되어 있다. 여러분은 이 점을 쉽게 찾아 낼 수 있을 것이다.

첫 설교였던 산상수훈에 이어 다음과 같은 말씀이 기록되어 있음을 볼 수 있다. "예수께서 이 말씀을 마치시매……"(7 : 28). 우리는 이러한 경우를 11장 1절, 13장 53절, 19장 1절 그리고 26장 1절에서 발견할 수 있다. 그 사이에는 병고치신 일과 또 다른 사건들에 관한 이야기가 삽입되어 있다. 이상에서 언급한 다섯 편의 설교가 마태에 의해 씌어진 복음서 전체에 걸쳐 펼쳐져 있음을 다음의 경우에서 살펴볼 수 있다.

1 : 1-4 : 25 : 계보, 예수님 탄생에 관한 이야기, 세례 받으심, 광야에서 유혹을 받으심, 사역을 시작하심.

5 : 1-7 : 27 : 첫번째 설교, 산상 수훈. 먼저 그 나라[왕국]와 아버지의 의를 구하라.

7 : 28-10 : 4 : 가버나움 및 그 주변에서의 예수님 사역.

10 : 5-42 : 두 번째 설교, 열두 사도를 파송하시면서 하신 설교.

11：1－12：50：오실 그 이, 하나님의 아들, 인자(人子), 안식 일의 주인, 주의 종, 다윗 자손의 갈릴리에서의 보다 큰 사역.

13：1－52：세 번째 설교, 천국에 관한 비유로 구성되어 있음.

13：53－17：27：이스라엘에 의한 거절과 장차 닥쳐올 고난의 그림자 안에서, 한편으로 도래할 영광과 교회 설립의 빛 안에서 사역을 계속하심.

18：1－35：네 번째 설교, 천국 및 교회의 모임에 요구되는 질서에 관한 설교.

19：1－22：46：유대로 오는 도중의 사역, 예루살렘 입성, 그 곳에서의 논쟁.

23：1－25：46：다섯 번째 설교, 인자의 심판에 관한 설교.

26：1－28：20：고난(수난), 죽으심, 부활.

이상에서 살펴본 것처럼 일단 우리가 마태에 의해 씌어진 복음서의 구조를 안다면, 마태가 그의 복음서를 기록함에 있어서 얼마나 많은 주의와 노력을 기울였는지를 알 수 있을 것이다. 예수님에 대한 그의 변증과 오실 신랑을 맞이하라는 그의 권면은 분리되어 있으면서도 조직적으로 연결되어 있다. 그 당시의 사람들은 오늘날과는 달리 글을 읽을 때 대칭과 조화의 기법에 익숙했을 뿐만 아니라 그 점을 주목해 보았다.

우리는 마태에 의해 씌어진 복음서에 펼쳐진 예수님의 전 사역에 대한 어떤 의미를 얻기 위해 자유롭게 줄을 그어 가며 그 전체를 정확히 읽도록 노력해야만 할 것이다. 그렇게 함으로써 마태가 복음서를 기록할 때 취했던 방법을 발견할 수 있을 것이다.

마태가 기록한 주님의 기도는 일곱 가지의 간구로 구성되어 있으며, 13장에 기록된 설교는 일곱 편의 비유로 구성되어 있고, 23장의 저주에 대한 선고 역시 일곱 부분으로 구성되어 있음을 주목해야 한다. 임마누엘(하나님께서 우리와 함께 계시다)이라는 주제가 책의 맨 처음(1 : 23)과 끝부분, 즉 그리스도께서 자신이 택하신 자들과 "세상 끝날까지" 함께 계실 것을 약속하신 부분(28 : 20)에서 나타나고 있다는 사실 역시 주목해야 한다.

마태의 저작을 살필 때에 이러한 요소들을 주목해 살펴 보라. 복음서 기자들은 아무런 생각없이 한 사건과 어록을 기록한 후에 또 다른 사건과 어록을 기록해 나가는 연대기 작가들이 아니었다. 재차 살펴 보았듯이 성경은 로보트에 의해 기록되어지지 않았다. 우리에게 주어진 "복음서"는 매우 주도면밀하게 구성, 기록되었다는 것을 잊지 말라.

(5) 마태의 저작 목적

마태는 그의 복음서를 기록한 연대에 대해서 언급하고 있지 않다. 그의 권면이 주로 유대인을 상대로 한 것임을 감안할 때 예루살렘이 심판으로 파괴된 때인 A.D. 70년 이전, 즉 그의 권면이 그 백성들에게 여전히 먹혀 들어갈 때에 그의 복음서를 기록했다고 추정할 수 있다. 마태는 이미 예수님께서 그 언약 백성들 가운데서 지상 사역을 하시는 중에 메모를 해놨다가 그 후 얼마 있지 않아 아마도 교회의 젊은 이들을 가르칠 목적으로 복음서를 작성하였는지도 모른다.

주

1) 그 당시 백성들의 행동은 언약의 "진노를 쌓는 것이었다"는 뜻. 현대인의 성경은 이 부분을 이렇게 의역하였다. "빌라도는 아무 효과도 없는 공연한 짓을 한다는 생각이 들었고 오히려 폭동까지 일어날 것 같아서 물을 떠다가 손을 씻고 '나는 이 사람의 죽음에 대해서 죄가 없소. 이것은 여러분이 책임을 져야 할 일이요' 라고 하였다. 그러자 모든 백성들이 '그의 죽음에 대한 책임을 우리와 우리 후손에게 돌리시오' 하고 외쳤다"(마 27 : 24, 25).

4. 예수 그리스도의 출생과 출애굽(*1 : 1－4 : 25*)

(1) 예수님의 "톨레도트"

마태는 "예수 그리스도의 세계(世系; genealogy)라"는 말로 그의 복음서 서두를 열고 있다. 흠정역은 "예수 그리스도의 출생(generation)에 관한 책"으로 번역하였다. 세계 또는 출생으로 번역된 헬라어는 게네시스(genesis)이다. 70인역을 보면 히브리어 톨레도트(toledoth)가 위의 게네시스로 번역되었음을 찾아 볼 수 있다(예를 들면, 창세기 5장 1절을 보면, "아담의 게네시스/톨레도트가 이러하니라"로 되어 있다).[1] 1560년판 화란역 성경을 보면, 마태의 복음서가 예수 그리스도의 "출생"에 관한 책이라고 소개되고 있음을 볼 수 있다. 그렇다면 과연 마태복음서는 그 첫장에서 우리에게 하나의 세계(genealogy)를 제시해 주는 출생에 관한 책인가 아니면 그 전체가 예수님의 "톨레도트"(toledoth)로서 읽혀져야 할 것인가?[2]

신약과 구약과의 관계는, 마태복음서의 서두를 여는 장과 절에서 이미 강조되어 있다.[3] 이 두 성경은 토라, 즉 교훈[4]에 있어서 서로 관련되어 있다. 5권으로 구성된 토라(Torah)를 상기시켜주는 예수님의 다섯 편의 설교를 중심으로 전개되는 이 첫 "복음서"에는 메시아에 관한 메시지가 유대인이 이해할 수 있는 용어들로 구성되어있다. 즉, 마태는 예수 그리스도의 톨레도트를 언급하는 것으로써 그의 복음서를 시작하고 있는 것이다.[5]

(2) 새 다윗

구속사 전체는, 다윗의 자손(약속된 왕)과 아브라함의 자손(약속된 씨)으로서 자신을 계시하시는 분의 도래하심으로 그 이야기를 이끌어간다. 창세기 및 그에 뒤이은 책들은 그것들의 온전한 의미를 그 분의 출생(게네시스) 안에서 부여받는다.[6]

마태가 기록하고 있는 가계(家系)는 주도면밀하게 배열되어 있다. 즉, 14대씩 3부분으로 나뉘어져 있다. 아브라함에서부터 다윗까지는 상승(ascent)하는 기간이요 솔로몬으로부터 시작되는 부분은 영광(glory)의 기간이요, 마지막으로 포로 시대로부터 시작되는 부분은 쇠퇴(decline)하는 기간이다.

14라는 숫자는 어떤 특별한 의미를 갖는다. 히브리어에서 알파벳 문자는 역시 숫자로도 사용된다. 예를 들면, 알파벳의 첫 문자는 1, 두번째 문자는 2, 그 다음 문자는 차례대로 각각 3, 4로 이어진다. 다윗이라는 이름은 히브리어로 DVD로 씌어진다(왜냐하면 모음은 문자로 치지 않기 때문이다). 이를 숫자로 대체한다면, D(4), V(6), D(4)이며, 합하면 14가 된다("V"는 히브리어 와우〈waw〉인데 알파벳의 여섯번째 문자에 해당된다). 14대씩 3부분으로 족보를 배열한 것은, 독자들에게 각 부분이 다윗에 대해 언급하고 있다는 것과 예수님께서 새 다윗, 즉 마지막 다윗이시라는 사실을 상기하도록 하려는 방법인지도 모른다.

(3) 예수님의 족보

마태의 족보에는 누가의 것처럼, 예수님의 혈통이 기록되어 있지 않다. 누가의 족보에서 우리는 예수님의 아버지로서 섬겼던 요셉이 다윗의 자손(1 : 20)이기는 하지만 솔로몬 계통이 아닌, 다윗의 또 다른 아들인 나단 계통인 것을 알 수 있다(눅 3 : 23 이하; 삼하 5 : 14; 슥 12 : 12). 마태가 우리에게 제공하는 것은 통치자, 즉 왕들과 족장들(family heads)의 계보이다.

아마도 우리는 이 족보를 화란의 왕가(王家)였던 오렌지 가(the House of Orange)의 가계와 비교할 수 있을 것이다. 만일 여러분이 혈통에 의한 실질적인 가계를 추적한다면, 화란의 통치 왕조는 그 나라의 건국자인 오렌지의 윌리암(William of Orange; 즉 William the Silent)에게서가 아니라 그의 형제 나쏘의 요한(John of Nassau)에게서 비롯된 것임을 알 수 있을 것이다. 그렇지만 통치자의 계통은 오렌지의 윌리암, 모리스(Maurice), 프레드릭 헨리(Frederick Henry), 윌리암 2세(William II), 무자(無子)한 윌리암 3세(William III; 이는 영국 왕이 되었다), 윌리암 4세(William IV) 등으로 이어진다. 마태의 족보는 예수님이 왕권을 주장할 권리를 가지고 있었음을 우리에게 보여주고 있다. 그 이유는 그가 다윗과 그 집안의 기(氣; aura)를 이어 받으셨기 때문이다.

마태의 족보는 역시 지대한 관심 외의 어떤 것을 지적하고 있다. 즉, 아브라함에게서 비롯되지 않은 네 여자, 다시 말해 가나안 여인 다말(창 38장), 라합(수 2장), 모압 여인 룻 그리고 헷 족속 출신의 여인인 우리야의 아내 밧세바를 언급하고 있다. 세리였던 마태는 사람들로부터 멸시받는다는 것이 무엇인지를 알고 있었다. 그러나 예수님께서 기꺼이 그를 부르셨다. 그런즉, 마태는 "복음서" 초두에서 바리새인들의 "누룩"(leaven)을 반대하고 있다. 바리새인들은 마태가 친히 누렸던 은혜와 죄용서를 위한 여지를 결코 남겨 놓지 않았던 것이다.

(4) 예언이 성취됨

예수 그리스도의 "게네시스" 또는 출생(1：18)으로 인해 자기 백성을 구속하고 그들을 죄로부터 해방시켜 주실 분(1：21; 시 130：8)이 이 세상에 오시게 되었다. 그는 임마누엘(즉, 하나님이 우리와 함께 계시다)이셨다. 다윗 집안의 순(Branch)은 성령으로 잉태되셨기 때문에(1：18) 그와 같은 일들을 능히 하실 수 있었다.

어떤 "자연 현상"의 이끌림을 받아 유대인의 왕을 경배하기 위해 예루살렘까지 온 현인들(즉, 동방 박사들)은 대제사장들과 서기관들이 성경(즉, 미 5 : 2)에 근거하여 일러준대로 베들레헴을 향하여 경배의 길을 떠난다. 비록 그들이 단지 별만을 바라보면서 왔다 할지라도 그들은 이미 그 왕권(scepter)을 믿었다(참조. 민 24 : 17. 이는 역시 동방의 현인이었던 발람의 예언이다). 그렇지만 산헤드린[7]은 언약 백성의 "대제사장과 서기관들"로 구성되었음에도 불구하고(2 : 4) 그 경배의 길을 따르지 않았다. 유대인의 분봉 왕 헤롯은 압제하는 바로 (Pharaoh)의 역할을 하였다. 그가 베들레헴과 그 주변의 두 살 아래의 어린 사내 아이를 모두 죽임으로써 새 언약의 장으로 유명한 예레미야서 31장이 성취된다(렘 31 : 15; 참조. 마 2 : 17).

새 모세이신 예수 그리스도는 [새]바로인 헤롯의 손아귀로부터 벗어나셨으며 하늘의 사자의 명령을 따라 애굽으로 옮기우셨다. 예수님은 "범사에 형제들과 같이" 되시지 않았던가(히 2 : 17)? 뿐만 아니라 호세아의 "내 아들을 애굽에서 불러 내었거늘"(호 11 : 1)이라는 예언 역시 성취되었던 것이다.

마태는 그의 동료 유대인들(즉, 교회의 그의 동료 구성원들)에게 반드시 성취되어져야 할 성경의 예언이 예수님의 생애 안에서 어떻게 성취되었는지를 보여주는데 결코 싫증을 느끼지 않았다. 세리에게 긍휼을 베푸셨던 동일한 예수님은 역시 자기 백성과의 연대성(또는 일체감)을 보여주기 원하시는 마지막 출애굽의 새 모세이시다.

(5) 신약의 엘리야

낙타 털옷을 입은 엘리야[세례 요한]는 모세인 메시아[예수그리스도]보다 앞서서 온다(말 4 : 5). 이 엘리야는 지도층(즉, 바리새인들과 사두개인들)을 향해 임박한 심판에 관하여 설교한다. 그는 언약으로부터 떠난 그 지도층 인사들을 "독사의 자식들"(이는 모세의 노래에서 추출한 것이다. 3 : 7 이하; 신 32 : 32 이하)이라고 책망하고 있다.[8] 마태는 그의 독자들에게 만일 그 백성이 회개하지 않는다면, 요한이 경고했던대로 모세의 유언이 성취될 것임을 보여주고 있다.

마태복음서의 마지막에서 그 책의 전반부에서 지적됐던 내용, 즉 이스라엘의 지도자들과 백성들이 유대인의 왕을 거절했다는 사실을 다시금 살펴 보게 될 것이다. 예수님에 대한 이 칭호(즉, 유대인의 왕)는 후반부에서 역시 나타나고 있다(참조. 2：2; 27：29, 37, 42). 예루살렘은 이 왕을 거절함으로 인하여 멸망받게 될 것이다. 예수님께서는 그의 심판의 메시지(23-24장)를 통하여 그의 선구자〔세례요한〕가 말했던 것을 그대로 확증하신다.

(6) 자기 백성과 하나가 되심

예수님께서는 요단강에서 세례를 받으신다(이 강은 이스라엘의 역사에서 중요하다. 그 이유는, 그 백성들이 그 강을 건넘으로써 가나안에 들어갔기 때문이다). 그가 받으신 세례는 일종의 의의 성취(즉, 언약의 순종)이다. 여느 죄인과 마찬가지로 그 역시 세례를 받으심으로써 자기 백성과의 연대의식을 나타내 보이신다. 그러나 여호수아이신 이 예수님께서 물에서 나오셨을 때, 그는 하나님의 의이신 성령의 능력을 힘입어 하나님께서 자신에게 부여하신 임무를 수행해 나아간다.

예수님은 자기 백성과 하나이시다. 일찍이 이스라엘은 광야로 부르심을 받지 않았던가? 이스라엘 백성들은 계속 넘어지고 많은 불평을 하지 않았던가?(출애굽기와 민수기에 기록된 역사를 생각하라) 이 하나님의 아들은 이제 이스라엘이 시험을 받았던 것 같이 시험을 받으신다. 언약 백성이 40년 동안 광야에서 보냈던 것 같이 사단은 광야에서 그를 40일 동안 유혹하였다. 예수님께서는 신명기서로부터 인용한 말씀(신 8：3; 6：18, 13)을 가지고 세 차례의 사단의 유혹에 대해 각각 답변하신다. 사단아 물러가라! 예수님께서는 자신의 제자 베드로가 자신의 가는 길 앞에 서 있는 자, 즉 사단이요 대적자가 되었을 바로 그 때 동일한 말씀으로 반응하셨다(16 : 23).

(7) 새 출애굽

구세주의 간절한 소원은 자기 아버지의 뜻을 행하시는 것이다. 따라서 그는 완성된 출애굽[9](the definitive exodus)을 이루시려 한다. 이 여호수아-예수라는 이름은 여호수아라는 이름의 아람어 표기이다-는 자기 백성을 안식(rest)으로 인도해 내실 것이다. 그가 자신의 첫 조력자들(Helper)[10]을 부르시고 나사렛을 떠나 일찍이 스불론과 납달리 지파의 소유였던 멸시받는 지역인 갈릴리 해변에 거하셨던 것은 바로 이러한 목적 때문이었다.

처음의 네 제자들의 직업은 어부였다. 야곱과 모세의 축복은 스불론과 납달리 및 배와 해변과 바다의 풍요로움 사이를 하나로 연결시켜 놓았다(창 49 : 13; 신 33 : 19). 예수님께서는 고기잡는 어부들인 자신의 제자들을 사람을 낚는 어부로 변화시키셨다.

그런후 세례 요한이 외쳤던 메시지와 비슷한 메시지를 외치시며 그의 설교를 시작하셨다(4 : 17; 3 : 2). 하나님의 왕국이 회당에서 선포되었다. 도처에서 병든 자들이 나음을 얻기 위하여 그에게로 나아왔다. 그것은 곧 메시아의 시대가 도래했기 때문이었다. 나중에 마태는 병고침을 받은 실례들을 제시했으나 처음에는 예수님께서 선포하신 말씀에 초점을 맞추어 나갔다.

주

1) 한글 개역에는 창세기 5장 1절이 "아담 자손의 계보가 이러하니라"로 번역되어 있다. 그러나 원문 성경(영역도 마찬가지)은 "아담의 톨레도트가 이러하니라"(This is the book of the generations of Adam)로 되어 있다. 70인역은 이것을 "Αΰτη ή βιβλος γενεσεως ανθρπώπων"으로 번역하였다. 창세기 5장에서의 톨레도트의 의미는 계보 또는 역사의 의미를 가지고 있다. 한편, 히브리어 톨레도트에 해당하는 헬라어 게네시스는 출생(birth), 가계(lineage)의 뜻을 가지고

있다. 여기서 현재 문제가 되는 것은 마태복음 1장 1절이 70인역의 창세기 5장 1절과 똑같은 "βιβλοξ γενεσεωζ"……로 시작한다는데 있다. 즉, 예수 그리스도의 출생에 관한 책이냐, 아니면 예수 그리스도의 계보(또는 역사)에 관한 책이냐 하는데 있다. 바꾸어 말하면 이 "βιβλοξ γεγεσεωδ"가 어디까지를 한정하느냐에 있다. 어떤 이들은 1장 1-17절을 말하고, 또 어떤 이는 1, 2장을 말하나 본서의 저자 반더발과 같은 이들은 마태복음서 전체를 말한다고 본다. 이렇게 본다면, 톨레도트의 의미는 계보 또는 역사의 의미가 강하다고 할 수 있겠다.

2) 위의 역자주 1)을 참조하라.

3) 마태복음서 1장 1절은 "아브라함과 다윗의 자손 예수 그리스도의 세계라"로 시작됨으로써 그 역사성(또는 연속성)을 강조하고 있다.

4) 히브리어 토라는 교훈(teaching), 율법(law)이라는 뜻을 가지고 있다.

5) 유대인들은 토라, 즉 율법서와 절대적인 관계를 갖고 있었다. 그들은 숫자가 상징하는 것에 대해 민감했을 뿐만 아니라 창세기에서 익숙한 문장 전개 형식인 "βιβλοζ γενεσεωζ"와 같은 서두에 친근감을 느꼈고 그것이 무엇을 의미하는지를 알았을 것이다. 이미 제 1권에서 설명한대로 창세기의 톨레도트는 매우 중요한 의미를 갖는 것이었다. 전개된 역사가 어떤 전환점에 이를 때 창세기 기자는 이 톨레도트를 사용하였다. 그런즉, 마태복음서 1장 1절의 "톨레도트"는 곧 예수 그리스도의 기원이 아브라함과 다윗에서부터 연결될 뿐만 아니라 그 역사를 계속적으로 계승한다는 의미를 갖고 있는 것이다.

6) 위의 역자주 4) 참조. 그런즉 마태복음서 1장 1절 및 그 이하의 내용은 바로 구속사에 있어서 획기적 전환점인 것이다.

7) 산헤드린은 서기관, 바리새인, 사두개인으로 구성되었다. 서기관은 율법을 연구하고 가르치는 사람이었고, 바리새인과 사두개인은 오늘날의 국회의원과 같은 권력의 사람들이다.

8) 신명기 32장은 의식(liturgy)에서 사용되었기 때문에 잘 알려졌다. 신명기 32장의 일부분이 쿰란 동굴에서 발견되어졌다는 사실에서 우리는 모세의 노래가 예배용으로 사용되기 위해 특별히 베껴졌음을 알 수 있다. 신명기 32장 18절과 마태복음 3장 9절을 서로 비교해 보라. 거기서 우리는 돌들로부터 일으켜 세움을 받는 자녀들에 관해 읽는다. 신명기 32장 22절과 마태복음 3장 11-12절을 비교해 보라. 거기서 우리는 불이 강조되고 있음을 볼 수 있다. 신명기 32장 32-33절과

마태복음 3장 10절을 비교해 보라. 거기서 우리는 예수님께서 좋은 열매를 맺지 못하는 나무에 대해서 언급하고 계심을 볼 수 있다. 또한 신명기 32장 22절 이하와 35절 이하를 살펴 보라. 거기서 우리는 다가올 진노와 그로부터 피할 수 없는 상황에 대해 언급되고 있음을 볼 수 있을 것이다. 마태복음서에서 요한계시록까지의 전 신약을 이해하기 위해서 우리는 이스라엘의 "국가적인 찬양"으로 사용되는 동시에 이스라엘을 향한 증거로 사용되는 신명기 32장의 노래를 잘 알아야만 한다.

9) 구약의 출애굽은 이 완성된 출애굽, 즉 예수 그리스도께서 온전히 이루실 구원을 뜻한다.

10) 제자들.

5. 산상보훈 (5 : 1－7 : 27)

(1) 율법의 문자

십계명은 시내산에서 선포되었다. 그 이후에 이스라엘 백성은 율법(토라)으로부터 빠져나가기 위하여 갖은 수단을 사용했다. 서기관들과 바리새인들은 명목상 그것을 준수했을 뿐 실제에 있어서는 갖가지 부가적인 규례를 덧붙임으로써 율법의 권위를 약화시켜 버렸다. 그들은 사람들에게 무거운 멍에를 지게 했는데 그것은 어느 누구도 감당할 수 없는 것이었다.

동시에 그들은 율법을 빠져나갈 구멍을 많이 만들어 놓고, 그러한 헛점을 이용하여 계명들의 내용을 도외시하였다. 율법을 엄격히 준수하는 바리새인들의 토라는 외형적인 행위를 다스리는 형식적인 규례들을 수집해 놓은 것에 불과했다. 그것은 왕이신 그 분의 뜻을 수행하기 위한 조건으로 전심의 사랑을 요구하시는 자(신 6 : 5)의 영(spirit)과는 관계가 없는 것이었다.

물론 형식적인 면에 있어서 사람들은 규례를 준수하며 살았다. 심지어 그 규례들의 요구들 이상을 준수하며 살았다. 그들은 신명기 6장 5절 말씀이 포함되어 있는, "쉐마"(Shema)로 알려진 기도문을 문설주에 못박아 놓았다. 그리고 기도할 때 "너는 마음을 다하고 성품을 다하고 힘을 다하여 네 하나님 여호와를 사랑하라"는 기도 본문이 들어 있는 작은 상자를 그들의 머리와 팔에 붙였다.

그렇지만 하나님의 왕국을 향하여 요구되는 진정한 의는 어디에서도 발견할 수 없었다. 이 유대인들은 율법에 대한 형식적인 순종을 통하여 구원 얻기를 소망하고 있었다. 그 결과 그들은 율법의 종으로 전락하고 말았던 것이다.

(2) 율법을 재언급함

주 예수님께서는 이제 산에 오르셔서 선생의 역할을 시작하셨다. 마태는 이 새 모세가 자신의 제자들에게와 그로부터 말씀을 듣기 위해 모여 들었던 군중들에게 말씀하셨던 것을 기록하고 있다. 예수님의 초기 사역을 기록한 후에 마태는 과거에 자신이 매우 강력하게 영향을 받았던 바리새인의 교훈과는 배치되는, 해방을 가져다주는 놀라운 설교의 내용--하나님 앞에 가난한 자로서 나아오는 자들을 위한 복음--을 제시하고 있다.

어떤 이들은 이 설교가 일부 특정한 계층의 사람들, 즉 훌륭한 그리스도인들(super-Christians)을 위한 것이라고 주장한다. 그러나 과연 주 예수님께서 자기 백성을 계급이나 틀들(categories)로 구분지어 놓으셨다고 상상할 수 있을까? 또 다른 성경 학자들은 예수님께서는 세상의 종말이 매우 임박할 것으로 기대하고 계셨으며 따라서 남아 있는 짧은 기간을 위하여 현존하는 모든 율법을 뒤집어 엎으셨다고 주장한다.

재세례파(the Anabaptists)는 이 산상 보훈을 혁신적인 다양한 견해들을 지지하는데 사용하였다. 그들은 예수님께서 살인과 맹세에 대하여 말씀하셨을 때 권위와 재판 및 군대가 힘을 행사하는 것을 거부하셨다고 주장하였다. 레오 톨스토이(Leo Tolstoy) 역시 이 관점을 옹호하였다. 모세의 율법을 읽노라면 졸음이 온다고 외쳤던 간디 역시 마찬가지로 이 산상보훈에 근거, 예수님께서도 역시 수동적인 저항과 평화주의를 주창함으로써 새로운 사회를 소개하시려 했다고 생각했다.

그러나 이와 같은 접근은 예수님께서 본래 말씀하셨던 의도와는 거리가 먼 것이다. 그들의 주장대로라면 예수님은 전 인류를 위한 개혁자이거나 이상주의자일 뿐이다. 그렇지만 그는 분명히 성경이 말하는 그리스도, 즉 자기 교회, 자기의 새 백성을 위한 메시아가 되기 위해서 오셨던 것이다.

예수님의 산상보훈이 모세 율법의 개정 증보판이라고 주장하는 자들 역시 예수님의 말씀을 잘못 이해하는 자들 중의 하나이다. 그들은 예수님께서 재차 반복해서 말씀하신 "…것을 너희가 들었으나 나는 너희에게 이르노니"라는 구절을 지적하기를 좋아한다. 만일 예수님께서 정말로 모세에 의해 주어진 율법들을 폐지하실 것을 의도하셨다면, 예수님은 아버지의 말씀을 공격하는 혁명가이셨음이 분명하다. 그러나 그러한 생각은 처음부터 아예 품고 있지 않았다.

(3) 우리의 마음 속에 있는 법

구약의 선지자들처럼 예수님께서는 하나님의 언약의 뜻이 절대적이라는 사실을 강조하고 있었다. 메시아로서 그는 자기 백성의 마음 속에 율법을 기록하기를 원하셨다(렘 31：33). 그는 하나님을 섬긴다 하면서도 여전히 자신을 섬기는 자들의 자세를 철저히 깨뜨리시기를 원하셨다. 그 분의 목적은 율법의 의미와 목적을 다시금 분명히 하는 것이었다.

그가 지적하신 대로, 살인은 금지되어 있다. 그러나 다른 이에 대하여 원한을 품고 있다면 그것 역시 살인이다. 간음도 금지되어 있다. 그러나 악한 정욕을 갖는다면 그것 역시 간음이다. 거짓 맹세도 금지되어 있다. 그러나 맹세를 남용하는 것은 그것 역시 거짓 맹세이다. 예수님께서는 칼의 사용을 무조건 반대하지 않으셨음이 분명하다(참조. 요 19：11). 그는 또한 정부를 인정하셨다(참조. 22：21). 그는 가야바 앞에서 맹세를 하셨으며(참조. 26：64) 적어도 한 번은 다른 뺨을 내미는 것을 거절하셨다(참조. 요 18：23). 그는 사치의 좋고 나쁨을 살펴 아는 것이 무엇인지를 알고 계셨으며(참조. 26：6 이하),

또한 돈 그 자체를 정죄하지도 않으셨다(참조. 눅 8：3).

(4) 사랑과 은혜

예수님께서는 자기 백성들에게 하나님께 대한 사랑과 왕이신 그 분의 뜻에 대한 순종이 가장 중요하다는 사실을 보여주고자 했다. 그리하여 그는 "너희는 먼저 그의 나라와 그의 의〔즉, 하나님께서 약속하시고 부여해주신 의〕를 구하라 그리하면 이 모든 것을 너희에게 더하시리라"(6：33)고 말씀하셨다. 그는 경고하시기를, "너희 의가 서기관과 바리새인보다 더 낫지 못하면 결단코 천국에 들어가지 못하리라"(5：20)고 하셨다. 그는 역시 다음과 같은 냉정한 말씀을 하셨다. "나더러 주여 주여 하는 자마다 천국에 다 들어갈 것이 아니요 다만 하늘에 계신 내 아버지의 뜻대로 행하는 자라야 들어가리라"(7：21).

개인적인 문제들과 관련된 몇몇 상황들에서 하나님의 뜻에 순종하고자할 때 종종 "우리 자신의 권리를 변호하는 것"이 아니라 오히려 불의를 감수하게 될는지도 모른다. 하나님의 다스림을[1] 위하여 엄청난 재정적 희생을 당해야 할는지도 모른다. 또한 미덕을 가장한 겉치레에 급급한 나머지 율법을 교묘히 피하려는 모든 태도(이스라엘의 지도자들이 행했던 길)를 미워할 줄 알아야만 한다. "의식"(liturgy)이나 봉사의 사역(심지어 자비를 베푸는 사역이 전세계적이라 할지라도)도 "하늘"의 처소를 우리에게 보증할 수 없다. 하나님의 뜻과 정반대로 생각하는 자는 누구든지 하나님께 속한 어떤 것을 기대할 필요가 없다. 그는 이미 자신의 상급을 공개적인 칭찬의 형태를 통하여 받았다(6：1 이하). 하나님의 다스림을 구하는 것은 은혜로 사는 것이다.

산상보훈의 맨 처음 문장들에서 우리는 이미 은혜가 언급되어 있음을 발견한다. 시편 1편과 같이 이 유명한 설교는 "복이 있나니"라는 말씀으로 시작되고 있다. 왕께서는 자기의 백성들, 즉 시편의 가난한 자들처럼 하나님의 의에 주리고 목말라 하며 오직 은혜로 살기 원하는 자들에게 말씀하신다. 아브라함에게 주셨던 옛 약속들이 그들에게 적용된다. 비록 그들이 왕의 자녀들이고 땅을 기업으로 받을 자들일지라도 먼저 핍박의 시기 동안 "온유하게" 견디어 내야만 한다(5 : 5, 10-12). 그들에게 있어서 하나님의 왕국(다스림)을 "구하는 것"은 불분명한 실험이 결코 아니다. 하늘에 계시는 아버지께서는 그들로 하여금 당신을 찾도록 하시며(7 : 7 이하) 그의 왕국의 시민들로서 섬기는데 필요로 하는 것을 그들에게 제시하여 주신다(6 : 25 이하).

주

1) 여기서 하나님의 뜻에 순종한다 또는 그의 다스림을 받는다는 뜻은 하나님의 나라〔왕국〕를 구하는 것을 의미한다. 그러므로 나라〔왕국〕라는 말은 곧 그의 다스림을 받는 것을 뜻한다.

6. 메시아 시대의 표적들 (7 : 28－10 : 4)

(1) 시대의 표적들

이상의 인상적인 선포〔산상 보훈〕를 기록한 후 마태는 가버나움과 그 인근 지역에서 예수님께서 행하셨던 여러 행동들, 즉 그의 완전하신 메시아의 능력을 나타내는 행동들을 계속적으로 기록하여 나아 간다. 예수님께서는 친히 그와 같은 행동들을 "시대의 표적들"(signs of the times; 16 ; 3)로 언급하셨다. 이러한 표적들로 인해 그가 가지신 적법성이 다른 사람들의 눈에 확인이 되었다. 그가 행하신 표적들은 그가 진정한 여호와의 종(사 53장)이시라는 사실과 우리의 질병을 짊어지시기 위해서 오신 분(8 : 17)이시라는 사실을 나타내 보여 주었다. 예수님께서는 선지자들이 이미 예언했던 것을 완전히 재창조하기 위해서 오셨던 것이다.

> 그 때에 소경의 눈이 밝을 것이며 귀머거리의 귀가 열릴 것이며[1] 그 때에 저는 자는 사슴 같이 뛸 것이며 벙어리의 혀는 노래하리니 이는 광야에서 물이 솟겠고 사막에서 시내가 흐를 것임이라 (사 35 : 5－6)

우리는 대개 "시대의 표적들"에 대해서 생각할 때 예수님의 도래를 알리기 위해 그 보다 앞서 주어진 어떤 성질의 것으로 이해하곤 한다. 그러나 그것은 이 용어에 대해서 잘못 이해한 소치이다. 이 "시대의 표적들"이라는 것은 말씀과 행위 안에서의 그리스도의 계시로서 메시아시대가 도래했음을 알리는 것이다. 비록 예수께서 밤중에 도적같이 임할 것을 말씀하시면서 표적들을 의존하는 것을 경고하셨지만(24：4 이하) 성경은 그가 "시대의 표적들"로서 행하셨던 이적들을 주목해서 보도록 명령하고 있다. 이스라엘은 메시아가 진정으로 도래하셨다는 사실을 인식해야 했다. 예수님의 행동들은 사람들로 하여금 회복된 다윗 왕국을 인식할 수 있게끔 해주는 멜로디였다.

그런 까닭에 고침을 받았던 문둥병자는 모세의 율법에 순종하여 성전의 제사장에게 보이도록 명령을 받았다(8：4). 이스라엘은 듣기를 거절하였다. 그러나 그의 종이 나음을 받았던 백부장의 믿음은 실제로 왕국에 들어갈 이스라엘 나라 바깥에 있는 자들을 예시하고 있다. 왕국의 자손들, 즉 본래 하나님의 다스림의 약속을 받았던 이스라엘의 자손들은 쫓겨날 것이다(10절 이하). 심지어 파도조차도 메시아께 복종한다. 왜냐하면 그는 바다의 큰 파도보다 훨씬 더 강력하시기 때문이다(시 93：4). 최종적인 심판의 때가 아직 도래하지 않았기 때문에 귀신들은 불결한 돼지들에게로 들어갈 수 있다. 그러나 돼지들이 바다에 달려들어가 몰사함으로써 그들의 새로운 거주지는 없어지고 만다(28절 이하).

(2) 인 자

모든 권능이 인자이신 예수님께 주어진다(28：18; 7：29; 8：27, 32; 9：6). 마태복음서에서 우리는 이 메시아에 대한 칭호를 발견할 수 있다. 이 칭호는 다니엘서 7장 13절을 비롯하여 여러 구절들을 생각나게 한다. 다니엘서 7장 13절을 보면, "인자 같은" 어떤 이가 구름을 타고 와서 옛적부터 계신 이에게 나아갔다고 기록되어 있다.

이 "인자"라는 인물은 교회 또는 성도들을 나타내주는 동시에 메시아를 상징하기도 한다. 그는 "권세와 영광과 나라"를 부여받는다. 예수님은 인자, 즉 마지막 아담이시다(시 8：5 이하). 이렇듯 이 명칭이 강조하고 있는 것은 이 세상에서의 그의 본성(nature)이 아니라 그의 능력이다. 그 능력은 그가 행하신 이적들을 통하여 나타난다.

그의 권위는 병을 고치는 그의 행위를 통해서 뿐만 아니라 그의 말씀을 통해서도 계시되어진다. 그가 가버나움에서 절름발이를 고치실 때 그는 이미 용서에 대한 말씀을 하신다. 병고치는 행위를 통한 생명의 회복은 죄의 용서를 전제로 한다. 왜냐하면 죄는 우리의 굶주림과 비참함의 원인이기 때문이다. 인자는 자기 백성을 저희 죄에서 구원할 구속자이시다(1：21). 만일 죄의 용서가 받아들여진다면, 그 밖의 모든 것은 제자리로 회복되어질 것이다.

(3) 치료와 고난

세리 레위(마태)의 눈이 열렸던 것은 필경 중풍병자가 고침을 받은 것을 목격했을 때였을 것이다(9：1 이하). 이 극적인 치료 후에 마태가 참여한 즐거운 식사시간이 이어진다(10절 이하). 마태는 역시 예수님께서 죽은 소녀를 향하여 그의 능력을 행사하시는 것을 보았다(18절 이하).

다윗의 자손이신 예수님(1：1; 9：27)께서는 고통받는다는 것이 무엇을 의미하는지 알고 계셨으며, 따라서 다른 사람들에게 동정을 베푸실 수 있었다. 마태복음서의 초두에서 인자가 고난의 길을 따름으로써 승리하실 것이란 사실이 분명하게 드러남을 볼 수 있다. 예수님께서는 "인자는 머리 둘 곳이 없다"(8：20)라고 자신의 운명에 대해서 말씀하셨다. 나중에 예수님께서는 이 큰 수수께끼 속으로 더욱 깊숙이 들어가셨다. 즉, 세상의 심판자이시며 보좌의 상속자이신 그는 설사 자기 교회의 구속을 위한 대가를 지불할지라도 자신의 백성들에 의해 거절되어져야만 했다.[2] 그의 십자가는 시대의 표적, 즉 요나의 표적이 되었다.

주

1) 한글 개역(영역도 마찬가지)에서는 "소경의 눈이 밝을 것이며 귀머거리의 귀가 열릴 것이며"라고 번역되어 있다(영문은 Then the eyes of the blind shall be opened, and the ears of the deaf unstopped). 실제 히브리 원문상에는 위의 "밝을 것이며"와 "열릴 것이며"라는 단어가 동일한 단어("opened")이다. 예수님께서는 귀머거리를 고치실 때 바로 이 동사를 사용하심으로써("에바다"－막 7：34), 이사야의 예언을 한 차례 언급하셨다. 이미 사용된 단어들을 문학적인 목적에 의해 문맥에 따라 매끄럽게 번역함으로써 때때로 우리는 구약과 신약 사이의 관계성을 이해하는데 방해를 받을 수 있다. 따라서 성경은 다른 문학과는 달리 정확하게 그 원어를 직역해야 하며(다소 문맥이 어색하더라도), 또 그 목적에 따라 의역된 성경이 필요하다고 본다.

2) 히브리서 기자는 "우리에게 있는 대제사장은 우리 연약함을 체휼하지 아니하는 자가 아니요 모든 일에 우리와 한결같이 시험을 받은 자로되 죄는 없으시니라"(히 4：15)고 말했다. 예수님께서는 우리가 받을 고난을 남김없이 겪으심을 통하여 우리를 구원하셔야 했다. 그의 십자가에 이르는 고난과 사흘 후의 부활에 이르는 영광은 곧 그의 운명이었다.

7. 메시아의 평안을 외치는 전령들 (10 : 5-42)

(1) 선택에 직면한 이스라엘

예수님께서는 열 두 제자들을 택하시고 그들에게 이스라엘 집의 잃어버린 양에게 가서 천국을 전파할 권세와 병고치는 이적들을 행할 권세를 부여해 주셨다. 물론 열 둘이라는 숫자는 이스라엘의 열두 지파와 어떤 관계가 있는 것이다.

복음전도자들은 이방인이나 사마리아인이 아닌 이스라엘에게로 파송을 받았다. 나중에 예수님께서 승천하신 후 이방인에게 전파할 기회가 있었다(10 : 5; 28 : 19). 그러나 먼저는 언약 백성이었다.

평안(peace; 샬롬)이라는 단어는 이미 인사말로 사용되어졌다. 그러나 이제 그것은 그것의 완전한 의미를 갖게 되었다. 예수님에 의해 파송을 받은 사도들은 만일 그들의 메시지를 듣는 자들이 그것을 합당히 받아들이지 않는다면 이 인사를 취소할 것이요 그들 자신의 발의 먼지를 털어버려야 했다(참조. 행. 13 : 51; 18 : 6). 이러한 행위는 심판에 대한 포고외에는 특별한 의미가 없었을 것이다.

여기서 다시금 민족 공동체의 분열(schism)이 눈에 띄게 나타났다.[1] "교회"와 "민족"은 결코 동일시 할 수 없음이 분명해졌다.

(2) 화평이 아니라 검을……

평안의 전령들은 싸움을 일으켰다. 그리스도께서는 세상에 화평을 주러 온 것이 아니라 검을 주러 오셨다(10 : 34). 예수님의 선교사들의 위치는 이리 가운데 있는 양과 같은 것이었다. 제자가 그의 선생보다 높지 못하다. 그들 앞에도 고난이 있었다. 따라서 사도들은 그러한 고난을 감수해 내야만 했다. 그렇지만 그들은 약속들을 부여받았다(10：29－33, 39). "너희를 영접하는 자는 나를 영접하는 것이요"(10：40). 여기서 예수님께서는 자신의 사도들과의 일체감을 표명하셨다.

예수님께서 사도들에게 언급하신 것은 실제로 그들이 부여받았던 직무에 관한 일종의 설교였음을 명심하라. 그들은 나중의 사도 시대에 예수님이 분부하신 말씀대로 사역에 임했다. 예수님께서는 아주 열정적인 어조로 다가올 핍박에 대하여 언급하시면서 이렇게 선포하셨다.

> 또 너희가 내 이름을 인하여 모든 사람에게 미움을 받을 것이나 나중까지 견디는 자는 구원을 얻으리라 이 동네에서 너희를 핍박하거든 저 동네로 피하라 내가 진실로 너희에게 이르노니 이스라엘의 모든 동네를 다 다니지 못하여서 인자가 오리라 (10：22－23)

여기서 우리는 심판, 즉 이스라엘을 향해 의도된 심판을 통하여 인자가 오실 것임을 암시받는다. 그러므로 사도들은 끝까지(10：22), 즉 예루살렘에 임하는 심판의 완성 때까지 인내할 것을 권고받는 것이다.

(3) 교회가 직면한 선택

마태복음서가 매우 시의적절했던 이유는, 그것이 하나님의 불순종한 백성들 위에 임할 심판－예루살렘의 파괴에 대한 심판－의 날이 다가오는 때의 교회 임무를 나타냈기 때문이다. 도끼가 나무 뿌리에 놓였던 것이다！

마태복음서는 역시 오늘날 우리에게도 관련이 있다. 오늘날 복음은 교회의 참 신자와 명목상의 회원 사이를 명확히·구분짓는 일을 계속적으로 하고 있다. 복음은 우리에게 우리 자신의 생명까지도

내어놓도록 요구한다(10：39; 계 12：10)[2].

때때로 마태복음서 10장은 권위나 교회의 신앙고백에 대한 혁명적인 타도를 지지하거나 정치권이나 교회 내에서 시험적으로 행해지는 일부 모험적인 시도들을 변호하는데 인용된다.[3] 그러나 과연 어떻게 구세주께서 자신의 제자들에게 목숨을 얻기 위해서는 자신을 위해 자신의 가르침을 버려야 한다고 권면할 수 있었겠는가? 이러한 종류의 "잃음"[4]은 실질적으로 거짓 평안을 전파하는 그리스도를 고백하는 것과 매한가지이다. 그와 같은 해석이야말로 어느 경우에나 적용되는 이현령 비현령의 해석과 같은 것이다.

주

1) 샬롬(평안의 복음)을 받아들인 자들과 거부하는 자들 사이의 분열을 말한다. 유대인들은 자신들이 선택받은 민족이라는 자만과 안이함에 빠져 있었다. 그러나 예수님께서는 그것을 깨뜨리셨다. 그리하여 그 민족 내부에는 분열이 야기되었다(참조. 10：36, 37).

2) 마태복음서 10장에서 예수님께서는 열두 제자를 파송하시면서 그들의 직무 및 그 직무를 수행하는데 있어서 지켜야 할 자세와 각오에 대해서 말씀하신다. 그 당시의 사도들은 평안의 복음을 전파함으로써 그 민족 사이에 분열을 야기시킨다. 그리하여 그 복음을 받아들인 자에게는 평안이, 거부하는 자에게는 심판이 있게 된다. 오늘날 종말을 맞고 있는 우리 교회 역시 세상을 향하여 이 복음을 외쳐야 한다. 그러나 복음은 역시 교회 내에서도 바르게 외쳐져야 한다. 왜냐하면 유형교회는 완전한 그리스도인들만의 집합체가 아니기 때문이다. 이스라엘처럼 우리는 교회에 속한 것으로 만사가 다 된 것처럼 자족해서는 안 된다. 문제는 내가 복음을 바로 알고 그것에 전인적으로 응답, 순종의 삶을 사느냐의 여부가 중요한 것이다. 복음을 알고, 그 분의 뜻에 순종하는 삶을 사는 사람은 박해도, 고난도 기꺼이 수락하여 생명까지도 불사한다. 오로지 복음만을 위해 산다.

3) 이러한 자들은 "내가 세상에 화평을 주러 온 줄로 생각지 말라 화평이 아니요 검을 주러 왔노라 … 불화하게 하려 함이니 사람의 원수가 자기 집안 식구리라"(10：34－36)와 같은 예수님의 말씀을 오해하는 자들이다. 그러나 예수님께서 주시고자 하시는 화평은 외적인 것이 아니요 내적인 화평이다. 그 내적인 화평은 검,

즉 필연적으로 싸움을 통과한 이후에 얻어지는 결과이다. 그 싸움이란 곧 복음의 전파와 그것에 대한 응답의 과정에서 비롯되는 것이다.

4) "자기 목숨을 잃는 자는 얻으리라"(10：39).

8. 예수 그리스도께서 공격을 취하시고 동요를 일으키시다 (11 : 1−12 : 50)

(1) 세례 요한의 질문

본 단락은 예수님께서 어떻게 공격을 취하셨으며, 다른 이들에게 동요하여 실족할 만한 이유를 제시하였는지를 보여준다(여기서 사용된 헬라어는 스칸달론 skandalon으로서 스캔들 scandal이라는 단어와 연관이 있다).[1]

첫째로, 세례 요한이 있었는데 그는 이즈음에 감옥에 갇혀 있었다. 자유의 몸이었을 때 그는 심판을 설교했다. 그러나 이제 그는 큰 나무를 뒤흔들어 쓰러뜨릴 만한 메시아적 심판이 결코 없다는 소식을 전해 들었다. 오히려 예수님께서는 사람들을 돕고 그들을 치료하시며 이곳 저곳을 돌아다니고 계셨다. 그래서 그는 헤롯의 감옥에서부터 한 대리인을 예수님께 보내어 다음과 같은 물음을 묻게 했다. "오실 그이가 당신이오니이까 우리가 다른 이를 기다리오리이까"(11 : 3, 참조. 시 118 : 26). 분명히 그들은 메시아의 역할에 있어서 다른 어떤 것 또는 어떤 이를 찾고 있었다. 메시아가 세상을 의로써 심판하시고자 하지 않았던가? 그 선구자조차도 동요하였던 것이다.

(2) 주님의 종[2]

예수님께서는 선지자들의 예언으로 거슬러 올라가 답변하셨다. 예수님이 요한으로부터 세례를 받으실 때, 성부께서는 예수님은 자신의 매우 기뻐하시는 아들이심을 선포하셨는데, 이는 예수님을 주님의 종과 동일시하는 것이었다(3：17; 사 42：1).

이 종은 공의의 승리가 이루어지기 전까지는 상한 갈대를 꺾지 아니 하시는 온유한 자로서 많은 소란을 일으킴이 없이 자신의 사역을 힘쓰실 것으로 기록되지 않았던가? 그는 시대의 표적이 병고침의 이적(사 35：5－6)과 특별히 "가난한 자들"에게 기쁜 소식을 가져오는 것(사 65：1 이하; 마 11：5; 눅 4：16 이하)을 통하여 보여지도록 하셨다.

여기서 우리는 다시금 산상보훈에서 "온유한 자"로 묘사된 "가난한 자들"에 대한 언급을 읽게 된다. 정녕 심판은 오게 되어 있었다. 정한 때에 예수님께서는 도끼를 사용하실 것이었다. 그러나 먼저 복음이 선포되어져야 했다. 요한으로부터 보냄을 받은 자들은 일종의 축도(benediction)를 받고 돌아갔다.

(3) 예수님의 선구자

이러한 상황 가운데서 예수님께서는 자신의 선구자인 세례 요한의 사역의 의미에 관한 어떤 것을 말씀하시고 계셨다. 네 복음서 기자들은 때때로 요한의 위치에 관하여 분명하게 언급하고 있다. 왜냐하면 요한은 그의 사후에 부분적으로 그의 몇몇 제자들에 의해 그리스도의 복음을 반대하는 일종의 메시아로서 변형되었기 때문이었다(참조. 행 19：1 이하).

복음은 요한의 미완성의 종교개혁과 싸움을 벌려야만 했다. 요한의 위치가 최종적인 것이 아니었다. 이 엘리야의 사역을 통하여 신자들은 새 언약 안에 있는 하나님의 왕국을 맹렬히 공격하고 그것을 온전히 붙잡도록 부르심을 받았던 것이다(11：12).

(4) 거절에 대한 심판

비록 요한이 동요하긴 했지만 그는 보다 더 분명한 것을 요구했다. 그러면 "이 세대"(신 32：5, 20, 28; 시 12：8), 즉 예수님의 청중들 대다수는 어떠했는가? 그들은 요한이 너무도 엄격하고 비타협적이라고 해서 거절했다. 그러나 그들은 역시 요한보다 훨씬 더 온화하셨던 신랑이신 예수님을 거절했던 것이다.

예수님께서 매우 많은 이적들을 베푸셨던 갈릴리 해변의 북쪽에 위치했던 도시들, 즉 고라신(Chorazin), 벳새다(Bethsaida), 가버나움(Gapernaum)은 두로(Tyre), 시돈(Sidon), 바벨론(Babylon), 소돔(Sodom)의 도시들과 같은 처지에 놓이게 되었다. 사실 그 도시들은 이상의 이방 도시의 수준 이하로 몰락되었다(11：16 이하; 사 14：13－15; 참조. 계 18장, 거기 보면 유대의 예루살렘 도시는 바벨론으로 불리운다. 그리고 두로와 시돈을 향한 예언들이 바벨론에 적용된다).

(5) 안식의 약속

감사하게도 예수님의 그러한 거친 말씀에도 불구하고 그것을 공격하지 않고, 불필요한 짐들인 랍비의 멍에를 벗어버리고 예수님께로 나아오는 자녀들이 여전히 있었다. 구세주께서는 부드럽게 그들을 부르셨다. "수고하고 무거운 짐진 자들아 다 내게로 오라 내가 너희를 편히 쉬게 하리라… 그러면 너희 마음이 쉼을 얻으리니…(11：28－29).

예수님께서 여기서 약속하신 안식은 한 개인의 "영혼"의 안식을 의미하는 것이 아니라 모든 지각에 뛰어난, 모든 것을 재창조하시고 회복시키시는 메시아의 평안을 말한다. 예수님께서 이 약속을 하셨을 때 그는 선지자 예레미야의 다음과 같은 말씀을 인용하셨다.

> 여호와께서 이같이 말씀하시되 너희는 길에 서서 보며 옛적 길 곧 선한 길이 어디인지 알아보고 그리로 행하라 너희 심령이 평강을 얻으리라 하나 그들의 대답이 우리는 그리로 행치 않겠노라 하였으며….
>
> 그러므로 나 여호와가 이같이 말하노라 보라 내가 이 백성 앞에 거침을 두리니 아비와 아들들이 한가지로 거기 거치며 이웃과 그 친구가 함께 멸망하리라 (렘 6：16, 21)

내가 이 백성 앞에 거치는 것들(stumbling blocks)을 두리니! 그렇다. 예수님께서도 역시 이스라엘의 많은 자들이 **넘어지도록** 하기 위해서 오셨던 것이다.

(6) 성령을 거스르는 죄

마태는 계속해서 사람들이 예수님께 대하여 어떻게 공격을 취했는지에 대해서 기술하고 있다. 그들은 예수님께서 말씀하셨던 것에 대해 강한 공격을 받았다. 그것은 단지 기분 나쁜 문제가 아니었다. 예수님께서는 사람들이 거침돌이신 자신에게 걸려 넘어진다는 생각에서 그들을 공격하셨다. 그는 안식일을 범한다는 비난을 받으셨다.

이스라엘의 지도자들은 예수님께서 단지 귀신의 왕인 바알세불(Beelzebul; 그의 이름은 필경 집 주인 lord of the house 12 : 24; 9 : 34; 10 : 25을 의미할 것이다)을 힘입었기 때문에 놀라운 행동들을 하실 수 있었다고 주장했다. 인자로서 비하의 시련을 겪으시는 동안 그는 그와 같은 비난을 여전히 감수하실 수 있었으며 그들을 용서하실 수 있었다. 그러나 오순절 이후의 때, 즉 계시가 성령의 덕택으로 보다 더 밝게 되었을 때, 그리스도에 대한 그와 같은 뻔뻔스러운 거절은 더이상 용서받을 수 없었다[3](12 : 31-32).

어떤 이들은 말세의 "적그리스도"와 같은 성육신한 귀신들만이 성령을 거스르는 죄를 범할 수 있다는 견해를 취한다. 또 다른 어떤 이들은 자신들이 그와 같은 무서운 죄를 범할 수 있는지, 그로 인하여 구원으로부터 영원히 배제되는지의 여부를 고통스럽게 물음으로써 그들의 삶 자체를 파괴시켜 버리기도 한다. 그러나 이상의 두 견해는 모두 성령을 거스르는 죄에 대하여 잘못된 접근 방법에서 비롯된 것이다. 이 죄는 아주 특별한 상황 하에서 어떤 날 일어나게 될 어떤 것이 아니다. 요한 일서에는 이 죽을 죄를 범한 채 지상에서 활동하고 있는 적그리스도에 대해 언급되어 있다.

성령을 거스르는 이 죄는 오순절 이후 시대에 살고 있는 모든 자들이 범하기 쉬운 죄이다. 그러나 우리는 이 죄가 용서함이 없는 어떤 우발적인 사건이라고 추정해서는 안 된다. 그렇다. 실제로 이 죄에 해당되는 것은 끊임없이 성령에 대해 반대하는 것이다(행 7：51). 스데반이 "주여 이 죄를 저들에게 돌리지 마옵소서"라고 기도했을 때, 그의 기도는 적어도 바울의 경우만을 놓고 볼 때 응답되었다는 사실을 잊지 말라. 교회를 향하여 열렬히 반대함으로써 일종의 적 그리스도의 역할을 하였다가 후에 자신이 가장 큰 죄인이었음을 고백했던 바울은 은혜가 무엇인지를 목도할 수 있게 되었다. 그의 적대심은 죄인들을 구원하시기 위해서 오셨던 분에 의해 깨뜨려졌던 것이다.

성령을 거스르는 이 죄는 우리가 때때로 추측하는 것보다 훨씬 자주 일어난다. 하나님의 말씀과 복음에 가해지는 공공연한 공격들을 생각하라. 그럼에도 불구하고 우리는 이 죄가 실재한다는 것 때문에 영적으로 움츠러들어서는 안된다. 오히려 다소 사람 사울이 유념했던 다음과 같은 복음의 호소가 한층 더 절실한 것이다. "너희가 이 패역한 세대에서 구원을 받으라"(행 2：40). 바울의 경우는 예수님을 믿고 영생을 얻기 위해 나온 모든 자들에게 위안이 되는 실례이다(딤전 1：16).

(7) 마음을 굳게 함과 반대

마태복음서 12장의 말씀은 오순절 이후의 교회에 대한 경고로 가득차 있다. 그러나 그것은 역시 위로와 복음전도의 능력을 내포하고 있다. 신자들이 그들 주위에서 마음을 굳게 하는 사람들을 볼 때에 그들 이전의 예수님께서도 그와 같은 일을 경험하셨다는 사실을 기억해야 한다. 예수님께서는 그의 참소자들이 행한 비난들이 사단의 사역이었음을 선언함으로써 그들의 비난에 대해 답변하셨으며 자신을 정복자로서 묘사하였다. "내가 하나님의 성령을 힘입어 귀신을 쫓아내는 것이면 하나님의 나라가 이미 너희에게 임하였느니라"(28절).

이러한 사실 때문에 교회는 더욱더 많은 사람들을 그리스도께로 인도할 수 있는 것이다.

그런즉 교회는 그 시작에서부터 바리새인들이 취했던 것과 마찬가지로 많은 사람들이 공격을 취할 것이라는 사실을 알아차렸다. 유대인들은 끊임없이 어떤 표적을 요구하였으나(12 : 38; 고전 1 : 22), 십자가에 못박힌 그리스도(고전 1 : 23)는 선지자 요나의 표적 이외의 어떤 표적도 그들에게 베풀기를 거절하셨다(12 : 39 이하). 심지어 자신의 가족이 공격의 대상에서 제외될 것이며 순종하는 자들로 이루어진 대가족 속에 포함될 것이라는 어떤 보증조차도 없었다(46절 이하).

주

1) "누구든지 나를 인하여 실족하지 아니하는 자는 복이 있도다 하시니라"(11 : 6)에서의 "실족하지 아니하는 자"는 헬라 원어로 "ὅς ἐὰν μὴ σκανδαλισθῇ"이다.

2) 한글 개역은 "여호와"와 "주"가 마치 다른 것처럼 번역하였지만 영어 성경은 신구약 공히 "여호와"를 "Lord"로 번역하였다. 그런데 이것을 우리 한글 개역은 구약에서는 "여호와"로, 신약에서는 "주"로 번역하였던 것이다. 본서에서는 편의상 구약에서는 모두 "여호와"나 "하나님"으로, 신약에서는 "주" 또는 "주님"으로 번역하였다. 따라서 여기의 "주님의 종"은 구약(특히 이사야서)에서 자주 언급된 "여호와의 종"이다.

3) 자주 언급한 대로 계시는 점진적, 역사적이다. 구약에서 예수님께로 갈수록 점점 더 밝아지고 신약 서신에서 그것은 충만하게 빛을 드러낸다. 구약 시대의 백성들은 수건을 쓰고 그것을 본 것 같았으나 오늘날은 수건을 벗고 보는 것과 같다. 그러므로 계시를 확실하게 볼 수 있다. 이런 관점에서 신약의 성도들은 세례 요한보다 우월한 위치에 있는 것이다.

너는 증거의 말씀을 싸매며 율법을 나의 제자 중에 봉함하라 (사 8 : 16)

9. 예수님께서 비유로 가르치시다 (*13 : 1－52*)

(1) 직관에의 호소

예수님께서는 사람들이 그의 가르침에 대해 공격을 해왔기 때문에 마샬[1](mashal)로 알려진 문학적인 방법을 채용하셔서 수수께끼와 비유의 형태를 통하여 그들에게 말씀하시기 시작하셨다. 마샬은 어떤 일반적인 진리를 이끌어 낼 수 있도록 구체적인 어떤 상황을 제시한다. 마샬의 특성은 논리적인 정확도에 있지 아니하고 직관에 대한 호소에 있다.

만일 마샬이 지나치게 문학적인 어떤 방식으로 적용되거나 분석되어진다면 실수가 생기게 된다.[2] 기억해야할 요점은, 구체적이면서도 종종 숨겨진 형태로써 제시되고 있는 마샬은 예외적인 것들을 한데 모아놓은 것으로 이뤄지지 않는다는 사실이다. 마샬은 〔복잡한 것이 아닌〕 기본적인 진술이 되도록 의도된 것으로서 일반적인 규범을 가리키는데 사용되는 주목할 만한 문학방식이다. 마샬은 가능성이 있는 모든 것을 고려해 넣는 어떤 법률가 팀에 의해 공식화된 규칙으로서 읽혀져서는 결코 아니 될 것이다.

(2) 비유의 목적

어떤 이들은 비유가 복음을 이해하는데 있어서 가장 쉬운 부분이라고 주장한다. 그러나 예수님께서는 무리들에게 씨 뿌리는 비유에 대해서 말씀하신 후에(그가 고기잡이 배를 설교 강단으로 삼아 전달하신

"선상(船上) 설교"의 한 부분으로서), 단지 제자들에게만 그 비유의 해석을 알리셨던 것이다.

비유의 목적은 말꼬리를 잡아 캐묻기를 좋아하는 자들의 마음을 굳게 하는 것이었다. 이사야는 보기는 해도 보지 못하고 듣기는 해도 듣지 못하는 방식으로 말하도록 명령을 받았다. 예수님께서는 그의 선임자(즉, 이사야)가 시작했던 것을 단순히 성취하고 계셨다(13 : 14 이하; 사 6 : 9 이하).

(3) 왕국에 관한 비유들

마태복음 13장에 기록된 세번째 설교에서의 비유의 메시지는 무엇이었는가? 그것들은 하나님의 왕국이 유대인을 공격하는(즉, 넘어지게 하는) 은밀한 방법으로 임한다는 사실을 말해 주고 있다. 그렇지만 이 은폐는 왕국의 특성이요 본질이며 운용 양식의 일부분이다.

말씀은 씨와 같다. 우리는 그 씨가 완전히 자란 식물이 되기 전까지 얼마나 많은 위험에 휩싸여 있는지를 모두 잘 알고 있다. 그러나 악의 세력들은 결코 승리하지 못한다. 그 씨는 결국 30배, 60배, 100배의 열매를 맺는다. 땅은 세상이다(교회가 땅과 동일시되지 않고 있음을 주의하라). 땅에는 밀과 매우 흡사한 가라지들이 자라고 있어서 그것들을 서로 분리하기란 불가능하다. 그러한 가라지들은 밀을 구별하기 어렵게 만든다.

그리스도께서는 이 비유를 교회 내에서 권징을 시행할 수 없다는 사실을 말씀하시기 위해서 사용하신 것이 아니었다. 그는 단지 겉으로 보기에 교회의 상황은 소망이 없는 것으로 보일 것이라는 사실을 묘사하고 있었다. 악한 자들은 무사태평한 삶을 살아간다. 그렇지만 추수하여 탈곡할 때가 올 것이다.

예수님께서는 자신의 추종자들에게 하나님의 왕국의 진전(breakthrough)으로부터 어떤 극적인 것들을 기대하지 말 것을 경계하셨다. 왕국은 마치 겨자씨 한 알과 같다. 그것은 누룩과 같으며, 밭에 감추인

보화같으며, 어떤 이가 끈질기게 구해야만 하는 아주 값진 진주와도 같다. 그리고 어부가 그물로 끌어들인 모든 것들이 다 먹기에 적합하지 않아 그것을 분류하는 것처럼 왕국에서도 그런 일이 있을 것이다.

주

1) 로버트 스타인은 마샬의 의미를 다음과 같이 정의하였다. (1) 구약에 나타난 "마샬"의 의미… 속담, 조롱, 풍자, 비웃음, 빈정거리는 말, 수수께끼, 이야기, 알레고리, (2) 신약에 나타난 "마샬"의 의미… 속담, 은유, 상징적인 격언, 이야기체 비유, 예화체 비유, 알레고리. 이상에서 살펴 본 것처럼 마샬을 비유라고 단순히 정의하기에는 너무나 광범위한 의미를 가지고 있다. 독자들은 성경에서 사용된 마샬의 의미를 이해하라.

2) 이러한 방법은 주로 비유를 알레고리적인 방법으로 해석하는 것을 지적한다. 비유를 비유 자체로 보지 않고 그것을 메시지화 하기 위해서 그 이면에 숨어 있는 뜻을 찾아 내는 알레고리적인 해석 방법은 지난 2000여 년 동안 교회 내에서 각광을 받은 것으로서 오늘날에도 인기를 떨치고 있다.

10. 메시아와 이스라엘 사이에 증대되는 불화 (*13 : 53－17 : 27*)

(1) **반대와 고립**

본 단락에서 우리는 예수님께서 점차로 심한 반대에 부딪히게 됨을 보게 된다. 예수님께서는 여전히 무리들에게 말씀하신다. 그러나 마침내 그는 새 언약의 교회에 맡겨진 사역을 주도하기 위해서 많은 가르침을 받아야 할 필요가 있는 자기 제자들과 함께 한적한 곳으로 피해 가신다. 따라서 이 부분은 자연스럽게 교회 안에서의 질서를 다루고 있는 네번째 설교로 이어진다.

예수님의 고립은 더욱더 분명해진다. 나사렛 마을의 사람들은 그를 믿기를 거절한다(13 : 53 이하; 참조. 눅 4 : 16 이하). 헤롯이 세례 요한에게 형을 집행한 것은 예수님께 대한 일종의 경고이다. "인자도 이와 같이 그들에게 고난을 받으리라"(17 : 12). 그러므로 예수님께서는 기도하시기 위해서 황량한 광야로 물러가셨다. 그러나 먼저 그는 모세와 엘리사처럼(참조. 왕하 4 : 42－44) 5천명 이상 되는 사람을 먹이신다. 홀로 산꼭대기에서 기도하시고 난 후에 갈릴리 바다에 있는 제자들의 배를 향해 물 위로 건너 오셨다. 이 사건으로 인하여 제자들은 예수님을 향하여 "진실로 하나님의 아들이로소이다"라고 고백한다.

(2) 엘리야의 발자취를 따라

예루살렘의 산헤드린으로부터 파견나온 서기관과 바리새인들은 되어져가는 일들을 주목하여 보았다. 그들은 예수님께서 깨끗한 음식과 불결한 음식에 관한 고대의 전통을 준수하지 않았다고 하여 그를 고소하고자 하였다. 이때에 예수님께서는 무엇보다도 가장 더러운 것은 마음이며 따라서 사람의 입에서부터 나오는 말이 가장 더러운 것임을 그들에게 분명히 말씀하셨다(15：1 이하).

이스라엘의 지도자들에게 설교한다는 것은 거의 소망이 없는 것처럼 보였다. 그들은 전혀 이해하지도 않았으며 믿지도 않았던 것이다. 그러므로 예수님께서는 엘리야처럼 이스라엘의 경계 밖으로 나가셔서 두로와 시돈 근처에서 얼마간의 시간을 보내셨다. "심판 날에 두로와 시돈이 너희보다 견디기 쉬우리라"(11：22). 거기서 그는 다윗의 자손이라는 메시아의 칭호를 듣게 되었으며 가나안 여인의 믿음을 보시고 그에 대한 응분의 보상을 주셨다(15：21 이하). 이것으로 인하여 이스라엘이 시기하였던가?

다음으로 일부 병자들이 고침을 받은 기사와 또 다시 많은 무리들(4천명 이상)을 갈릴리에서 먹이신 기사가 나타난다. 그러나 이스라엘 지도자들은 이러한 사건들의 어느 것도 믿지 않았다. 오만스럽게도 그들은 계속해서 하늘로부터 오는 엄청나고도 확실한 표적을 요구했다.

(3) 바리새인과 사두개인

이 시점까지 예수님께서는 정통을 강조하는 우파(the right-wing party)인 바리새파 사람들에게 뿐만 아니라 역시 제사장직의 고위층과 연관이 있는 "고교회파"(high church) 그룹으로서 자유주의자들인 사두개파 사람들에 의해서도 반대를 받으셨다. 후자의 집단은 오늘날의 진보적인 또는 좌파(left-wing)라고 말할 수 있는데 그들은 분명히 헤롯의 녹을 먹고 사는 자들이었다(막 8：15).

바리새인과 사두개인들은 시대의 표적들을 인식하기를 거절했다. 바리새인과 사두개인들의 누룩을 주의하라고 말씀하신 예수님의 경고는, 어째서 기독교 신앙의 원리들에 철저히 뿌리박은 것으로 보이는 사람들이 어려움에 봉착했을 그때 매우 신속히 좌(左)로 치우칠 수 있는 가로 항상 고민해야 하는 신약의 교회에게도 역시 해당되는 말씀이다.

교회의 신앙고백은 언제나 시험을 받고 있다. 말씀 위(above)에서서 외적인 문제들을 최우선시함으로써 바리새인들 편에 동참하는 자는 누구든지 본질상 진보적으로 자유롭게 사고하는 사두개인들의 입장에 전심으로 동의하는 것이다.

(4) 새로운 시작

예수님께서는 제자들을 참된 신앙고백 쪽으로 이끌기 위해서 그들과 함께 요단강 상류 근처에 있는 단(Dan)의 북부 외진 지역으로 가셨다. 이 내용이 기록된 부분을 읽을 때 우리는 예수님께서 어딘가에서 거듭해서 사람들과의 접촉을 갖고자 애썼지만 실패하셨다는 인상을 받는다. 그는 단념하셨다.

대체로 그 민족은 신자들로 이루어지는 새로운 공동체가 되기를 거부했다. 그러므로 예수님께서는 대신에 자기 자신의 제자들에게 주의를 집중하시기로 마음 먹으셨다. 베드로는 인자에 관하여 다음과 같이 고백하였다. "주는 그리스도시요 살아계신 하나님의 아들이시니이다"(16 : 16).

(5) 베드로에 대한 약속

예수님께서 친히 세우실 자기 교회의 터인 "반석"("페트라" petra)에 대해서 말씀하신 것은, 자기에 관한 위의 신앙고백의 상황 안에서였다. 이 장면에서 제자들을 대표하는 베드로는 자신이 천국 열쇠의 소유자요 주임 집행관(사 22 : 22)이며, 하나님의 왕국의 청지기가 될 것이라는 약속을 부여받았다. 말씀을 붙들고 나아가는 한, 교회는 역시 천국 열쇠를 지니고 있는 것이다.

우리는 여기서 하늘 문에 서 있는 성(聖) 베드로에 대해서 생각할 것이 아니라 강단에 서 있는 베드로에 대해서 생각해야 한다. 동시에 베드로에 대한 약속은 바리새인과 사두개인들의 누룩을 주의하라는 예수님의 경고의 말씀을 반복한 것이다. 그것은 곧 오직 성경 말씀으로써만 살라는 말씀인 것이다. 교회가 말씀으로만 살고 그 밖의 어떤 것도 거부한다면 교회 역시 다윗의 열쇠를 지니고 있다(속 3：7; 계 3：7 이하). 만일 교회가 말씀으로부터 떠난다면 교회는 그 권위를 상실하게 될 것이다.

이상의 논쟁의 여지가 있는 구절(즉, 16：19)이 베드로를 어떤 "선천적인 성결"을 소유하고 있다거나 일부 특별한 직무로 인해 다른 이들 보다 우위에 부상하게 된 것으로서 묘사하고 있지 않다는 것은, 베드로가 예수님을 메시아로서 선언한 이후에 행했던 것을 볼 때 명백해진다. 즉, 그는 사탄이요 대적자로 변하여, 예수님께서 예루살렘에서 고난을 겪어야만 할 것이라는 말씀을 거부했던 것이다. 예수님께서는 그를 심하게 책망할 필요를 느끼시고서 이렇게 말씀하셨다. "사단아 내 뒤로 물러가라"(16：23). 신약의 교회는 십자가의 복음을 제시하는 데 임무가 있지 우리가 우리 스스로를 구속해야만 한다고 말하고 있는 자급자족의 복음(a gospel of self-sufficiency)을 제시하는데 있지 않음을 배워야만 했다. 교회는 십자가의 복음을 전하는 이 길이 영광으로 이끌릴 것이라는 확신 가운데 나아가야만 한다.

(6) 인자의 오심

마태의 이 부분에는 또 다른 논쟁을 불러 일으킬 소지가 있는 본문이 포함되어 있다. "진실로 너희에게 이르노니 여기 섰는 사람 중에 죽기 전에 인자가 그 왕권을 가지고 오는 것을 볼 자들도 있느니라"(16 : 28). 우리는 이 본문을 사도 시대 동안의 예수님과 연관된 어떤 사건에 대한 언급으로서 읽어야 한다.

"일부의 사람들"만이 살아서 예수님께서 그 왕권을 가지고 오는 것을 볼 것이기 때문에 예수님께서 변화산상의 변형 사건이나 오순절 사건을 언급하고 계신 것 같지는 않다. 필경 그가 의도하셨던 것은, 회개하지 않는 예루살렘에 마침내 심판이 임했던 바로 그 때 있을 교회에 대한 변호였을 것이다. 마태가 이 복음서를 기록했을 바로 그 때의 암울한 시기에 있어서 신자들은 예수님께서 자신들이 살고 있는 시대 동안에(비록 사도들이 모두 살아서 그것을 보지 못했음에도 불구하고) 왕으로서 자신의 권능을 생생하게 나타내실 것이라는 위로의 지식을 소유하고 있었다.

(7) 영광의 전조(前兆)

높은 산 위에서 예수님께서 모세와 엘리야와 말씀하시면서 영광 중에 변형되신 것은, 십자가 사건 이후에 일어날 것을 미리 예고해 주는 것이었다(참조. 계 1 : 11; 벧후 1 : 16 이하). 예수님께서는 자신이 행하신 모든 것에서 이 두 선지자의 영역 안에서 활동하셨으며 그의 행동은 바로 그것들을 생각하게 하는 것이었다.

예수님께서 세례받으실 당시 들렸던 소리가 다시 들리게 되었다. 예수님은 아버지께서 매우 기뻐하셨던 자(사 42 : 1)요 신실한 주의 종이셨다. 그는 또한 "세상"에 오셨던 선지자이셨다. 그런즉 다음과 같은 말이 선포되었다. "너희는 저의 말을 들으라"(17 : 5; 참조. 신 18 : 15; 요 6 : 14; 행 3 : 22 이하).

(8) 불필요하게 공격하지 않음

예수님께서는 모세와 엘리야보다 더 크신 분이시기 때문에 그들이 당했던 고난보다 더한 고난을 당하셔야 했으며 또 자기 백성들로부터 배척을 받으셨다. 예수님께서 영화스럽게 되었던 변화산상에 머물자고

했던 베드로의 어리석은 제의(17 : 4)는 예수님께서 계속해서 봉착하셨던 "믿음의 부족"(하나님의 약속의 모든 것을 받아들이기를 완고하게 거절하는 것)과 함께 예수님께서 말씀하셨던 "믿음이 없고 패역한 세대"의 성격을 나타내는 것이었다(17 : 14 이하). 그렇다. 예수님께 장차 고난이 있게 될 것이다(22－23절). 모든 의는 성취되어져야만 했을 것이다(3 : 15). 그러므로 성부의 자유자(自由子; free Son of the Father)요 이스라엘의 왕이신 예수님께서는 물고기의 입에서 한 세겔을 취하셔서 자신과 베드로를 위해 반 세겔의 성전세를 지불했다. 이 지불은 유월절 전(前) 달(month)에 되어졌다.

오순절 이후의 시대에 있어서 성전세를 낼 것인가의 여부는 많은 사람들에게 실제적인 문제가 되었다는 사실을 기억하라. 만일 어떤 이가 유대 출신의 그리스도인으로서 성전세를 지불하였다면 다른 이들은 그와 같은 문제들의 모순이 없음을 논쟁하고 산헤드린의 다른 모든 관습과 규례도 역시 신봉되어져야 하며 그리스도인은 스스로를 구별하지 않아야 한다고 주장했을는지도 모른다. 만일 어떤 신자가 성전세를 지불하지 않기로 결정한다면 그는 민족의 통일성을 방해하는 자로서 공격을 받았을 것이다.

그러므로 마태는 이 문제에 대한 어떤 빛을 던져주기 위해서 이 이야기를 기록하고 지나간다(이 이야기는 다른 세 "복음서"에서 발견되지 않는다). 성전세를 냈던 자들은 자유자와 상속자로서의 자신들의 권리를 결코 포기하지 않았다. 다만, 그들은 백성들을 불필요하게 공격하기를 원치 않았기 때문에 지불했던 것이다.

11. 교회의 질서에 관하여 (*18 : 1−35*)

(1) 어린 아이들과 같이

이 어린 교회는 사실상 전제적이며 권력을 사랑하는 방법들을 따름으로써 세상을 닮아가려는 위험에 늘 처해 있었다. 그러므로 예수님께서는 교회가 어떤 지상 제국처럼 강력한 힘에 의존해서는 안 된다는 것을 강조하시면서, 대신에 교회는 자기 부정의 법칙으로 살아야만 한다고 가르치셨다.

신약의 교회는 회당과의 관계를 끊어야 한다는 것을 강조하고 있는 마태는, 이제 모든 세대의 교회들에게 아주 중요한 의미를 지닌 예수님의 네번째 설교를 제시하고 있다. 교회는 그 자체의 특성을 나타내야 하는데, 그것은 곧 섬기기 위해서 오셨던 분의 특성이다. 따라서 신자들은 "어린 아이들과 같이" 되어야만 한다(18 : 3).

(2) 거침돌

어린 아이들과 같이 된다고 해서 교회의 신앙고백을 무시한다거나 순진한, 천진난만한 기독교를 옹호한다거나, 우리의 신앙에 대한 모든 "지식"을 제거한다는 의미가 아니다. 오히려 그것이 의미하는 것은, 우리가 스스로를 겸손히 낮추어야 하며 순전히 은혜로써만 살아야 한다는 것이다. 그 때에 우리는 우리보다 "약한" 형제 자매들을 어떻게 생각해야 할 것인지와 그들의 길에 거침돌을 놓지 않는 법을 알 것이다.(참조 롬 14−15장)

예수님께서는 교회의 생활을 황폐하게 할 수 있는 많은 문제들 즉, 자기 의와 교만 그리고 경직된 전통들을 고수하려는 완고함을 낳는 문제들을 예견하셨다. 양들이 제멋대로 흩어지도록 놔두었던 교만한 모든 목자들에 대해 생각해 보라. 종종 교회 안에서 다른 이들의 죄악에 직면했을 때 무정하게도 그들을 건져내기 위한 어떤 일도 하지 않으며 심지어 그들을 도와 주기를 거절하는 경우가 많다. 형제가 범죄했을 때 모든 이들이 그 사실을 알도록 광고하는 잔인성을 나타내보이기까지 한다！

(3) 권 고

마태복음서 18장에 기록된 법칙이 매우 중요한 이유가 바로 여기에 있다. 이 법칙은 단순히 어떤 이에 대하여 개인적으로 범했던 죄들에 관한 것이 아니라 일반적인 죄에 관하여 적용된다. 많은 번역본이 "네 형제가 네게 죄를 범하거든…"(If your brother sins *against you*…) 이라고 번역하는 것과는 달리 헬라 원문은 한글 개역의 "네 형제가 죄를 범하거든…"(If your brother commits a sin…)이라는 번역에 동의하고 있다.

만일 어떤 이가 죄를 범하면 먼저 개인적으로 그를 권고해야 한다. 그런 후 필요하다면 증인들을 데리고 그에게 접근해야 한다. 이러한 과정들이 선행된 후에라야 교회가 개입할 수 있다. 교회는 주의 이름으로 맬 수도 있고 풀 수도 있는 것이다. 이 전 과정의 동기(motive)는 문제에 직면해 있는 그 형제를 구원하는 것이다.

설사 천국 열쇠가 최종적으로 사용되어져야만 할지라도 우리는 여전히 그를 기꺼이 용서할 마음을 품어야만 한다. 교회의 지도자들은 백성들을 엄히 징계하도록 부르심을 받은 제사장과 같은 계급에 속한 것으로 스스로를 간주해서는 안 된다. 교회 안에서 라멕의 노래가 결코 있지 않도록 하라(18：22; 창 4：23-24). 우리는 중심으로 사람들을 용서해야만 한다(18：35).

12. 유다와 예루살렘에서 이스라엘과 최종적으로 만남 (*19 : 1—23 : 39*)

(1) **결혼과 이혼**

본 단락에서 우리는 다시금 사람들과 접촉하시는 예수님의 모습을 보게 된다. 유월절 이전 이 마지막 주간에 있었던 예수님의 이러한 만남들을 통해서 특별한 어떤 사실을 주목하게 되는데 그것은 곧 예수님께 대한 반대와 긴장상태가 한층 더 고조되고 있다는 것이다. 이것은 천국의 독특한 특성(즉, 교회에 대해 매우 중요한 의미를 주는 요점)에 대해 더 한층 많은 것을 나타내 주는 것이다.

예수님께서는 여리고와 요단 강 건너 편 땅을 경유하여 예루살렘에 이르는 순례 여행을 시작하기 위해서 갈릴리를 떠나신다. 예루살렘에서 그는 유월절을 지키실 것이었다. 그가 요단 강을 건널 때 우리는 그의 세례와 여호수아의 명령을 따라 요단 강을 건너는 이스라엘 백성들에 대해서 생각하게 된다. 이 때에 바리새인들은 이혼 문제를 가지고 예수님을 시험하고자 한다. 그들은 이 질문으로 그가 이혼을 허용했던 모세와 모순된 대답을 할 것을 기대했다(19 : 1—12).

그 랍비들은 교활한 방법으로 어떤 사람이 "수치되는 일이 그〔아내〕에게 있음을 발견"한다면(신 24 : 1) 그녀와 이혼해도 된다고 말한 모세의 규정을 들이내밀면서 이혼의 정당성을 말하였다. 예수님께서는 그들의 유연한 해석을 거부하셨다. 그는 창세기로 거슬러 올라가 이혼에 관한 모세의 규정들을 적절히 해석하셨다. 즉, 결혼이란 참으로 "수치"라 할 수 있는 음행한 연고(5 : 32)에 의해서만이 끊어질 수 있는 견고한 결속이 되어지도록 의도되었음을 밝히셨다.

예수님께서 이렇게 말씀하신 것은 누구든지 불필요한 금욕주의에 빠질 필요가 없음을 나타내준다. 그는 어린이의 탄생을 결혼의 축복으로서 인식하셨다. 왜냐하면, 그는 결혼을 하나님의 창조 법령으로서 존중했기 때문이다. 나아가 어린이들의 순진무구한 태도는 어른들의 본보기가 될 수 있다.

(2) 섬김을 통한 영광

마태복음서 19장 12절은 종종 금욕적인 용어로 잘못 해석되고 있다. 이 본문은 실제로 예수님을 따르는 것이 무엇을 의미하는지 총괄적으로 밝힌 것이다. 단지 그것은 마샬, 즉 신비적인 말의 형태로 안에서 던져지기 때문에("비유로 가르치신 예수님" 부분 및 5 : 29-30; 비교. 5 : 27-32과 19 : 3-12) 잘못된 해석을 유발시키는 것이다.

예수님을 따르는 것은 모든 방면에 있어 우선순위를 그에게 양도해 드리는 것을 말한다(19 : 16-30). 그와 우리 사이에 개재될 수 있는 것은 아무 것도 없다. 부와 가족까지라도 낄 수 없다. 우리는 우리의 행위에 근거하여 의롭다함을 받지 않는다. 또한, 그러한 사실을 믿도록 하는 아무런 근거도 가지고 있지 않다(마 19 : 30-20 : 16에 기록된 포도원 품군에 관한 비유를 생각하라). 예수님께서는 다시 한 번 영광은 섬김을 통해 추구되어져야만 한다고 강조하고 계신다(20 : 20 이하).

(3) 다윗의 자손

여리고 근처에 사는 두 소경은 예수님을 향하여 "다윗의 자손이여"라고 소리쳤다. 그리고 예수님께서 예루살렘에 입성하실 때 사람들은 "호산나 다윗의 자손이여"(호산나는 우리에게 구원을 주소서라는 뜻이다) 라고 소리쳤다. 어린이들은 찬송을 불렀는데 그로 인하여 스가랴의 예언이 문자적으로 성취되었던 것이다(슥 9 : 9).

다른 복음서 기자들과는 달리 마태는 예루살렘에로의 승리의 입성과 연관하여 나귀와 나귀새끼 모두를 언급하고 있다. 이것을 구약의 예언과 일치시키기 위한 노력으로서 이해해서는 안 된다. 아직 아무 사람도 타 보지 않은 나귀 새끼(막 11 : 2)라는 표현을 주목할 때 누구나 쉽게 이해할 수 있는 것처럼 마태의 표현은 단지 어떤 사건을 날카롭게 표현한 한 예에 지나지 않는다. 나귀 새끼 곁에 그 어미가 함께 있어 사람을 처음 태우는 나귀 새끼를 진정시킴으로써 그 새끼로 하여금 그 임무를 잘 감당하게끔 했을 것이 분명하다.

예수님께서는 완전한 권위를 소유한 자로서 성전을 청결케 하셨다(21 : 12 이하, 23절). 어린이들은 다시금 "호산나 다윗의 자손이여"라고 외친다. 심지어 예수님조차도 다윗이 메시아를 시편 110편에서 그의 자손(Son)과 주(Lord)로 부른 이유를 바리새인들에게 질문하심으로써 이 주제를 화제로 삼으셨다(22 : 41 이하).

(4) 심판의 말씀

예수님께서 바리새인 및 서기관들과 벌인 논쟁들에서 우리는 그 당시의 상황을 유추해 볼 수 있다. 성전은 강도의 굴혈이 되어 버렸다(21 : 13). 열매없는 무화과 나무는 이스라엘을 상징화하는데 사용된다(18절 이하). 성전의 권위자들은 예수님을 인식하지 않는다(23절 이하). 농부들이 상속자를 죽인다(33절 이하). 초대받은 자들은 결혼식에 오지 않는다. 그로 인하여 그들 성읍에 심판을 불러 들인다. 다른 이들이 그들에 앞설 것이다(22 : 1 이하, 28절 이하). 간교한 여러 질문 중의 하나에서 사두개인들이 성경도, 하나님의 부활의 권능도 알지 못했다는 것이 분명하게 드러난다(23절 이하).

아무도 감히 더 이상 예수님께 질문을 하려 들지 않는다. 그는 자신께서 자신의 가르침을 나타내기 위해 공공집회소(forum)로 바꾼 성전에서 도전을 받지 않으신다. 그러나 이스라엘 지도자들의 반대는 아주 분명해진다. 완고한 바리새인들과 유연성이 있는 사두개인들은 예수님을 반대하는 일에 있어서 하나로 뭉친다. 마태가 예수님께서 서기관들과 바리새인들을 향해 내린 일곱 가지의 저주의 말씀을 기록함으로써 예수님과 그 백성들과의 마지막 공적인 만남에 대한 기록을 결론짓는 이유가 바로 여기에 있다(23：14는 가장 중요한 사본들에서는 발견되지 않는다).

예수님께서는 말씀을 해석하도록 부르심을 받은 자들이 지식에 이르는 열쇠를 없애 버렸다고 책망하신다. 그들은 자기 스스로를 외적인 문제들의 틀 안에다 꽁꽁 묶어 놓았지만 실제로 그들 안에는 불법이 가득하였다(23：28; 24：12; 살후 2：3, 7). 동시에 그들은 선지자들의 경고들을 무시하고 예루살렘을 피의 도시로 바꾸었다. "그러면 너희가 선지자를 죽인 자의 자손됨을 스스로 증거함이로다"(23：31).

나중에 스데반이 돌에 맞아 죽기 전 산헤드린에 대해 말했던 것은 이미 그의 구세주께서 말씀하셨던 것이다(행 7：52; 참조 요 8：44). 예수님께서는 세례 요한이 사용했던 용어를 그대로 사용하여 반대자들에게 "뱀들아", "독사의 자식들아"라고 말씀하신다(23：33; 3：7; 신 32：33; 창 3：14－15).

아직 은혜의 때이지만 그러나 뱀의 자손들은 분명히 언약의 일곱가지 진노(레 26：18, 21, 24, 28)에 직면하게 될 것이다. 이것은 성경의 마지막 책에서 매우 중요하게 강조된 동일한 주제가 아닌가? 이 모든 것들은 "이 세대"에 일어날 것이다(신 32：5, 20). "예루살렘아 예루살렘아 선지자들을 죽이고 네게 파송된 자들을 돌로 치는 자여 암탉이 그 새끼를 날개 아래 모음 같이 내가 네 자녀를 모으려 한 일이 몇 번이냐 그러나 너희가 원치 아니 하였도다 보라 너희 집이 황폐하여 버린바 되리라"(마 23：37－38).

13. 인자가 오시다 (24 : 1－25 : 46)

(1) 예루살렘의 멸망

마태가 기록하고 있는 이 마지막 강화는 오로지 제자들만을 상대로 말씀하신 것이다. 거기에는 예수님께서 헤롯의 아름다운 성전이 완전히 파괴될 것을 언급하신 것이 기록되어 있다. 예수님께서는 그 사건이 임박함을 알리는 시대와 징조들에 관하여 더욱더 상세하게 말씀하신다.

이 마지막 설교 역시 산상설교이다. 즉, 그는 감람산에서 이 설교를 하셨는데 스가랴 14장 4절에 따르면 이 산은 주님께서 예루살렘에 오실 때 그분의 거점이 되는 곳이다. 이 설교는 일반적으로 **마지막에 될 일들**(즉, 말세; the last things)에 관한 강화로서 언급되고 있다.

오늘날의 해석가들은 종종 이 두 장(즉 24, 25장)을 표면화된 "교회의 신학"(the theology of the church)에 대한 또 다른 실례로서 묘사하고 있다.[1] 이 견해에 따르면 초대 교회는 그리스도의 임박한 재림을 기대하면서 살았다는 것이다.

그러나 이 설교를 주의깊게 살펴 볼 때 그것이 첫째로 들고 나오는 것은 예루살렘의 멸망이라는 사실을 보게 된다. 마태복음서의 24, 25장을 읽을 때 우리는 그것을 처음 들었던 청중들의 사고와 조망 가운데서 이해하도록 최선을 다 해야만 한다. 예수님께서 선언하신 언약의 진노는 그 제자들에게 깊은 인상을 주었다. 그러므로 이 때가 언제 나타날 것인가의 문제가 즉시 표면화되었던 것이다.

(2) 인내할 것을 호소하심

주 예수님께서 이러한 물음에 대하여 말씀하신 것은 역시 이스라엘을 향한 메시아의 심판 시대 이후에 사는 자들 모두에게, 즉 우리에게도 적용되는 것이다. 그렇지만 예수님께서 이 다섯번째 설교에서 예언하신 것을 이해하기 위해서는 다른 어떤 예언을 취급할 때와 마찬가지로 그 당시의 청중의 상황에서 생각해야만 한다.

이 경우에 선생으로서 앉으신 예수님(24：3; 참조 5：1; 23：2)은 먼저 장차 오게 될 모든 거짓 메시아들에 대하여 경고했다. 제자들은 이른바 "시대의 표적들"로부터 어떤 성급한 결론들을 끄집어 내지 않아야 했다. 예수님께서는 그들에게 자신께서 심판 중에 다시 오실 때가 언제인지를 미리 결정할 길이 없다는 사실을 말씀하셨다. 비록 민족이 민족을, 나라가 나라를 대적하는 것을 듣는다 할지라도(렘 51：46), 그들은 그 때가 왔다고 추정하지 않아야 했다. 중요한 것은 인내하는 것이었다. 복음의 전파는 그 끝날까지 계속되어져야 할 것이었다.

(3) 멸망의 가증한 것

거룩한 곳, 즉 성전 안에서의 멸망의 가증한 것은 예수님께서 이스라엘을 심판하시기 위해서 오실 것에 대한 표적이다(24：15; 참조. 단 9：27; 12：11; 겔 8장). 예수님께서 언급하신 이 가증한 것은 예루살렘의 타락한 상황, 즉 로마인 및 폭동에 참여하지 않는 다른 유대인들에 맞서서 성전을 요새로 바꾼 유대인들의 폭동이 시작되는 상황을 가리키는 것이었다.

병행구절인 누가복음 21장 20절에서 우리는 "멸망의 가증한 것"에 관하여 읽지 못하나 군대들에 의해 포위되어 있는 예루살렘에 관해 읽는다. 이는 로마의 군대 세력을 가리키지 않는 것이 분명한 것 같다. 만일 그들이 로마의 군대였다면 그 성읍 안에 있는 자들은 한 사람도 도망하지 못한 채 죽었을 것이다. 왜냐하면 로마인들은 항상 도시들을 완전 포위하고 도망갈 모든 통로들을 차단하는데 철저했기 때문이다. 그런데 누가복음 21장 21절에 보면, 그 성내에 있는 자들이 도망가도록 충고를 받고 있지 않은가?

만일 〔성읍을 에워싸고 있는〕 로마인들이 성전에서의 "멸망의 가증한 것"에 대해 책임을 질 수 있는 자들이라면 그들의 군대들을 피하도록 충고하는 것은 아무런 유익이 되지 못할 것이다. 그들의 충고는 너무 늦은 결과가 될 것이기 때문이다. 더욱이 일단 어떤 성읍이 적의 군대들에 의해 에워 싸이면 그 지방이 이미 약탈되고 쑥밭이 되었을 것이라는 점은 누구나 쉽게 생각할 수 있다. 그러므로 우리는 로마의 군대세력으로 보기 보다는 유대의 군대 세력으로 보아야 한다. 즉, 그들은 언약의 심판을 두려워하지 않은 채 성전을 피난처로 삼고 있는 폭동자들이다. 그들은 자신들의 우상숭배의 중심지인 성전안에서 스스로 안전하다고 믿는다. 그들은 "하나님이 우리와 함께 계시다! 이는 주님의 성전이 아닌가?"(렘 7 : 4; 사 28 : 15)라고 호언하고 있는 자들이다.

이러한 군대들이 성전에 집결한 것을 볼 때 교회는 예루살렘으로부터 탈출(exodus)할 때가 왔다는 것을 알 것이다(24 : 15 이하).

> 나의 백성아 너희는 그 중에서 나와 각기 나 여호와의 진노에서 스스로 구원하라 (렘 51 : 45; 참조. 계 18 : 4)

예수님께서는 "주검이 있는 곳에는 독수리들이 모일지니라"(24 : 28; 렘 15 : 3; 19 : 7; 겔 39 : 17 이하; 계 19 : 17 이하)고 경고하셨다. 그런즉, 그 표적이 가리키는 것은 곧 그 때가 가까왔다는 것이다(24 : 32-33; 참조. 아 2 : 13). "이 세대"는 분명히 심판과 함께 멸망당하겠지만, 예루살렘의 교회는 때를 맞춰 위험에 대한 경고를 받게 될 것이다.

성경적 세계관의 틀과 문화를 도구로
다음 세대를 세우는 토론식 성경공부 교재
시리즈
삶이 있는 신앙
NEW
삶이 있는 신앙 1
성경적으로 세계관을 세우기
유·초등부 공용
성경적 세계관 세우기
중·고등부 공용
말씀과 톡(Talk)
정치
경제
사회
문화
미디어
대중매체
BIBLE
국민일보
CHRISTIAN EDU BRAND AWARD
기독교 교육 브랜드 대상
추천
전광식 고신대학교 전 총장
신국원 총신대학교 명예교수
홍민기 브리지임팩트사역원 이사장

우리가 만든 주일학교 교재는 성경적 세계관의 틀과 문화를 도구로 합니다.

왜 '성경적 세계관의 틀'인가?

진리가 하나의 견해로 전락한 시대에, 진리의 관점에서 세상의 견해를 분별하기 위해서

◇ 성경적 세계관의 틀은 성경적 시각으로 우리의 삶을 보게 만드는 원리입니다.

◇ 이 교재는 성경적 세계관의 틀로 현상을 보는 시각을 길러줍니다.

왜 '문화를 도구'로 하는가?

어린이, 청소년, 청년들의 삶에 가장 큰 영향을 끼치는 것이 문화이기 때문에

◇ 문화를 도구로 하는 이유는 우리의 자녀들이 문화 현상 속에 젖어 살고, 그 문화의 기초가 되는 사상(이론)을 자신도 모르게 이미 받아들이고 있기 때문입니다.

◇ 공부하는 학생들의 삶의 현장으로 들어갑니다(이원론 극복).

✦ 다른 세대가 아닌 다음 세대 양육

자기 생각에 옳은 대로 하는 포스트모던적인 사고의 틀을 벗어나, 하나님의 말씀에 기초해서 생각하고 행동하는 성경적 세계관(창조, 타락, 구속)의 틀로 시대를 읽고 살아가는 "믿음의 다음 세대"를 세울 구체적인 지침서!

✦ 가정에서 실질적인 쉐마 교육 가능

각 부서별(유년, 초등, 중등, 고등)의 눈높이에 맞게 집필하면서 모든 부서가 "동일한 주제의 다른 본문"으로 공부하도록 함으로써, 가정에서 부모와 자녀가 함께 성경에 대한 유대인들의 학습법인 하브루타식의 토론이 가능!

✦ 원하는 주제에 따라서 권별로 주제별 성경공부 가능

성경말씀, 조직신학, 예수님의 생애, 제자도 등등

✦ 3년 교육 주기로 성경과 교리에 대한 기본적인 이해가 가능하도록 구성(삶이 있는 신앙)

– 1년차 : 성경말씀의 관점으로 본 창조 / 타락 / 구속
– 2년차 : 구속사의 관점으로 본 창조 / 타락 / 구속
– 3년차 : 하나님 나라의 관점으로 본 창조 / 타락 / 구속

"토론식 공과는 교사용과 학생용이 동일합니다!" (교사 자료는 **"삶이있는신앙"** 홈페이지에 있습니다)

1 목적

부지불식간(不知不識間)에 대중문화와 또래문화에 오염된 어린이들의 생각을 공과교육을 통해서 성경적 세계관으로 전환시킨다. 이를 위해 현실 세계를 분명하게 직시함과 동시에 그 현실을 믿음(성경적 세계관)으로 바라보며, 말씀의 빛을 따라 살아가도록 지도한다(이원론 극복).

2 구성

쉐 마 분명한 성경적 원리의 전달을 위해서 본문 주해를 비롯한 성경의 핵심 원리를 제공한다(씨앗심기, 열매맺기, 외울말씀).

문 화 지금까지 단순하게 성경적 지식 제공을 중심으로 한 주일학교 교육의 결과 중 하나가 신앙과 삶의 분리, 즉 주일의 삶과 월요일에서 토요일의 삶이 다른 이원론(二元論)이다. 우리 교재는 학생들의 삶 속에서 일어나는 문화를 토론의 주제로 삼아서 신앙과 삶의 하나 됨(일상성의 영성)을 적극적으로 시도한다(터다지기, 꽃피우기, HOT 토론).

세계관 오늘날 자기중심적인 시대정신에 노출된 학생들의 생각과 삶의 방식을 성경적 세계관을 토대로 바라보게 함으로써, 자신을 돌아보고 삶에 적용하는 것을 돕는다.

3 설교

학생들이 공과의 내용을 잘 이해하고, 공과 공부 시간을 풍성하게 하기 위해서, 부서 사역자가 매주 '동일한 주제의 다른 본문'으로 설교를 한 후에 공과를 진행한다.

권별	부서별	공과 제목	비고
시리즈 1권 (입문서)	유 · 초등부 공용	성경적으로 세계관을 세우기	신간 교재 발행!
	중 · 고등부 공용	성경적 세계관 세우기	
시리즈 2권	유년부	예수님 손잡고 말씀나라 여행	주기별 기존 공과 1년차-1/2분기
	초등부	예수님 걸음따라 말씀대로 살기	
	중등부	말씀과 톡(Talk)	
	고등부	말씀 팔로우	
시리즈 3권	유년부	예수님과 함께하는 제자나라 여행	주기별 기존 공과 1년차-3/4분기
	초등부	제자 STORY	
	중등부	나는 예수님 라인(Line)	
	고등부	Follow Me	
시리즈 4권	유년부	구속 어드벤처	주기별 기존 공과 2년차-1/2분기
	초등부	응답하라 9191	
	중등부	성경 속 구속 Lineup	
	고등부	하나님의 Saving Road	
시리즈 5권	유년부	하나님 백성 만들기	주기별 기존 공과 2년차-3/4분기
	초등부	신나고 놀라운 구원의 약속	
	중등부	THE BIG CHOICE	
	고등부	희망 로드 Road for Hope	
시리즈 6권	유년부		2024년 12월 발행 예정!
	초등부		
	중등부		
	고등부		

- 『삶이있는신앙시리즈』는 "입문서"인 1권을 먼저 공부하고 "성경적 세계관"을 정립합니다.
- 토론식 공과는 순서와 상관없이 관심있는 교재를 선택하여 6개월씩 성경공부를 할 수 있습니다.

(4) 교회의 임무

그러한 경고가 발해지기 전, 교회는 깨어있어야만 한다(24：36 이하). 그러므로 교회는 어리석은 다섯 처녀들처럼 실수하지 않기 위해서 등에 기름을 잘 준비해 놓아야 한다(25：1 이하). 교회는 자신에게 맡겨진 달란트들로 달란트를 더욱더 증식시켜야만 하며 사랑이 식지 않게끔 해야 한다(14절 이하).

주 예수님께서는 여기서 참으로 예언적인 설교를 말씀하셨는데 그것은 곧 자신이 예견한 것과 같이 오래지 않아 일어나게 될 위급한 상황 중에 교회가 크게 도움을 받게 될 설교였다. 교회는 할 수 있는한 이스라엘을 향해 계속적으로 전파하고 호소하도록 가르침을 받았다. 종말을 알리는 표적들이 매우 중요했던 이유가 바로 여기에 있다.

(5) 우리에게 주신 예언적인 메시지

그러나 우리는 예루살렘 멸망 이후의 시대에 살고 있다. 그렇다면 이 예언은 우리와 거리가 먼 것이 아닌가?

이 질문에 대한 대답은, 우리가 구약의 예언들을 취급할 때와 마찬가지로 마태복음서 24장에 나타난 예수님의 예언을 취급해야만 한다는 것이다. 우선 우리는 그 예언들이 성취되었다는 것을 인식하고 있다. 벨직 신앙고백서 제 5항(1566년에 수정된)에서 말씀되는 것은 사실이다. 즉, 소경이라 할지라도 예언들을 통해 미리 말씀되어졌던 것들이 성취되었음을 알 수 있는 것이다. 한편 예언들은 종종 성취의 한 면보다 더 많은 것을 가지고 있다. 즉, 그것들은 역시 아직 먼 미래에 있는 사건들을 가리키고 있다. 우리에게 있어서 니느웨와 바벨론의 멸망은 모든 대적의 세력을 누르시는 하나님의 승리를 보증한다. 따라서 예루살렘의 멸망은 예수 그리스도께서 분명히 재림하실 것을 보증한다.[2] "거룩한 곳의 멸망의 가증한 것"의 표적에 대한 예수님의 말씀은 우리로 하여금 (그 곳이 교회가 됐든 그 밖의 다른 곳이 됐든) 빛과 어두움, 그리스도와 바알 사이에서 어떤 타협도

하지 말 것을 경고하는 것이다(고후 6 : 11－7 : 1; 살후 2 : 1－3 : 5; 요일 2 : 18 이하; 5 : 21).

이러한 사실을 염두에 둘 때에 우리는 성경을 미래에 대한 연대기나 핸드북으로써 사용하려는 충동을 억제할 수 있는 것이다. "요나의 표적", 즉 놀라운 복음 그 자체 이상 우리에게 주어진 표적은 없다.

그럼에도 불구하고 우리는 예루살렘을 향한 일곱 가지의 진노가 임한 것을 인자께서 정말로 "오신 것"으로 간주할 수 있다. 이러한 방법으로 오심으로서 그는 교회에게 자신께서 마침내 교회를 최종적으로 의롭다하시고 변호하시기 위해서 재림하실 것이라는 확신을 주신다. 동시에 그 탈출 명령은 여전히 우리에게 주어져 있다. 우리는 깨어 있어야 하며 인내해야 한다.

(6) 세상 끝

제자들이 실제로 예수님께 물었던 것은 "주의 임하심〔파루시아〕과 세상(세대; age) 끝에는 무슨 징조가 있사오리이까"(24 : 3)였다. 그들은 세계(world)의 끝에 대하여 말하지 않고 세상(age)의 끝에 대하여 언급하였다. 이들이 언급한 세상은 메시아의 출현의 때 이전에 있는 세상을 의미했다. 메시아는 "오는 세상", 즉 마지막 날들을 가져올 것이었다.[4]

물론 오순절 이후 예루살렘에서의 유대인의 예배는 계속되었다. 따라서 두 "세상"이 중첩된 것처럼 보였다. 사도들은 여전히 성전에 갔다. 그러나 예루살렘이 70년에 파괴되었을 때 예루살렘에 임할 언약의 진노에 관한 예수님과 선지자들의 말씀이 성취되었다는 것은 분명해졌다. "주의 은혜의 해"(눅 4 : 19)요 구원의 날인 새 세상이 시작됐던 것이다.

(7) 유대인과 헬라인이 동일하게 되다

마태복음서 24, 25장은 공론(空論)을 위한 어떤 근거가 되어서는 안 된다. 오히려 우리는 이러한 장들을 통해 우리가 살고있는 구원의 때를 즐겁게 이해할 수 있다. 우리는 새로운 메시아 시대의 자녀들이 되는 특권을 가지게 되었다. 우리는 "말일 성도(末日聖徒; latter day saints)"인 것이다!

그리스도께서는 우리에게 철저히 조사할 수 있는 쌍안경을 주시지 않는다. 그가 우리에게 주신 것은 바위처럼 견고한 예언의 말씀이다. 그는 역시 우리에게 예언서를 읽는 법을 가르치신다(그러므로 저자가 제시한 참고 본문을 찾아 보고 마찬가지로 관련된 다른 구절들을 읽는 것은 가치있는 일일 것이다).

바울은 "보라 지금은 구원의 날이로다"(고후 6 : 2; 사 49 : 8)라고 선포하였다. 그의 또 다른 서신에서 그는 "〔하나님의 진〕노하심이 **끝까지** 저희〔이스라엘 백성들〕에게 임하였느니라"(살전 2 : 16; 마 23 : 32)고 기록하고 있다. 이러한 것들은 신약의 "창세기"인 마태복음서가 우리에게 보여주는 것들이다. 그러나 마태는 역시 하나님의 음성을 듣기를 기꺼이 원하는 한, 언약의 은혜가 이제 유대인과 헬라인에게 동일하게 열려 있다는 사실을 말해 주고 있다.

주

1) 이러한 신학적 입장에 대해서는 이미 살펴 보았다. 현대의 신학자들은 복음서를 역사적인 기록물로 보지 않고 초대 교회의 신앙 또는 신학의 투사로 보고 있다.

2) 요한계시록을 해석하는데 있어서도 이러한 동일한 원리가 적용된다.

3) A.D. 70년의 예루살렘의 멸망 때 예수님께서는 실제로 오셨다. 이는 마태복음서 16장 28절과 24, 25장의 성취이다. 그러나 그것은 동시에 최종적인 오심, 즉 재림을 보증하며 그것을 예언하고 있다.

4) 여기 사용된 "세상"(age)이라는 단어는 세대(또는 시대)라는 긴 기간을 가리키는 "아이온"(αἰῶν)이라는 명사이다. 예수님이 오시기 전까지의 세상을 옛 세상(옛 세대; old age)이라고 부르고 예수님께서 여신 메시아 시대를 새 세상(오는 세대; the age to come)이라고 부른다. 구약 시대의 사람들은 메시아가 출현하심으로써 심판과 구원의 사건이 시행되고, 그 결과 오는 세상이 열릴 것으로 기대했다. 마태복음서 24장 3절에서 제자들이 물었던 물음(이 구절을 포함한 마태복음서 24, 25장은 난해구절로서 대단히 논의가 많은 부분이다)은 이와 같은 전망에서 물었던 것이다.

14. 의롭고 흠이 없으신 목자 (*26 : 1－28 : 20*)

(1) 더욱더 많은 예언이 성취됨

비록 대제사장과 장로들이 유월절 기간 중에 예수님을 처형하는 것을 피하고자 애를 쓰긴 하였지만 인자는 선지자들이 말했던 것 같이 이 절기 중에 죽음을 당하였다(26 : 24, 2). 예수님께서 문둥이 시몬의 집에서 기름부음을 받은 것과 주의 만찬이 제정되었던 유월절 식사 그리고 겟세마네 동산에서 몸부림치시며 기도하신 것은 성경에 따른 가장 위대한 희생제사를 완벽하게 예비하는 것이었다.

여러분은 스가랴 선지자가, 언약 백성에 의해 노예 가격인 은 삼십에 팔린 가장 위대한 선지자이며 목자인 분에 대해 말했던 것을 상기할 것이다(슥 11 : 12). 예수님의 제자인 가룟 유다는 바로 그 액수로 그의 선생님을 산헤드린에 넘겨주기로 했다(26 : 15－16). 그 결과로 성경은 성취되었다(27 : 9). 스가랴는 역시 "목자를 치면 양이 흩어지려니와"(슥 13 : 7)라고 예언하였다. 제자들이 겟세마네에서 도망쳤을 때 이것은 성취되었다. 그들 모두는 예수님을 부끄럽게 여겼다(26 : 31, 56). 선한 목자이신 예수님께서는 예언이 성취되도록 자기 양들을 위하여 목숨을 내어 놓으셨던 것이다.

(2) 예수님의 고난

예수님이 의로우시다는 것은 명백하게 드러난다. 산헤드린 앞에서의 여러사람들의 고소는 거짓으로 판명된다. 심지어 성전을 허는 것에 관한 진술조차도 법정에서 부정확하게 제시된다(26：61; 참조. 요 2：19).

이제 예수님께서는 자신이 다니엘 7장에 언급된 인자이시요, 시편 110편의 왕이요 제사장이시며, 하나님의 아들이시요 예루살렘을 심판하시기 위해 오실 분이심을 공공연히 인정하신다. 때를 맞춰 산헤드린은 그 성읍과 성전의 멸망을 통하여 그분께서 변호하심을 보게 될 것이다(26：64).

빌라도의 아내는 예수님을 "옳은 사람"으로서 언급하였다(27：19). 빌라도는 그에게서 어떠한 죄도 발견할 수 없음을 인정하고 그 점을 사람들에게 선포하였다. 그러나 다윗의 자손인 예수님께서는 이제 의인으로서, 즉 다윗의 시편에 언급된 자로서 고난을 받아야만 한다.

이 유대인의 왕은 몸서리치는 방법으로 조롱을 받으신다. 시편 22편 1절의 "내 하나님이여 내 하나님이여 어찌 나를 버리셨나이까 어찌 나를 멀리하여 돕지 아니 하옵시며 내 신음하는 소리를 듣지 아니 하시나이까"라는 말씀은 궁극적으로 예수님 자신의 말씀이 된다. 하나님께서는 왜 그를 버리셨을까? 십자가에 못박히실 때 그는 역시 시편 22편 8절의 말씀으로 고통을 당하신다. "너희 하나님이 어디 있느냐"(비교. 27：43과 시편 42：10, 26：38과 시편 42：11). 그의 손과 발은 못으로 뚫리었으며 따라서 그는 갈증으로 고통을 당하신다. 십자가 곁에 있던 군사들의 지휘관은 마침내 "이는 진실로 하나님의 아들이었도다"라고 고백하지 않을 수 없게 된다(27：54; 참조. 40, 43절).

(3) 마지막 변호

십자가에서 죽으심으로 예수님께서는 자신을 변호하시기 시작한다. 그의 죽으심으로 인하여 성전의 휘장은 위로부터 아래까지 찢어져 둘이 된다. 바위가 터지고 무덤이 열린다. 범죄자로 몰리셨던 그는 죽음을 통하여 부요함에 참여하신다. 즉, 그는 화려한 무덤에 묻히셨던 것이다.

그 후 부활이라는 저 위대한 변호가 있게 되고 그것은 또 다시 지진으로 보증된다. 무덤을 지키도록 사명을 부여받았던 군사들은 도망친다. 한 천사가 무덤 앞에 있는 바위를 굴려 치우고 예수님께서 다시 살아나셨다는 사실을 두려움에 떠는 여인들에게 알린다. 하나님께서는 예수님이 옳았다(Jesus was right!)는 사실을 입증해 보이셨던 것이다.

그 여인들은 제자들에게 다음과 같은 메시지를 전달하도록 부탁받는다. "그가 죽은 자 가운데서 살아나셨고 너희보다 먼저 갈릴리로 가시나니 거기서 너희가 뵈오리라"(28：7). 여기 "먼저…가시나니"는 그리스도께서 다시금 목자로서 지팡이를 취하셨다는 것을 의미한다. 마태복음서 초두에서 우리는 이미 자기 백성의 목자가 되실 이스라엘의 지배자에 관한 미가의 예언이 언급되어 있는 것을 살펴 보았다(미 5：2 이하; 삼하 5：2). 이 예언이 이제 성취된다(28：7; 26：32).

(4) 새 이스라엘

예수님께서 친히 제자들에게 말씀하신 것에 귀를 기울이라. 그는 그들을 자기 형제(brothers)라고 부르신 것이다(28：10; 요 20：17). 우리는 이 진술을 시편 22편의 반향(echo)으로서 읽을 수 있다. 이 시편의 첫째 부분은 의로운 자의 고난에 대해서 언급되어 있다. 반면 그 둘째 부분은 그의 승귀(elevation)를 다루고 있는데 다음과 같은 말로써 시작되고 있다. "내가 주의 이름을 〔나의〕 형제에게 선포하고"(22절; 마 28：10; 히 2：12).

산헤드린은 병사들에게 뇌물을 주어 제자들이 예수님의 몸을 훔쳐갔다고 말하게 함으로써 심리적인 싸움을 시작하려고 애를 쓴다. 그러는 중에 선한 목자께서는 자기의 새 이스라엘을 조직화하는 일에 착수하신다. 그 무리의 모임이 시작된 장소(즉, 이방인 영토인 갈릴리)에서 그는 이제 권세를 가진 인자로서 자기 백성을 모으신다(28：18). 그는 그들을 자기의 대사들(ambassadors)로 세우시면서, 복음을 전파하고 세례를 베풀고 신앙의 교훈을 가르치며 세워주고, 보호하라고 말씀하신다.

만일 이스라엘이 듣기를 거절한다면 복음은 세상의 남은 자들에게 제시될 것이다. 그리고 나중되었던 많은 자들이 먼저 될 것이다. 임마누엘이라는 이름으로 시작되었던 이 책은 예수님의 다음과 같은 분명한 약속으로 끝맺어진다. "내가 세상〔사단이 지배하는 이 악한 시대〕 끝날까지 너희와 항상 함께 있으리라."

마가복음

저가 나의 일에 유익하니라 (딤후 4 : 11)

1. 두번째 복음서의 저자

(1) 마가의 신분

화란의 법률가인 유고 그로티우스(Hugo Grotius)는 사도행전에서 언급된 마가라 하는 요한(John Mark)은 마가복음서를 쓴 저자와 동일인물이 아니라고 주장한다. 일부 학자들이 이 견해를 따른다. 하지만 사도행전의 마가라 하는 요한이 바울과 베드로의 서신들에서 언급된 마가이며, 이 두번째 복음서의 저자로 알려진 마가라는 것이 일반적인 견해이다.

신약에는 마가의 배경에 관한 정보가 매우 풍부하다. 그의 어머니 마리아는, 교회가 가끔 모임을 가졌던 예루살렘의 큰 집을 소유하고 있었다(행 12 : 12). 베드로는 감옥에서 빠져나온 후 바로 이 집으로 갔다. 하녀인 로데(Rhoda)가 그가 풀려나온 것을 보고 매우 흥분하여 문을 열어주는 것조차 잊었던 것을 사도행전에서 살펴 볼 수 있다.

일부 학자들은 마리아의 이 집이 예수님께서 자신의 제자들과 함께 최후의 만찬을 드셨던 장소인 것으로 추측하였다. 그런즉 마가는 물 한동이를 가지고 가는 사람(14 : 13)이거나 벗은 몸에 베 홑이불을 두르고 예수님을 따라오다가 병사들에게 잡히자 그 베 홑이불을 버리고 벗은 몸으로 도망하였던 청년(51—52)과 동일시되고 있다. 비록 이러한 견해가 흥미있는 것이 사실이긴 하지만 실제로 우리는 이러한 인물들 중의 한 사람이 과연 마가였는지의 여부를 결정할 방도가 우리에게 없음을 인정해야 한다. 그러나 분명한 것은 마가는 베드로가 자주 방문하였던 가정에서 성장하였다는 것과, 그로 인하여 지상에서의 예수님의 사역에 관한 많은 정보를 얻어낼 수 있었다는 것이다.

(2) 마가와 바울

마가는 어떤 심부름을 하는 일에 있어서 신임을 받을 수 있는 청년이었음이 분명하다. 바울과 바나바가 안디옥 교회에 의해 제공된 어떤 물질적인 원조를 가져와 예루살렘에 머물러 있을 때 마가는 조력자의 소질이 있는 자로서 그들의 눈에 띄었다. 그래서 그들은 그를 데리고 안디옥에 갈 것을 결정했다. 바울이 바나바와 함께 제 1차 선교 여행을 떠날 때 그들은 역시 이 마가라고 하는 요한을 자신들의 "조력자"로 데리고 갔다(행 12 : 25; 13 : 5). 그가 레위인이었던 바나바의 친사촌이었다는 것이 필경 이러한 결정을 내리는 일에 있어 큰 역할을 했던 것으로 보인다.

아마도 마가는 여행 일정을 배정하는 것과 숙박 시설을 찾는 일, 약속하는 일 그리고 주로 조력에 관련되는 일들로 그들을 도왔을 것이다. 그렇다고 해서 그가 복음의 메시지를 전파하는 일에 참여하지 않았던 것은 아니다. 왜냐하면 그는 예수님에 대해 풍부한 지식을 갖고 있었으며 언변도 능했기 때문이다.

이 1차 선교 여행 중 별로 좋지 않은 일이 일어났다. 이 세 사람은 바나바가 성장하였던 곳으로서 자신들에게 익숙한 지역인 구브로(즉, 키프러스)를 거쳐 미지의 위험을 안은 채 소 아시아를 향해 떠났다. 그러나 마가는 돌아왔다. 이 일 때문에 바울은 다음 여행 때 그를 데리고 가기를 거절하였다. 혈연 관계가 이러한 상황을 야기시키는 주원인이 되었다. 즉, 바나바는 마가가 자신의 사촌이라는 사실을 고집하여 결국에는 동료인 바울과 갈라서게 되었다. 그래서 제 2차 선교 여행 때에 바울은 실라와 동행한 반면, 바나바는 마가와 같이 구브로로 떠난다.

나중에 바울과 바나바는 전적으로 화해를 하였다. 바울이 골로새 교회에 편지를 쓸 때 다른 이들도 있었지만 특별히 "바나바의 생질 마가"의 문안 인사를 전해 주었으며, 마가와 일부 어떤 이들이 자신에게 "위로"가 되었다는 사실을 첨가하였다(골 4：10-11; 참조. 빌레몬서). 로마 옥에 갇혀 있는 동안에 바울은 디모데에게 소 아시아의 어딘가에서 사역하고 있을 마가를 데리고 로마에 함께 올 것을 잊지 말도록 부탁했다. 왜냐하면 마가는 그에게 매우 유익할 수 있었기 때문이다(딤후 4：11).

이러한 사실로 미루어 볼 때 마가는 바울에게 있어서 "사회의 비서" 이상의 훨씬 더 중한 위치에 있었다고 생각할 수 있다. 예루살렘에서 최초로 모이는 회합에서 중추적인 역할을 했던 가정에서 성장한 그는 바울에게 그리스도의 활동 및 오순절 이후의 교회의 투쟁에 관한 모든 것을 말할 수 있었다. 바울은 다른 이들을 통하여 이러한 것들에 대한 지식을 섭렵해야 했었다. 또한 그 역시 복음의 위로를 필요로 했는데 특별히 생애 말년에는 더욱 그러했다.

(3) 마가와 베드로

실라(실바누스 Silvanus)가 받아썼던 베드로전서의 결론에서 베드로는 다음과 같이 기록하고 있다. "함께 택하심을 받은 바벨론에 있는 교회가 너희에게 문안하고 내 아들 마가도 그리하느니라." 이렇듯 베드로는 마가를 자신의 영적인 아들로 간주했으며, 마가는 실제로 그와 더불어 친밀한 관계를 유지했다.

제 2세기의 문헌에 보면, 마가는 베드로의 대변자로, 그의 "복음서"는 베드로에 관한 실록으로 언급되어 있다. 베드로가 그리스도에 관한 증거를 선포하는 일에 있어서 주요한 역할을 감당했기 때문에 마가는 그리스도에 관하여 기록하기를 시작했을 바로 그 때 베드로가 전파한 것에 비중을 크게 두었을 것임은 자명한 것 같다. 그가 기록한 복음서는 교회의 신앙적 교훈의 산물(요리문답) 중 일부로서 이미 예루살렘의 모교회에서 일정한 형태를 갖췄던 것이다.

2. 사도의 증거에 대한 요약

(1) 마가복음서의 수신자

마가는 누구를 상대로 하여 이 복음서를 기록하였을까? 일부 해석가들은 베드로가 "바벨론"에서 마가 및 다른 사람들을 대신하여 안부를 물었다는 사실을 들어 이 복음서를 기록할 당시 마가는 로마에 있었다고 결론짓는다. 이 견해는 전통적인 위치를 지켜왔다. 왜냐하면 "바벨론"은 종종 로마로 동일시되어 왔기 때문이다.

그러나 우리는 이상의 견해에 대해 섣부른 동의를 해서는 안 된다. 바벨론이라는 이름은 역시 예루살렘에 대한 언급일 수도 있다. 더욱이 지도에 표시된 바벨론으로 알려진 지역을 언급한 것으로도 얼마든지 상상할 수 있다. 베드로는 마가의 이름이 널리 알려진 것이 분명한 소 아시아의 교회들에게 편지하고 있다는 것을 염두에 두라.

(2) 마가의 문체와 강조점

마가가 이 "복음서"를 쓸 때 마음에 품고 있었던 목적 중의 하나는 곧 요리문답을 가르치고 있는 교회들을 돕기 위한 것이었다고 볼 수 있다. 그가 쓴 복음서의 기사 가운데서 때때로 아람어(Aramaic words)를 보게 되는데 마가는 헬라어만을 아는 자들을 위해 그 말에 대한 번역을 덧붙이고 있다. 그 실례를 들면 다음과 같다. "그 아이의 손을 잡고 가라사대 달리다굼하시니 번역하면 곧 소녀야 내가 네게 말하노니 일어나라 하심이라(5 : 41). "하늘을 우러러 탄식하시며 그에게 이르시되 에바다하시니 이는 열리라는 뜻이라"(7 : 34). 그 당시 많은 유대인들이 헬라어를 구사할 수 있었다. 그 성읍에서 성장했던 마가가 두 가지 언어를 알고 있었다는 것은 의심할 여지가 없는 것이다.

마가가 기록한 이 복음서는 신약의 두번째 책으로서 그렇게 길지 않다. 그 책에는 예수님의 행위에 큰 비중이 두어져 있다. 일부 학자들은 마가가 예수님의 행위를 강조했던 것은, 행동가(doers)이며 생각하는 바를 간명하게 표현하는 법을 알고 있는 로마인들을 상대로 기록했기 때문이라고 주장한다(요한복음 19 : 22의 빌라도의 말을 생각해 보라. "빌라도가 대답하되 나의 쓸 것을 썼다 하니라").

저자가 생각하기로는, 이 복음서를 쓰기까지 그 이면에서 많은 영향을 끼쳤던 주요 자료가 무엇이었는지를 생각함으로써 마가의 문체를 결정하는 것이 훨씬 낫다는 것이다. 그러면, 그 주요 자료가 무엇이었는가? 우리는 성급하고 충동적인 베드로에 대해서 생각하지 않을 수 없다. 요컨대, 마가는 우리에게 베드로의 회고록을 제시하여 주고 있는 것이다. 그러므로 우리는 그의 "복음서"를 사도들이 그리스도에 관하여 증거한 것을 요약하여 놓은 것으로서 보아야만 한다.

마가는 예수님에 관한 완벽한 전기(biography)를 쓰고자 의도하지 않았다. 그는 연대기적 순서에 따라 사건들을 배열하고자 결코 노력을 기울이지 않았다. 예수님께서 요단강에서 세례를 받으신 사건을 시작으로 하여 그가 십자가에 못박히시고 부활하신 사건을 끝으로 하는 전체의 골격 안에서 그는 복음이 지니고 있는 여러가지 사실들과 사건들을 이야기하고 있다.

그는 우리가 통상 기대하는 것 훨씬 이상으로, 간단히 마음 속에 떠오르는 정도 밖에 생각하지 못할 것까지도 상세하게 기록하고 있다. 약간 수고스럽더라도 마태와 누가의 복음서에서 마가의 복음서와 병행구절을 찾아 서로 비교하여 보면 마가가 얼마나 세세히 기록하고 있는지를 발견하게 될 것이다.

다음은 그것을 서로 비교하여 놓은 것이다.

마 태	마 가	누 가
4：21－22 …보시고 부르시니 저희가 곧 배와 부친을 버려두고 예수를 좇으니라	1：20 곧 부르시니 그 아버지 세베대를 삯군들과 함께 배에 버려두고 예수를 따라가니라	5：11 저희가 배들을 육지에 대고 모든 것을 버려두고 예수를 좇으니라
8：4 예수께서 이르시되…	1：43－44 엄히 경계 하사 곧 보내시며 가라사대…	5：14 예수께서 저를 경계하시되…
8：23 배에 오르시매 제자들이 좇았더니…	4：35－36 그날 저물 때에 제자들에게 이르시되 우리가 저편으로 건너가자 하시니 저희가 무리를 떠나 예수를 배에 계신 그대로 모시고 가매(4：1) 다른 배도 함께 하더니…	8：22 하루는 제자들과 함께 배에 오르사 저희에게 이르시되 호수 저 편으로 건너가자 하시매 이에 떠나…

이상에서 여러분은 마가가 온갖 종류의 세부적 사항들을 포함시키는 일에 있어서 얼마나 수고하였는지를 보게 되었을 것이다. 사실 마가복음서의 모든 것이 약 80절을 제외하고서는 누가나 마태복음서에서 어떤 형태로든 발견된다. 하지만 그 두 복음서 기자들이 마가의 기록을 단순히 베꼈던 것은 아니다. 그들은 각자 자신들이 얻은 자료들을 정리하였으며 그 자신의 주요 강조점과 그가 전달하고자 하는 독자층을 고려하여 무엇을 넣고 뺄 것인지를 결정하였다[1].

필경 여러분은 각각 다른 복음서 기자들이 어떻게 동일한 자료들을 전적으로 다른 말로 제시하였는가를 보면서 이상의 도표에서 보았던 것과 같은 더욱더 많은 실례들을 발견할 수 있을 것이다. 마가의 활발하고 생동력 있는 표현을 통해서 거듭거듭 감명을 받을 것이다.

거듭해서 마가는 이런 저런 일이 "즉시" 또는 "곧" 발생했다는 식으로 기록하고 있다. 그의 짤막한 책 가운데서 발견되어지는 그와 같은 경우들은 70 차례 이상이 된다. 열정적이고 성급하기로 이름난 베드로가 이런 일에 책임이 있지 않는가? 아무튼 마가의 복음서는 동적(動的)이다. 살아 움직이는 듯한 분위기가 물씬 풍기고 있다.

(3) 제사장적인 섬김

마가복음서의 전반부는 예수님께서 갈릴리에서 활동하신 사실들 및 그 바깥 지역에서 행하셨던 몇몇 여행들을 취급하고 있다. 그러나 예수님께서 변화산상에서 영광스럽게 되신 이후에 어떤 변화가 온다. 일찍부터 그에 대한 반대는 분명했다. 그러나 이제 예수님께서는 자신의 제자들에게 자기가 고난을 받아야 할 것을 분명히 말씀하신다. 그러한 언급이 세차례나 있었다(8：31 이하; 9：30 이하; 10：32 이하).

이러한 상황 가운데서 우리는, 레위인인 바나바의 생질로서 그 역시 레위의 후손이었던 마가가 거듭해서 신자들의 제사장적인 섬김과 관련이 있는 예수님의 말씀을 기록하고 있다는 사실을 주목하지 않을 수 없다. 예수님의 십자가는 교회에게 있어서 아주 중요한 의미를 지니고 있다. 교회는 그가 고난을 받아야 했던 것 때문에 혐오감을 느껴서는 안 된다. 그러므로 우리는 그를 위하여 고난겪는 것을 두려워해서는 안 된다. 왜냐하면 우리 모두는 그의 종이기 때문이다! 다시금 베드로를 생각해 보라. 예수님께서 고난을 당하셔야 할 것이라는 사실에 반하여 행동했던 그가 마침내 그러한 생각을 "고쳐먹은" 이후에, 형제들로 하여금 고난을 받아들이는 신앙 가운데 굳게 서도록 하는 일에 부름을 받았던 것이다(눅 22：32; 막 8：32 이하;

벧전 3：14; 4：12 이하).

(4) 예루살렘에 오르시다

가이샤라 빌립보를 여행하신 후 예수님께서는 예루살렘을 향해 올라가셨다. 그는 마침내 "자기의 길"을 걷고 계셨다. 마가는 그 때의 광경을 이렇게 기록하고 있다. "예루살렘으로 올라가는 길에 예수께서 제자들 앞에 서서 가시는데 저희가 놀라고 두려워하더라"(10：32).

이 시점에서 마가복음서의 빠른 흐름이 갑자기 멈춰진다. 이제 유월절 주간의 하루하루가 세세히 다뤄지고 있다. 마태는 우리에게 예루살렘 입성 이후의 사건들에 대해 비연대기적인 개요를 제시해 주고 있는 반면(마 21：1 이하) 마가는 그것들을 하루하루 따로 다루고 있다.

우리는 마가의 기사와 마태의 기사를 서로 대조하여 성경기록의 신빙성을 의심하고자 하는 시도를 해서는 안 된다. 왜냐하면 모든 것을 일기체로 제시하는 것은 마태의 의도가 아니었기 때문이다. 그러나 마가는 그 날들을 각각 독립적으로 취급하고 있다.

첫째날： 예루살렘 입성 및 성전을 둘러보심(11：1 이하).

둘째날： 무화과 나무를 저주하시고 성전을 정화시키심(11：12이하).

세째날： 무화과 나무가 마른 채로 발견됨. 성전에서의 논쟁(11：20 이하). 예수님께서 성전을 떠나시며 그것이 파괴될 것을 예언하심.

네째날： 유다의 배반(14：1, 10 이하).

다섯째날： 유월절 기념일에 있은 최후의 만찬(14：12 이하). 예수님께서 체포되시고 공회 앞에 이끌려 서심.

여섯째날： 재판. 십자가에 못박히심. 장사지냄.

여덟째날： 부활하심(16：1 이하).

마가는 그의 복음서 3분의 1가량을, 요단강에서 세례를 받으신 하나님의 아들이, 십자가에 못박혀 죽으시고 무덤에서 일으킴을 받으신 하나님의 아들과 동일한 분이심을 나타내는데에 중점을 두었다. 그는 그리스도의 고난과 죽음을 많은 분량으로 아주 길고 신중하게 다루고 있다.

(5) 비약적인 결론

마가는 놀라울 정도의 간단한 방법으로 예수님의 부활 사건을 기록하고 있다. 16장 7절에서 천사가 여인들에게 예수님께서 자기 제자들을 만나시기 위해서 갈릴리(갈릴리는 역시 예수님께서 사역을 시작하셨던 곳이었다)로 가고 계시는 중이시라고 말했던 것을 기록한 후에, 단순히 그는 "여자들이 심히 놀라 떨며 나와 무덤에서 도망하고 무서워하여 아무에게 아무 말도 하지 못하더라"(16 : 8)고만 기록하고 있다.

마가복음서의 이 비약적인 결론[2]을 굳이 글을 끝맺기 위해 삽입된 위증 기록으로 읽을 필요가 없다. 오히려 그것은 복음의 확장, 즉 발생하였던 놀라운 일들에 관하여 어느 누구에게도 말하지 말라는 어떤 명령에도 구애됨이 없이 복음이 담대하게 선포될 것을 가리키는 것이다.

부활 이후에 일어났던 사건들은 그 밖의 어떤 이들이 요약하여 마가 "복음서"에다 덧붙인 것이다. 일부 중요한 사본들이 이 복음서의 결론 부분(즉, 16 : 9－20)을 포함하고 있지 않기 때문에 R.S.V는 그것을 각주로 처리하였다. 하지만 신약의 R.S.V 번역의 제 2판이 1971년에 발행되었을 때, 이 구절들은 각주의 설명과 함께 다시금 본문 안에(흠정역 성경에서처럼) 삽입되었다.

가장 초기시대에서부터 교회는 이러한 구절들을 정경적인 것으로서 수납하여 왔다. 형식에 관한 한 그것들은 마가의 기록과 같은 골격을 취하고 있다. 다행스럽게도 그리스도의 부활에 대한 소식으로 인하여 두려움에 떨던 여인들에 대한 기사가 최종적인 말이 아니었다.

주

1) 마태와 누가가 마가의 자료를 사용하였다는 것은 거의 정설에 가깝다. 그러나 이는 자료비평자들의 견해와는 다른 것이다. 자료비평가들은 어떤 가설에 근거하여 복음서 저자들이 이용하였던 자료들을 추적하였다. 그러나 이는 매우 불확실한 근거 위에서 논의된 것이기 때문에 그 한계를 나타냈다. 마태와 누가, 마가는 상호 의존하에서 그들의 복음서를 기록하였을 것이다.

2) 마가의 복음서는 16장 8절로서 끝맺어진다. 한글 개역은 16장 9-20절을 괄호로 묶어 구별함으로써 그것이 마가의 저작이 아닌 것을 표기하였다.

3. 예수 그리스도의 복음의 시작

(1) 길을 예비하는 사자

마가복음서는 그 서두가 이렇게 시작되고 있다. "하나님의 아들 예수 그리스도 복음의 시작이라 선지자 이사야의 글에 보라 내가 내 사자를 네 앞에 보내노니…" 일부 번역본은 대부분의 사본에서 하나님의 아들이라는 단어가 발견됨에도 불구하고 그것을 생략하고 있다. 아무튼 이 칭호는 마가복음서의 내용과 아주 잘 어울린다(1 : 11; 3 : 11; 5 : 7; 14 : 61; 15 : 39).

마가복음서의 서두 "…시작이라"는 부분을 대하노라면 "태초에(in the beginning)로 시작되는 창세기가 생각난다. 마태복음서의 서두와 관련하여 저자가 제기했던 물음을 여기에서도 마찬가지로 제기할 수 있는데, 그것은 곧 이 책의 표제(1 : 1)가 마가복음서 전체를 포괄하는가 아니면 바로 그 뒤에 나오는 자료들만을 포괄하는가의 문제이다(마가의 경우에 있어서 다뤄지는 첫번째 주제는 세례 요한의 사역이다).

마가는 복음이 어떻게 세상에 퍼지게 되었는가를 우리에게 보여주고자 했다. 요컨대, 요한은 일부 그의 제자들이 믿었던 것 같이 자신을 메시아로 지적하는 어떤 복음을 가져오지 않았다. 그렇다. 그는 주의 길을 예비하는 사자였으며 자신보다 강한 어떤 이, 성령으로 세례를 베풀 어떤 이를 가리키는 목소리였다. 요한의 사역은 마가가 묘사하고자 했던 것, 즉 하나님의 아들에 관한 복음이 어떻게 전파되어

갔는가를 보여주기 위해 기록한 글의 서두에 불과한 것이다.

(2) 회당에서의 전파

마가는 즉시 자신의 독자들에게, 장차 성령으로 세례를 베푸실 분이 어떻게 먼저 세례를 받으셨는지와 성령으로 기름부음을 받으시며 "너는 내 사랑하는 아들이라"(시편 2 : 7)는 하나님의 음성을 듣게 되었는지를 말하고 있다. 하나님께서는 예수님을 "내 마음에 기뻐하는 나의 택한 사람"(사 42 : 1)이라고 불렀다. 마가는 예수님께서 광야에서 시험받으신 사건을 간략하게 상론한 후에 예수님께서 요한이 체포된 후에 갈릴리로 가셔서 복음을 전파하기 시작하셨음을 기록하고 있다.

그의 첫 제자들을 부르신 후에 가버나움에서 활동하시는 예수님을 볼 수 있다. 그는 역시 회당에서 전파하시기 위해 다른 장소를 방문하신다. 예수님께서는 "우리가 다른 가까운 마을들로 가자 거기서도 전도하리니 내가 이를 위하여 왔노라"고 말씀하셨다(1 : 38). 그가 전파하셨던 복음의 내용은 무엇인가? 그것은 곧 운명을 결정하는 중대한 시간이 닥쳤고("때가 찼고"), "하나님의 나라가 가까왔으니 회개하고 복음을 믿으라"(1 : 15)였다. 이 선포는 많은 이적들을 동반하였다.

4. 은닉된 메시아[1]로서의 하나님의 아들

(1) 조심스러운 출발

예수님께서는 복음을 전파하시는 일로 바쁜 나날을 보내셨다. 이러한 사실은 사람들에게 자신을 알리는 일을 거듭해서 금하셨던 사실과 어떻게 조화를 이루는가? 마가는 예수님께서 귀신들린 자들을 치료했던 사실들을 많이 기록하고 있다. 예수님은 강력한 사단을 결박하고 그의 집을 빼앗는 자이시다. 바알세불(Beelzebul; 이 이름은 집 주인을 의미한다)은 예수님께로부터 그가 볼모로 잡고 있는 희생자들을 내어놓도록 강요받는다(3 : 27; 1 : 26, 34, 39; 3 : 11). 귀신들린 자들은 예수님이 하나님의 아들이신 것을 외친다(3 : 11; 5 : 7; 1 : 24, 34). 그들은 그를 "안다"(1 : 34). 그렇지만 예수님께서는 거듭해서 귀신들이 그에 관하여 침묵할 것을 말씀하신다.

예수님께서 귀신들로부터 어떠한 도움을 원치 않으셨기 때문에 그러신 것일까? (참조. 행 16 : 16 이하). 그러나 그때에 예수님께서 거듭해서 자신의 병고치는 이적들을 다른 사람들에게 말하지 말도록 구경꾼들에게 명령했던 이유는 무엇일까? (1 : 44; 7 : 36; 8 : 26) 복음의 내용에는 예수님이 포함되지 않는다는 말인가?

이 문제를 숙고해 볼 때 우리는, 때때로 전체의 진리를 노골적으로 밝힐 수 없을 때가 종종 있음을 염두에 두어야만 한다. 만일 예수님께서 처음부터 자신을 메시아와 하나님의 아들로서 드러내셨다면, 사람들은 그것을 잘못 이해함으로써 악용할 소지가 있었을 것이다.

예수님께서는 사람들이 자신을 어떤 이적적인 치료자나 민족적인 영웅 또는 자유의 투사로서 여기기를 원치 않았다. 비하의 위치에서 하나님의 아들은 은밀한 방법으로 오시어 말씀과 행위를 통하여 새로운 메시아의 시대가 도래했다는 사실을 전파하였다.

나중, 즉 제자들 스스로 그에 관하여 입장을 표명하고 그를 메시아로서 인식했을 때에야 비로소 그들에게 자기 신분에 관하여 훨씬 더 공개적으로 말씀하실 수 있었다(8：29). 그러나 이 시점에서 무리들은 여전히 그를 메시아로서 인식하지 못했다. 가야바에 의해 재판을 받으신 후에야 비로소 예수님께서는 자신이 하나님의 아들이시요 인자이신 것을 공개적으로 인정하신다(14：61 이하).

(2) 회개를 촉구하는 전파자들

그러나 예수님께서 자신의 신분을 알리신 지 얼마있지 않아 제자들을 전도하도록 내어 보내시지 않았던가? 그들이 전파하던 목소리가 세례 요한을 죽였던 헤롯의 궁에까지 반향되지 않았던가?(6：6 이하) 이러한 사실은 자신을 드러내지 말라는 예수님 자신의 명령과 어떻게 조화를 이룰 것인가?

우리는, 제자들이 사람들에게 회개의 전파자들로서 파송되어 사람들에게 그들의 길을 돌이키도록 촉구했었다는 것을 기억해야만 한다(6：12). 사람들은 대개 예수님의 제자들이 전파했던 것을 예수님이 선지자 중의 한 사람인 것을 말하는 것으로 받아들였다(14－15절). 그러나 핵심적인 것은 그 메시지에 있었다. 그러므로 예수님께서는 "너희가 무엇을 듣는가 스스로 삼가라"(4：24)고 말씀하셨다. 그런데, 그 메시지는 마치 숨겨진 씨앗과 같은 것이었다(1절 이하). 그렇지만 땅은 스스로 열매를 맺는다(이 본문이 실제로 말하고자 하는 것은 바로 이것이다). 씨뿌리는 자는 씨가 나서 자라되 그 어떻게 된 것을 알지 못한다(4：27－28). 그것은 곧 유대인에게는 거리끼는 것이요 헬라인에게는 어리석은 것으로 여겨지는 십자가의 복음과 동일한 것일 것이다.

(3) 왕국의 확장

배척과 오해를 받으신 교사(Teacher)이시며, 은닉된 메시아요 하나님의 아들이신 예수님의 사역은, 그를 믿지 않았던 사람들이 심히 많았음에도 불구하고 장차 엄청난 수확을 거두게 될 것이다. 4장 15, 16절의 "즉시"(immediately)라는 단어는 29절의 "곧"(at once)이라는 단어와 대조를 이룬다. 마가가 이 즉시라는 단어와 곧이라는 단어를 반복적으로 사용한 것에 대해 독자들 중의 일부가 거부감을 느낄는지 모르겠지만 그것은 하나님 왕국의 운동(movement)에 관한 어떤 것을 보여주는 것이다(1 : 21, 23, 29, 30, 43 등).

아무도 정복할 수 강력한 없는 복음이 얼마나 분명하게 마가복음서 안에서 울려퍼지는지! 그것은 곧 죄사함의 전권(full authority)을 소유하신 인자를 통한 용서의 복음이다(2 : 10; 단 7 : 14). 그것은 또한 죄인들(2 : 17)과 이방인을 위한 복음(7 : 24 이하)이다.

마가가, 데가볼리 지방에서 귀먹고 어눌한 자가 고침받은 사실을 어떻게 묘사하고 있는지를 숙고해 보라(7 : 31 이하). 이 생생한 이야기는 오직 그의 "복음서"에서만 발견되어진다. 주님께서 귀먹고 어눌한 자를 고치시고 가르치실 때에 얼마나 사랑이 넘치고 친절하셨는지! 그 사람이 귀머거리였기 때문에 예수님께서는 정상적으로 그에게 말씀을 전하실 수 없었다. 대신에 예수님께서는 두려워하는 그를 데리고 밖으로 나가셔서 네 가지의 상징적인 행동을 취하시며 에바다라고 외치셨다. 즉, 그는 그 사람의 양 귀에 손가락을 집어넣으시고 그의 혀에 침을 뱉으시고 탄식하시며 하늘을 쳐다보셨다. 그 귀먹고 어눌한 자는 그의 눈과 귀가 열렸고 마침내 그가 나음을 받았다는 메시지를 받게 되었다(참조. 사 35 : 5).

과연 에바다라는 말씀이 예수님께서 취한 모든 조치의 특성을 묘사하는데 사용될 수 없었을까? 말씀을 통하여 낙원(Paradise)의 어떤 것이 회복되어진다. 이러한 놀라운 이적들은 분명히 구원의 때가 임박하였음을 보여주었다!

주

1) 이른바 "메시아의 비밀이론" 또는 "메시아의 자기은닉사상"으로 불리우는 이 이론은 대체적으로 예수님께서 자신이 메시아이신 것을 드러내지 않으신 점, 또한 오히려 그 사실을 드러내지 않도록 주의와 단속을 주신 점 등에서 비롯된 것이다. 특히 이는 마가복음서에서 문제시 되는바, 예수님께서 귀신들린 자들의 메시아 고백에 침묵하실 것을 요구하신 점(막 1：23－25, 34; 3：11; 5：6; 9：20), 이적으로 병을 고치신 후 역시 침묵을 요구하신 점(막 1：43－45; 5：43; 7：36; 8：26), 베드로의 신앙고백 후 제자들을 향하여 자신에 관하여 아무에게도 말하지 말라고 경계하신 점(막 8：30), 변화산 사건 이후 인자가 죽은 자 가운데서 살아날 때까지는 "너희 본 것을 아무에게도 이르지 말라"고 주의를 주신 점(막 9：9), 이 외에도 마가복음서의 여러 구절에서 그러한 사상을 발견한다. 브레데(Wrede)는 이 점을 들어 주장하기를, 예수님께서는 공생애 기간 동안 자신이 메시아이신 것을 주장한 일도 없는데, 후대의 그리스도인의 공동체가 그를 메시아로 추인한 것이라고 했다. 따라서 마가복음서는 초대교회의 부활신앙을 대변키 위한 마가의 창안물로 보았다.

하지만 성경(복음서 전체)에 의하면, 예수님은 자신이 메시아이심을 분명히 알고 계셨다는 점, 그러므로 예수님의 생각 속에 메시아의 의식 발전이란 결코 있을 수 없다는 점, 뿐만 아니라 그는 이것을 점진적이며 체계적으로 가르치시고 나타내셨다는 점 등을 분명히 알 수 있다. 따라서 브레데의 메시아 비밀 이론이 마가의 신학적 방법이라는 주장은 거짓되다는 것을 알 수 있다. 부언할 것은 가이샤라 빌립보 지방을 분수령으로 예수님의 사역의 형태가 뒤바뀐다는 점이다. 즉, 마태복음서를 중심해 볼 때 1장－16장 2절까지는 말씀과 여러 행적들을 통하여 자신의 메시아 신분을 드러냈으며, 베드로의 신앙고백 후, 그러니까 16장 21절－28장까지는 죽으심과 부활을 통하여 자신의 메시아 신분을 입증했다는 점이다.

이로 볼 때 십자가와 부활 이전의 메시아의 자기 은닉은 여러가지 오해의 소지를 제거함과 아울러 메시아로서의 사역 완성을 위하여 미리 계획된 것으로 볼 수 있는 것이다.

5. 배척당하신 메시아로서의 하나님의 아들

(1) 유대의 지도자들로부터 배척을 당하심

마가복음서 초두(2 : 1 이하)에서 우리는 예수님과 서기관들 및 바리새인들 사이에서 발생하는 갈등을 다룬 기사를 다섯 차례나 발견하였다. 마지막 부분인 예수님의 예루살렘 입성과 무화과 나무가 시들어버린 사건 이후 예수님과 유대 지도자들 사이에 다섯 차례의 더 심화된 충돌 사건이 벌어졌음을 보게 된다. 두번째의 충돌 사건에서 보면, 사두개인과 헤롯당이 마찬가지로 언급되고 있다(12 : 13; 18).

이 첫번째와 마지막 충돌 사건의 중간 기간은 전혀 목가적인 시기가 아니었다. 그 이유는 그 시기의 기간 동안 역시 분쟁들이 있었기 때문이다. 예수님께서 나사렛에서 냉대받으신 사건(6 : 1 이하), 바리새인들의 위선에 대하여 비난하신 사건(7 : 1 이하), 이 "세대"에 대해 어떤 표적을 베푸시기를 거절하신 사실(8 : 11 이하) 그리고 바리새인과 헤롯의 누룩을 조심하라는 경고(8 : 14 이하)에 대해서 생각해 보라.

(2) 자신의 제자들로부터 반대를 받으심

여러분은 마가의 "복음서"가 지니는 특별한 아름다움이 무엇인지를 아는가? 마가는 베드로의 회고의 내용을 우리에게 제시하여 주는 한편, 베드로가 복음을 전파하는데 있어서 그 자신을 높이려 하지 않았다는 사실을 역시 보여주고 있다. 베드로는 스스로 예수님이 가서야 할 고난의 길을 막고 선 일종의 사단이요 대적자였다는 사실을 마가에게 알렸음이 분명하다. 마가가 이 사건을 기록한 기사를 통하여 우리는, 예수님께서 베드로를 꾸짖으실 때 다른 제자들을 보셨다는 사실(다른 "복음서"에는 이렇게 세부적으로 기록되어 있지 않다)을 알 수 있다. 그러나 베드로가 물 위로 걸었던 것 뿐만 아니라 구세주께서 그를 칭찬하신 것 역시 기록되어 있다.

마찬가지로 마가는, 예수님께서 베드로가 닭이 울기 전 **두 차례** 그를 부인할 것이라고 예언했던 사실을 기록하고 있다. 이것은 곧 베드로의 부인이 얼마나 심각한 것이었는가를 우리에게 보여 준다. 한 **차례**의 경고로는 충분치 않았다. 제자들 중의 지도자격인 이 사람이 얼마나 심각하게 타락하였는가를 살펴 볼 수 있다.

마가는, 예수님께서 베드로에게 왕국에 이르는 열쇠에 관하여 언급하셨던 사실을 기록하지 않고 있고, 역시 베드로와 요한이 유월절 잔치를 위한 방을 마련할 책임을 맡았던 사실에 대해서도 침묵하고 있다. 그러나 그는 제자들 중의 지도자요 베드로라는 뛰어난 이름을 소유한 이 사람이 역시 예수님을 부인하는 일에 있어서도 지도자가 됐던 사실을 분명히 기록하고 있다. "믿음이 없는 세대여!"(9 : 19) 베드로를 초대 교황으로서 주장하기를 좋아하는 로마 교회가, 베드로가 "그의 자신의 복음"에서 자신을 영웅으로서 제시하지 않고 있다는 사실에 대해 눈을 뜰 수만 있다면!

변화산상에서 나타났던 모세와 엘리야가 그들 자신의 백성들, 즉 "믿음이 없는 세대"의 반대에 봉착하여 직무를 수행하는데 어려움을 겪었던 것처럼(민 14 : 27, 신 32 : 5; 왕상 19 : 4) 예수님 역시 심지어 그의 자신의 제자들 중에서조차도 반대와 오해를 받아가면서 그들(모세와 엘리야)의 사역을 "성취하셔야만" 했다. 그러나 모세와 엘리야가 하나님의 영광을 보았던 것처럼(출 24 : 1; 왕상 19장) 하나님의 아들 역시 고난 후에 영광을 보게 될 것이었다(8 : 31; 9 : 2, 31). "누구든지 제 목숨을 구원코자 하면 잃을 것이요 누구든지 나와 복음을 위하여 제 목숨을 잃으면 구원하리라"(8 : 35; 10 : 28 이하, 43 이하).

… 건축자들의 버린 그 돌이 모퉁이의 머릿돌이 되고… (벧전 2 : 7)

6. 죽음과 부활

(1) 고난의 때

예루살렘에 이르는 여정은 10장 1절(특히 32절)로부터 서술되어 있다. 마가는, 예수님을 다윗의 자손이라고 찬양했던 소경의 이름이 바디매오(Bartimaeus)인 것을 우리에게 알려 주고 있다. 예수님께서는 바디매오를 데리고 자신께서 승리 중에 입성하실 다윗의 성을 향하여 나아 가신다.

묘사하였던 사건들이 "즉시" 또는 "곧" 일어났다는 사실을 우리에게 확신시키는 일에 있어서 매우 재빨랐던 마가는, 이 시점에 이르러 그 속도를 낮추어 발생하였던 사건들에 대해 날짜와 시간을 부가하기 시작한다. 즉, "이튿날"(11 : 12), "아침에"(11 : 20), "무교절의 첫 날"(14 : 12), "새벽에"(15 : 1), "안식일이 지나매"(16 : 1), "안식 후 첫 날"(16 : 2) 등이 바로 그것이다. 하지만 이 모든 것들은 예수님께서 겟세마네 동산에서 "때가 왔도다 보라 인자가 죄인의 손에 팔리우느니라"(14 : 41)고 말씀하셨던 그 시간의 구조틀(framework) 내에 놓여져야만 한다.

예수님의 고난은 우연히 겪은 운명이나 어떤 불행의 문제가 아니었다. 성경에서 계시된 하나님의 계획대로 일이 진행되고 있었다. "인자는 자기에게 대하여 기록된대로 가거니와"(14 : 21). 아버지께서는 자기 아들을 죄인 중의 한 사람으로서 간주하신다(사 53장).

이 고난의 때에 덧붙여(13 : 32), 또 다른 결정적인 때에 대한 언급이 있다. 멸망의 가증한 것이 거룩한 곳에 설 때가 올 것이다. 그것은 서지 못할 곳에 설 것이다(14절). 그때에 그들 자신의 메시아를 배척하였던 언약 백성들에 대해 심판이 시행될 것이다. "내가 진실로 너희에게 말하노니 이 세대가 지나가기 전에 이 일이 다 이루리라"(30절). 그러므로 우리는 깨어있어야만 한다(36, 14, 37절).

(2) 결정적인 저주

이상의 관점에서 볼 때 유다에 의한 예수님의 체포에 대한 묘사는 감동적이어서 마음에 흥미를 일으킨다. 어느 "때"가 선택되었는가? 우리는 유대의 백성들이 자신들의 혁명군인 바라바를 석방시키라고 외침으로써 칼을 택하고 있음을 보게 된다(15 : 6 이하). 유월절은 자기구원(self-deliverance)의 기치 아래 거행된다. 백성들은 예수님을 반대하기로 결정하고 모퉁이돌이신 그를 배척한다. "십자가에 못박으시오"(15 : 13－14)라는 외침이 예수님께서 재판을 받고 계시는 건물 바깥에까지 가득 찼다. 물론 그것은 대제사장들의 충동에서 비롯되었던 것이다.

예수님께서는 결정적인 저주를 받으시지 않으면 안 될 것이다. 메시아라는 칭호에 대한 그의 주장은 당장에는 무력한 것으로 증명될 것이다. 수치를 당하신 메시아는 유대인들에게 있어 더이상 어떠한 것도 의미하지 않았을 것이다.

산헤드린이라고 불리우는 맹수는 인자를 향하여 몸을 던진다. 애굽의 어두움이 예루살렘을 뒤덮는다(참조.13 : 10; 24 : 23; 50 : 3; 렘 15 : 9; 겔 32 : 7－8; 암 8 : 9; 욜 2 : 2, 10, 31; 3 : 15). 예루살렘이 예수님을 십자가에 못박을 바로 그 때 "애굽"이 되지 않았는가? (참조. 계 11 : 8; 6 : 12; 16 : 10) 성전의 휘장은 더이상 필요하지 않았다. 따라서 둘로 찢어진다. 예루살렘은 심판의 때를 택했던 것이다.

(3) 부활의 소망

복음은 우리로 하여금 늦기 전에 어떤 선택을 하도록 압력을 가한다. 베드로가 오순절에서 행한 "이 패역한 세대에서 구원을 받으라"(행 2 : 40; 참조. 욜 2 : 32)는 설교의 메시지는 마찬가지로 여기에서도 나타나고 있다. 고난의 때를 구속의 때로 받아들임으로써 우리는 심판의 때를 피할 수 있다. 하나님께서는 건축자들이 버린 돌(stone)을 취하셔서 모퉁이돌(Cornerstone)을 만드셨다(벧전 2 : 4 이하; 시 118 : 22).

나사렛 예수는 죽은 자들로부터 일어나셨다(16 : 6). 제자들과 베드로(이는 독립적으로 언급된다)는 이에 대한 소식을 받아야만 했다. 용서는 그리스도를 배척하고 부정했던 자들에게까지 확대된다. 두려워말라.

"하나님의 아들 예수 그리스도의 복음의 시작이라." 이는 마가복음서를 여는 초두의 말씀이다. 이 갑작스러운 서두에서부터 마가는 재빠르게 갑작스러운 결말로 나아간다. 즉, 십자가상의 죽음 이후 즉시(immediately) 부활이 온다. 마가복음서는 우리에게 흥미를 주기 위해 씌어진 일종의 전기가 아니다. 그것은 곧 복음을 받아들이도록 하는 증거이자 호소이다. 이는 우리 눈에 기이한 바가 아닌가? (시 118 : 23)[1)]

주

1) "건축자의 버린 돌이 집 모퉁이의 머릿돌이 되었나니 이는 여호와의 행하신 것이요 우리 눈에 기이한 바로다"(시 118 : 22, 23).

누가복음

1. 사랑받는 의사 누가

(1) 바울의 동역자

신약의 세번째와 다섯번째는 바울 서신에서 가끔씩 거론되는 누가라는 인물이 기록한 것이다. 바울이 골로새에 사는 성도들에게 보낸 편지를 여러 사람의 안부와 함께 마무리하면서 마가(바나바의 조카), 아리스다고 그리고 예수(일명 유스도라고도 함) 등 그 당시 자신과 함께 동역을 이루고 있던 유일한 유대인 조력자(helper)들을 언급한다. 그리고 나서 이방인인 것으로 추정되는 에바브라(에바브로디도)로부터의 메시지를 전한다. 마지막으로 바울은, "사랑을 받는 의원 누가와 또 데마가 너희에게 문안하느니라"고 말하고 있다.

그리고 거의 같은 시대에 씌어졌던 골로새의 빌레몬에게 보낸 편지에서도 바울은 골로새서에서 언급했던 동역자들과 거의 비슷한 이름들을 언급하고 있다. 디모데후서 4장에서 우리는 바울이 디모데에게 마가와 함께 로마에 오도록 부탁한 사실을 보게 된다. 거기 보면, 이렇게 씌어 있다. "데마는 이 세상을 사랑하여 나를 버리고 데살로니가로 갔고 그리스게는 갈라디아로, 디도는 달마니아로 갔고 누가만 나와 함께 있느니라"(10-11절).

이상의 짧은 문장에서 우리는 누가가 어떤 인물인지를 넉넉히 짐작하고도 남음이 있다. 바울에 의해 극도의 사랑을 받던 의사 누가는 최후까지 바울의 동역자로서 그와 함께 머물러 있었다. 누가는 이방인이었다. 신약의 두번째 책의 저자인 마가가 바울의 또다른 조력자

중의 한 사람이었기 때문에 누가는 역시 그를 매우 잘 알고 있었다.

(2) 바울과 동행

누가복음서의 후편으로 기록된 사도행전에서 우리는, 누가가 바울의 동역자였을 뿐만 아니라 그와 함께 숱한 여행을 했던 사람이었음을 알 수 있다. 사도행전 16장 6절부터 읽어 보라. 처음에는 **그들**(they)이라는 대명사가 반복되어 사용된다.[1] "성령이 아시아에서 말씀을 전하지 못하게 하시거늘 〔그들이〕 브루기아와 갈라디아 땅으로 다녀가 … 무시아 앞에 이르러 〔그들이〕 비두니아로 가고자 애쓰되 예수의 영이 허락지 아니하시는지라 무시아를 지나 〔그들이〕 드로아로 내려갔는데." 그러나 10절에서부터는 변화가 생긴다. "바울이 이 환상을 본 후에 **우리**가 곧 마게도냐로 떠나기를 힘쓰니 이는 하나님이 저 사람들에게 복음을 전하라고 **우리**를 부르신 줄로 인정함이러라." 이 **우리**라는 대명사는 그들 일행이 빌립보에 이를 때까지 계속 사용되는데 거기서 이 **우리**는 **그들**로 바뀐다. 20장 5절에서부터 대명사 **우리**가 다시금 사용된다. "우리는 무교절 후에 빌립보에서 배로 떠나…." 이 책의 나머지에 걸쳐서 누가는 **우리**라는 대명사를 규칙적으로 사용한다. "토인들이 우리에게 특별한 동정을 하여…"(28：2).

바울 서신에서 누가가 언급된 것에 비추어 볼 때 누가가 사도행전에서 제 1인칭 대명사 **우리**를 사용한 것은 자신이 바울과 함께 그 여행길에 동참했음을 의도하려 했다는 결론을 내릴 수 있다. 따라서 누가는 드로아에서 빌립보까지 바울과 동행했다가 거기에서 뒤로 처졌다. 그 후에 그는 예루살렘에 이르는 바울의 마지막 여행길에 다시금 합류했는데 거기서 바울은 체포되었다. 그리고 그는 바울과 동행하여 로마로 여행하였는데 거기서 바울의 동료로서 남아 있었던 것이다.

이렇듯 누가복음서의 저자는 바울의 동역자 중의 한 사람이었으며 그와는 친밀한 관계를 유지하였다. 누가는 지중해권 전역에서 복음이 어떻게 확장되었으며 그것이 어떻게 수납되었는지의 과정을 목격한 증인이었기 때문에 사도행전에서 사도 시대에 일어났던 사건을 생생하고도 사실적으로 기술해낼 수 있었던 것이다.

(3) 자료 수집

바울 일행의 한 사람으로서 누가는, 개인적으로는 예수님을 잘 모르는 형편이었을지라도 그리스도의 지상 사역에 관한 정보를 수집하기에는 좋은 위치에 있었다. 그는 마가가 썼던 내용에 대해서 잘 알고 있었다. 더욱이 그가 팔레스타인에 체류한 사실은 복음서를 기록하는데 필요한 자료를 수집하는 좋은 기회가 되었던 것이다.

그는 바울과 함께 집사이자 복음전도자인 빌립의 집에 머물었으며(행 21：8), 역시 처음의 제자들 중의 한 사람인 나손의 집에도 체류하였다(16절). 예루살렘에 머무르고 있는 동안에 그는 바울과 주님의 동생인 야고보가 만났을 때 동석했다(18절). 바울이 거의 2년에 걸쳐 예루살렘과 가이샤라에서 투옥당해 있을 때 누가는, 자신이 두 권에 달하는 복음의 역사를 기술하는데 있어 필요한 자료들을 수집할 수 있는 시간을 충분히 가질 수 있었다. 물론 예수님께서 생존해 계실 때에 일어났던 사건들을 목격했고, 예수님께서 말씀하셨던 것을 직접 들었던 많은 사람들이 여전히 생존해 있었다. 그때에 누가는 분명 그들에게 자세한 여러가지의 것을 물어 볼 수 있었을 것이다. 주님의 모친으로서 "이 모든 일"을 가슴 깊이 간직하고 있었던 마리아 역시 누가의 면담 대상이 되었을 것이다.

누가는 "그 거룩한 땅"[2)]에서 보냈던 시간을 유용하게 활용하였음이 분명하다. 그가 사도행전 27장에서 배가 난파된 사실을 기록한 것을 보면 역시 직접적인 보고서처럼 씌어져 있다. 과연 누가가 예수님께서 활동하셨던 지역인 팔레스타인에서 그의 첫번째 책을 이미 완성하였고 그가 거기서 두 번째 책을 기록하기 시작하여 로마로 가는 항해 여행 기간 중에 그것을 거의 마무리하였다고 볼 수 있을까?

(4) 마태복음서 및 마가복음서와의 조화

성전 파괴에 관한 예수님의 강화를 기록함에 있어서 누가는 "멸망의 가증한 것"에 대한 것보다는 오히려 예루살렘을 둘러싸고 있는 군대에 대해서 언급하고 있다. 일부 학자들은 이러한 사실에 근거, 누가가 A.D. 70년 성전 파괴 이전에 그의 복음서를 기술했다는 주장을 반대하고 있다.

이들의 주장은 다음과 같다. "그리스도의 급속한 재림에 대한 처음의 기대는 일단 예수님께서 즉시 다시 오실 것을 계획하지 않으셨다는 것이 분명하게 되자 사라지게 되었다. 사람들은 그가 다시 출현하시기 전 상당 기간 동안의 지체가 있을 것으로 생각하기 시작했다. 따라서 누가는 예수님의 위협적인 말씀을 훨씬 더 미래적인 재림과 연결시키기 보다는 예루살렘의 파괴와 연결시켰다. 그리하여 미래에 대한 이 새로운 관점은 지상 위에 교회의 설립을 위한 여지를 낳게 되었다. 그리스도인들은 더 이상 현세의 삶을 소극적으로 살 필요가 없게 되었다.[3] 이 견해에 따르면, 누가는 본래의 "종말론적"인 복음을 왜곡시키고 평가절하시켜버린 죄가 있는 것이다.

그러나 이러한 주장은 전적으로 잘못되어 있다. 그 이유는 누가는 단지 마태와 마가가 우리에게 주었던 것(참조. 마 24 : 10 이하; 막 13 : 1 이하)을 주고자 했기 때문이다. 마태복음서를 자세히 살펴봄으로써 우리는 누가가 이 문제에 관하여 기록하고 있는 것은 실제로 "멸망의 가증한 것"이 의미하는 것에 대한 의역(paraphrase) 또는 묘사에 지나지 않는다는 것을 살펴 보았다(21 : 20; 참조. 마 24 : 15). 누가가 성취되지 않았던 예수님의 예언을 예루살렘을 둘러싸고 있는 로마 군대들에 관한 진술로 바꿨다는 주장은 전혀 사실이 아니다.

누가는, 일단 적이 그 성읍 둘레에 철의 장막을 두르는 일에 성공하자마자 그 성읍 안에 있는 자들에게 도망하도록 예수님께서 권면했다고 기록하고 있지 않다. 그는 단지 예수님의 예언을 쉽게 이해되어질 수 있는 방식을 통하여 자신의 독자들에게 전하고자 했다.

그 성읍의 벽 중 좋은 부분은 역시 성전의 벽이었음을 기억하라. 예수님께서는 유대의 군사들이 성읍과 성전 벽 위에서 그들의 위치를 고수하고 있을 때, 그리스도인들이 이것을 경고 신호로 취해야 할 것으로 말씀하고 계셨다.

이렇듯 누가복음서의 기록 연대를 A.D. 70년 이후로 취할 만한 충분한 이유가 없다. 그의 첫 독자들은 누가가 예언으로써 제시했던 것이 실제로 실현된 것을 정확히 확인할 수 있었다. 또한 누가가 원래의 복음을 왜곡시켰다고 비난할 수 있는 그 어떤 근거도 없다. 그 이유는 그와 같은 "종말론적인" 복음은 단지 어떤 학자들의 마음 안에서만 존재하고 있기 때문이다. 신약은 실질적으로 우리에게 임박한 미래, 즉 예수님께서 오래지 않아 그 성읍과 성전에 내리기로 되어있던 언약의 진노와 심판을 바라보시면서 말씀하셨던 그 미래를 기대할 것을 가르치고 있다.

주

1) 한글 개역은 이 단어에 대한 번역을 빠뜨리고 있다. 다음은 영역 성경의 일부다. 참조하라 "They went through the region of Phrygia and Galatia··· they attempted to go into Bithynia··· they went down to Troas", "immediately we sought to go on into Macedonia, concluding that God had called us to preach the gospel to them,", "We sailed away from Philippi", "The natives showed us unusual kindness".

2) 이는 "예루살렘"을 뜻한다.

3) 그 이유는 주의 오심이 상당 기간 지체될 것이기 때문이다. 처음에 그들은 주의 오심이 임박할 줄 알고 현세적인 삶을 소극적으로 살아왔다.

2. 누가의 저작 목적

(1) 로마 관리의 부탁

아름다운 헬라어 문어체로 씌어진 누가복음서와 사도행전의 서두를 읽을 때 우리는 누가의 저작 목적에 관한 어떤 것을 알 수 있다. 첫째로, 누가는 자신의 그 두 저작을 데오빌로 "각하"(most excellent)에게 헌정했다. 누가가 벨릭스(Felix)와 베스도(Festus) 같은 통치자들을 언급할 때에도 역시 각하라고 하는 단어를 사용했던 것(행 23 : 26; 24 : 2; 26 : 25)을 보면, 데오빌로는 분명히 대단히 높은 직위에 있던 로마 관리였을 것이라는 인상을 갖게 된다.

데오빌로는 복음에 대한 약간의 지식을 이미 갖고 있었던 것으로 보인다. 마찬가지로 누가는 그가 기록하는 것에 있어서 유대의 관습들에 대한 얼마간의 지식을 전제하고 있다. 그 당시에는 할례를 받을 정도까지의 개종자는 아니더라도 회당에 출석하였던 이방인들이 많이 있었다. 그들은 이른바 "하나님을 경외하는 자들"(또는 "경건한 자들" God-fearing)이었다.

필경 데오빌로는 회당을 통하여 구약 성경에 대해 알고 있는 그러한 많은 이방인 중의 한 사람이었으며 누가와의 접촉을 통하여 부분적으로나마 복음에 대해 익숙했던 사람이었을 것이다. 따라서 데오빌로는, 복음의 사건들을 주의깊게 관찰하여 그것들에 관하여 자신에게 보고하여 줄 것을 부탁했다. 누가는 팔레스타인에 머무름으로써 이러한 임무를 수행하는데 도움을 받게 되었던 것이다.

누가의 두 책이 데오빌로에게 헌정되었기 때문에 나중에 그 책들이 어떻게 해서든지 다시 제작되어 배포되도록 조처되었다고 쉽게 가정할 수 있다. 물론 그 당시에는 인쇄기가 없었다. 따라서 책들은 필경(筆耕)에 의해 복사되었는데 때때로 그 과정은 매우 빨랐다. 왜냐하면 한 사람이 큰 소리로 읽는 동안 열 사람이 그것을 받아 적을 수 있었기 때문이다.

잠시 그 상황을 생각해 보라. 로마 정부 관리(아마도 밀레도나 빌립보의 관리)가 바울과 함께 예루살렘으로 떠나고자 계획하고 있던 누가에게 모든 사건들을 조사해 주도록 의뢰하면서 그 결과를 책으로 발행해 줄 것을 약속한다. 따라서 누가의 책은 상류 계층을 위해 그리고 그들을 통해 만들어진 "복음에 관한 소논문"의 실례이다.

(2) 성전에 관한 문제

데오빌로와 같은 사람은 나름대로의 의문들을 가지고 있었음이 분명하다. 물론 그의 심중에 먼저 제기되었던 의문점 중의 하나는, 과연 지금 "다른 교회"〔기독교회〕로 가야할 필요가 있는가 하는 것이었다. 유대 종교의 잘못은 무엇인가? 참 하나님이 예배받으시던 예루살렘에서의 성전 제사들은 유지되어져야 하지 않는가?

그러므로 누가는 성전—사가랴, 시므온, 안나, 12살 때의 성전에서의 예수님, 성전 꼭대기에서 시험받으신 예수님, 성전에서의 예수님의 가르침 등—에 대해 언급함으로써 그의 복음서를 시작하고 있다. 그러나 누가는 역시 예수님께서 성전을 정결케하실 것과 그것의 멸망을 예언하실 것 그리고 그것을 버리실 필요가 있었음을 아셨다고 지적하고 있다. 그는, 예수님께서 성전의 권위자들에 의해 체포되시어 조롱과 정죄를 받으셨던 점을 명백히 기록하고 있다. 이 책의 서두에서 누가는 우리에게 그 성전에서 축복을 줄 수 없었던 한 제사장을 보여준다. 그리고 그 말미에서 승천하시기 직전 예루살렘 바깥에서 자기 백성을 축복하신 제사장이며 왕이신 분을 우리에게 보여 준다(그

일 후에 제자들은 "늘 성전에 있어 하나님을 찬송"한다).

사도행전을 읽다 보면, 누가가, 기독교는 성전을 무시하는 혁명적인 운동이 아니라 오히려 성전이 교회를 거부하고 있다는 사실을 천명하면서 일관성있는 흐름을 지속시켜 나가고 있음을 볼 수 있다. 로마에 이르는 지중해 전역의 모든 회당에서 그리스도가 거절되어 짐으로써 야기되어진 무수한 체포 기사를 거기서 읽게 된다. "성전"이 듣지 않을 것이기 때문에 심판이 강타할 것이다. 데오빌로 각하여, 그렇지만 복음은 세상을 통하여 계속적으로 전진할 것인바 금하는 자가 없을 것입니다!

(3) 두 책에서의 복음

누가의 저작들을 읽으면서 우리는 그 저작들이 무엇보다도 먼저 데오빌로에게 씌어졌다는 사실을 간과해서는 안 된다. 누가는 자신의 두 책 가운데서 제시된 모든 자료들을 통해 어떤 답변을 주었는가? 사도행전의 서두에서 그는 이렇게 설명하고 있다. "데오빌로여 내가 먼저 쓴 글〔로고스 이는 실제로 말씀을 의미함〕에는 무릇 예수의 행하시며 가르치시기를 시작하심부터…승천하신 날까지의 일을 기록하였노라." 따라서 누가의 처음 책은 그 **시작**을 묘사하고 있다. 반면 그 두번째 책인 사도행전은 그 일이 어떻게 **계속**되었는지를 보여준다. 마가 역시 시작—복음의 시작—에 대해 언급함으로써 그의 복음서를 시작하고 있다.

누가는 자신을 말씀의 목격자요 종이었던 자들의 반열에 세운다. 그는 예수님의 활동상의 **시작**을 한번 더 취급하고 이 시작을 예수님의 사역의 **계속됨**에 대한 기사(사도행전)와 연결시킨다.

(4) 의사의 감각

누가는 자신의 저작에서 예수님께서는 완고하고 몰인정한 랍비나 교사들에 비할 수 없을 만큼 자비로우신 분이셨음을 거듭해서 보여

주고 있다. 의사로서의 누가는 많은 육체적 고난과 사회적 불행을 접하게 되었고 많은 여인들이 직면해야만 했던 특별한 문제들에 대해 민감했다. 뿐만 아니라 그리스도인으로서 그는 성령의 능력과 기도의 능력에 대해 잘 알고 있었다.

그러므로 우리는 예수님께서 고난받는 자들에게 대해 얼마나 자비로우셨으며, "가난한 자들" 즉, 끊임없이 기도하며 은혜로써만 살기를 원하는 자들에게 성령을 약속하신 사실을 보여준 자가 바로 누가라는 사실에 대해 놀랄 필요가 없다. 누가는 예수님의 이러한 면면이 데오빌로와 같은 요인(要人)들에게 먹혀들어갈 것임을 알고 있었다.

(5) 은혜의 복음

이상의 요점은 오늘날의 상황에서 특별히 강조해야할 가치가 있는 것이다. 누가가 "가난한 자들"에 대해 말하고 또한 그리스도께서 포로된 자들에 대해 해방을 선포하셨다는 것을 말할 때 우리는 "해방신학"이나 "혁명신학"과 관련지어 생각해서는 안 된다. "가난한 자들"이란 시편에서의 불쌍하고 괴로워하는 자들을 가리키는 것으로서 오직 은혜로써 살기를 원하는 자들을 말한다. 그들은 일부 통계학자들이 말하는 "빈곤선"(poverty line) 이하에 있는 자들과 동일시되어서는 안 된다.

이 복음은 사회 복음이 아니라 은혜의 복음이다. 그리스도께서 나사렛에서 전파하였던 메시지는 사회적이거나 정치적인 프로그램이 아니었다(물론 그의 청중들이 환호했던 것은 이러한 사회적, 정치적 프로그램이었다). 복음이 사회적, 정치적 중요성을 가지고 있긴 하지만 무엇보다도 그것은 먼저 은혜에 관한 선포, 죄로부터의 구원에 관한 선포로서 이해되어지지 않으면 안 된다.

3. 혼란이냐, 질서냐?

(1) 문필가

누가 저작의 서문 및 헌정에 관한 내용을 보면, 자신이 데오빌로를 위해 조사한 자료들을 "차례대로" 보고하겠다고 말하고 있다. 그럼에도 불구하고 일부 학자들은 누가를 서투른 비평가로 비난하는데, 그들의 지적에 따르면 누가는 그가 온갖 종류의 자료를 사용하였고 상충되는 기사들로 유통하고 있던 어떤 이야기의 설명 모두를 채용했다는 것이다. 바리새인을 향한 설교가 두 편이 있고, 제자들을 전도하도록 파송한 경우가 두 차례나 있는 이유가 바로 여기에 있다(11 : 37 이하, 45절 이하; 9 : 1 이하; 10 : 1 이하)는 것이다. 나사렛에서의 예수님의 출현은 적절한 위치에서 나타나고 있지 않다는 주장을 듣는다. 그 이유는 그 때에 예수님께서는 이미 가버나움에 출현하셨기 때문이라는 것이다(누가만이 이것을 나중에 언급한다). 이상에서 지적한 외에도 이와 같은 지적이 훨씬 더 많이 있다.

누가의 "제 1권"은 온갖 종류의 자료들을 무비판적으로 사용한 것에 대하여 비판받는 반면에 "제 2권"(즉, 사도행전)은 그가 갖고 있는 자료들을 너무 심하게 편집했다는 것으로 인해 비판을 받는다. 비평학자들에 의하면, 누가는 너무나도 부당하게 자료들을 제마음대로 취함으로써 그의 두번째 책은 역사적으로 매우 신임할 수 없는 것이 됐다고 한다.

아마 여러분은 렘브란트의 유명한 「야경꾼」(Night Watch)에 대한 이야기를 알고 있을 것이다. 렘브란트가 작은 그룹(corporal's guard)을 그려달라는 부탁을 받았을 때, 사람들은 전통적인 가족 초상화의 경향을 따라 부모를 중심에 배치하고 어린이들은 적절한 곳에 배치하는—군인들의 모임이었다면 장교들은 앞 줄에 배치하는 그런 그림이었을 것이다—그림과 같은 어떤 것을 그려낼 것으로 생각하였다. 그러나 33살된 렘브란트가 그려냈던 것은 그의 부유층의 손님들이 심중에 갖고 있었던 것과는 판이하게 다른 것이었다. 그는 그 그림에 생명과 자연의 운동을 주입함으로써 그의 대상물을 동적으로 묘사하였다. 바꾸어 말하면, 격식을 차리지 않는 배경 속에서 그는 작은 그룹을 묘사하기로 했던 것이다. 심지어 그는 그 그룹과는 아무런 상관이 없는 소녀와 개에 대해서는 더 강조하면서도 응당 신경써야 할 부분에는 주의를 기울이지 않은 것이다. 그 결과 이 그림을 부탁한 사람들은 그것이 전시되기를 바라지 않았기 때문에 창고에 버려두었지만 결국은 세계적으로 유명한 그림이 되고 말았던 것이다.

누가에게도 렘브란트의 이러한 요소가 약간 있다. 후대의 전설에 따르면, 누가는 화가였다고 한다. 즉, 비잔틴의 한 왕이 누가가 그린 마리아에 관한 작품을 입수하였다고 한다. 그것이 사실이건 아니건 간에 누가는 화가들의 수호 성인(patron saint)이 되었다.

분명한 것은 누가가 문필가였다는 것이다. 그는 아름다운 말을 그려내기 위해 필봉을 훌륭하게 휘둘러댔다. 그 결과 자신이 접했던 모든 자료들을 기초로하여 놀랄 만큼 생명력이 있는 기법으로 동적인 예수님을 묘사하였던 것이다.

(2) **주제의 우선**

누가가 이루어진 사실들에 대하여 "차례대로" 쓰겠다고 한 사실을 읽을 때, 그가 연대기적인 순서에 따라 쓰겠다고 말한 것으로 추정해서는 안 된다. 누가는 대단히 주의깊게 그의 복음의 기사를 기록하였다. 즉, 이야기의 순서를 주의깊게 정하고 어떤 사건들을 전면에 가져오고, 또 어떤 것들은 생략하고, 중요하다고 생각되는 세부적 사항들에 대해 주석을 달고, 사건들을 상황 가운데 제시했던 것이다. 누가는 미숙한 가위질과 풀질로 재배열하는 방법을 통하여 본문을 구성한 서투른 직공이 아니었다. 그렇다. 그는 예수님의 사역의 시작에 관한 이야기를 생생하고 용의주도한 방법으로 제시하였는데, 종종 자신이 의도하는 바를 나타내기 위해서 강한 대비를 사용하였다.

이러한 사실은 특정한 실례들을 통하여 쉽게 볼 수 있는 것이다. 마음에 언뜻 떠오르는 것 중의 하나는 예수님의 사역에 대한 기사의 초두에서 예수님께서 나사렛에서 배척받으신 것을 배열하고 있는 것이다. 이는 예수님께서 광야에서 시험받으신 이야기 이후에 곧바로 나온다. 누가의 요점은 나사렛에서의 사건들이 아닌, 그 주제에 있었다. 예수님이 자기 고향에서 적대적인 영접을 받았다는 사실을 통해서 그 언약 백성이 예수님에 대해서 어떻게 응답하였는지 그 분위기를 전달하고자 하였다.

그러나 우리는 누가의 복음 기술 내용을 놓고 그의 예술적인 요소들을 살펴보는 일에 스스로 제한해서는 안 된다. 이 책은 실로 아름다운 작품이다. 그렇지만 우리의 근본적인 관심은 바로 그 메시지에 있어야만 한다.

4. 주(主)와 종(*1* : *5*-*4* : *13*)

(1) **예수님의 선구자**

데오빌로가 세례 요한에 대한 소식을 들었을 것임은 분명하다. 왜냐하면, 세례 요한의 제자들은 에베소와 같은 먼 거리에서도 발견되었기 때문이다(행 19 : 1 이하). 누가가 예수님과 요한을 비교, 그들의 어디가 같고 다른가를 독자들에게 살펴 보게 함으로써 그의 복음서를 시작하는 이유가 바로 그 점에 있을 수 있다. 과연 누가는 "차례대로" 그 글을 시작하고 있다. 처음에 우리는 요한의 탄생이 고지(告知)된 것을 듣는다. 다음으로 예수님의 탄생이 고지되는 것을 듣는다. 누가는 종종 병행 언어를 사용하면서 그 두 사람의 사역을 계속 다루고 있다.

세례 요한	예수님
"주의 사자가 저〔사가랴〕에게 나타나"(1 : 11)	"천사 가브리엘이 하나님의 보내심을 받들어"(1 : 26-27)
"사가랴가 보고 놀라며 무서워하니 천사가 일러 가로되 사가랴여 무서워말라" (1 : 12, 13))	"처녀가 그 말을 듣고 놀라 … 천사가 일러 가로되 마리아여 무서워말라"(1 : 29-30)
"저가 주 앞에 큰 자가 되며…" (1 : 15)	"저가 큰 자가 되고…" (1 : 32)

세례 요한	예수님
"내가 이것을 어떻게 알리요" (1 : 18). 이어서 증거가 주어진다.	"어찌 이 일이 있으리이까" (1 : 34). 이어서 증거가 주어진다. 즉, 엘리자벳이 임신한다.
할례와 요한이라고 하는 이름의 명명(1 : 59 이하).	할례와 예수라고 하는 이름의 명명(2 : 21).
"아이가 자라며 심령이 강하여 지며"(1 : 80)	"아기가 자라며 강하여지고 지혜가 충족하며 하나님의 은혜가 그 위에 있더라"(2 : 40)
"요한이 요단강 부근 각처에 와서 죄사함을 얻게 하는 회개의 세례를 전파하니"(3 : 3)	"친히 그 여러 회당에서 가르치시매 뭇사람에게 칭송을 받으시더라"(4 : 15)

누가는 처음에 세례 요한에 관하여 길게 언급한다. 하지만 그 선구자와 왕(즉, 예수님. 이 시점에서 예수님은 이야기의 무대에 나타난다)이 일단 요단강에서 마주치자마자 그 강조점은 다윗 집에 주신 옛 약속들을 성취시키시는 제사장이자 왕이신 예수님에게로 집중된다.

잠깐 반짝였다 꺼져버린 세례 요한에게 관심을 집중하는 자는 아무도 없었을 것이다. 다윗의 자손인 예수님은 이방인들에 대해 계시를 주시기 위한 빛으로 오셨다. 성전에서조차도 그를 향한 찬송이 울려났다(2 : 29 이하; 참조. 사 40 : 5; 52 : 10; 42 : 6; 49 : 6, 9; 25 : 7; 46 : 13).

(2) 다윗의 보좌

데오빌로는 옛 이스라엘에게 약속되었던 위로와 구원에 관한 어떤 것을 알고 있었음에 틀림이 없다(2 : 25, 38; 사 52 : 9). "그 조상 다윗의 위"(1 : 32), 다윗의 성과 집, 혈통(2 : 4; 11 이하)에 대한 반복된 언급은 옛날의 예언들에 대한 기억들을 일깨우기 위해 의도된 것임에 틀림없다.

누가는 예수님의 탄생과 그의 선구자 요한의 사역을 모두 로마 황제들의 통치로부터 그것의 연대를 취하는 역사적 구조틀 안에 놓고 있다(2：1; 3：1). 각하！ 우리의 시대는 위대한 때입니다. 우리 시대의 이 사건들은 유대 성전과 전 로마 제국에서 일어난 것입니다.

아담의 자손이요 그리스도이시며 성령의 소유자요 하나님께서 심히 기뻐하시는 아들이시며 오랫동안 기다려왔던 이 인물은 포고되었으며 실제로 오셨다. 선구자는 그의 오심을 알리도록 보냄을 받았다. 마지막 아담이신 예수님께서는 단번에 사단을 물리치셨다. 그리고 나서 지상에서의 자신의 사역을 시작하셨다(4：11 이하). 이제 제공된 은혜의 빛 안에서 그리스도를 향해 무관심할 수 있는 자는 아무도 없다.

5. 희년의 시작 (4 : 14-9 : 50)

(1) 기름부음 받은 자

누가는 그의 복음서 초반부에서 예수님께서 나사렛에서 배척받으신 사건이 실제로는 시간상 다소 뒤에 일어났던 일이었음에도 불구하고 앞에 기록하였다(4장 23절과 31절 이하를 비교하라). 이것은 그의 입장에서는 무분별한 것이 결코 아니었으며 그가 이렇게 해야한다고 결정을 내린데에는 확고한 근거가 있었다.

예수님께서는 나사렛 회당에서 이사야 61장의 처음 부분을 읽는데 거기에는 기름부음을 받은 자(즉, 그리스도)가 "가난한 자에게 아름다운 소식〔복음〕을 전하"고 "마음이 상한 자를 고치며 포로된 자에게 자유를, 갇힌 자에게 놓임을 전파하며 여호와의 은혜의 해와 우리 하나님의 신원의 날을 전파하여 모든 슬픈 자를 위로하"실 것이라는 내용이 기록되어 있다. 예수님께서는 이 선지자의 글을 읽고서는 "책을 덮어 그 맡은 자에게 주시고 〔교사로서〕 앉으시니 회당에 있는 자들이 다 주목하여 보더라 이에 예수님께서 저희에게 말씀하시되 이 글이 오늘날 너희 귀에 응하였느니라 하시니"라(4 : 20-21).

우리가 누가의 책의 나머지 부분을 읽을 때 유념해야 할 주제가 바로 이것이다. 예수님은 그리스도, 즉 기름부음 받은 자이시다. 그가 백성들 중에 출현하신 것은 이 역할 안에서이다. 그는 기적을 행하는 자가 아니다. 또한 그는 군사적인 힘으로 무장하여 오시지 않았다. 그렇다. 그 분의 말씀과 행위는 **희년**(레 25장), 즉 은혜의 "오늘"(히

3：13), 구원의 "날"(고후 6：2)이 왔다는 것을 가리킨다.

(2) "가난한 자"를 위한 기쁜 소식

놀라운 일은, 기쁜 소식이 "가난한 자"에게 선포된다는 것이다. 우리는 여기에서 가난한 자를 경제적으로 "가난한 자들"과 연관지어 생각해서는 안 된다. 누가는 이스라엘을 향한 위로를 기다리는 자들을 "가난한 자들"로 언급하고 있는 것이다. 그럼에도 불구하고 이 그룹에 부자와 귀족들 다수가 포함된 것 같지는 않다. 권세있는 데오빌로는 "세상의 약한 것들을 택하사 강한 것들을 부끄럽게 하려 하시며"(고전 1：27)라는 사실을 알아야 했다.

비록 누가는 자신이 지식층이며 경제적인 엘리트에 속해 있음에도 불구하고, "화 있을진저 너희 부요한 자여 너희는 너희의 위로를 이미 받았도다"(6：24)라고 경고하고 있다. 그는 역시 더 큰 곡간을 지은 어리석은 부자에 관한 비유(12：13 이하) 뿐만 아니라 거지 나사로와 부자의 비유(16：19 이하)도 기록하였다.

동시에 그는 마찬가지로 부(wealth), 그 자체에 대해서도 반대를 하지 않았다. 사실상 그는 자신들의 돈을 털어 예수님을 섬겼던 여자들의 이름까지도 기록하였는데 그들 중에는 헤롯의 청지기 아내의 이름도 끼여 있었다(8：2-3). 그렇다. 누가는 부에 대해서 반대한 것이 아니라, 그것이 악용되는 것을 반대했던 것이 분명하다. 부자라 할지라도 하나님 앞에서는 스스로를 시편에 자주 언급되어 있는 부족한 자와 고통받는 자로서 여겨야만 한다.

(3) 정치적인 해석

누가복음서 첫장에서부터 언약에 관한 언급이 많이 나타나고 있다는 사실은 괄목할 만하다(1：55, 72-73). 물론 그 책의 나머지 부분에서도 역시 언약이 강조되고 있다. "오늘 구원이 이 집에 이르렀으니 이 사람도 아브라함의 자손임이로다 인자의 온 것은 잃어버린 자를 찾아 구원하려 함이니라"(19 : 9－10; 참조 13 : 16).

때때로 사가랴의 노래 가운데 나오는 어떤 구절들이 정치적인 용어로 해석되어지고 있다. "우리 원수에게서와 우리를 미워하는 모든 자의 손에서 구원하시는"(1 : 17)이라는 구절이 바로 그것이다. 여기에서 원수들은 로마인들로 동일시 되어지며, 따라서 구속이란 곧 그 로마의 멍에로부터 벗어나는 것을 의미한다.

하지만 그와 같은 해석은 배격되어져야 마땅하다. 사가랴의 노래는 언약의 배경 하에서 읽어야만 한다. 왜냐하면 거기에는 시편의 언어가 사용되고 있기 때문이다. 사가랴가 언급한 "원수들"은 언약 백성 중의 불신실한 자들을 말한다. 그들은 주를 향해 있는 자들인 "가난한 자들"을 압제하는 자들인 것이다.

사가랴는 혁명의 프로그램을 가지고 있는 정치적 열심당원들을 지원하고자 힘쓰고 있는 것이 아니다. 오히려 그는 자기 백성을 구속하시는데 있어서의 하나님의 신실하심과 탁월하심에 대해 증거하고 있는 것이다. 그 언약의 공동체 내에 있는 지도자들은 "원수들"의 노릇을 했다.

누가는 그의 책 전체에서 예수님께서 이스라엘의 지도자들을 어떻게 반대하셨는가를 보여주고 있다. 예수님의 죽으심과 부활은 그가 언약의 약속들을 성취하시는 것으로(24 : 46－47), 자기 교회를 불러 모으시고 세우시는 그의 계획의 일환이다.

(4) 거절당한 기쁨의 메시지

예수님께서는 성령으로 기름부음을 받으셨다. 나중에 오순절 사건을 묘사해야 했던 누가는 성령을 언급하는데 있어서 수고를 아끼지 않았다. 그리스도께서는 말씀이 퍼져나갈 수 있도록 성령을 소유하고 계신다. 이것은 누가복음서에 있어서 또 다른 중요한 주제로 누가는 이것을 끊임없이 마음에 간직하고 있으며 역시 사도행전에서도 강조하고 있다. 예수님께서는 복음으로 행동하신다. 나아가 그가 가져오시는 것은 바로 기쁨의 메시지이다. 거듭해서 기쁨이라고 하는 주제가 누가복음서 전체를 통하여 나타난다.

불행히도 나사렛 사람들은 말씀 이상의 것을 원했다. 즉, 그들은 그들 가운데서 성장하였던 이 유명한 사람으로부터 어떤 놀랄 만한 기적을 기대했다[1]. 그들은 선지자 이상의 것을 요구했다. 누가가 분명히 보여준 것처럼 나사렛이 주의 종께서 전파하시는 것을 거절한 것은 이스라엘 전체를 예표하는 것이었다.

(5) 이스라엘의 타락에 관한 문제

그러므로 대체의 법칙(the law of substitution)이 효과를 발휘하게 된다. 엘리야와 엘리사가 이스라엘을 지나쳐 시돈 과부와 수리아 사람 나아만을 돕기 위해 나아갔던 것처럼, 역시 이스라엘의 타락은 결국 이방인의 구원을 초래할 것이다(이것은 누가복음서의 또 다른 중요한 주제이다). 예수님을 제거하고자 하는 나사렛 사람들로부터 나중에 그를 받아들인 이방인들에 이르기까지 어떤 연속적인 선이 이어지고 있다. 데오빌로는 이스라엘의 타락에 관한 문제로 씨름했을 수 있다. 그러나 로마서 9－11장을 기록한 사도 바울의 제자인 누가는 데오빌로에게, 주의 종이 열방의 빛이 되리라[2](사 42：1 이하; 눅 2：32; 행 13：47; 26：18)는 예언이 성취되었던 것은 이스라엘이 끊임없이 강팍함으로써 가능했음을 분명하게 보여 주고 있다.

그가 유대인의 자손이건, 또한 선한 행위의 업적이 있건 그가 구원을 얻는데는 아무런 도움이 되지 않는다. 천사들이 노래했던 것처럼 "지극히 높은 곳에서는 하나님께 영광이요 땅에서는 기뻐하심을 입은 사람들 중에 평화로다"(2：14). 희년의 진정한 평화는 하나님의 기뻐하심을 입은 자들에게만 있는 것이다.

(6) 갈릴리 사역 중의 복음

누가는 9장 51절까지 갈릴리에서의 구세주의 사역을 생생하게 그려낸다. 그 과정에서 처음에 언급됐던 주제들이 보다 더 자세히 그려지고 있다. 비록 이 자료의 대부분이 이미 마태와 마가복음서에서 익숙한 것이긴 하지만 누가는 그것을 배열하고 제시하는데 있어서 그 자신의 맛(flavor)을 나타내고 있다. 그는 단순히 마가가 기록했던 것을 베끼지 아니하고 마태로부터 빌려온 단어들을 여기저기에 채워넣는다.

죄인을 향한 그리스도의 자비는, 예수님께 향유를 부었던 죄인된 여자에 관한 이야기에서 뿐만 아니라 병고치는 것에 관한 이야기들에서 전면에 나타나고 있다(7 : 36 이하). 예수님께서는 역시 멸시받는 여인들이 자기 교회의 완전한 일원이 되게 하기 위해서 오셨다.

제자들 중의 한 사람인 레위는 세리였다. 예수님을 만난 기쁨 중에 그는 예수님과 그의 제자들 뿐만 아니라 그의 동료들을 저녁식사에 초대하였다. 이것은 누가복음서에서 볼 수 있는 기쁨이라는 주제의 또 다른 실례이다. 예수님께서는 "내가 의인을 부르러 온 것이 아니요 죄인을 불러 회개시키러 왔노라"(5 : 32)고 선포하셨던 것이다.

(7) 시야에 드러난 십자가

그러나 랍비인 바리새인들－물론 데오빌로는 흩어진 유대인들로부터 바리새인들에 대해 듣고 알았을 것이다－은 용서(5 : 21 이하; 7 : 39 이하)나 신랑이 오시는 것에 대한 기쁨(5 : 33 이하; 7 : 32, 34)과 관계되는 그 어떠한 것도 원하지 않았다. 세례 요한 때부터 그들은 하나님의 목적을 거절해 왔다(7 : 30). 결국 그들은 더욱더 그러한 방향으로 나아갈 것이다.

예수님께서 홀로 기도하시려고 제자들과 같이 가셨을 때 인자가 장로들과 대제사장들과 서기관들의 손에 의해 죽임을 당할 것을 선포하셨다(9 : 18 이하).[3] 일종의 **출발**(exodus)이 그를 기다리고 있었다. 그러므로 인자는 예루살렘을 향해 가야만 했던 것이다(9 : 31). "인자가 장차 사람의 손에 넘기우리라"(44절). 이 시점에서부터 우리는 시야에 드러난 십자가를 결코 놓쳐서는 안 된다.

주

1) 그들은 예수님을 일종의 마술사로 오인하였다.

2) "내가 붙드는 나의 종, 내 마음에 기뻐하는 나의 택한 사람을 보라 내가 나의 신을 그에게 주었은즉 그가 이방에 공의를 베풀리라 그는 외치지 아니하며 목소리를 높이지 아니하며 그 소리로 거리에 들리게 아니하며 상한 갈대를 꺾지 아니하며 꺼져가는 등불을 끄지 아니하고 진리로 공의를 베풀 것이며 그는 쇠하지 아니하며 낙담하지 아니하고 세상에 공의를 세우기에 이르리니 섬들이 그 교훈을 앙망하리라"(사 42 : 1-4).

3) 누가복음 9장 31절 "영광 중에 나타나서 장차 예수께서 예루살렘에서 별세하실 것을 말씀할새"에서의 "별세하실 것"은 헬라어로 "엑소도스"(exodus)이다. 이는 과거에 모세가 이스라엘 백성을 이끌고 애굽을 탈출할 때의 사건을 가리키는 낱말과 동일한 것이다. 이스라엘 백성이 애굽에서 가나안으로 옮겨간 것처럼 예수님 역시 예루살렘에서 일종의 출애굽, 즉 죽음에서 부활로, 세상에서 하나님께로 옮겨가는 것이 된다.

6. 예루살렘을 향한 예수님의 최종적인 여행(9 : 51－19 : 27)

(1) 구원을 전파하는 자

9장 51절에서는 예수님께서 예루살렘을 향한 여행 중에 있었던 이야기를 다룬 새로운 단락이 시작된다. 이러한 사실은 거듭해서 언급되어지고 있다(9 : 51－52; 10 : 1, 38; 13 : 22, 33; 14 : 25; 17 : 11).

이 단락에는 다른 "복음서"에서 발견되어지지 않는 예수님의 어록들이 많이 내포되어 있다. 그리고 어떤 사건이 묘사될 때 그것은 대개 예수님께서 말씀하신 어떤 것에 대한 도입부로 사용되고 있다. 한편 누가는 그의 책 전반부에서 예수님을 구원의 사역자(a worker of salvation)로 묘사하고 있는 반면 이 부분에서는 구원의 전파자(a preacher of salvation)로 제시하고 있다.

(2) 예루살렘에서의 예언자적 사명

이 단락에서 누가는, 예수님께서 자신의 출발(exodus)이 시작되어야 했던 예루살렘을 향하여 계획적으로 움직이신 것의 일부를 기록하고 있다. "인자가 많은 고난을 받고 장로들과 대제사장들과 서기관들에게 버린 바 되어 죽임을 당하고 제 삼일에 살아나야 하리라"(9 : 22).

우리는 "예수님께서 승천하실 기약이 차가매 예루살렘을 향하여 올라가기로 굳게 결심하시고"(9 : 51, 참조. 마 20 : 17; 막 10 : 30)라는 구절을 읽는다. 여기서 누가는 역시 예루살렘이나 이스라엘을 향하여 얼굴을 돌렸던 주님 또는 어떤 선지자에 관해 이야기했던 선지자들에게서 발견되어진 표현을 사용하고 있다(참조. 렘 21：10; 겔 4：3, 7; 6：2; 13：17; 14：8; 15：7).

그 경로는 정해졌다. 예수님께서는 하나님의 성읍〔즉, 예루살렘〕에서 자기의 예언자적 사명을 수행하실 것이었다. 예수님을 위협하여 쫓아버리고자 애썼던 헤롯에 대한 예수님의 답변에서 알 수 있듯이 그가 가셔야 했던 길은 구원의 사역을 이루는데 있어서 반드시 필요한 길이었다.

> 가서 저 여우에게 이르되 오늘과 내일 내가 귀신을 쫓아내며 병을 낫게 하다가 제 삼일에는 완전하여지리라 하라 그러나 오늘과 내일과 모레는 내가 갈 길을 가야 하리니 선지자가 예루살렘 밖에서는 죽는 법이 없느니라 예루살렘아 예루살렘아 선지자들을 죽이고 네게 파송된 자들을 돌로 치는 자여 암탉이 제 새끼를 날개 아래 모음 같이 내가 너희의 자녀를 모으려 한 일이 몇번이냐 그러나 너희가 원치 아니하였도다 보라 너희 집이 황폐하여 버린바 되리라〔참조. 렘 12：7; 22：5〕 내가 너희에게 이르노니 너희가 주의 이름으로 오시는 이를 찬송하리로다 할 때까지는 나를 보지 못하리라 (13：32－35)

누가는 예수님의 프로그램이 무엇인지를 알고 있었으며 그가 어떻게 자기의 정해진 계획을 수행하였는지를 보여 주었다. 이 단락의 마지막 가까이에서 그는 예수님께서 고난받으실 것에 대해 진술했던 것을 기록하고 있다. "보라 우리가 예루살렘으로 올라가노니 선지자들로 기록된 모든 것이 인자에게 응하리라"(18：31, 32을 사 50：6과 53：1 이하와 비교하라).

(3) 죄인들의 구세주

이 단락을 면밀히 고찰해 볼 때 우리는 누가복음서의 전반부에서 볼 수 있었던 온갖 종류의 주제들을 발견하게 된다. 예를 들면, 예수님은 죄인들을 위한 구세주로서 묘사되고 있다. 잃은 것에 관한 세가지 비유들—잃은 양, 잃은 동전(이는 어떤 여인이 결혼시 자신의 남편으로부터 받은 어떤 특별한 모자의 한부분이었는지도 모른다), 잃은 아들(참조. 15장)—을 우리에게 제공하여 주는 이는 바로 누가이다. 세 비유 중의 마지막인 탕자의 이야기는 분명히 절정이다.

19장 10절에서 누가는, 인자는 잃어버린 자를 찾아 구원하려 오셨다고 말씀하신 예수님의 진술을 기록하고 있다. 70인의 제자들을 파송하신 목적은 구원을 이루기 위해서였는데, 그들의 호소는 어린 이들에게 먹혀 들어갈 수 있는 것이었다(10 : 16, 21 이하).

(4) 바리새인들

바리새인들의 행동에 대해 예수님께서 그렇게 모욕을 가하셨던 이유는, 그들이 시대의 표적들을 이해하지 못했기 때문이었다. 그들은 예언들을 진정으로 이해하지 못했으며 따라서 자신들이 지기에도 너무 무거운 짐을 사람들에게 지웠다(11 : 14 이하, 37 이하).

바리새인들은 그들 자신이 만들어 놓은 율법의 덫에 걸렸으며 평가의 척도로서 자신들이 고안한 기준을 사용하였다(11 : 29 이하; 12 : 54 이하). 그럼으로써 그들은 가난한 자들을 노예화시켜버렸다. 누가는 데오빌로가 바로 이 점을 깨닫기를 원했다. 그들의 속임수와 누룩과 외식을 경계하십시오! (11 : 54 ; 12 : 1) 그러한 바리새인들 그러한 말들이 매우 성경적으로 들리게끔 합니다!

(5) 청지기직과 자비

가난과 부에 관한 주제가 전면에 등장한다. 왜 많은 제자들과 사도들이 돈처럼 중요한 어떤 것에 대해 그토록 무관심했을까? 그 이유는, 주인께서 그들에게 그럴 만한 영광스러운 약속들을 주셨기 때문이다(12 : 22 이하).

이것은 제자들이 돈에 관해 주의를 기울이지 않아야 한다는 것을 의미하지 않는다. 그렇다. 그들은 청지기가 되도록 부름을 받았다(12 : 35 이하). 청지기직에 대한 명령은 단지 "영적인" 부에만 적용되지 않는다. 예수님의 제자들은 "불의한 재물"인 돈— 일만 악의 뿌리(16 : 9)—을 신중히 처리하도록 명령을 받았다. 이는 많은 돈 뿐만 아니라 아주 적은 양의 돈에도 적용된다. "지극히 작은 것에 충성된 자는 큰 것에도 충성되고"(10절). 하나님께서 그에게 맡기신 돈에 부주의한 자가 어떻게 영원한 기업을 부여받을 수 있겠는가?

청지기직에 대한 명령은 자비의 행위와 연관이 있다. 누가의 "복음서"에만 선한 사마리아인의 비유(10 : 25 이하)와 부자와 거지 나사로의 비유(16 : 19 이하)가 나온다. 누가는 혼인 잔치에 청함 받을 때 어떻게 자리에 앉아야할지를 말씀하신 예수님의 교훈을 권세있는 데오빌로에게 조금도 거리낌없이 말하고 있다(14 : 4 이하). 바울이 고린도 교회에 보내는 첫번째 편지 속에서도 이와 똑같은 문제가 취급되는데, 고린도 안에서조차도 부자들이 파당(派黨)을 지어 가난한 자들을 제외시키는 경향이 있었던 것이다(고전 11 : 17 이하).

예수님께서는 교회를 성도의 공동체로 만드심으로써 계급선호사상(caste mentality)을 깨뜨리셨다. 가난한 자들을 잔치에 초대하는 자는 복이 있도다. 왜냐하면 가난한 자들은 그것을 갚을 길이 없기 때문이다. 가난한 자들을 초대하는 그는 "첫째 부활"(계 20 : 6), "의인들의 부활"(14 : 12—14) 때에 보답받게 될 것이다.

(6) 성령의 약속

누가는 역시 예수님께서 기도에 관하여 언급하신 것을 기록하고 있다(11 : 1 이하). 이 문맥에서 성령이 언급되고 있다. 아버지께서는 그에게 구하는 자들에게 성령을 주실 것이다(11 : 13). 위기의 순간에 성령은 제자들에게 그들이 그들을 핍박하는 자들에 대해 말해야 할 것을 가르칠 것이다(12 : 12).

사도행전에서 누가는 사도들의 다양한 설교들을 기록함으로써 성령의 도우심에 관한 실례들을 보여주고 있다. 그러한 설교들을 주의깊게 읽는다면 여러분은 더 이상 성경을 살필 필요가 없다는 식으로 예수님의 약속을 오해하는 실수[1]를 범하지 않게 될 것이다. 사도들의 설교는 구약의 인용으로 가득하다. 예수님께서는 기꺼이 말씀을 좇아 살기를 원하는 자들에게 성령의 도우심을 약속하신다.

(7) 여자들에게 하신 말씀

그는 역시 어떻게 여인들이 유대 분파의 말씀을 듣도록 부르심을 받는지에 대해서 보여주고 있는데 그것은 누가의 특징적인 것이다. 회당에서 여자들은 눈에 띄지않는 곳에 있어야 했다. 지금도 여자들의 입장을 허락하지 않는 예루살렘의 유대 분파의 정통 구역인 미-쉐아림(Mea-Shearim)에 속하는 동부 유럽 회당들이 있다.

예수님께서는 마르다가 중요한 것을 간파하지 못한 것에 대해 꾸짖으셨다. 예를 들면 마리아가 행한 것을 그녀는 알지 못했던 것이다. 즉, 마리아는 자신의 의무를 다한 후에 집안의 다른 허드렛일을 찾지 않고 단지 자신의 언니를 남겨둔 채-문자적으로 말하자면-예수님의 발 앞에 나와 앉았던 것이다(10 : 38-42). 예수님께서는 "한 가지만이라도 족하니라"고 말씀하셨다. 그런데 이 이야기는 여성해방(women's liberation)과는 아무런 상관이 없는 것이다. 예수님께서는 사람들을 떼어놓기 위해서가 아니라 과연 무엇이 중요한 것인지, 즉 하나님께서 부르신대로 따르기 위해서 먼저 관심을 쏟아야 할 것이 무엇인지를 가르치기 위해서 오셨다.

(8) 구원의 날

본 단락에서 많이 나오는 병고치는 기사는, (비록 이스라엘의 지도자들이 그것을 깨닫기를 거절했다 할지라도) 희년의 도래를 가리키는 것이다. 그들의 거절로 인해 예수님께서는 그들을 열매맺지 못하는 무화과 나무(13 : 6 이하)와 독수리가 그 주변에 모여드는 주검(dead body; 17 : 37)으로 비교하였다.

이러한 거절에도 불구하고 예수님께서는 계속해서 은혜에 대해서 말씀하신다. 즉, 그는 거듭해서 생생한 용어로 구원을 묘사하고 있다. 그가 구속 역사 중에 매우 잘 알려진 여리고 성에 도착하셔서 그를 "다윗의 자손"이라고 찬송하는 한 소경을 고칠 그 때 메시아로서 응당 받으셔야 할 찬양을 받으신다(18 : 35 이하).

여리고 지역의 세관장으로서 사람들로부터 멸시를 받던 삭개오조차도 예수님을 자신의 집에 초대할 수 있도록 허락받는다. 여호수아에 의해 용납을 받았던 기생 라합은 여기서 이 삭개오와 좋은 대조를 이룬다. 새 여호수아인 예수님께서는 삭개오에게 "오늘 구원이 이 집에 이르렀다"고 말씀하신다(19 : 9).

주

1) 오늘날에도 이런 교역자 성도들이 많이 있다. 하나님께서 성령으로 자신에게 말씀하시기 때문에 성경 연구의 필요성을 느끼지 못하는 초영파 그리스도인들이 있다. 이들이 교계를 어지럽히는 원흉들이다. 그러나 성경을 떠나서는 성령도 있을 수 없다. 성령은 말씀과 함께 역사한다.

너도 오늘날 평화에 관한 일을 알았더면 좋을 뻔 하였거니와 (19 : 42)

7. 평화의 성읍이 메시아를 배척하다 (19 : 28-23 : 49)

(1) 예루살렘의 최후의 시간

절정의 시간이 예수님과 예루살렘을 향해 가까이 오고 있었다. 얼마 있지 않으면 사람들이 예수님을 자신들의 왕으로 원하지 않았음이 명백하게 드러날 것이었다(19 : 27). 그리고 그의 죽음 역시 결코 우연한 사건이 아니었음도 명백하게 드러날 것이었다. "예수께서 이 말씀을 하시고 예루살렘을 향하여 앞서서 가시더라"(19 : 28).

그 성읍은 그에 관하여 어떤 결정을 내리지 않을 수 없었다. 그러나 평화의 성읍 예루살렘은 예수님께서 가져오신 평화에 대해서는 관심이 없었다(42절. 참조. 2 : 14). 그러므로 평화는 그 땅에서 옮겨지게 될 것이다(19 : 43-44; 참조. 2 : 14; 계 6 : 4; 레 26 : 6). 그 어느 누구도 사가랴가 심히 기뻐했던 그 때(1 : 78; 참조. 19 : 44), 높은 곳에서부터 밝아오는 그 날에 대해 주의를 기울이지 않았다.

(2) 성전의 파괴

성전이라는 주제가 다시금 출현한 것이 이상스럽게 여겨지는가? 그러나 성전 정화는 그 목적과 동시에 복음 전파의 목적을 위해 필요한 조처였다(19 : 45 이하). 성전의 권위자들과 서기관들은 곧 예수님을 향해 무엇을 행할 것인지 궁리하고 있었다(47절). 그들은 시편 118편을 보고자 하지 않았다. 큰 잔치의 때에 사용하기 위해 지어진 이 성전의 노래가 예수님에게 적용되는 것을 모르고 있었던 것이다(19 : 39, 38; 20 : 17).

모퉁이돌(Cornerstone ; 참조. 시 118 : 22)을 거절함으로써 그들은 결국 몰락하고 말 것이다(20 : 18; 벧전 2 : 4, 7 이하). 성전에서의 예배는 심판 의식이 될 것이었다. 보응(호 9 : 7)과 언약적 진노(렘 5 : 29; 신 32 : 35)의 때, 즉 기록된 모든 것이 성취되어질 때가 도래하고 있었다(21 : 22). 도래하는 하나님의 왕권은, 아들을 거절한 그 집을 파괴시킬 바로 그 때 돌 위에 돌 하나 놓이지 않게 할 것이었다.

따라서 데오빌로는 장차 그 영광스러운 성전이 파괴되는 것은 주님 편에서의 어떤 종류의 패배를 나타내는 것으로 생각해서는 안 되었다. 오히려 성전 파괴는 하나님의 왕국이 임하는 것의 일부분이 될 것이었다. 이스라엘이 거절함으로써 이방인들이 선택되었던 것이다.

(3) 유대인들의 정죄

누가는 예수님께서 산헤드린, 분봉왕 헤롯, 빌라도 앞에서 심문 당하신 것 뿐만 아니라 그가 체포되신 것을 인상적으로 묘사하고 있다. 로마 제국의 권력이 그 사건에 개입되어 있기 때문에 누가는 예수님께서 산헤드린에 의해 정죄를 받으셨다는 사실을 분명히 함으로써 데오빌도의 자연적 호기심을 만족시키고 있다.

예수님께서는 스스로를 하나님의 아들이라고 불렀다는 근거로 정죄를 당하셨다. 그렇지만 이 유대인들은 빌라도 앞에서는 예수님을 폭도요 정치적 선동가라고 고소하였다(23 : 2; 참조. 20 : 20-26). 빌라도는 예수님에게서 전혀 죄를 발견할 수가 없었다. 그러나 그는 포로로 잡힌 폭도 바라바를 놓아주는 대신 예수님을 죽이도록 허락함으로써 어쨌든 유대인들의 요구에 승복해 버렸던 것이다(23 : 25). 따라서 예수님께서는 바라바와 같은 죄를 저지른 두 강도들 사이에서 유대인의 왕으로서 십자가에 못박히셨다.

이 범죄자-실제로 그들은 정치적 행악자요 폭도들이었다- 중의 한 사람이 예수님께 말을 건네고 그를 왕으로서 알아보았다는 기록은 누가의 "복음서"에 있다. 예수님께서 죽으셨을 때에 로마의 백부장 역시 그를 알아 보았다(23 : 39 이하). 하지만 이스라엘은 의로우신 왕을 거절하고 그 대신 폭도 바라바를 택했다.

(4) 이스라엘을 위한 기도

골고다로 향하시는 예수님을 따르며 슬피우는 여자들을 향해 예수님께서는, "예루살렘의 딸들아 나를 위하여 울지 말고 너희와 너희 자녀를 위하여 울라"(23 : 28)고 말씀하셨다. 예수님께서는 십자가의 무게 때문이 아니라 하나님의 성읍을 치도록 되어 있는 심판 때문에 몸을 굽히셨다(호 10 : 8; 계 6 : 16－17). 그가 "아버지여 저들을 용서하소서"라고 말씀하셨을 때에 그것은 단지 자신을 십자가에 못 박았던 로마 병정을 두고 하신 말씀이 아니었다. 그는 역시 장차 이스라엘에게 임할 심판을 염두에 두고 계셨던 것이다. 예수님께서는 자신이 행했던 것을 예루살렘의 유대인들이 꼭 깨달을 수 있는 기회를 가질 수 있도록 하기 위해 오순절 사건 이후의 은혜의 기간을 위하여 기도하고 있었다.

예수님의 옆에 못박힌 자에게 낙원에의 입성을 약속하신 것은 동시에 이스라엘의 열심당원에게 칼로써 낙원을 추구하는 것을 멈추고 너무 늦기 전 참된 메시아를 인식하도록 하는 호소였다.

오, 데오빌로여! 예수님께서는 자신이 십자가상에 있을 때조차도 자기 백성을 위하여 얼마나 분투, 노력하셨는지를 아십니까? 오늘날, 예수님을 실제로 정치적인 혁명자였다고 주장하는 자들은 복음을 부인하는 자들이다!

8. 예루살렘에서 시작된 승리 (23 : 50-24 : 53)

(1) 요리문답 수업

영광으로 이끄는 길은 예수님의 매장(burial)으로부터 시작된다. 산헤드린의 한 회원은 예수님의 시신을 내려 장사지낼 것을 허락해 주도록 빌라도에게 요청하였다. 갈릴리 여인들이 역시 왔다(23 : 55; 8 : 2-3); 예수님을 따르는 무리들이 완전히 없어지지 않았던 것이다.

일단 안식일이 끝나자 예수님께서는 자기 무덤으로부터 일어나셨다. 부활에 관한 누가의 표현은 생생하다. 그것은, 그가 부활에 관해 구약과 예수 께서 친히 말씀하신 것으로 언급했기 때문이다(24 : 6-8, 25-27, 44-47). 따라서 부활절은 요리문답 수업으로부터 시작한다. 데오빌로가 이 시간에 배운 것은 예수님과 천사들에 의해 주어진 증거보다 더한 것도 덜한 것도 아니다.

데오빌로가 개인적으로 그 자리에 참석해야할 필요가 없었다. 여자들과 엠마오의 두 제자 그리고 열 두 제자들이 보고 들었던 것은 여전히 우리를 위한 복음이며 우리의 심령 속에서 타오르고 있는 것이다(24 : 32; 렘 20 : 9).

(2) 교회를 위한 교두보

누가는 그의 첫 책 마지막에서 부활하신 그리스도의 말씀을 신중하고 조리있게 배열하고 있다.

> 또 이르시되 이같이 그리스도가 고난을 받고 제 삼일에 죽은 자 가운데서 살아날 것과 또 그의 이름으로 죄사함을 얻게 하는 회개가 예루살렘으로부터 시작하여 모든 족속에게 전파될 것이 기록되었으니 너희는 이 모든 일의 증인이라〔참조. 사 43 : 10 이하, 44 : 8〕 볼찌어다 내가 내 아버지의 약속하신 것을 너희에게 보내리니 너희는 위로부터 능력을 입히울 때까지 이 성에 유하라 하시니라 (24 : 46-48)

이렇듯 그리스도께서는 승리하셨다. 죽음의 정죄를 받았던, 성전이 있는 그 동일한 성읍에 성령이 부어지도록 되어 있었다. 예루살렘은 열방 중에 교회가 세워지는데 있어 교두보가 되었다.

예루살렘 그 자체는 귀를 기울이지 않는다. 그러므로 다른 자들이 그 잔치의 초대를 받아들이기 위해서 그 거리와 골목에 등장할 것이다(참조. 14 : 21).

두번째 책(사도행전)에서 우리는 그 증거가 어떻게 즉시 세상의 전역을 향해 퍼져나가는가를 보게 될 것이다. 데오빌로여, 하나님께서는 예루살렘을 위한 자기 계획을 수행하고 계시는 중이십니다! 대제사장〔즉, 예수님〕께서는 손을 들어 축복하신 후 높이 승천하셨다.

첫번째 책은 그것의 시작과 동일한 방법으로 끝나지 않는다(24 : 50을 1 : 22과 비교하라). 그러나 사자의 굴인 성전에서는 제자들의 찬송소리가 울려퍼진다. 적어도 이 점에 관한한 이 책의 시작과 연속성이 있는 것이다(24 : 53을 2 : 28-38과 비교하라).

요한복음

1. 친히 목도한 제자의 증거

(1) 예수의 사랑하시는 그 제자

제 4복음서[1]를 주의깊게 읽어 본 자라면 누구든지 이 복음서를 기록한 이는 사도이며 그가 기술하고 있는 사건들을 친히 목도했던 팔레스타인의 유대인이라는 사실에 동의할 수 있다. 그러므로 요한복음서를 기록한 이는 요한이라는 결론을 확실히 내릴 수 있을 것이다. 이 작가는 팔레스타인에 관하여 아주 잘 알고 있었던 것 같다(4 : 6, 11, 20, 35). 왜냐하면 시간(1 : 39)과 거리(6 : 19; 21 : 8) 등에 관하여 놀랄 만큼 상세히 다루고 있기 때문이다. 이러한 세부적인 묘사는 목격자가 아니면 불가능한 것이다.

복음서 기자는 21장 20절에서 자신을 가리켜 "예수의 사랑하시는 그 제자"라고 말하고 있다. 그런데 예수님께서는 특별히 세 명의 제자들(베드로와 세베대의 두 아들인 야고보와 요한)을 가까이 하셨다. 21장 20절에 묘사된 제자가 베드로일 가능성은 없다. 그 이유는 베드로는 그 구절에서 분명히 그 제자를 지적하면서, 그가 어떻게 될 것인지에 대해서 예수님께 질문하고 있기 때문이다. 그러므로 그 제자는 야고보 아니면 요한일 것이다. 그런데 야고보는 유대인들의 미움을 사서 A.D. 44년 경에 죽음을 당했다. 따라서 예수님의 생애 가운데 일어난 모든 사건들을 목도했던 이 복음서 기자는 그 "우뢰의 아들들"(문자적으로는 소란을 피우는 자) 중의 하나인 요한일 수 밖에 없다.

다른 세 "복음서들"에서 요한은 종종 제자들 중의 하나로 묘사되는 것을 볼 수 있다. 그러나 제 4복음서에서는 요한의 이름이 전혀 언급되어 있지 않다. "세례~"라는 명칭이 없이 단순히 "요한"이라고만 언급된 이름이 발견되고 있긴 하지만 그는 이 복음서 기자인 요한이 아닌 세례 요한을 가리킨다. 제 4복음서 기자는 "예수의 사랑하시는 그 제자"라는 명칭 뒤에 자신을 숨기고 있는 것이다.

요한이 자신을 "예수의 사랑하시는 그 제자"로 표현한 것은 자신을 높이려는 것이 아니라 이야기의 흐름상 그러한 표현을 쓰지 않을 수 없었기 때문이다. 유월절에 관한 기사에서도 이 익명의 사도에 관한 언급을 보게 되는데, 예수님께서 그의 제자들과 최후의 만찬(즉, 유월절 만찬)을 잡수실 때 "그의 사랑하시는 자가 예수의 품에 의지하여 누웠는지라"(13：23)고 기록되어 있다. 그 결과 그는 예수님과 아주 친밀하고 자연스럽게 대화를 나눌 수 있었다. 이 제자는 예수님이 십자가에 달리실 때 예수님의 발 아래 있었으며(19：26), 부활하신 후에도 예수님을 따랐다(21：20). 뿐만 아니라 대제사장의 뜰에서 베드로와 함께 있었고(18：15 이하) 예수님께서 부활하시던 날 아침에 베드로와 함께 예수님의 무덤에 갔던(20：3 이하) 그 제자이다.

이러한 증거를 기록하는데 있어서 사도 요한은 자신에 관하여 언급하지 않을 수 없었을 것이다. 나머지 부분에서 그는 자신에 대해 거의 묘사하지 않는다. 그가 제시하고자 하는 증거의 성격상 독자들에게 자신이 사도요 목격자라는 사실을 알리는 것은 중요한 일이었다. 이 제 4복음서의 기자는 "그는 흥하여야 하겠고 나는 쇠하여야 하리라"(3：30)고 말했던 세례 요한의 정신을 가졌던 것이다.

(2) 고난의 잔

고대 교회의 전승에 따르면 요한은 그의 "복음서"를 에베소에서 썼다고 한다. 요한은 1세기 말에 에베소에서 살았을 것으로 추측된다. 또 다른 전승에 따르면 제 4복음서의 저자는 사도 요한이 아니라 장로 요한(John the Elder)으로 알려진 또 다른 요한이라고 한다.

이 후자의 견해를 지지하는 자들은 예수님께서 사도 요한과 그 형제 야고보가 예수님의 세례와 그의 잔을 마시리라고 예언하셨다는 사실을 들고 있다. 이러한 사실을 선호하는 자들에 따르면 이 예언은 두 사람 모두 순교의 죽음을 당할 것을 의미한다는 것이다. 따라서 요한도 야고보처럼 비교적 일찍 죽었을 것이라고 한다(참조. 마 20：20 이하; 행 12：2)

그러나 우리는 요한이 예수님 안에서 "환난과 나라와 참음에 동참하는 자"(계 1：9)였다는 사실을 유념해야만 한다. 요한이 밧모섬으로 유배당한 사실은 예수님의 말씀을 상기시켜 주는 사건이다. 요한은 장차 임할 하나님의 왕국에서 예수님 보좌의 곁에 앉기를 간절히 바라던 사람이다(계 3：21; 5：10; 20：6; 22：5). 그러나 그는 먼저 고난의 잔을 마시며 예수님의 세례에 동참함으로써 그리스도의 남은 고난을 채워야 했던 것이다(골 1：24; 계 1：9).

여기에서 우리가 기억해야할 것은 그리스도인들이 고난의 잔을 마신다는 것은 믿음의 대가로 자신의 생명을 지불해야 할 그러한 때만이 아니라는 사실이다. 우리는 순교를 지나치게 높이 평가함으로써 하나님의 어린 양을 따르는데서 오는 갖가지 형태의 십자가를 망각해서는 안 된다.[2]

요한복음 21장 22절에 근거하여 어떤 사람들은 요한이 죽지않을 것으로 생각하였으며, 심지어는 그후에 요한이 그의 무덤 속에서 여전히 숨을 쉬고 있다는 전설까지도 생겨나게 되었다. 하지만 그 본문은 요한이 고난을 겪지 않을 가능성을 말해주고 있지 않다. 요한은 그의 형제 야고보나 베드로보다 더 오래 살아야 했다. 왜냐하면 그는 교회 안에서 자신이 감당해야 할 임무가 있었으며 예수님에 대한 증거를 기록할 사명이 있었기 때문이다. 그는 나팔 소리와 같은 큰 음성으로 울려 퍼지는 말씀의 대변자가 되어야 했던 것이다.[3]

주

1) 제 4복음서란 요한복음서를 칭하는 말이다. 이미 살펴본 것처럼 마태, 마가, 누가복음서는 한가지 관점에서 보았다고 하여 "공관복음서"라 칭하고 요한복음서는 예수님의 생애와 교훈을 다룬 책으로서 네번째에 위치한 복음서라고 하여 "제 4복음서"라고 부른다.

2) 그 희생의 죽음만이 예수님의 고난의 잔에 동참하는 것이 아니라 생활 속에서도 역시 그 분의 고난의 십자가에 동참할 수 있다는 뜻이다.

3) 그는 이 음성의 말씀을 받아 요한계시록을 기록하였다.

2. 요한복음서의 구약적 배경

(1) 복음서의 "진화"

진화론은 그 용도가 다양하다. 그것은 성경을 포함하여 어디에서나 적용될 수 있는 이론이다. 이 이론의 토대는 모든 일에는 항상 발전이 있기 마련이라는 관점에서 비롯된다. 진화론의 개념에 따르면 이스라엘의 종교는 아주 원시적인 형태의 종교로부터 발전되었으며 최초에는 하나님에 관한 새로운 지식이 전혀 없었다고 한다. 그러나 신약은 여러 단계의 발전과정을 보여주는데, 그것은 곧 사람들이 "보다 더 고상한" 종교를 추구한다는 사실을 입증한다는 것이다.

제 4복음서는 이러한 이론을 뒷받침하는 실례로 여겨지고 있다. 이와 같은 진화론에 영향을 입은 학자들에 따르면 요한복음서는 다른 세 복음서들보다 월등하며 바울의 서신들보다 훨씬 "영적"이라는 것이다. 그들에 의해 요한은 아주 "현대적인" 작가로 제시된다. 요한은 맨 나중에 기록함으로써 여러가지 것들을 참고하고 먼저 씌어진 복음서들이 가졌던 유대적 요소들을 제거하고 그대신 한층 더 어울리는 헬라적이며 신비적인 요소를 가미했다는 것이다. 바로 이러한 이유 때문에 요한복음서는 성경의 다른 책들과는 매우 다르며 그러한 책들보다 고상하며 훌륭하고 만족스럽다고 한다. 이에 비해 다른 책들은 보다 더 지상적이며 치밀하지 못하고 무미건조하다고 한다.

그들의 주장에 따르면 요한복음서는 훨씬 후기에 저술된 책이기 때문에 그만큼 진화가 되었다는 것이다. 요한복음서는 인도 사람들에게 호소력이 있는데 그 이유는 그들의 취향에 맞는 색채를 가지기 때문이라고 한다. 요한복음서의 신비적 표현들과 철학적 요소들은 그들에게 거부감을 주지 않을 것이며 또한 다른 복음서들에서 볼 수 있는 것처럼 명백히 그들에게 반감을 일으킬만한 요소가 요한복음서에는 전혀 없다고 한다.

그들의 주장에 따르면 요한은 확실히 우리들이 살고 있는 실존주의 시대에 적합한 언어로 표현하고 있다는 것이다. 요한은 복음서를 "비신화화"시킴으로써 이해하기 어려운 신화를 제거하고 독자들에게 참으로 핵심적이며 보다 실제적인 문제를 제시한다고 한다. 요컨대 요한의 메시지는 다른 위대한 종교들의 그것과 구별할 수 없으며 이 종교들은 모두 동일한 하나의 고등 종교를 지향하고 있다고 말하고 있다.

저자가 지금까지 진화론적 접근 방법을 소개한 이유는 우리들 자신이 성경에 대한 진화론적인 관점에 젖어있을 수 있기 때문이다. 많은 성경해석자들이 이러한 방식을 채택하고 있다. 그 결과 성경을 연구하는 수 많은 학도들이 서서히 그들의 영향을 받게 된다. 그래서 우리는 "제 4복음서"는 '매우 이상하다', '매우 다르다!'라는 소리를 듣는 것이다.

(2) 진화론적 접근에 대한 반론

우리는 요한복음서에 대한 이상의 진화론적 관점에 대하여 속수무책이 되어서는 안 된다. 다른 곳에서처럼 요한복음서에서도 진화론자들의 이론을 경계해야 한다. 그러므로 저자는 아래에 제시한 다섯가지 사항을 명심할 것을 주장한다.

(1) 요한이 그의 복음서를 1세기 말경에 기록했다는 것은 사실무근이다. 오히려 그보다 훨씬 빨리 기록했을 가능성이 높다. 요한이 예수님께서 지상에 계실 때 어느 정도의 자료를 만들었을는지도 모른다. 요한복음서에 나타난 자료들은 매우 생생한 장면을 묘사하고

있다(예를 들면 6-9장에 기록된 논쟁들을 살펴 보라). 예수님의 행적에 대한 요한의 설명은 결코 60년 후에 기록된 것이라고 볼 수 없다. 요컨대 성경은 기계적이나 자동적인 과정으로 영감된 것이 아니라는 사실을 알아야 한다.[1)]

(2) 요한이 역사에 관심을 기울이지 않고 무질서하게 자료들을 다소 배열한 것은 실질적으로 관념들을 표현하는데 관심이 있었기 때문이라는 주장은 일고의 가치도 없는 것이다. 요한이 나이가 많았으므로 역사적인 과정을 초월하는 입장을 취했다는 것은 사실이 아니다. 요한은 구속사적인 토대 위에서 말씀을 기록하고 있다.

(3) 요한이 유대적인 모든 요소들을 배제했다는 것도 사실과는 다르다. 요한도 바울과 마찬가지로(살전 2：14-15) 자신의 동료들을 "유대인들"로 부르고 있다. 요한이 아주 단호하게 반대하는 것은 이 배교한 교회이다. 그렇다고 해서 그가 하나님께서 언약적 방법을 통하여 자기 백성을 다루신다는 사실을 부정했던 것은 아니다.

쿰란의 탐사로 인하여 한때 요한복음서를 철학적인-심지어 신비적인-헬라적 복음서로 생각했던 많은 학자들이 자신들의 견해를 다소 수정하지 않을 수 없었다. 쿰란의 두루마리들에는 요한복음서와 아주 유사한 문구와 표현들이 포함되어 있다. 따라서 요한복음서가 헬라적 사고에 맞춘 "현대화된" 복음서라는 주장은 근거없는 것으로 판명되었다. 오늘날 모든 학자들이 사실상 이러한 사실을 인정하고 있다.

(4) 요한의 "복음서" 전체는 구약에 뿌리박고 있으며 그것을 다소 떠나서는 이해할 수도 없다. 불행하게도 요한이 사용하고 있는 말씀, 진리, 생명, 빛 등의 표현들을 잘못 이해하는 신자들이 많이 있다. 그들이 이러한 표현들을 잘못 이해하는 원인은 구약을 염두에 두지 않으므로 비롯된다. 그리스도께서 자신을 "참 포도나무"로 묘사하신 사실에서 이러한 실례를 찾아 볼 수 있다. 우리는 여기 "참"(true)이라는 표현 때문에 우리 주변에 있는 포도나무는 다 "거짓"(false)

포도나무요 예수님만이 "진짜" 포도나무라고 오해하기 쉽다. 그러나 여기서 그리스도께서 말씀하시는 핵심은 자기가 "극상품"(genuine; real) 포도나무로서 결코 죽지 않고 열매를 맺으리라는 사실이다(참조. 사 5 : 1 이하).

(5) 안드레는 예수님을 메시아(1 : 41)라는 유대적 호칭으로 부르며, 나다나엘은 이스라엘의 임금(49절)이라고 부른다. 바로 이것이 요한이 묘사하고자 하는 예수님의 모습이다. 예수님은 성경에서 말하고 있는 그리스도이시다(1 : 45; 5 : 46; 12 : 37 이하; 13 : 18; 19 : 28). 파스칼처럼 요한 역시 학자들이나 철학자들의 하나님이 아니라 아브라함과 이삭과 야곱의 하나님을 지적하고 있다. 족장들의 하나님은 역시 예수 그리스도의 하나님이심을 그는 말하고자 했던 것이다.

예수님은 보편적인 인간 종교를 가르치는 랍비가 아니었다. 예수님께서 가르치셨던 것은 우리 역시 구약에서 찾아 볼 수 있는 말씀으로서 분명히 유대적인 색채를 띤 것이었다. 요한을 일종의 독수리로서 특징지을 수도 있겠지만 그는 결코 주님이 세우신 언약과 교회를 넘어서까지 비약하지는 않았다. 요한이 선포한 복음은 실존적 선택을 요구하는 것이 아니라 단지 믿음을 촉구하고 있다. 요한은 이상스러운 보편적 속죄를 선포하지 않았다. 그는 구원은 오직 하나님의 아들로 말미암는다는 사실을 증거했던 것이다.

주

1) 1세기 말경에 그처럼 생생하게 기록할 수 없다는 뜻. 더군다나 그것이 성령의 영감으로 기록되되 기계적 혹은 자동적으로 기록되지 않고, 어디까지나 인간 저자의 기록에 근거하고 있기 때문이다.

3. 요한 "복음서"의 독특성

(1) 그리스도에 대한 신앙을 고취시킴

요한은 그의 글 가운데서 자신의 의도를 숨기지 않았다. 요한은 수 많은 자료들 가운데서 특정한 사건들과 어록들을 취사 선택했다. 이것들을 그가 직접 썼거나 아니면 대필자를 시켜서 헬라어로 기록했다. 그는 그 기록의 목적을 이렇게 밝혔다. "이것을 기록함은 너희로 예수께서 하나님의 아들 그리스도이심을 믿게 하려 함이요 또 너희로 믿고 그 이름을 힘입어 생명을 얻게 하려 함이니라"(20 : 31). 그런즉, 요한은 독자들이 예수님이 하나님의 아들이요, 메시아요, 그리스도이심을 전적으로 확신하기를 원했던 것이다. 요한은 독자들이 예수님이 이상의 칭호를 부여받으실 수 있음을 부인하는 회당의 공격을 대비하기를 원했다. 요한의 글을 읽는 처음의 독자들 가운데는 유대인들 뿐만 아니라 유대인들의 사회로 이주해 온 "하나님을 경외하는" 이방인들도 있었을 것이다.

요한은 하나님의 아들이요 메시아이신 예수 그리스도에 대한 신앙을 심어주려는 취지에 맞게 자신의 자료들을 엄선하였다. 따라서 요한복음서에는 예수님에 대한 여러가지 신앙고백들이 기록되어 있다. 그 실례는 안드레 (1 : 40, 41), 나다나엘 (49절), 세례 요한 (27절 이하), 사마리아 여인과 사마리아인들 (4 : 28, 29, 42), 베드로 (6 : 69), 예수님이 고쳐주신 나면서부터 소경된 자 (9 : 38), 마르다 (11 : 27) 그리고 도마(20 : 28)의 경우에서 발견할 수 있다. 예수님은 이 도마에게

"보지 못하고 믿는 자들은 복되도다"(20 : 29)라고 말씀하셨다.

하나님의 아들이신 그리스도에 대한 신앙을 심어주기 위하여 요한은 예수님을 증거하는 표적들로서 일곱 가지의 이적들을 기록하고 있다. 즉, 물로 포도주를 만드신 일(2 : 1 이하), 신하의 아들의 병을 고치신 일(4 : 46 이하), 오천 명을 먹이신 일(6 : 1 이하), 물 위로 걸으신 일(6 : 16 이하), 나면서부터 소경된 자를 고치신 일(9 : 1 이하), 나사로를 죽은 자 가운데서 살리신 일(11 : 43-44) 등이다.

(2) 예수님의 설교와 논쟁들

예수님께서 표적으로서 행하신 이적은 종종 오해를 받았으며 논쟁의 원인이 되기도 했다. 요한은 예수님께서 행하신 많은 설교들 및 논쟁하셨던 사실들에 대해 기록하고 있다. 이러한 요소들로 인하여 요한의 글은 매우 독특한 것으로 평가된다. 이러한 설교들과 논쟁들은 다른 무엇보다도 유대인들이 예수님을 배척함으로 야기된 것들이다. 우리는 이러한 사실들을 통하여 예수님께서 점점 거세어지는 반대 세력에 대하여 어떻게 반응하셨는지를 살펴볼 수 있다.

12장 1절 이후에서는 예수님께서 죽음을 준비하시는 일환으로 제자들에게만 하셨던 일련의 강화가 나타나고 있다. 예수님께서는 자기가 승천하신 이후에 제자들이 담당해야할 사명을 위하여 그들을 훈련시키셨다. 따라서 이 단락에서 요한은 예수님께서 자기의 제자들 앞에 놓인 전투를 위하여 그들을 준비시키는 사실에 촛점을 맞추고 있다. 사도들의 변호자(보혜사)인 그리스도께서는 교회가 싸워야 할 커다란 싸움에서 사도들을 도와주실 또 다른 변호자를 보내주시겠다고 약속하셨다.

(3) 요한의 연대기

요한이 그의 기사 가운데 여러가지 날짜들을 포함시키고 유대인들의 명절을 재차 언급함으로써 시기를 구체적으로 지적해주고 있는 것은 의미심장하다. 5장 1절에 나오는 "명절"은 사실상 "그 명절"로 읽어야 할 것이다.[1] 이것은 아마도 1년 중 맨마지막 명절인 장막절[2]을 의미할 것이다.

어떤 시기를 알려주고 있는 자료들을 모두 살펴 본다면 다음과 같은 연대기적 구성을 얻을 수 있을 것이다. 예수님의 사역 첫해의 유월절은 2장 13절－3장 21절에 다뤄지고 있다. 또 장막절은 5장 1－46절에 언급되어 있는 것으로 보인다. 두번째 해의 유월절은 6장 4－71절에 나타나고 있다. 장막절은 7장 1절－10장 21절의 배경이 되고 있다. 수전절(성전 봉헌축제)은 10장 22절에서 시작되고 있다. 끝으로 세번째 해의 유월절이 12장 1절에서 시작되고 있다

(4) 하나님의 어린 양

이상에서 우리는 요한복음서의 처음과 중간 그리고 맨끝에 유월절이 언급되고 있는 것을 살펴 보았다. 요한복음서의 처음 부분을 다시 한 번 살펴 보자. 세례 요한은 두 차례나 예수님을 가리켜 요한계시록에서도 나타나고 있는 하나님의 어린 양(1 : 29, 36)이라는 이름으로 부르고 있다. 이러한 사실은 연 3년 간의 유월절이 요한복음서에 언급된 사실과 모종의 관련이 있음을 암시해 준다.

여기에서 우리는 요한이 자신의 책을 얼마나 조심스럽게 구성했는지를 엿볼 수 있다. 우리는 또한 그 책에 담겨진 풍부한 메시지를 보게 된다. 요한은 하나님의 어린 양(참조. 계 5 : 6 이하)이신 하나님의 아들(메시아)에 대하여 기록하고 있다. 요한의 "복음서"는 다른 복음이 아니라 옛 복음과 동일한 복음인 것이다.

요한은 자신의 자료를 효과있게 배열하기 위하여 1년 중 어느 때인지를 제시해 주는 명절을 언급함으로써 예수님이 사역하신 시기를 나타내고 있다. 이러한 사실은 복음을 접촉하게 된 유대인들에게 구세주께서 회당과 성전을 반대해야만 했던 사실 뿐만 아니라 그의 사역을 통하여(죽임 당하신 어린 양이 되시어) 유월절을 성취하셨다는

사실을 보여주었을 것이다. 이 구세주께서 마지막 명절, 즉 새 시대의 장막절을 여셨던[3] 것이다(슥 14 : 16 이하 그리고 계 7 : 9에 나오는 흰옷과 종려가지를 생각하라).

(5) 공관 "복음서"와의 조화

공관 "복음서"가 예수님의 어록 및 예루살렘에 이르는 여행에 관한 사실들을 기록하고 있는 반면, 요한은 예수님이 예루살렘 및 주요 명절과 정기적인 접촉을 가지며 행하신 언행을 기록하고 있다. 요한이 복음서를 쓴 목적은 하나님의 아들이신 예수님에 대한 신앙을 일깨우려는 것이었다. 바로 이러한 이유 때문에 요한은 주님께서 하나님의 아들로서 자신을 계시하시는 내용을 많이 포함시킨 것이다.

뿐만 아니라 우리 주님께서 요한을 마치 속기사처럼 사용하시어 그의 복음서를 통하여 말씀하고 계신다는 사실을 명심해야 한다. 요한은 예수님의 말씀을 받는 특별한 안테나 구실을 했던 것으로 보인다. 즉, 주님께서 특별히 사랑하시던 그 제자는 자신의 증거를 통하여 예수님의 말씀을 정확하게 재생하고 있는 것이다. 마치 주 예수님의 표현 방식이 요한의 문체가 된 것처럼 느껴질 정도이다.

몇가지의 실례를 통하여 우리는 요한이 말하고 있는 예수님은 마태, 마가 그리고 누가의 복음서에서 만났던 바로 그 예수님이라는 사실을 알 수 있다.

요한복음	공관복음
진실로 진실로 네게 이르노니 사람이 거듭나지 아니하면 하나님 나라를 볼 수 없느니라 (3 : 3)	진실로 너희에게 이르노니 너희가 돌이켜 어린 아이들과 같이 되지 아니하면 결단코 천국에 들어가지 못하리라 (마 18 : 3)

요한복음	공관복음
아들을 공경치 아니하는 자는 그를 보내신 아버지를 공경치 아니하느니라 (5 : 23)	누구든지 사람 앞에서 나를 부인하면 나도 하늘에 계신 내 아버지 앞에서 저를 부인 하리라 (마 10 : 33).
나를 저버리고 내 말을 받지 아니하는 자를 심판할 이가 있으니 (12 : 48) 나를 미워하는 자는 또 내 아버지를 미워하느니라 (15 : 23)	나를 저버리는 자는 나 보내신 이를 저버리는 것이라 (눅 10 : 16)
나의 보낸 자를 영접하는 자는 나를 영접하는 것이요 나를 영접하는 자는 나를 보내신 이를 영접하는 것이니라 (13 : 20)	너희를 영접하는 자는 나를 영접하는 것이요 나를 영접하는 자는 나 보내신 이를 영접하는 것이니라 (마 10 : 40)

주

1) 한글 개역에는 역시 "유대인의 명절"이라고 번역됨으로써 정관사 "그"가 생략되어 있다.

2) 유대인의 삼대 명절은 맨먼저 유월절, 그 다음이 오순절, 마지막으로 장막절이다.

3) 이제는 옛 시대의 장막절이 성취되었으므로 새 시대의 장막절이 기념되어져야 한다.

4. 요한에게 있어서 "세상"의 의미

(1) 지리적인 실체가 아님

우리는 온 세계에 대하여 관심과 주의를 돌리지 않을 수 없는 지구촌의 시대에 살고 있다. 우리는 국제적인 사고를 하고 혹성 간의 여행에 관하여 말한다. 그러므로 요한의 글에서 "세상"이라는 표현을 대할 때 지리적 실체인 "이 지구"(this earth)를 생각하기 쉽다.

요한이 사용하고 있는 세상이라는 말의 의미를 살펴보려면 그 단어에 해당하는 유대인들이 사용하던 히브리어 올람(olam)의 의미를 연구해야 한다. 이 히브리어 단어는 시대(age)라는 의미를 가진다. 그러므로 요한이 "이 세상"이라고 말할 때 "이 시대"라는 의미도 포함되는 것이다.

이러한 "세상" 또는 "우주"(kosmos)는 하나님께서 창조하신 것이다. 그러나 죄로 인하여 커다란 변동이 왔다. 그 결과로 사단이 "이 세상의 임금"(12 : 31; 14 : 30; 16 : 11)이 되었다. 사단은 특히 유대민족 가운데 자리를 잡았으므로 그들은 "이 세상"이 된 것이다.

요한이 핵심 구절들에서 세상이라는 단어를 어떻게 사용하고 있는지 살펴 보라. "세상은 그로 말미암아 지은 바 되었으되 세상이 그를 알지 못하였고"(1 : 10). 예수님은 그의 제자들에게 이렇게 말씀하신다. "세상이 너희를 미워하면 너희보다 먼저 나를 미워한 줄을 알라 너희가 세상에 속하였으면 세상이 자기의 것을 사랑할 터이나 너희는 세상에 속한 자가 아니요 도리어 세상에서 나의 택함을 입은 자인고로 세상이 너희를 미워하느니라 사람들이 너희를 출회[1)]할 뿐 아니라" (15 : 18-19; 16 : 2). 제자들을 위한 기도 가운데서 예수님은 이렇게 말씀하신다. "내가 아버지의 말씀을 저희에게 주었사오매 세상이 저희를 미워하였사오니 이는 내가 세상에 속하지 아니함 같이 저희도 세상에 속하지 아니함을 인함이니이다"(17 : 14).

(2) 언약 백성

이상의 실례로 든 본문들을 살펴볼 때 예수님께서 "세상"이라고 말씀하실 때 전 인류나 지구 전체를 뜻하는 것으로 말씀하시지 않았다는 사실은 분명하다. 왜냐하면 제자들은 오순절 이후 오랫동안 팔레스타인에서 자기 민족들만 접촉하면서 복음을 전파하였기 때문이다. 예수님께서 "세상에서" 선택하셨다고 말씀하셨을 때 그것은 곧 유대백성들 가운데서 선택하셨음을 의미하는 것이었다. 제자들도 주님처럼 유대인들과 충돌하게 되었다. 그러므로 요한복음서에서 세상이라는 표현은 (유대의) 언약 백성을 가리키는 것이다.

우리가 세상이라는 말의 특수한 용법을 염두에 두지 않는다면 유명한 요한복음 3장 16절 말씀의 의미를 놓치게 될 것이다. "하나님이 세상을 이처럼 사랑하사 독생자를 주셨으니 이는 저를 믿는 자마다 멸망치 않고 영생을 얻게 하려 함이니라." 여기서의 세상을 승귀하신 인자가 보내심을 받았던 배교한 언약 백성으로 생각할 때에 본 구절의 의미가 보다 깊이 드러나게 된다.[2)]

(3) 새로운 시대의 생명

예수님께서 이 유명한 본문에서 말씀하신 "영생"은 끝없이 존재하는 것이 아니라 메시아의 시대, 즉 오는 시대의 생명을 의미한다. 이 "세상"은 능히 진리의 영을 받지 못한다(14 : 17). 그러므로 모든 반대와 적의에도 불구하고 그리스도는 이미 세상을 정복하신 것이다(16 : 33).

"세상"으로부터 나와서 예수 그리스도를 믿는 사람은 누구나 새로운 시대에 속한 생명의 기쁨을 맛보고 사망에서 생명으로 옮겨진다(5 : 24). 요한의 저작 목적은 바로 이것이다. 그는 사람들이 메시아를 믿고 그의 이름으로 주어지는 부요하고 충만한 참 생명(20 : 31)을 얻기를 원했던 것이다. 요한에게 있어서 이 "세상"과 "메시아 시대의 생명"은 날카로운 대조를 이루는 것이다.[3]

주

1) 회당에서 내어 쫓는다는 뜻이다.

2) 대부분의 사람들은 이 "세상"을 "구원을 필요로 하는 모든 인류를 뜻하는 것"으로서 해석한다.

3) 바울은 요한과는 다른 차원에서 "이 시대"(세대 또는 세상)와 "오는 시대"를 대조하고 있다. 즉, 이 시대는 죄악의 체계 속에 있는 것이요 오는 시대는 예수 그리스도를 믿음으로 말미암아 누리게 되는 새로운 시대이다. 그러니까 요한의 "세상" 개념은—이 저자의 주장대로라면— 협의의 개념인데 반하여 바울의 개념은 보편적이라고 할 수 있는 것이다.

5. 요한의 서문

(1) 또 하나의 시작

성경은 "태초에"라는 말로 시작된다. 마태는 예수 그리스도의 기원(genesis)에 대한 설명으로 그의 복음서를 시작하고 있다. 마가는 "예수 그리스도의 복음의 시작"이라는 말로 그의 복음서의 서두를 열고 있다. 누가는 "처음부터 말씀의 목격자된" 자들에 대하여 말한다. 사도행전의 서두에서 누가는 먼저 쓴 글에는 무릇 예수의 행하시며 가르치시기를 시작하심부터 기록했다고 말한다. 요한도 그의 복음서를 "태초에 ……"라는 구절로 시작하고 있다.

우리는 요한복음서 서두에 나오는 독특한 표현을 간과해서는 안 된다. 반복되는 표현들이 나오기는 하지만 문장마다 새로운 개념을 함축하고 있다. 요한의 사상은 나선형식으로 발전되고 있다.

(2) 시적인 구절

구약에 나오는 시처럼 문장들이 한쌍씩 짜여져서 앞줄은 뒷줄을 보충하고 뒷줄은 앞줄을 반복하는 식으로 되어 있다. 예루살렘 성경(JB)에는 요한복음서의 서문이 운문으로 되어 있다. 여기에서 우리는 구약의 병행구절에서 볼 수 있는 문체를 느끼게 된다.

태초에 말씀이 계시니라
　이 말씀이 하나님과 함께 계셨으니

이 말씀은 곧 하나님이시니라
　그가 태초에 하나님과 함께 계셨고
만물이 그로 말미암아 지은바 되었으니
　지은 것이 하나도 그가 없이는 된 것이 없느니라
그 안에 생명이 있었느니
　이 생명은 사람들의 빛이라
빛이 어두움에 비취되
　어두움이 깨닫지 못하더라

일련의 사상들이 밀접하게 연결된 이상의 독특한 문체를 보면서 우리는 시편의 일부 구절들 뿐만 아니라 요한 서신서의 문체를 생각하게 된다. 이러한 문체는 예수님의 말씀 가운데서도 쉽게 찾아 볼 수 있다. 요한이 예수님께로부터 사랑을 받았던 제자라고 볼 때 그의 문체는 곧 예수님의 문체가 아니겠는가?

(3) 창조와 재창조

우리는 요한복음서 서문의 내용 역시 주목해 보아야 한다. 요한이 처음에 말하고 있는 "말씀"(로고스)은 갖가지 이교적인 사상 및 교훈 등과 동일시 되어 왔다. 이것은 요한이 헬라의 개념들을 자유스럽게 채용하여 거기에 "기독교"의 내용을 가미시켰다는 가정에서 비롯된 것이다. 그러나 만일 맨 처음으로 언급되는 세 마디가 창세기의 내용을 가리키는 것이라면 뒤에 나오는 내용도 창세기와 관련이 있지 않겠는가? 창세기에서 하나님은 "빛이 있으라"고 말씀하시지 않았던가? 어거스틴은 이렇게 말한다. **"당신께서 말씀하시자 천지가 조성되었나이다.** 오직 말씀으로서만 당신은 그것들을 창조하셨나이다."

재창조도 창조와 똑같은 것이다. 다시금 어두움이 땅을 덮고 있었다. 그러나 하나님께서 자기의 아들을 통하여 말씀하신다. 그러자 창조의 아침과 같이 빛과 생명이 한번 더 도래하게 되었다(참조. 고후 4：6). 예수 그리스도는 **그 말씀**이시다.

이것은 요한복음서의 나머지 부분을 관통하는 주제이다. 요한복음서에서 이러한 주제로 기록된 설교들이 그토록 자주 나타나는 것은 바로 이러한 이유 때문이다. 예수님은 **말씀**에 대해 말하는 자(speaker of the Word)로 묘사되고 있다. 그 말씀의 빛나는 영광과 생명을 주는 능력이 표적들로 나타나게 된 것이다.

요한복음서의 기사는 다음과 같은 근본적인 질문, 즉 여러분은 예수님 육신이 되시고 창조의 때와 같이 모든 것을 완성하신 **말씀**을 믿느냐는 것이다(17 : 4; 19 : 30; 창 2 : 1). 그 말씀은 시작이자 완성이며 알파와 오메가요 처음이요 나중이시다(사 44 : 2, 6; 48 : 12; 계 1 : 17; 2 : 8; 22 : 13). 요한복음서의 나머지 부분을 이러한 관점에서 읽도록 노력하라.

6. 진리란 무엇인가?

(1) 구약의 성취

이 서문의 끝부분을 보면 "율법은 모세로 말미암아 주신 것이요 은혜와 진리는 예수 그리스도로 말미암아 온 것이라"(1 : 17)고 기록되어 있다. 여기에서 요한에게 있어서 진리란 무엇을 의미하느냐는 물음이 제기된다.

구약에서처럼 이 서문에서의 진리란 메시아이신 예수님 안에서 드러난 하나님의 언약의 신실함을 뜻한다. 우리는 1장 17절을 모세와 그리스도를 대조시키는 것으로 보아서는 안 된다. 구약과 신약의 차이점을 강조하려는 자들은 그리스도와 모세를 대조시키고자 한다. 그러나 모세의 율법은 장차 올 구원의 기초이며 그림자이다. 유월절 어린 양을 예비한 사실을 보더라도 그러한 사실을 잘 알 수 있다. 구약의 예표는 예수 그리스도를 통하여 성취되었다. 요한이 은혜와 진리가 그리스도를 통하여 왔다고 말했을 때 그가 말하고자 했던 것은 바로 이것이다. 이와 같이 "진리"란 예수 그리스도 안에서 구약의 청사진이 구속사적으로 실현된 것을 의미한다.

요한복음 4장 24절에 나오는 "하나님은 영이시니 예배하는 자가 신령과 진정[1]으로 예배할찌니라"는 말씀은 구약의 예배를 비판하고 있는 것이 아니다. 요한은 구약의 예배 형태는 저급하고 지상적인데 반하여 신약은 형식에 얽매이지 않는 "영적"예배를 가르친다는 사실을 언급하고 있지않다. 그가 말하고자 했던 것은, 그리스도로 말미암은 새로운 예배는 구약에서 예표되었던 사실의 성취로부터 비롯된 것이라는 사실이다. "진리의 영"(14 : 17)이신 성령은 모든 진리에 이르는 길(16 : 13), 즉 오래 전에 되어진 계획들이 완전히 성취되었음을 보여주시는 자이시다.

(2) 성전이 불필요함

예루살렘에 있는 성전의 합법성을 둘러싸고 오랫동안 유대인과 사마리아인들 사이에 논쟁이 있었다. 사실상 유대인들의 주장이 옳았던 것은 "구원이 유대인에게서 나오기"(4 : 22) 때문이었다. 그러나 이제 그리스도께서 구약의 예표들을 성취하심으로써 예루살렘과 세겜에 있는 성전 사이의 경쟁은 무의미한 것이 되어 버렸다. "진리"[2)]가 예수 그리스도의 인격 안에서 임했으므로 더 이상 예루살렘 성전에 대한 의무를 고집할 필요가 없게 되었다. 여기 성전보다 더 큰 이가 계시기 때문이다.

그러므로 "진리"가 그리스도 예수 안에서 왔다는 것은 보다 더 신령한 예배를 드리기 위한 어떤 근거가 아니라 예표의 성취인 것이다. 벨직 신앙고백서는 제 25항에서 아래와 같이 올바르게 지적하고 있다. "우리는 율법의 의식과 상징이 그리스도의 오심으로 인해 끝났다는 것과 그 분명치 않았던 일들이 모두 성취되었다는 것을 믿는다. 따라서 율법의 **참 진리**와 그 **실체**는 이 모든 것의 완성자되신 예수 그리스도 안에서 우리에게 여전히 남아있기는 하되 이 율법의 의식을 지키는 일이 그리스도인들에게 있어서는 필요없다고 믿는 바이다."

진리의 영을 통하여 예수님께서는 사도들을 진리와 모든 약속들(16 : 13)에 대한 성취 가운데로 인도하셨다. 그러므로 우리는 하나님께 모든 진리 가운데로 우리를 인도해 주실 것을 간구할 필요가 없다. 사도들은 그들의 선포를 통하여 구약의 모든 예표들이 성취된 증거들을 전해주었는데 신약은 바로 이러한 증거와 선포들로 구성되어 있다. 따라서 우리가 간구해야할 것은 "진리"를 이해할 수 있도록 해달라는 것이다.

주

1) "진정"이라는 이 말은 "진리"(truth)라는 뜻이다. "신령"은 성령(Spirit)을 가리킨다. 유의하라. 우리들 대부분은 이 구절을 오해함으로써 하나님께 예배할 때에는 소홀히함이나 태만함으로 드려서는 안 되고 지성과 열성으로 드려야 한다는 사실로 잘못 통용하고 있다.

2) 위의 1) 각주 참조.

우리가 그 영광을 보니 아버지의 독생자의 영광이요 (1 : 14)

7. 예수님에 대한 초기의 반응들 (1 : 19–2 : 12)

(1) 예수님에 대한 초기의 증거

복음서 기자인 요한은 본래 세례 요한의 제자였다. 그러므로 그는 자신의 옛스승의 증거를 매우 소중히 여겼다. 그것을 통해 그는 세례 요한의 제자들이 방관자로서 머물며 교회가 수행하는 싸움을 관망할 권리가 없음을 보였다. 그렇다. 세례 요한은 친히 예수님에 관하여 증거했다(1 : 15, 23 이하, 36; 3 : 27–36). 세례 요한은 자신은 단지 선구자에 불과하며 예수님은 주님이시요 신랑이시며 하나님의 어린 양이심을 명백히 밝혔다.

따라서 예수님을 따르는 제자들은 세례 요한의 가르침을 잘 알고 있었다. 나중에 사도 요한이 밧모섬에서 계시를 받았을 때 그에게 계시되었던 예수님의 칭호는 그가 이미 잘 알고 있는 것이었다. 요한계시록에서 예수님은 신랑, 어린 양 그리고 빛난 주석같은 발을 가지신 주님으로 묘사되고 있다(계 1 : 15; 5 : 6; 19 : 7).

예수님의 계시는 세례 요한의 가르침을 대치한 것이기 보다는 오히려 확증한 것이었다. 세례 요한은 예수님이 하나님의 아들이심을 증거했다(1 : 34). 그는 성령이 임하시는 것을 보고 하늘로부터 소리가 나는 것을 들었기 때문에 자신의 체험에 근거하여 말할 수 있었다.

제 4복음서의 기자가 예수님이 하나님의 아들이심을 거듭해서 강조할 때에 그는 요단강에서 자신의 스승을 통하여 들었던 사실을 선포하고 있었다. 세례 요한의 추종자들은 단지 그들의 스승으로부터 전해들은 것을 전파할 뿐 예수님과 그들의 스승을 동등한 위치에 놓을 권리는 없었던 것이다.

이렇듯 예수님은 처음부터 세례 요한과 사도 요한을 위시한 예수님의 처음 제자들로부터 메시아요 실로 하나님의 아들로 인정되셨던 것이다.

(2) 메시아에 대한 제한된 개념

세례 요한과 예수님의 처음 제자들이 믿었던 예수님의 모습은 다른 "복음서들"에 묘사된 실체와 일치하는 것인가? 우리는 이미 세례 요한이 옥중에 있을 때(마 11장) 예수님에 관하여 약간의 의문을 가졌던 사실을 볼 수 있었다. 더구나 제자들이 처음으로 예수님을 메시아로 고백한 것은 예수님의 사역이 거의 끝날 무렵이었다. 그 때까지도 제자들은 예수님을 지상적이고 민족적인 관점에서 바라보았던 것이다. 그렇다면 혹 사도 요한이 훨씬 나중에 역사를 되돌아 보는 관점에서, 즉 모든 진상이 밝혀진 것을 알게 된 이후의 관점에서 예수님에 대한 기사를 나름대로 각색한 것일까?

마태는 세례 요한이 예수님에 대해 의심했던 사실들만을 기록하지 않았다. 그는 역시 세례 요한이 예수님보다는 자신이 세례받아야할 필요성을 느끼고 있었다고 기록하고 있다.[1] 세례 요한의 이러한 인식은 궁극적으로 예수님이 배교한 언약 백성의 죄를 용서하시며 세상 죄를 지고 가는 하나님의 어린 양이심을 고백한 것이다(1：29). 예수님의 신들메를 풀기도 감당치 못하겠다는 세례 요한의 진술은 요한복음 1장 26－27절 뿐만 아니라 누가복음 3장 16절에서도 나타나고 있다. 이렇듯 다른 복음서 기자들도 예수님에 대한 세례 요한의 증거를 기록하고 있다.

(3) 사도 요한 증거

요한의 증거는 어떤 것인가? 복음서에서 그는 제자들이 예수님을 인식했음에도 불구하고(6：68－69) 아직도 잘못된 개념에 사로 잡혀 있었다고 설명한다. 제자들의 혼란은 그들이 예수님과 이별을 앞두고(13：36; 14：5, 8, 23) 물었던 질문에서도 명백히 드러나고 있다.

요한은 유다의 배신 및 베드로가 예수님을 부인했던 사실 등을 숨김없이 기록함으로써 제자들을 이상적인 인물로 묘사하지 않았다. 그러므로 비록 요한의 설명 가운데 다른 복음서들과 상충되는 점이 있을지라도 다른 "복음서들"과 대립을 이루는 것으로 말해서는 안 된다. 그렇지만 요한은 예수님의 초기 활동과 인상을 마태, 마가 및 누가와는 다른 표현으로 묘사하고 있다. 즉, 그는 "우리는 예수님의(빛나는) 영광(doxa)을 보았다. 세례 요한이 빛이 아니라 예수님이 빛이시다"라고 묘사하고 있다. 이러한 진리는 그 제자들에게 있어서 흔들릴 수 없는 확고한 것이었다.

가나의 혼인잔치에서 "물"로 포도주를 만드셨을 때도 예수님의 영광이 드러나게 되었다. 마리아가 원했던 공개적인 이적은 거부하셨다. 왜냐하면 그의 "때", 말하자면 하나님의 어린 양으로서의 때가 아직 이르지 않았기 때문이었다.

여기에서 우리는 요한복음서 전반을 통하여 나타나고 있는 "때"(the hour; 7：6; 12：23; 13：1; 17：1)에 관한 주제를 볼 수 있다. 마리아는 아직도 메시아의 때에 관하여 거의 이해하지 못하고 있었다. 제자들은 어떠했던가? 그들은 예수님의 영광을 보았고 그를 믿었던 것이다(2：11).

주

1) 마태복음 4：13, 14. "……예수께서 갈릴리로서 요단강에 이르러 요한에게 세례를 받으려 하신대 요한이 말려 가로되 내가 당신에게 세례를 받아야할 터인데 당신이 내게로 오시나이까."

8. 성전을 정결케 하심과 새로운 생명 (2 : 13-3 : 21)

(1) 성전을 정결케하심

어떤 이태리의 화가가 그리스도께서 성전을 정결케하시는 장면을 그린 그림을 보면 예수님의 머리에서 광채가 나지 않고 성전을 청소하시는 그 빗자루 주변에서 광채가 나는 것으로 표현되어 있다. 모든 행위 가운데서 예수님께서는 성전을 정결케하신 행위를 통하여 자기의 영광을 드러내셨다.

성전을 정결케하신 사건 역시 그리스도의 고난에 관한 어떤 것을 드러내고 있다. 메시아에 관한 시편 가운데 하나인 시편 69편 19절은 "주의 집을 위하는 열성이 나를 삼키고 주를 훼방하는 훼방이 내게 미쳤나이다"(시 69 : 9)라고 기록되어 있다. 이 구절을 통하여 예수님의 제자들은 주의 전에 대한 예수님의 열심 때문에 예수님의 원수들이 그를 삼키려 할 것이라는 사실을 떠올렸을 것이다.

예수님은 사람들에게 자기의 능력의 한계를 나타내는 다음과 같은 신비스러운 말씀을 하셨다. "너희가 이 성전(즉, 예수님의 몸)을 헐라 내가 사흘 동안에 일으키리라"(2 : 19). 그로부터 2년 후 유월절을 지키시려고 예루살렘에 올라가셨을 때 예수님은 다시금 성전에서 사고파는 행위를 금하셨다.[1] 사람들은 예수님의 이러한 말씀을 잊어버리지 않고 있다가 예수님을 고소하는데 이용했다. 왜곡된 형태이긴 하지만 예수님께서는 심문 당하실 때 자기가 하셨던 이 말로 고소를 당하셔야 했다(마 26 : 61). 그런즉 예수님께서 미래의 유월절에 일어날 결정적인 사건들에 대해 이렇게 은밀히 그 "때"를 알리신 것[2 : 19]은 바로 **유월절** 기간 동안이었음을 알 수 있다.

(2) 거듭나야할 필요성

바로 그 유월절 기간동안 이스라엘의 유명한 선생이요 랍비였던 니고데모에게 교훈을 주시면서 예수님은 흥미있는 몇개의 상징을 사용하셨다. 예수님은 하나님 왕국을 보고 들어갈 수 있는 조건으로서 니고데모에게 회개와 중생의 필요성을 말씀하셨다. 니고데모는 이렇게 물었다. "사람이 늙으면 어떻게 날 수 있삽나이까? 두번째 모태에 들어갔다가 날 수 있삽나이까?"(3 : 4) 율법사들이 율법의 행위로써 구원받는다는 사실을 너무나 강조하였으므로 회개를 촉구하는 선지자들의 외침은 완전히 뒷전으로 물러나고 말았다. 바로 이러한 사실 때문에 니고데모는 예수님의 말씀을 이해할 수 없었던 것이다.

과연 거듭난다는 것이 가능한 일인가? 예수님은 들림을 받아야 할 인자를 가리킴으로써 그 물음에 답변하셨다. 그 인자는 십자가에서 죽으신 후에 하늘에 오르실 것이다. 거듭나게 하시는 성령의 목소리를 들으라. 모세 시대에 구리뱀을 쳐다 보았던 자들이 모두 구원을 얻었던 것처럼 그 아들을 믿는 자들은 모두 구원을 받게 될 것이다.

"중생"에 대해서는 많은 논증과 변론이 있어 왔다. 이 문제를 생각할 때에 우리는 유명한 요한복음 3장 16절의 본문이 어떻게 거듭날 수 있는가라고 물었던 니고데모의 질문에 답변이 된다는 사실을 기억해야 할 것이다. 믿는 자들은 메시아 시대의 생명, 즉 중생을 누리는 것이다.

주

1) 공관복음서에는 이 사건이 예수님의 공생애 말기에 일어난 것으로 기록되어 있는 반면(마 21 : 12, 13; 막11 : 15－18; 눅 19 : 45, 46) 요한복음서에는 그 초기에

일어난 것으로 기록되어 있다(2 : 12-25). 본서의 저자는 이 사건이 초기와 말기에 두 번 일어난 것으로 보고 있다.

9. 유대인과 사마리아인들에게 전파하심 (*3 : 22－5 : 47*)

(1) 사마리아에서의 추수

요한은 믿는 사람들이 어떻게 예수님께 나아오게 되는지를 보여주고 있다. 우선 평판이 좋지 못한 사마리아 여인이 있었다. 그녀는 그리심과 세겜 근처에 있는 야곱의 우물에서 예수님을 만났다. 여기에서 예수님은 그 여자에게 생수에 대하여 말씀해 주셨다.

사도행전 8장 14절과 25절에서 우리는 요한이 나중에 이 지역을 친히 방문하여 "배역한 이스라엘"(렘 3 : 6 이하), 즉 멸시받는 사마리아인들이 살던 땅의 밭들이 추수가 되었는지를 살펴보았던 사실을 알 수 있다. 예수님이 여인에게 말씀하셨던 계시의 말씀을 통하여 – 유대인이 사마리아인과 상종하는 것은 당시의 관습과는 상충되는 일이었다－그 여인은 예수님을 "세상"의 구주로 믿게 되었다.

요한복음서 서문(1 : 17)과 관련하여 우리는 이미 성령(Spirit)－영(spirit)이 아님－과 진리로 예배하는 사실에 대하여 말하였다. 뿐만 아니라 세례 요한이 살렘 가까운 애논(Aenon)에서 사람들에게 세례를 베풀고(3 : 23) 거기에서 예수님을 증거했다는(25－36절) 사실을 살펴보는 것도 중요하다. 이러한 사실들은 사마리아 여인 사건 바로 앞에 나오고 있다. 애논은 세겜 근처에 있었던 것이 분명하므로 예수님께서 "내가 너희로 노력지 아니한 것을 거두러 보내었노니 다른 사람들은 노력하였고 너희는 그들의 노력한 것에 참예하였느니라"(4 : 38)고 말씀하셨던 의미를 깨달을 수 있는 것이다.

그러므로 세례 요한의 활동도 사마리아의 추수를 위하여 부분적으로나마 기여했다고 말할 수 있다. 사도들은 진공상태에서 일했던 것이 아니었다. 예비적인 사역은 이미 완성되었으므로 사도들은 그것을 활용하고 거기에 근거할 수 있었던 것이다(사도 바울이 복음을 전파할 때에 구약에 기초하여 회당에서 사람들이 이미 배웠던 내용에 끊임없이 호소하고 있는 사실을 상기하라).

(2) 갈릴리에서의 추수

요한복음 4장 46-54절은 예수님께서 갈릴리의 가나를 두번째 방문하셨을 때 어떠한 추수를 하셨는지를 보여주고 있다. 여기에서도 믿음을 통하여 구원에 이른다는 사실을 보여주고 있다. 가버나움에서 왕의 신하 한 사람이 예수님을 뵈오려고 가나에 왔다(가버나움은 해발고도보다 약 200m 낮은 지역이며 가나는 높은 지역에 있는 곳이었다). 그 신하는 열병에 걸려 곧 죽게 된 자신의 아들을 고쳐주실 것을 예수님께 간청하였다.

여기에서 헤롯의 하인이 보여주고 있는 행동의 가장 중요한 요소는 믿음이다. 예수님께서 그를 따라 그 아들을 보러가시지 않았지만 그의 아들은 고침을 받았다. 그 결과 이 신하의 모든 가족들이 예수님을 알게 되었던 것이다.

(3) 예루살렘에서의 예수님

예루살렘에서 한 명절이 거행되고 있을 때-아마도 장막절인 듯하다-한 절름발이가 믿음으로 예수님의 명령을 따름으로써 구원에 이르는 사건이 일어난다(5 : 8과 4 : 50을 보라). 와서, 주님이 행하고 계신 일을 보라!

한편, 예루살렘의 분위기는 사마리아에서의 호의적이고 순수한 것이 아니었다. 유대인들은 예수님이 안식일에 병을 고치신 사실을 트집잡고 비난했던 것이다. 유대인들은 예수님께서 그러한 사실을 변호하도록 요구하였다. 예수님께서는 그러한 행위의 근거로서 아버지(성부)와 아들(성자) 사이의 협력 관계를 강조하셨다. "내 아버지께서 이제까지 일하시니 나도 일한다"(5 : 17).

(4) 믿음에의 촉구

예수님께서 베데스다에서 행하신 일은 그 후에 이루셨던 사실에 비하면 사소한 것이었다. 모든 권세를 부여받으신 아들께 심판과 부활이 위임되었다. 38년(이것은 장막절을 통하여 기념하고 있는 광야생활의 기간과 대략 일치하는 것이다)된 병자를 고치신 사건도 예루살렘에게 믿음을 촉구하는 호소로 볼 수 있을 것이다.

이스라엘은 세 방면에서 예수님이 인자요 하나님의 아들이신 것을 깨닫도록 부르심을 받았다. 첫째로 **세례 요한**이 예수님에 관하여 증거하였다(5 : 33－35). 둘째로 **예수님의 사역**이 예수님 자신을 증거하였다. 아버지께서 그가 이러한 사역들을 행하도록 허락하셨던 것이다(36절). 세째로 **아버지의 말씀**이 예수님을 증거하셨다. 즉, 백성들이 소망을 두고 있는 모세는 그들을 고소하는 자였다(37절 이하). 예수님을 믿지 않는 것은 이스라엘을 비참한 자리에 빠뜨리는 또 다른 사람을 믿는 것을 의미하였다(5 : 43).

마침 유대인의 명절인 유월절이 가까운지라
(6 : 4)

10. 성례전의 상징들을 통한 계시 (*6 : 1−71*)

(1) **계시된 하나님의 어린 양**

예수님은 유월절 기간 동안에 많은 무리를 먹이셨다. 그러자 곧 무리들의 마음에 메시아적 열망이 불타올랐다. 그래서 사람들은 예수님을 자유의 투사들의 왕으로 추대하려고 하였다. 예수님은 그 자리를 피하시고 나중에 물 위를 걸어오셔서 제자들이 타고있던 배에 오르셨다. 그리고 나서 가버나움 회당에 나타나셨다(6 : 59).

요한복음서 6장은 맨 꼭대기에 유월절 하나님의 어린 양이 자리잡고 계시는 일종의 피라밋 형태로 생각할 수 있을 것이다. 그것은 오천 명의 무리가 등장하는 것으로 시작한다. 그런 후 가버나움 해변가에 무리들이 모여든 기사가 나온다(22절). 이 무리들의 일부는 예수님께서 회당에서 말씀하실 때에도 참석했을 것이다(59절). 예수님께서 회당에서 말씀하신 이후 제자들 가운데 여러 명이 예수님을 떠났다(60절 이하). 남은 열 두 제자 가운데는 예수님을 팔 자도 있었다(70, 71절). 베드로 역시 그의 신앙고백에도 불구하고 나중에 예수님을 부인하였음을 우리는 알고 있다.[1)]

(2) **더 큰 표적의 필요성**

예수님은 설교를 통해 떡으로 많은 무리를 먹이신 이적과 유월절, 만나에 관한 성구(출 16장) 그리고 만나에 대한 이스라엘 백성들의 불평(민 11장) 및 "교회력"의 어느 기간 중에 읽혀졌을 구절들을 다루셨다. 유대인들이 광야에서 하나님이 주셨던 만나를 멸시했던 것처럼 이제 예수님을 멸시하였다.

유대인들은 작은 떡 조각으로 많은 무리를 먹이신 이적보다도 더 큰 표적을 보기를 원했다. 즉, 하늘로부터 오는 떡을 구했던 것이다. 여기에 대한 대답으로 예수님께서는 유명한 "나는 …… 이니라"는 형식의 말씀을 주셨다. "내가 곧 생명의 떡이니 내게 오는 자는 결코 주리지 아니할 터이요 나를 믿는 자는 영원히 목마르지 아니하리라"(6 : 35). 나중에 예수님은 자기에게 나아오는 것이 무엇을 의미하는지를 설명해 주셨다. "나를 보내신 아버지께서 이끌지 아니하시면 아무라도 내게 올 수 없으니"(6 : 44).

일부 해석가들은 이 본문의 의미에 대하여 우리가 "주사위를 던지거나" 추첨상자에서 무작위로 숫자를 뽑아내는 것과 같이 구원이 "주어지는" 것으로 해석한다. 그렇지만 예수님께서는 "아버지께 듣고 배운 사람마다 내게로 오느니라"(6 : 45; 참조. 사 54 : 13)고 분명히 말씀하고 계신다. 이것은 구원이 우리 편에서 볼 때 순전히 수동적인 문제라는 사상을 배제하고 있다. 복음이 선포될 때에 아버지는 이미 분주히 우리를 이끌어 내시고 계신다.

(3) 생명의 떡

예수님과 적대적인 유대인들 사이의 이러한 충돌 가운데서도 가장 안타까운 사실은 유대인들이 자신을 하늘로부터 내려온 산 떡이라고 하신 예수님의 말씀을 거부하고 받아들이지 않았다는 점이다. 유대인들은 예수님께서 인도하시는 출애굽에는 흥미가 없었다.[2] 예수님은 인자의 역할을 수행할 만한 인물로 보이지 않았다. 예수님께서 "내 살은 참된 양식이요 내 피는 참된 음료로다"(55절)라고 말씀하신 것은 먹으면―모세보다 더 큰 분이신 예수님의 성품과 사역으로 말미암아―결코 죽지 않을 음식을 가리키셨다.

그러므로 예수님의 말씀은 일종의 마샬(Mashal)이다. 그것은 참된 관심을 가지고 문제를 더 깊이 탐구하려는 자들에게는 확신을 주는 신비스러운 표현이지만 믿지 않는 자들의 마음을 더욱 강퍅하게 하는 것이다. 이 유월절 기간 동안[3)]에 하나님의 어린 양은 자신의 정체를 밝히고 선포하셨다.

이 장면을 나중에 일어났던 모든 사건들에 비추어 볼 때 주님의 만찬과 생명의 떡에 관한 말씀 사이의 관련성을 발견할 수 있다. 그러나 우리는 요한이 예수님의 만찬 설교의 의미를 해석했다고 생각해서는 안 된다. 베드로는 이 유월절 설교의 의미를 아주 훌륭하게 이해하고 있었다. 베드로는 예수님께 이렇게 고백했다. "주여 영생의 말씀이 계시매 우리가 뉘게로 가오리이까 우리가 주는 하나님의 거룩하신 자신줄 믿고 알았삽나이다"(68, 69절).

주

1) 결국에는 예수님 한 분만이 남는 형세가 된다.

2) 모세 지도 하의 이스라엘의 출애굽을 생각하라.

3) 예수님의 공생애 기간 중 두번째 유월절.

또 저가 수정같이 맑은 생명수의 강을 내게 보이니 하나님과 및 어린 양의 보좌로부터 나서…… 다시 밤이 없겠고…… 이는 주 하나님이 저희에게 비취심이라 (계 22 : 1-5)
이는 보좌 가운데 계신 어린 양이 저희의 목자가 되사 (계 7 : 17)

11. 예루살렘에서 가르치심 (*7 : 1-10 : 42*)

(1) **장막절과 예수님**

7장의 서두는 약간 이상한 느낌을 준다. 즉, 예수님의 형제들이 예수님을 권하여 장막절에 참석하여 그의 제자들-그를 등지고 떠났던 보다 넓은 범위의 많은 제자들-에게 자신을 나타내실 것을 바라고 있었다. 하지만 예수님께서는 자기의 "때"가 아직 이르지 않았다고 하시면서 거절하셨다. 예수님은 **유월절**[1]에 하나님의 어린 양으로서 고난을 당하시고 자신을 나타내실 것이었다.

그러나 일단 장막절이 시작되자 예수님께서는 어쨌든 예루살렘으로 올라가셨다. 예수님의 이러한 행동은 그의 말과 모순되지 않는가? 전혀 그렇지 않다. 왜냐하면 예수님께서는 비밀리에 올라가셨기 때문이다. 뿐만 아니라 예수님은 메시아의 직무(7 : 10-13, 25-36, 40-43) 및 지도자들 사이에 예수님을 반대하는 기운이 점점 더 높아지는 사실(7 : 19, 30, 32, 45 이하)을 논의하고 있는 무리들 가운데 끼어드셨다. 예수님은 자기의 가르침을 변호하기 위하여 신적인 권위를 가지고 하나님의 성전에 오신(7 : 14 이하) 일종의 **교사**로서 그 무리들 가운데 나타나셨던 것이다.

지난 명절 때에 사람들은 예수님께서 안식일에 베데스다의 38년된

병자를 고쳐주신 사실(5 : 16) 때문에 그를 핍박하고자 했다. 거기에 모인 사람들은 지난 명절 때(아마도 장막절인 것으로 보인다)에 예수님이 행하셨던 일을 잊어버리지 않고 있었음이 분명하다(7 : 19 이하, 25, 30, 45 이하; 18 : 20).

예수님은 이 명절 기간동안에는 지난 해와 달리 일에만 전념하셨다. 자기 "때"가 아직 이르지 않았고 그 때는 세번째 유월절이 아니었기 때문이다(7 : 30; 8 : 20; 12 : 23; 13 : 1). 그러나 특별히 예수님의 "가르침"과 관련하여 볼 때 전선(戰線)은 보다 더 분명하게 구축되고 있었다.

(2) 생 수

예수님은 십자가에 달리시기 전 마지막 장막절에 자신을 계시하셨는데, "교회력"의 이 마지막 큰 명절을 성취하시고 그것에 의미를 부여하시는 분으로서 나타나셨다. 장막절 때마다 제사장은 황금 항아리로 번제단 왼편에 있는 실로암 연못으로부터 물—이 실로암 연못의 물은 바위 사이로 뚫린 통로를 통해 기혼 샘으로부터 흘러온 것이다—을 가져다가 두 개의 대야에 부었다. 바위로부터 흘러온 그 물은 광야 여행을 상징하였다. 동시에 그 물은 물과 관련된 많은 약속이 있는(사 12 : 3; 35 : 6—7; 겔 47 : 1 이하; 욜 3 : 18; 슥 14 : 8; 계 22 : 1, 17) 미래의 메시아 시대에 대한 소망을 상징하는 것이었다. 여인들을 위한 뜰에는 불기둥을 기념하는 커다란 횃불이 타고 있었다.[2)]

이 큰 명절에 예수님께서는 생수를 부어주시는 자신을 계시하셨던 것이다. 예수님께서는 "누구든지 목마르거든 내게로 와서 마시라 나를 믿는 자는 성경에 이름과 같이 그 배에서 생수의 강이 흘러나리라"(7 : 37, 38)고 외치셨던 것이다.

(3) 세상의 빛

예수님은 생수가 흘러나오는 반석이시다(참조. 고전 10：4). 그는 또한 세상의 빛이시다(8：12). 예수님께서는 자기를 불신하는 대적들을 독사의 자식들이라고 부르시며 그들이 스스로 아브라함의 영적인 자손이라고 부를 권리가 없음을 말씀하셨다. 그 후에 예수님은 소경을 고치시고서는 자기가 세상의 빛이요 사단에게 매여있는 배역한 유대공동체로 보내심을 받은 메시아적 빛이심을 드러내셨다(9：5 이하).

예수님께서 나면서부터 소경된 자를 실로암 연못－이스라엘은 장막절에 이 곳의 물을 사용하였다－으로 보내신 사실에 유의하라. 안식일에 베푸신 이 이적은 자기가 장막절을 완성하신 자라는 예수님의 주장을 뒷받침해 주고 있다. 그러나 동시에 그 이적은 정반대의 결과를 낳았다. 그런즉, 우리는 일부 사람들을 **강팍케하시는** 예수님의 말씀과 사역의 효과를 볼 줄 알아야 한다. "내가 심판하러 이 세상에 왔으니 보지 못하는 자들은 보게 하고 보는 자들은 소경되게 하려 함이라"(9：39).

(4) 선한 목자

뒤이어 기록된 "선한 목자"에 관한 기사를 독립된 아름다운 이야기로 파악해서는 안 된다. 그 구절은 바리새인들의 "우리도 소경인가"(9：40)라는 질문과 연결되어 있다.

10장 1－21절에서 우리는 참 목자이신 예수님과 이스라엘의 어리석은 목자들이 세가지로 비교되고 있음을 찾아 볼 수 있다. (1) 1－5절에서 우리는 예수님께서 선한 뜻을 가지고서 왕의 길(King's way)로 들어 가신다는 사실을 확신하게 된다. (2) 7－10절에서 우리는 예수님이 양의 문이 되심을 알 수 있다. (3) 11－18절에서 우리는 예수님이 참 목자로서 이리가 나타났을 때 양들을 위하여 자기 목숨을 버리는 사실을 보게 된다. 예수님은 양들을 흩으시지 않고 모으실 뿐만 아니라 온세상에 흩어져 있는 교회들을 모으시는 일을 계속하고 계신다(7 : 36; 10 : 11; 11 : 52; 12 : 20 이하).

그 진리를 아는 자들은 성경에 따라 살며 예수님의 목소리에 귀를 기울여야 한다. 여기에서 예수님은 완전한 이교도들을 생각하신 것이 아니라 구약의 약속에 따라 살고 있는 이방인들과 각지에 흩어진 유대인들(즉, 디아스포라)을 염두에 두신 것이다. 이것은 요한이 그의 복음서의 대상이 누구인지를 밝혀주는 실례이다.

그후 예수님은 수전절[3]에 참석하셨다. 예수님께서는 목자의 음성을 듣는 양들에 관하여 한번 더 말씀하신다. 예수님께서 하신 말씀 때문에 그를 죽이려는 시도가 또 한번 일어나게 되었다. 그러나 예수님께서는 하누카(Hanukkah)의 명절에 죽지 않으심으로 유대 자유투사들인 마카비들과 자기 이름을 연계시키지 않으셨다.

주

1) 공생애 기간 중의 마지막 유월절.

2) 축제의 열기로 인하여 과격한 행동이 유발된다. 7장 53절－8장 11절에 나오는 간음하다 현장에서 붙들린 여인과 같은 사건은 아마 흔히 있는 일이었을 것이다. 이 사건에 대한 기록은 많은 고대 사본들에는 나타나지 않는다. 비록 그 기사가 나중에 요한이 아닌 다른 사람이 보충한 것이라 하더라도 그것을 위경으로 배척할 필요는 없을 것이다. 그 사건은 이미 B.C. 150년 경에 사도적 전승의 일부로 알려져 있었던 것이다.

3) 수전절 또는 하누카 절기는 광명절(the Feast of Lights)이라고도 불리운다. 8일 동안 지속되는 이 명절은 후대에 와서 8개의 등에 매일 하나씩 차례로 점등하는 관습이 되었다. 유대인들이 그 등대를 보면서 B.C. 168년 시리아의 왕 안티오쿠스 에피파네스에게 성전이 짓밟힘으로써 우상을 섬기는데 사용되었음을 기억하기 위한 것이었다. 유다스 마카비우스 치하에서 B.C. 165년 12월 25일 성전은 청결케 되어 새롭게 봉헌되었다. 장막절이 10월에 거행되는 반면, 성전 재봉헌 축제〔하누카〕는 크리스마스와 비슷한 시기인 12월에 있었다.

12. 부활 사건이 임박했음을 알리는 다섯 가지 신호 (*11 : 1－12 : 50*)

(1) 나사로가 죽은 자 가운데서 일어남

마침내 예수님은 처음 사역을 시작하셨던 요단강쪽으로 돌아오셨다. 그 후 예루살렘 근처 베다니에 사는 예수님의 친구 나사로의 부활 사건이 일어난다.

이 사건은 일종의 신호이었다. 그것은 곧 예수님의 영광에 대한 계시였으며 예수님이 부활하실 것을 예시하는 사건이었다. 동시에 우리는 나사로의 누이 마르다의 다음과 같은 고백에 유의해야 할 것이다. "주는 그리스도시요 세상에 오시는 하나님의 아들이신 줄 내가 믿나이다"(11 : 27).

이 이적으로 인하여 산헤드린은 비로소 예수님을 죽이려는 본격적인 계획에 착수하였다. 그들은 한 사람이 언약 백성을 위하여 죽는 것이 온 이스라엘 백성이 망하는 것 보다 낫다고 생각했다(11 : 50).

(2) 예수님이 받으신 영광

예수님께서 무리로부터 떠나 마지막 주말을 자기 친구와 함께 보내기 위하여 다시 베다니에 들리셨다. 해가 지고 안식일이 끝나자 유대인들의 관습에 따라 밤에는 축제의 분위기가 조성되었다. 마르다의 동생 마리아는 예수님을 영광스럽게 할 수 있는 기회를 포착하여 값비싼 향유를 그에게 부었다. 예수님께서는 이러한 행동을 이해하셨다. 그것은 두번째 신호로서 예수님의 장사를 위해 예비한 것이었다(12 : 7).

예수님이 예루살렘에 입성하실 때 사람들이 스가랴 9장 9절에서처럼 "호산나!"라고 외친 것 역시 또 하나의 신호로서 그리스도께서는 그들을 만류하지 않으셨다. 몇 사람의 헬라인이 예수님께 인사를 드리려고 했을 때(12 : 20 이하) 예수님은 네번째의 신호를 보셨다. 예수님은 이미 열방 중에 있을 최종적인 추수를 상상하실 수 있었다.

이 헬라 사람들이 완전한 이교도들은 아니었던 것 같다. 아마도 그들은 회당에 다녔던 "하나님을 경외하는" 이방인들이었거나 또는 외국에 사는 유대인들이었을 것이다. 그렇지만 예수님께서 그들에 대해 관심을 가지셨다는 사실은 이방인과 유대인들 사이에 있는 담이 무너져 내릴 것이라는 일종의 설명으로 볼 수 있다. 그런데도 유대인들은 여전히 "주여 우리에게 들은 바를 누가 믿었으며"(12 : 38; 사 53 : 1; 롬 10 : 16)라는 선지자의 외침은 계속될 수 밖에 없었다.

하늘로부터 들리는 목소리, 즉 하늘의 환호성은 마지막 다섯번째 신호가 되고 있다. 예수님께서 "아버지여 아버지의 이름을 영광스럽게 하옵소서"라고 기도하실 때 "내가 이미 영광스럽게 하였고 또 다시 영광스럽게 하리라"(12 : 28)는 소리가 들렸던 것이다. 이사야 53장에 나오는 어린 양은 고운 모양도 없고 풍채도 없으나 그를 보는 자는 그를 보내신 이를 보는 것이다(45절).

13. 행위와 말씀 및 기도를 통해서 나타난 고별사 (*13 : 1–17 : 26*)

(1) 고별사

마침내 그 "때"가 이르렀다. 본 단락을 올바로 이해하기 위해서는 13장과 14장에 기록된 전체의 내용이 유월절 만찬 동안에 일어났던 일들을 다루고 있음을 명심해야 한다. 뒤이어 기록된 세장(15–17장)은 13, 14장과 매우 밀접한 관련을 맺고 있는 것으로서 유월절 만찬이 끝난 후 예수님께서 하셨던 말씀들을 설명해 주고 있다(14 : 31).

예수님의 이러한 말씀들은 우선적으로 사도들에게 주어진 것임을 기억해야 할 것이다. 예수님께서 사도들에게 모든 진리 가운데 인도하시겠다고 약속하신 것이 곧 우리들에게도 해당되는 것으로 오해해서는 안 된다. 신약은 모든 진리가 확립되었음을 즉 선포되었던 것들이 성취되었음을 보여주고 있다. 사도들은 포도나무의 가지들이다. 그 가지들의 열매는 말씀을 받아들이는 교회 안에서 영글어 가는 것이다.

(2) 사랑을 나타내심

예수님께서는 먼저 자기가 선택한 제자들을 사랑하시되 끝까지 사랑하신다는 사실을 우리에게 보여주고 있다. 즉, 수건을 그의 허리에 두르시고(참조. 삼하 6 : 14, 20 이하), 제자들의 발을 씻기셨다. 으뜸이 되고자 하는 자는 누구든지 모든 이의 종이 되어야만 했다(막 9 : 35).

예수님께서는 친히 이러한 상징적인 행동을 보이심으로써 사랑의 계명을 제정하셨다. 우리는 로마 교황이 매년 성 금요일에 열두명의 거지들의 발을 씻어주듯이 예수님의 상징적 행동을 공공연하게 재현하거나 의식화해서는 안 될 것이다.[1] 제자들의 발을 씻기신 후에 예수님은 유다의 배신과 베드로가 부인할 것을 언급하시고 "새 계명을 너희에게 주노니 서로 사랑하라"(13 : 34)고 말씀하셨다.

(3) 보혜사 성령

예수님께서 말씀을 마치시자 네명의 제자들이 각각 예수님께 질문과 요청을 하였다. 먼저 시몬 베드로는 "주여 어디로 가시나이까"(13 : 36)라고 물었다. 도마는 "주여 어디로 가시는지 우리가 알지 못하거늘 그 길을 어찌 알겠삽나이까"(14 : 5)라고 물었다. 빌립은 "주여 아버지를 우리에게 보여주옵소서 그리하면 족하겠나이다"(8절)라고 요청하였다. 가룟 유다가 아닌 유다는 이렇게 물었다. "주여 어찌하여 자기를 우리에게는 나타내시고 세상에는 아니 하려 하시나이까"(22절).

예수님께서는 그들에게 답변하신 일련의 말씀 가운데서 자기의 교회를 위한 직무를 감당하기 위하여 아버지께로 가신다는 사실을 명백하게 나타내셨다. 참으로 예수님 자신은 아버지께 이르는 그 "길"(Way)이시다. 뿐만 아니라 예수님은 자기의 영(His Spirit)을 자기 백성들에게 보내심으로써 그들에게 다시 오실 것이다.

그 성령은 "보혜사"[2](Paraclete)라고 불린다. 흠정역에서는 "위로자"(Comforter)로 표현되었다. 요한일서 2장 1절에서는 동일한 헬라어 단어가 그리스도를 가리키는데 사용되었는데 거기서 그 단어는 대언자[3](代言者)로 번역되었다.

그 성령은 교회를 위한 합법적인 대언자요 변호자요 상담자이시다. 성령을 통하여 예수님께서는 자기 백성들에게 자신을 계시하실 것이다(14 : 21). 이것은 "세상"(즉, 배교한 유대인들)을 자동적으로 제외시키는 어떤 은밀한 가르침을 통하여 이루어지지 않을 것이다. 예수님과 성부 그리고 우리의 대언자이신 성령께 이르는 길은 예수님의 말씀을 지키는 모든 자들에게 열려있는 것이다(23절).

(4) "세상"의 핍박

유월절 만찬 후에 예수님께서는 하실 말씀이 더 있었다. 15장 1절로부터 시작되는 말씀들은 전에 하셨던 말씀들을 더욱 상세하게 해설하신 것이다. 포도나무이신 그리스도 안에 있는 가지들로서 제자들이 지켜야할 계명은 사랑이었다.

"세상"의 핍박이 특별히 강조되고 있다. 이러한 핍박에 대하여 그리스도께서는 보혜사를 통한 지원을 약속하고 계신다. 그 보혜사는 "세상", 즉 회당에게 아래와 같은 사실들을 알게 할 것이다. (1) 메시아를 배척한 그들의 **죄**, (2) 메시아를 높이신 하나님의 **의**, (3) 하늘로부터 쫓겨난 사단의 처벌을 통한 하나님의 **심판**(16 : 8 이하; 참조. 12 : 31; 14 : 30; 계 12장) 등이다. 예수님께서 성령이 세상에게 "알게 할 것"이라고 말씀하실 때 회심을 말하는 것이 아니라 사법적인 의미에서의 설득을 말하는 것이다. 성령은 논박할 수 없는 증거들을 가지고 세상에게 그들의 **죄**를 알게 하실 것이다.

사도행전 2장의 오순절 날 베드로의 설교를 읽을 때 우리는 예수님께서 이미 요한복음서 16장에서 오순절의 주제를 다루셨던 사실을 알게 된다. 사도들은 장차 일어날 어떤 사건으로도 흔들리거나 방해받을 필요가 없었다. 예수님의 말씀 안에 거하기만 하면 직무를 수행할 수 있는 풍족한 은혜를 받으리라는 약속이 그들에게 있었기 때문이다. 회당에서 고소와 혐의를 당할 때 사도들은 오직 말씀과 성령의 능력을 통하여서만이 증인으로 출두할 수 있을 것이다.

(5) 예수님의 기도

이 강화는 일반적으로 대제사장의 기도라고 불리우는 기도로 끝난다. 그러나 이 기도에는 역시 선지자적이며 왕적인 요소들이 포함되어 있다. 그것은 다음과 같은 세부분으로 구성되어 있다. (1) 예수님은 자기가 완성하신 사역을 설명하시고 약속된 영화를 위하여 기도하신다. (2) 예수님은 사도들을 위하여 중보의 기도를 하신다. 예수님은 사도들이 비록 "세상에" 있지만 "세상에 속하지" 않도록 기도하신다. 주님은 그들이 말씀에 붙잡힌 자들이 되게 해달라고 요구하신다. 여기서 우리는 이미 아버지와 아들 사이에 있는 고귀하고 거룩한 연합(unity)에 기초한 연합의 동기를 발견할 수 있다. 17장 22절에서 예수님은 "우리가 하나된 것같이 저희도 하나가 되도록" 기도하신다. (3) 예수님은 사도적 말씀을 통하여 자기를 믿게 될 사람들을 위하여 기도하신다. 주님은 그들이 사도들과 하나가 될 것을, 즉 아버지와 아들의 연합에 기초를 둔 연합을 이룰 것을 기도하신다.

예수님은 "에큐메니칼" 운동의 그릇된 연합처럼 말씀에 근거하지 않은 애매모호한 연합을 말씀하고 있지 않다. "세상"에 대해서는 어떠한 양보도 있을 수 없다. 비록 이러한 일치된 신앙고백[4]을 한다 할지라도 "세상"(즉, 배역한 교회)은 믿음에 대해 결단하지 않을 수 없으며 믿음에의 권면을 듣게될 것이다. 이 기도의 마지막 구절(22−26절)은 다시 교회의 기초가 되는 사도들에게 초점이 맞춰지고 있다.

주

1) 이는 이른바 "세족식"이라 하여 우리 주변에서 공공연하게 의식화되어 가고 있음은 주지의 사실이 아닌가?

2) 보혜사, "곁에 계시는 자", "상담자"(또는 모사; counselor).

3) "변호자", "중보자"라는 뜻을 가지고 있음.

4) 에큐메니칼 운동을 언급한 것이다. 에큐메니칼 운동이란 곧 "일치" 운동이다. 이들은 "분열"의 모습이 아닌 "하나됨"의 모습을 보이기 위해 교회가 서로 "연합" 하자고 주장한다. 그리하여 믿는 바 "교리"는 교회마다 서로 상충되고, 그로 말미암아 "분열"이 있음으로 할 수 있는 한 뒤로 하고 그것보다는 각 교회가 서로 하나가 될 수 있는 "신앙고백"을 만들고 그것에 동의함으로써 "하나됨"을 추구하자고 한다. 결국 오늘날 이 운동, 즉 세계교회일치운동(W.C.C.)은 교리를 아예 내팽개쳐 버리고 "의식"(Liturgy)을 앞세우고 그 의식을 중심으로 타종교까지도 흡수하려는 탈기독교화 현상마저 보이고 있다.

14. 예수님의 승귀와 영광 (*18 : 1-21 : 25*)

(1) 목격자의 증언

제 4복음서의 기자는 목격자였으므로 자료에 있어서 기록된 문서들에만 의존할 필요가 없었다. 이러한 사실은 예수님이 체포된 사실을 묘사한 기사(여기서 예수님은 "내로라"는 표현을 사용하신다)에서나 빌라도 앞에서 심문을 받으실 때를 묘사한 기사(여기서 예수님은 "내가 왕이니라"는 표현을 사용하신다)에서 분명하게 드러나고 있다.[1]

그렇다고 해서 요한이 은연 중에 다른 복음서 기자들을 비판하거나 그들의 기록을 바로 잡았다는 의미는 아니다. 그는 오직 사람들이 "예수께서 하나님의 아들이신 그리스도이심을 믿게 하려"(20 : 31)고 복음서를 기록하였다. 따라서 어떤 사실들은 더욱 상세하게 보도해야 할 필요성이 있었을 것이다. 그와 같은 이유로 요한은 베드로가 그 귀를 베어버렸던 대제사장의 종의 이름을 밝히고 있다. 그러나 의사였던 누가는 예수님께서 그 종의 상처를 몸소 고쳐주신 사실을 말해주고 있다.[2] 우리는 역시 요한복음서에서 대제사장 안나스의 심문에 관한 기사는 볼 수 있으나 가야바의 심문에 대해서는 일체 언급되어 있지 않음을 보게 된다.

(2) 빌라도의 역할

요한은 빌라도가 예수님을 심문한 사실에 관하여 많은 것을 기록하고 있다. 빌라도의 역할을 생각함에 있어서 우리는 유대인들이 더럽힘을 받지 않으려고 총독관저(즉, "관정") 밖에 서 있었다는 사실을 염두에 두어야 한다.[3] 따라서 빌라도는 예수님을 심문할 때에는 건물 안에 있었으나 유대인들에게 말하기 위해서는 여러 번 그 건물 바깥으로 나왔던 것이다(18：29, 38; 19：4, 12 등에서 우리는 빌라도가 율법에 충실한 유대인들 때문에 밖으로 나오는 것을 읽어 볼 수 있다). 빌라도가 밖으로 나올 때마다 새로운 국면이 펼쳐졌다. 18장 33절(19：1)과 19장 9절을 보라. 빌라도가 안으로 들어가는 것을 볼 수 있다.

처음에 빌라도는 유대인이 예수님을 심문하도록 함으로써(18：31) 자신은 거기에서 빠져나오고자 했다. 그 후 빌라도는 예수님에게서 아무 죄를 찾을 수 없었는데도(39절) 예수님을 바나바와 함께 사면시킬 후보자로 제시하였다. 백성들이 바나바를 놓아줄 것을 요구하므로 예수님을 놓아주려는 기도가 실패로 돌아가자 빌라도는 예수님에게 가시 면류관을 씌우고 자색 옷을 입혀 조롱함으로써(19：4 이하) 동정심을 일으키고자 했다. 그러나 오히려 빌라도를 고소하겠다는 유대인들의 위협이 있자 드디어 그는 군중들에게 굴복하고 예수님에게 심판을 선언하였다(13절 이하).

(3) 요한의 상세한 보도

예수님의 처형에 관한 요한의 기사를 읽어 보면 다른 복음서들에서는 찾아볼 수 없는 자세한 묘사에 놀라게 된다. 예를 들면 호지 아니한 속옷,[4] 마리아의 등장, 예수님의 옆구리를 찌른 일 등이다(물과 피는 두가지의 성례전에 대한 암시가 아니라 단지 예수님이 실제로 죽으셨다는 증거에 불과한 것이다). 예수의 사랑하시는 제자 요한은 증인의 한사람으로서 십자가 밑에 서 있었다. 그는 성경이 성취되는 것을 목격하였던바 예수님의 뼈는 부러지지 않았고 당나귀처럼 묻히지 않으셨다(19 : 24, 8, 36-37), 유월절 어린 양은 "그 묘실이 부자와 함께" 될 것이었다(사 53 : 9). 니고데모가 예수님의 시체에 발랐던 향품은 전에 마리아가 사용했던 것보다 백배나 더 값진 것이었다.

부활절 아침을 묘사하면서 요한은 자신이 베드로와 함께 무덤에 갔었던 사실과 예수님이 마지막 아담으로서 동산에서 막달라 마리아(마리아는 예수님을 만지려고 하였다)에게 나타나신 사실을 기록하고 있다. 요한은 또한 예수님의 부활에 대하여 "나의 주 나의 하나님"이라고 부르짖었던 도마의 고백을 기록하고 있다.

(4) 종말과 새로운 시작

요한복음서의 결론으로 보이는 기사(요한은 여기서 자신이 글을 쓴 목적을 말하고 있다)에 이은 일종의 맺음말(또는 부록)을 볼 수 있는데 여기에는 예수님께서 디베랴 바닷가에 있는 여섯 제자("세베대의 아들" 야고보와 요한이 포함됨)에게 나타나신 사실이 기록되어 있다. "사람 낚는 어부들"이 고기를 잡고 있었다. 그리스도를 세 번이나 부인했던 베드로는 양을 돌보라는 사명을 세차례나 받았다. 이것은 제 4복음서 기자와 베드로의 장래를 밝혀주는 사실이다.

이렇듯 예수님의 구속사역과 후대의 교회역사 사이의 관계는 분명하게 드러난다.[5] 이 모든 사실들은 실제적인 목적을 위하여 기록된 것인바 사람들이 요한의 증거를 믿도록 하는데 있다. 예수님을 따랐던 자들은 요한에 대하여 "우리는 그의 증거가 참인 줄 아노라"(21 : 24)고 말했다.

주

1) 다른 세 복음서 기자들은 이러한 직접화법, 즉 "내가 ……이다"(I am)라는 표현법을 사용하고 있지 않다(참조. 마 26 : 47-56; 27 : 11-31; 막 14 : 43-52; 15 : 1-19; 눅 22 : 47-23 : 25).

2) 요한 외에는 대제사장의 종의 이름이 “말고”라는 사실을 밝히고 있지 않다. 역시 누가 외에는 그 종의 귀가 낫게 된 사실을 밝히고 있지 않다.

3) 총독 관저는 이방인 지대이기 때문이다(참조. 18：28). 유대인들은 이방인과 어울린다거나 이방인의 관저에 들어가는 것은 곧 자신을 더럽히는 것으로 생각했다.

4) 호지 아니한 속옷, 즉 이음매(솔기)가 없는 속옷을 말한다. 이 구절은 교회가 유지해야할 연합에 대한 상징으로 사용되어 왔다. 로마의 추기경이자 감독이었던 사도레토(Sadoleto)는 1539년 (그 때 칼빈은 제네바에 없었다) 종교개혁과 손을 끊고 로마 가톨릭으로 돌아올 것을 호소하는 편지를 제네바의 시민들에게 보냈는데 거기에서 그는 바로 이 “호지 아니한 속옷”을 언급하였다. 사도레토의 이러한 해석은 잘못된 것으로서 그것은 순전히 영적이고, 풍유적인 해석이다.

5) 예수님의 구속사역은 교회역사를 태동한 근거이다. 이 구속사역으로 말미암아 사도들은 그것을 증거하는 증거자로서, 전도자로서 활동한다. 그리하여 교회를 설립, 그것을 확장시키는 역사를 계속한다. 이렇듯 예수님의 구속사역 (또한 12사도의 선택과 훈련)은 지상 위에 자기 교회를 세우기 위한 기초였으며, 그것을 전파하고 증거한 사도들의 전도사역은 그 교회를 설립하고 확장해 가는 과정이다. 사도행전 이하는 바로 교회 설립과 확장의 과정을 다루고 있다.

사도행전

예수 그리스도는 어제나 오늘이나 영원토록 동일하시니라 (히 13 : 8)

1. 예수님에 관한 책

(1) **누가복음서의 속편**

누가복음서처럼 사도행전 역시 데오빌로에게 헌정된 책이다. 데오빌로라는 이름은 하나님의 친구라는 뜻이다. 그러나 사도행전에서는 누가복음서와는 달리 "각하"라는 존칭이 생략되어 있다. 먼저 쓴 글인 누가복음서는 예수님이 행하시며 가르치시기를 시작하심부터 다룬 것이다. 이제 누가는 부활하시고 승천하신 주님(Lord)으로서의 그리스도 사역의 연속성을 다루고 있다. 주님은 자기가 선택하신 자들에게 자기의 성령을 통하여 분명한 명령을 주셨다.[1)]

누가는 데오빌로에게 주님께서 자기의 거역하는 백성들〔즉, 유대인들〕에게 계속해서 팔을 펼치고 계심을 분명하게 보여주고 있다. 예수님의 강화들을 기록했던 누가복음서에서처럼 사도행전에서도 누가는 주님께서 아브라함에게서 낳은 백성들을 향하여 책망하셨던 것과 맥락을 같이 하는 사도들의 강화를 기록하고 있다. 증인(witness)이라는 말이 여러번 사용되는 것은 "예루살렘" 및 그 헌신자들[2)]과의 "싸움"이 계속되고 있음을 가리키는 것이다.

(2) **예루살렘에 대한 강조**

누가복음서의 여러가지 주제들이 사도행전에서도 나타나고 있다. 사도들의 활동이 시작되었던 예루살렘이 처음부터 크게 강조되고 있다. 사도들이 "아버지의 약속하신 것"(1 : 14; 참조 눅 24 : 49), 즉 성령의 부어주심을 기다려야 했던 장소는 바로 예루살렘이었다. 그들은 예루살렘과 온 유다와 사마리아 전역에서 예수님의 부활을 증거하는 증인이 되어야 했다(1 : 8). 왜냐하면 그들은 다시 사신 주님을 눈으로 목도하고 그들의 귀로 그의 음성을 들었기 때문이다.

예수님이 하늘로 승천하신 장소도 예루살렘이었다(11절). 오순절 사건 역시 예루살렘에서 일어났다. 누가는 예루살렘이 언약의 거룩한 도시임을 강조하기 위하여 예루살렘을 그것이 일상적으로 불리우는 헬라어로 표기하는 동시에(4절) 히브리식 철자로도 표기하고 있다(8, 12, 19절). 예루살렘은 나중에 사도들이 복음을 증거하다가 체포되었던 곳이며 성도들의 모임이 일어난 곳이고 베드로가 투옥되었다가 풀려난 곳이며 역시 야고보가 죽임을 당했던 곳이다(12장).

12장 이후부터 시작되는 새로운 단락은 바울과 바나바가 세상을 향해 나아가는 역사를 취급하고 있다. 그러나 그때까지도 "예루살렘"은 잊혀지지 않는다. "선교사들"은 항상 회당에서부터 자신들의 복음전파 사역을 시작한다. 그들은 결코 언약 백성들에 대해 무관심하지 않았다. 예루살렘에 있는 교회와 이방의 새 이스라엘[3] 사이의 정기적인 접촉이 있었다(15 : 1 이하; 21 : 15 이하).

(3) 성전과 왕권

우리는 역시 사도행전에서도 성전이라는 주제를 찾아 볼 수 있다. 메시아 시대가 도래한 표적으로 앉은뱅이가 고침을 받은 후에 성전에서도 복음이 전파되었다. 이어서 성전의 권위자들로부터 반발이 있었다는 기사가 나온다(이는 3장에서부터 시작되고 있다). 예수님께서 친히 전파하셨던 장소인(요 10 : 23) 솔로몬의 행각은 이제 예배를 위하여 사용되고 있었다(3 : 11; 5 : 12). 성전의 파멸을 선포한 것은 스데반이었다(6 : 13; 7 : 48). 누가복음서와 마찬가지로 사도행전에서도 성전은 역시 처음과 끝부분에서 강조되고 있다. 바울은 성전에서 체포되었으며 거기에서 이스라엘을 향한 공개적인 연설을 하였다(21 : 27

이하). 바울은 성전을 멸시한다고 하여 쇠사슬에 묶이게 되었다.

왕권(kingship)이라는 주제 역시 사도행전에서 두드러지게 나타난다. 부활하신 후에 조상 다윗의 위를 얻으신 예수님은(눅 1：32－33) 제자들에게 하나님의 왕국에 관하여 말씀하신다(1：3). 바울이 로마에 도착하여 맨처음 했던 일은 유대 지도자들과의 모임을 주선하는 일이었다. 바울이 그 자리에서 다뤘던 주제는 곧 하나님의 왕국이었다.

바울은 그들이 동의하기 쉬운 신앙의 어떤 추상적인 문제에 관하여 말하려고 하지 않고 예수 안에서 이루어진 하나님의 통치에 관하여 말하였다. "바울이 아침부터 저녁까지 강론하여 하나님 나라를 증거하고 모세의 율법과 선지자의 말을 가지고 예수의 일로 권하더라" (28：23).

(4) 승천하신 주님의 사역

이것은 사도행전에서 살펴볼 수 있는 매우 흥미있는 사실이다. 누가복음서에서 활동하셨던 바로 그 주님이 사도행전에서도 활동하고 계신다. 그러나 주님은 이제 자기 교회를 통하여 역사하신다. 책 제목이 사도행전(Acts of the Apostles)이지만 오히려 자기의 말씀과 성령을 통한 승천하신 구주의 행전(Acts of the Ascended Savior)이라고 할 수 있을 것이다. 예수 그리스도께서 친히 표적과 기사 그리고 말씀과 증거를 통하여 자기의 존엄하신 통치를 나타내시는 분이라는 사실이 수 없이 강조되고 있다.

사도행전 초두에는 제자들이 감람산에서 예수님께 "주께서 이스라엘 나라를 회복하심이 이 때니이까"(1：6)라고 물었던 내용이 기록되어 있다. 이 질문은 사도행전의 전반에 걸쳐서 답변되고 있다. 승천하신 주님께서는 성령을 부어주시며(2：33), 병자를 고치시고(3：6, 16; 4：10; 9：34; 14：3), 스데반에게 하늘문을 여시고(7：55 이하) 베드로에게 옥문을 열어주시며(12：11) 루디아의 마음을 열어주셨다 (16：14). 빌립을 에디오피아 내시에게 인도하고 베드로를 고넬료에게 보내며(8 : 29; 10 : 19 이하), 바울과 실라를 부르시고(13 : 2), 전도여행길을 지시하시고(16 : 6 이하; 20 : 22 이하), 감독자들을 임명하시는(20 : 28) 분은 바로 예수 그리스도의 영이시다. 베들레헴에서 나사렛으로 그리고 가버나움에서 예루살렘까지 다니시던 누가복음서의 예수 그리스도는 역시 사도행전에 나타난 예수 그리스도이시다.

주

1) 복음서는 예수 그리스도께서 지상 위에서 하신 사역을 증거하는 책이다. 이에 반해 사도행전과 서신서는 부활 승천하시어 천상에 계신 예수 그리스도의 사역이다. 예수 그리스도께서는 부활하심으로써 우리의 "주"(Lord)와 "그리스도"가 되셨다(참조. 행 2 : 36). 그런즉, 예수 그리스도께서는 이제 주님으로서 천상에서의 사역을 계속하신다. 그러면, 누구를 통해서 하시는가? 자기의 영이신 "성령"을 통해서이다. 예수님은 부활하심으로써 "살려주는 영"이 되셨다(참조. 고전 15 : 45). 그는 바로 이 성령을 통해서 자기의 백성을 다스리신다.

2) "예루살렘"은 유대주의의 표상이다. 그들은 예수님을 거부하고 오히려 그를 죽인 교회의 적이다. 그것의 열렬한 헌신자들은 다름아닌 서기관, 대제사장, 바리새인들이다.

3) 예수 그리스도를 믿고 구원받은 이방인, 또는 신약 시대에 예수 그리스도를 믿음으로 하나님의 자녀된 모든 자들을 구약 시대의 이스라엘 백성(즉, 옛 이스라엘)과 비교하여 "새 이스라엘"이라 칭하고 있다.

2. 새 이스라엘이 택한 길을 기록함

(1) 좇아야할 새로운 길

구약에서 우리는 "주의 도"[1]에 대한 언급이 수 없이 나오는 것을 볼 수 있다. "여호와여 주의 도를 내게 보이시고 주의 길을 내게 가르치소서"(시 25 : 4). 잠언은 올바른 길을 좇도록 훈계하는 가르침으로 가득차 있다. 이스라엘이 부름받은 것은 거짓 선지자들의 말을 듣고서 좌로나 우로나 치우치지 않고 주의 길을 계속해서 걷도록 하려는 것이었다(신 5 : 32－33; 9 : 16; 13 : 5; 28 : 14; 왕상 3 : 14).

우리는 역시 사도행전에서 주 예수님을 섬기는 것이 곧 "그 도"(9 : 2; 19 : 9; 22 : 4; 24 : 14, 22)로서 언급된 것을 찾아 볼 수 있다. 주의 도를 굽게하는 자는 모든 궤계와 악행이 가득한 자요 마귀의 자식이요 모든 의의 원수요 주의 손이 그 위에 있을 것이다(13 : 10－11). 따라서 새 이스라엘이 택한 길은 예수님의 선구자 세례 요한이 예수 그리스도에 대하여 말했던 신앙고백과 조화를 이루는 것이다(13 : 24－25).

이 "도"를 붙잡는데에는 고난이 뒤따른다. "우리가 하나님 나라에 들어가려면 많은 환난을 겪어야 할 것이라"(14 : 22). "그 도"를 따르던 자들을 핍박했던 바울에게 있어서 하나님의 부르심에 충실한다는 것은 곧 복음전파를 위해 많은 수고를 겪는 것을 의미했다. 성령이 그렇게 행하도록 강권하셨으며 그것은 곧 하나님께서 필요로 하시는 일이었다(9 : 15; 13 : 2; 16 : 6 이하; 19 : 21; 23 : 11).

(2) 복음전파를 위한 전략

누가는, 하나님께로부터 복음전파를 위해 부름받은 일꾼들이 그 임무에 충실함으로써 "그 도"가 어떻게 확장되었는지를 묘사하고 있다. 복음전파는 하나님께서 친히 세우신 확고한 계획대로 시행되어져 갔다. 인간의 어떤 선교 전략에 따라 진행된 것이 아니라 오직 하나님 자신의 구원계획에 따라 확장되었다. 하나님께서는 기쁜 소식이 먼저는 유대인들에게 전파되고 그 후에 "헬라인들"에게 전파되도록 계획을 세우셨던 것이다.

당시에는 본래 이방인이었던 사람들 가운데서도 회당에 참석하는 자들이 많았다. 누가와 데오빌로도 아마 이러한 부류의 사람들이었는지 모른다. 많은 경우에 있어서 회당에서 "하나님을 경외하는" 이방인들이 복음에 즐겨 귀를 기울였으나 유대인들은 귀를 막아버렸다. 바울은 이처럼 "하나님을 경외하는" 이방인들에게 복음을 전파하는 것이 하나님께서 주신 사명인 줄을 알았다. "주께서 이같이 우리를 명하시되 내가 너〔단수〕를 이방〔열방〕의 빛을 삼아 너로 땅끝까지 구원하게 하리라 하셨느니라"(13 : 47; 사 49 : 6; 눅 2 : 32).

예수님은 이사야가 말했던 여호와의 종이시다. 예수님께서는 천상에서 인간들을 부르사 자기의 도구로 사용하심으로써 "열방의 빛"과 "도〔길〕"로서의 자기의 사역을 계속하고 계신다. 바울이 부르심을 받았을 때 그는 메시아적 사명을 부여받았다. "이방인들에게로 가서 그 눈을 뜨게하여 어두움에서 빛으로 사단의 권세에서 하나님께로 돌아가게"(26 : 18; 사 35 : 5; 42 : 7, 16; 61 : 1) 하도록 해야 했다.

이사야 42, 49, 61장의 여호와의 종에 관한 기록은 그리스도 안에서 성취되어진다. 그러나 그것은 그리스도께서 자기의 사명을 수행하시기 위해서 교회를 사용하시는 것과 같은 방법을 통하여 성취된다. 여기에는 교회가 고난도 겪을 것을 내포하고 있다. 교회는 많은 수고를 겪지 않고서는 그 사명을 감당할 수 없다. 거듭되는 낭패감을 이겨내야 한다. 왜냐하면 "성전"과 "회당" 그리고 불신실한 교회들이 듣기를 거부하기 때문이다.

예루살렘(1-7장)과 온 유대와 사마리아(8-12장) 그리고 머나먼 로마(13-28장)에서 새 이스라엘이 택한 길이 바로 이것이다.

주

1) 문맥에 따라서 "Way"를 도(道)나 "길"로 번역하였으나 그 뜻은 공히 똑같다.

여호와께서 자기 백성과 쟁변하시며 이스라엘과 변론하실 것이라 (미 6 : 2)

3. 오순절과 언약 백성에 대한 호소

(1) 다른 종류의 회복

"주여 주께서 이스라엘의 나라를 회복하심이 이 때니이까"(1 : 6). 제자들은 그 때까지도 옛 왕국의 회복을 기대하고 있었다. 분명히 그들의 기대대로 이스라엘의 회복은 있을 것이다. 그러나 이스라엘의 회복은 유대인들이 생각했던 것처럼 민족적 의미의 회복이 아니었다. 그 왕국은 교회의 활동을 통하여 메시아적인, 즉 신정 통치적인 의미로 회복될 것이다.[1)]

누가는 그리스도께서 제자들에게 예루살렘을 떠나지 말고 성령의 놀라운 약속이 성취될 것을 기다리라고 가르치신 사실을 기록하고 있다. 선지자들이 이미 메시아 시대에 성령을 가진 교회가 누릴 특별한 은사들을 말하지 않았던가? (사 32 : 15; 44 : 3; 겔 11 : 19; 36 : 27; 39 : 29; 욜 2 : 28 이하). 예수님께서도 제자들이 멀지 않아 성령으로 정결케되리라고 약속하시지 않았던가? (1 : 5; 11 : 16; 눅 3 : 16). 성령의 부어주심을 통하여 그들은 한층 더 이스라엘 백성들을 향한 증인의 역할을 잘 감당할 수 있을 것이다.

(2) 가룟 유다의 자리를 채움

제자들은 자신들에게 부여된 사명을 수행하기 위한 준비의 일환으로 예수님을 배신하고 자살했던 가룟 유다를 대신할 자를 선택해야 했다. 두 사람의 후보자가 나왔으나 제비뽑은 결과 맛디아가 선택되었다.

일부 해석자들은 맛디아를 뽑은 사실을 베드로의 임의적인 제안과 독단적인 조치에 불과한 것으로 간주한다. 그들은 바울이 사실상 열두 번째의 사도라고 주장한다. 그러나 바울은 요한의 형제인 야고보가 죽기 전까지는 사도로서 등장하지 않았다는 사실을 기억해야 할 것이다. 우리는 여기서 베드로의 조치를 정죄할 이유가 없다. 오히려 사도의 수효가 열둘이어야 한다고 주장한 그의 성경적인 입장을 존중해야 할 것이다.

시편 69편의 메시아의 고난을 당할 자에 대한 예언은 성취되었다(시 69：26). 예수님이 목마르다고 하신 것은 이 시편의 성취가 아니었던가? 그렇다면 주님의 원수들(말하자면 가룟 유다)에 대한 심판 역시 이 시편이 성취된 것으로 보아야 하지 않겠는가? 하나님의 왕국이 회복되기 위해서는 의로운 자[2]의 고난은 물론 그의 원수들에 대한 징벌과 관련이 있는 다윗의 시편들(시 109：8; 참조. 41：10－11; 눅 22：21; 막 14：18; 요 13：18)의 내용이 성취되어야 할 것이다. 그러므로 가룟 유다가 사도의 위치를 박탈 당한 것은 이스라엘에게 두려운 경고－유대여! 만일 회개하지 않는다면 가룟 유다와 같은 운명에 처하게 될 것이다－였다.

(3) 오순절의 의미

표준개역성경(R.S.V)에서는 오순절 아침의 광경을 "오순절 날이 이미 이르매……"라고 묘사하고 있다. 그러나 누가가 사실상 말하고 있는 것은 단순히 오순절 날이 이르렀다는 것보다도 일종의 성취를 의미하는 것이다. 그는 그것은 바로 그 다음 절에서 온 집에 급하고 강한 바람 같은 소리가 "가득하고"(filled) 각 사람들이 성령으로 "충만하였다"(filled)고 말하고 있다(2：1－2, 4).

오순절 날의 사건들과 관련하여 여러가지 오해가 있으므로 가장 자주 제기되는 몇가지 질문들을 정리해 보고자 한다.

(1) 오순절 날에 나타났던 징조들의 의미는 무엇인가? 2장 6절에 보면 소리(voice)가 있었다고 한다. 소리, 불의 혀같이 갈라지는 것, 방언, 베드로의 말을 각 사람이 자기 방언으로 이해한 것 등 이 모든 사실들은 말씀의 능력을 가리킨다. 이러한 현상들은 오순절 날에 확장되기 시작한 복음의 능력을 나타내는 것이다. 이것은 마치 성령은 소리, 즉 말씀을 통하여 정기적으로 역사하시는 자로서 자신을 알리신 것같다.

(2) 오순절 날에 베드로의 설교를 들었던 사람들은 누구인가? 당시 예루살렘에는 평생을 다른 나라에서 살았지만 예루살렘에서 만년을 보내다가 묻히기를 원하는 유대인들이 많이 있었다. 이러한 유대인들 가운데는 그들이 살았던 나라에 완전히 동화, 이국(異國)의 언어를 사용하며 모국어인 히브리어를 알지 못하는 자들이 많았다. 그러므로 이들은 예루살렘에서 자기들을 위한 회당을 세워야 했다. 그렇지만 이들은 여전히 유대인이었다. 뿐만 아니라 유대인들과 섞여 사는 개종자들 역시 유대인으로 취급되었다. 이처럼 오순절 날 베드로의 메시지를 들었던 사람들은 이교도들은 물론 언약백성들도 있었다.

(3) 베드로의 설교와 그 후의 사건들은 매우 색다른 것이었는가? 그렇지 않았다. 베드로의 설교는 요엘서의 본문에 근거한 것이었다. 그 후에 사람들은 세례를 받고 교회의 회원으로 등록을 하고 주의 만찬을 시행하고 집사로 봉사했다. 이렇듯 "특별한" 오순절 날의 징조들은 "일상적인" 교회생활을 이끄는데 목적이 있었다. 결코 이상한 황홀경을 나타내지도 않았고, "마음에서 나오는 증거들"도 없었다. 오순절 날 예배의 주요 부분은 성경 본문에 근거한 아주 평범한-그래서 매우 특별한-설교였다.[3)]

(4) 베드로는 요엘서의 본문을 어떻게 해석했는가? 베드로는 그 본문을 자기가 나타내고자 하는 어떤 사상의 출발점이나 표어 또는 널리 받아들여지고 있는 경구로 사용하지 않았다. 오히려 그는 그

징조들이 요엘이 예언한 것의 성취를 가리킨다는 사실을 보여주었다. 요컨대 요엘은 불과 성령의 부어주심에 대해 말했던 것이다. 누가복음서는, 예수님께서 나사렛 회당에서 거기에 모인 청중들이 이사야 61장을 들을 때 바로 그 말씀이 성취됐다는 사실을 선포하신 것으로 시작되고 있다. 마찬가지로 사도행전의 서두 역시 요엘서 2장 28절 이하의 내용이 오순절 날 그곳에 모인 백성들이 그것을 들음으로써 그들의 목전에서 성취된 사실로 시작되고 있다.

이러한 성취는 메시아가 참으로 오셨음을 보여주고 있다. 베드로는 최근에 십자가에서 죽으신 예수님이 바로 메시아이시라는 사실과, 오순절 사건은 예수님을 하나님 우편에 앉히시며(시 110편) "너희 보고 듣는 이것을 부어주"(2 : 33)신 하나님의 놀라운 징조임을 선포하였다. 베드로는 다음과 같은 호소로써 그의 설교의 결론을 짓고 있다. "그런즉 이스라엘 온 집이 정녕 알지니 너희가 십자가에 못박은 이 예수를 하나님이 주와 그리스도가 되게 하셨느니라"(36절).

(5) 베드로의 설교에 대한 반응은 어떠했는가? 사람들은 커다란 두려움에 사로잡혔다. 예수님이 정말로 메시아라면 다시 오셔서 예루살렘과 이스라엘에게 그 언약의 진노를 쏟으실 것이다. 오순절 날의 징조들은 장차 피와 불과 연기의 기둥으로 임할 메시아의 진노에 대한 경고로 이해되었다.

(6) 베드로는 자신이 인용한 본문을 청중들에게 어떻게 적용시켰는가? 주 예수 그리스도의 이름을 부르는 자는 누구든지 구원받을 것이며 또한 약속된 성령[4]을 선물로 받게 될 것이라고 선언했다. 왜냐하면 요엘 선지자의 약속은 베드로의 청중들에게도 적용되는 것이기 때문이다. 베드로는 요엘서 2장을 인용하여 이렇게 선언하고 있다. "이 약속은 너희와 너희 자녀와 모든 먼 데 사람 곧 주 우리 〔언약의〕 하나님이 얼마든지 부르시는 자들에게 하신 것이라"(2 : 39).

세례의식에서 종종 사용되고 있는 이 본문을 대할 때 우리는 우리와 우리 자녀들에게 주어진 이 "약속"이 "하늘의" 모든 약속 가운데

제일되는 것이 아님을 기억해야 한다. 부르심과 기름부음을 받는 자들은 언약의 선물들, 즉 우리로 모든 것을 능히 할 수 있도록 해주는 성령의 선물들(즉, 은사)을 약속받는 것이다.

(7) 베드로는 자기의 메시지를 어떻게 끝맺고 있는가? 그것은 곧 "너희가 이 패역한 세대에서 구원을 받으라"(2 : 40)는 것이었다. 베드로는 여기서 다시 한 번 요엘서의 "누구든지 여호와의 이름을 부르는 자는 구원을 얻으리니"(욜 2 : 32; 참조. 롬 10 : 13)라는 구절을 언급함과 동시에 오래지 않아 그 성전에서 듣게 될 모세의 마지막 노래를 언급하고 있다.

> 그들이 여호와를 향하여 악을 행하니 하나님의 자녀가 아니요 흠이 있는 사곡한 종류로다 (신 32 : 5; 참조. 20절; 시 12 : 2, 8)

(4) 선택의 기로에선 이스라엘

우리는 사도행전을 읽어가면서 누가가 이스라엘이 어떻게 선택의 기로에 서게 되었는가를 보여주고 있음을 기억해야 한다. 이스라엘은 구주로부터 오는 용서와 구원을 구하든지 아니면 언약의 진노에 삼킴을 당하든지 둘 중의 하나를 선택해야 할 기점에 있었다.

복음은 결코 우리의 감정을 자극하는 감상적인 이야기가 아니다. 신약은 하나님께서 자기의 백성들과 더불어 어떻게 변론해 가시는지를 보여 주고 있다.

(5) 계속되는 호소

신약 교회의 형성은 이스라엘에게 하나의 증거가 되었다(2 : 41-47). 앉은뱅이를 고쳤을 때의 베드로와 요한의 행동 역시 동일한 관점에서 파악해야 할 것이다.

우리는 사도들이 저녁 기도회로 모이기 위하여 성전을 방문했던 사실을 보고 놀라서는 안 된다. 비록 그리스도께서 모든 의식적인 율법을 성취하셨긴 하지만 "멸망의 가증한 것들"에 대한 분명한 증거가 없는 동안 새 이스라엘은 유대인의 테두리 안에 여전히 남아 있었다. 예루살렘의 타락은 교회 역사에 있어서 참으로 중요한 분기점이었다. 그때에야 비로소 교회는 독특한 특성을 가지고 발전해 나갔던 것이다.

도처에 있는 유대인들에게 회심하여 메시아를 인식하도록 복음이 전파되고 있는 한 성전은 그대로 남아있어야 했다. 하나님께서 사도들을 통하여 자기 백성들과 끊임없이 변론하시는 곳은 바로 성전 안에서였다. 베드로와 요한은 성전 안에 있는 예배자들 및 비신화화를 추구하고 있는 진보적 좌익 사두개인들을 향하여 십자가에서 돌아가신 분의 정체에 대하여, 즉 자신들의 배후에 계시면서 앉은뱅이를 고칠 수 있도록 역사하신 분에 대하여 거침없이 전파했던 것이다.

베드로가 성전 안에서 행했던 설교(3：25) 가운데서 강조되고 있는 언약적 요소를 주목하여 보라. 베드로는 자기의 청중들을 "이스라엘 사람들"(2：22)로 부르고 있다. 그는 그들에게 하나님의 종이신 예수님의 이름으로 주어지는 축복에 관하여 언급했을 뿐만 아니라(3：26) 만일 선지자 예수님을 영접한다면 그들이 앞으로 더 나은 때를 누리게 될 것임을 선포하였다(19절 이하). 우리는 여기에서 어렴풋이나마 심판의 징조를 엿볼 수 있다. 만일 복음이 배척된다면 심판은 임하고 말 것이다.

(6) 점점 거세지는 반발

오래지 않아 열 두 사도들 모두가 성전 안에 갇히게 되었다. 대립이 점점 심각해지고 있었다. 비록 가말리엘이 사도들을 석방시키기 위하여 애를 썼던 사실을 잊지 말아야 하겠지만 그가 중립적인 입장을 취한 사실에 놀랄 필요는 없다. 왜냐하면 "양자택일"이 있을 뿐, "제3의 방법"은 없기 때문이다. 가말리엘이 중립적인 입장에 섰다고 하지만 사도들은 매를 맞고 여러 사람 앞에서 말하지 못하도록 금지를 받지 않았는가? 이것을 중립적이라고 할 수 있겠는가? 산헤드린은 예수님을 반대하는 편을 택했던 것이다.[5)]

교회는 자신들이 겪은 일들이 메시아적 왕이 보좌에 앉아 있는 동안의 우주적 혁명을 말하고 있는 시편 2편에 대한 성취임을 기도하는 중 올바르게 지적하였다. 이스라엘의 지도자들은 빌라도와 헤롯의 편에 섰다. 따라서 그들을 반대하는 길은 곧 주의 종 예수님을 담대하게 증거하는 것이었다.

이 두 세력의 반목은 점점 첨예하여져 갔다. 급기야 스데반-이는 면류관이라는 의미이다-이 돌에 맞아죽는 사건이 일어나게 되었다. 스데반은 주님처럼 성전을 모독했다는 혐의로 고소되었다. 돌에 맞아 죽을 때에 역시 예수님이 십자가 위에서 하신 말씀과 유사한 말을 남겼다(행 7 : 59-60; 참조. 눅 23 : 34, 46; 시 31 : 6). 종이 그 주인보다 크지 못한 것이다.

(7) 할례받지 못한 귀

산헤드린 앞에서 말할 때에도 스데반은 역시 주님의 발자취를 따랐다. 그는 모세와 요셉같은 지도자들이 어떻게 자기 백성들에게 배척당했는지를 말하였다. 선지자들을 죽였던 이스라엘 민족은 할례받지 못한 이교도들보다 더 악한 자들이었다. 이스라엘은 "마음과 귀에 할례를 받지 못한"(7 : 51) 사람들이었다. 이 말이 우리에게 생소한 표현으로 들릴지 모르나 선지자 예레미야가 성전에 관한 설교를 하기 직전에 할례받지 못한 귀에 대해 이미 언급했던 것이다(렘 7 : 1 이하).

> 보라 그 귀가 할례를 받지 못하였으므로 듣지 못하는도다 보라 여호와의 말씀을 그들이 자기에게 욕으로 여기고 이를 즐겨 아니하니 그러므로 여호와의 분노가 내게 가득하여 참기 어렵도다 (렘 6 : 10-11; 참조. 9 : 26)

성령은 스데반에게 계속되는 변론의 역사를 보여주고 계셨다. 그리스도와 예레미야 역시 피상적이고 순전히 형식적인 성전 예배를 비난하였던 것이다(렘 7：11; 눅 19：46). 종은 주인과 같은 취지의 말을 하는 법이다!

주

1) 유대인들은 지상적인, 민족적인 왕국의 설립을 고대하였다. 그러나 예수님께서는 이 땅 위에 자기 교회를 세우시고 그 교회를 다스리시는 방법으로 왕국을 설립하시고 확장시켜 나가신다. 그러므로 교회는 하나님의 통치가 실현되는 장(場)이요 그것을 가장 분명하게 반영하는 곳이다. 즉, 교회가 하나님의 왕국은 아니지만 하나님 왕국의 최근사치라 할 수 있다. 교회는 하나님을 왕으로 모시고 그 다스림을 받는 곳이다. 그리고 그 교회를 통하여 하나님의 왕국은 계속적으로 확장될 것이다. 사도행전은 이러한 사실을 극적으로 보여주고 있다.

2) 예수 그리스도.

3) 오순절 성령 사건을 오해한 일부 무리들에 대한 반격이다. 성령을 받음으로써 방언, 이적, 환상, 예언 등의 갖가지 은사가 일어났고, 또 일어나고 있으며, 일어날 수 있다고 주장하는 이들이 우리 주위에 너무나 많이 있다. 오순절 성령 사건이 특별하고 매우 이례적인 사건이었음이 분명하긴 하지만, 그 결과 어떤 이상하고도 특별한 현상이 있지 않았다는 것이다. 즉, 지극히 정상적인 교회생활이 뒤따랐다는 것이다. 그리고 오순절 날의 하일라이트는 말씀에 근거한 설교였다. 이것은 오늘날 개혁교회가 절대적으로 추구하는 바이다. 비록 그의 설교가 어떤 환상이나 예언이 아닌 평범한 것이었지만 단순한 "의식"이 아닌 "설교"라는 점에서 그리고 구약의 예언이 성취되었다는 사실을 선포한 점에 있어서 특별한 것이었다.

4) 사도행전 2장 38절의 "그리하면 성령을 선물로 받으리니"를 번역한 영역 성경은 이 구절의 의미를 보다 밝혀 준다. R.S.V., NKJV, KJV, NIV, NASB, NEB 등은 "and you shall receive the gift of the Holy Spirit"로 번역했고 The Living Bible은 "then you also shall receive this gift, the Holy Spirit"라 하였으며, Today English Version은 "and you will receive God's gift, the Holy Spirit"로 번역하였다.
여기서 우리가 기억할 것은 여기 "the gift of the Holy Spirit"는 "은사"를 뜻하는 the gifts of the Holy Spirit가 아니라는 사실이다. 성령의 선물, 즉 성령을 선물로 받은 것은 곧 성령의 선물들, 즉 성령의 은사들을 받는 기본이요 성령의 선물을 받음으로써 우리는 성령의 선물들을 비로소 받을 수 있게 되는 것이다.

5) 5：33－40; 참조. 41－42.

4. 기독교 공산주의?

(1) 청지기 정신

누가는 그의 복음서에서 예수님께서 "불의한 재물"에 대해 말씀하신 것에 대하여 특별한 관심을 나타냈다. 그는 사도행전에서도 재정적인 문제에 대하여 상당한 관심을 보여주고 있다.

예루살렘의 회중 가운데는 그 곳에서 죽어 장사되기를 원하여 예루살렘을 찾아온 타지역 출신의 유대인들이 많이 있었다. 그들은 대부분 자기들이 묻힐 수 있는 땅을 소유하고 있었다. 그러나 일단 그들이 도래하신 메시아에 관한 복음을 받아들이자 상황은 바뀌었다. 부자들은 자신들의 소유에 대하여 애착을 덜 느낀 한편 가난한 자들은 전보다 더 어려운 형편에 처하게 되었다. 왜냐하면 가난한 사람들을 도와주던 회당의 "봉사자들"이 "다른 회당", 즉 "나사렛"당으로서 "그 도"를 따르는 그들을 더 이상 도와주지 않았기 때문이다.

따라서 교회는 구체적인 대책을 취하지 않으면 안 되었다. 하지만 이러한 조치들이 그동안 종종 오해되어 온 것처럼, 갑자기 사유재산제도가 폐지되고 모든 소유를 교회에서 공동으로 관리함으로써 어느 누구도 다른 사람보다 더 많은 소유를 가질 수 없는 공유(또는 공산)재산제도와 같은 것이 아니었다. 성령에 사로잡힌 예루살렘 교회의 교인들은 사유재산이 신성시되거나 절대적인 것으로 존중되지 않고 선한 청지기 정신으로 관리되어짐으로써 공동체의 가난한 자들의 필요를 채워주는데 자유롭게 사용될 수 있는 공동체를 형성하였다. 초기 그리스도인 공동체에서 결코 사유재산제도가 폐지된 것은 아니었다. 예를 들면 누가는 마가 요한의 어머니 마리아가 예루살렘에 있는 집을 소유했던 사실을 말해주고 있다(12 : 12).

(2) 아나니아와 삽비라

아나니아와 삽비라는 그들이 밭을 판 값의 절반을 몰래 숨겨두고서도 교회에 전액을 바쳤다고 말했다. 베드로는 아나니아와 삽비라에게 이렇게 말했다. "땅이 그대로 있을 때에는 네 땅이 아니며 판 후에도 네 임의로 할 수가 없더냐"(5 : 4). 따라서 2장 44, 45절 및 4장 32절 이하의 본문은 결코 초기 예루살렘의 그리스도인들이 "네 것이 내 것이고 내 것이 네 것이다"는 표어 아래 강제적인 공산주의를 실행했다는 사실을 말하고 있지 않다. 누가는 이러한 경제적인 문제를 통하여 초대 교회가 소유물과 돈에 관한 예수님의 가르침-너희 중에 누구든지 자기의 모든 소유를 버리지 아니하면 능히 내 제자가 되지 못하리라"(눅 14 : 33)-을 진지하게 받아들였다는 사실을 보여주고 있다.

누가 또한 사단이 교회가 그 내부에서부터 와해되도록 하기 위해서 얼마나 주의깊게 이러한 상황이 벌어지는 것을 주목하고 있는가를 보여주고 있다. 아나니아와 삽비라의 행동은 이러한 사실을 분명히 예증하여 주고 있다.

여러 사람들에 대한 본보기로 아나니아와 삽비라에게는 혹독한 조치가 내려졌다(5 : 5 이하, 13). 주님께서는 정결케 하시는 자신의 심판의 능력을 다시 한 번 행사하셨다. 그것은 아론의 두 아들이 여호와의 명하시지 않은 다른 불로 분향했을 때, 여리고를 치는 중 아간이 범죄했을 때, 일단의 소년들이 엘리야의 직분을 갓 물려받은 엘리사를 조롱하였을 때 행하셨던 것과 같은 것이었다(레 10장; 수 7장; 왕하 2장).

(3) 집사들의 임명

누가는 또한 교회가 "집사"라고 불리는 특별한 종들을 어떻게 임명하였는지를 기록하고 있다. 집사들은 자발적인 구제를 통해서는 혜택을 받지 못했던 가난한 사람들을 보살피기 위하여 세운 자들이었다. 돌에 맞아 순교한 스데반도 빌립(사도 빌립과 혼동하지 않아야 한다)처럼 집사들 중의 하나였다.

일부 해석가들은 사도행전 6장이 집사 직분의 설립을 전혀 다루고 있지 않다고 주장한다. 한편 오늘날에는 집사직을 사회적 필요와 문제들을 위하여 헌신하는 독립적인 제도로 전환시키려는 경향이 있다. 그러나 우리는 사도행전에서 **개 교회 회중들**의 궁핍을 보살피기 위하여 집사들이 임명된 사실을 보게 된다. 오늘날 사람들이 말하고 있는 집사직은 성경과는 다른 일종의 **세상적인 집사직**(world diaconate)이다.

5. 사도들이 각 곳으로 흩어짐 (8 : 1-12 : 25)

(1) 새로운 "디아스포라"

나중에 바울(작은 자, 즉 "키가 작다"는 의미)이라는 라틴 이름으로 나오는 사울이라는 청년은 스데반의 순교를 당연시했으며 다른 교인들도 핍박하려고 했다. 우리는 스데반의 순교를 극히 예외적이고 극단적인 경우로 생각해서는 안 된다. 많은 교인들이 그들의 신앙 때문에 고난을 당해야 했으며 그 결과, 그들 중 대부분이 예루살렘을 떠나 다른 곳에 거주하여야만 했다.

이 "디아스포라", 즉 "흩어진 유대인들"은 결국 큰 무리의 모임으로 발전하게 되었다. 왜냐하면 예루살렘에서 쫓겨난 그리스도인들은 가는 곳마다 메시아이신 예수님의 복음을 전파했기 때문이다. 누가는 그들이 전파했던 몇가지 실례를 보여주고 있다. 동시에 이러한 전파자들을 보내는 일에 있어 하나님께서 어떻게 친히 간섭하셨는가를 말해주고 있다(8 : 26; 9 : 1 이하; 10 : 1 이하). 그렇다. 누가는 하나님께서 어떻게 이스라엘과 열방을 갈라놓고 있는 담이 헐어지도록 허락하셨는지를 보여주고 있다.

(2) 사마리아에서의 전파

예루살렘 밖에 있는 지역으로서 첫번째 등장하는 곳이 사마리아이다(1 : 8). 이 곳은 세겜의 성전을 가지고 있는 이교적 사마리아인들의 본거지였다. 예루살렘을 떠났던 사람 중의 하나인 빌립 집사는 거기에서 전도하고 시몬이라는 마술사에게 세례를 주었다. 예루살렘의 베드로와 요한이 교회의 방문자자격으로 심방왔을 때 이 사마리아인 파우스트[1](Faust)는 자기에게 안수함으로써 성령의 능력을 달라고 돈을 내놓았다(여기에서 유래한 시모니 Simony라는 말은 성직과 사죄를 사고 파는 행위를 의미하게 되었다).

베드로는 그 마술사에게 신명기를 지적하면서 심판을 선언하였다. 베드로는 시몬에게 이렇게 말하였다. "내가 보니 너는 악독이 가득하며 불의에 매인바 되었도다"(8 : 23; 참조. 신 29 : 18; 히 12 : 15). 여러분은 베드로의 이러한 행동을 생각할 때 사마리아인들은 사두개인들처럼 오직 모세오경만을 권위있는 것으로서 인정했다는 사실을 기억해야 할 것이다.[2]

사도들은 대중적 인기를 모으려는데 관심을 두지 않았다. 그들의 사명은 오히려 이단이나 영지주의와의 어떠한 타협도 반대해야 하는 것이었다. 누가는 교회에 침투하려는 많은 이단 사설들이 있음을 잘 알고 있었다.

(3) 구스인에게 전도함

흩어진 신자들이 전도했던 두번째의 실례는 빌립이 에디오피아 내시에게 전도한 사건이다. 그 "경건한"(God-fearing) 내시는 의미를 이해하지 못한 채 이사야 53장을 열심히 읽고 있었다. 이 흑인 내시는 이스라엘의 성전에 들어갈 수 없었다(신 23 : 1). 그렇지만 성경은 구스인들을 향한 하나님의 영광스러운 약속들을 포함하고 있다(예를 들면 이사야 56장 3-5절, 시편 68장 31절에 나오는 "구스인은 하나님을 향하여 그 손을 신속히 들리로다"는 말씀을 생각하라). 빌립이 이 내시에게 예수님이 하나님의 어린 양이심을 설명하자 그는 "내가 세례를 받음에 무슨 거리낌이 있느뇨"라고 물었다(8 : 36; 참조. 10 : 47). 그리하여 세례받은 구스인은 옛 블레셋의 영토였던 가자(Gaza)와 아스돗(Ashdod)을 통과하여 고국으로 돌아갔다. 누가는 "내시가 흔연히[3] 길을"(8

: 39) 갔다고 기록함으로써 그가 즐겨 다루는 기쁨의 주제를 여기에 다시금 표현하고 있다.

(4) 베냐민 지파의 "탐욕스러운 이리"

흩어진 신자들이 복음을 전했던 세번째의 실례는 "탐욕스러운 이리"(ravenous wolf)라고 불리우는 베냐민 지파 출신(창 49 : 27)인 다소의 사울이다. 그는 그리스도인들을 핍박하기 위해 다메섹으로 가는 도중에 예수님의 부르심을 받았다. 한편 바울이 회심한 이야기는 우리가 우리의 신앙에 대해서 말할 때마다 즐겨 인용하는 화제거리이다. 종종 우리는 자신의 체험을 중요시한 나머지 누가가 보여주고자 하는 주님의 위엄을 간과하기 쉽다. 우리는 누가의 기록 목적이 단순한 회심의 이야기를 전달하려는 것으로 생각하기 쉽다. 사울이 바울로 변화된 사건을 예수 그리스도를 믿으려는 자들이 겪는 바람직한 회심의 방법으로 간주하려는 자들은 다메섹 도상의 사울의 이야기에 내포되어 있는 중요한 요점을 놓치고 있는 것이다.

누가가 주님께서 온 세상에 복음을 전파하시려는 계획의 일환으로서 이 탐욕스러운 이리를 어떻게 사용하시는가를 기록하고 있는 이유는 무엇일까? 바울은 예수님을 직접 보고 그가 말하는 것을 들었던(22 : 15; 23 : 11), 다시 말해서 예수 그리스도의 증인이 되어야 했다. 바로 이러한 이유 때문에 그는 이처럼 특별한 방법을 통하여 구속사적인 사명을 부여받게 되었던 것이다. 바울은 복음을 가지고 헬라의 세계로 들어가야 할 사람이었다. 그렇기 때문에 바울은 부활하신 주님에 대한 독특한 환상을 보게 되었던 것이다. 우리는 바울과 같은 사명을 받지 않았다. 따라서 우리는 다시 사신 주님이 나타나셔서 우리에게 사명을 부여하시는 특별한 회심의 체험을 기다릴 필요가 없는 것이다.

(5) 신앙의 가르침을 받음

다윗의 자손(다시 사신 주님)이 탐욕스러운 이리(핍박자 사울)에게 나타나신 후 개심한 그 이리(바울)는 정상적인 방법으로 믿음에 대한 가르침을 받았다는 사실에 유의하라. 다메섹에서 바울은 아나니아라는 그리스도인에게 가르침을 받았던 것이다. 주님은 자신의 사명을 감당할 종으로 그를 준비시키는데 있어서 역시 말씀을 사용하셨다. 바울의 회심에 대하여 장황하게 말하기를 좋아하는 사람들은 오히려 이교도를 향하여 전도하였던 이 대(great) 사도가 행했던 것처럼 계시된 말씀에 대해 어린아이처럼 순종할 것을 이야기 해야 할 것이다.

믿음 안에서 바울을 가르쳤던 아나니아에게 주셨던 주님의 메시지는 마치 1장 8절이 하나의 "주제"로 받아들여지는 것처럼 사도행전의 나머지 부분에 대한 하나의 "주제"로 간주될 수 있을 것이다. 소문을 듣고 사울에 대해 잘 알고 있었던 아나니아가 주저하고 있을 때 주님은 이렇게 말씀하셨다. "가라 이 사람은 내 이름을 이방인과 임금들과 이스라엘 자손들 앞에 전하기 위하여 택한 나의 그릇이라 그가 내 이름을 위하여 해를 얼마나 받아야 할 것을 내가 그에게 보이리라"(9 : 15－16).

사울이 눈이 멀었다가[4] 고침을 받게된 것은, 그가 주의 종을 일종의 빛으로서 많은 사람들에게 나타내 보일 것이라는 약속을 상징적으로 보증하는 것이었다(참조. 13 : 47; 26 : 18; 사 35 : 5; 42 : 7, 16; 눅 18 : 35 이하; 요 18 : 12; 9 : 5). 바울은 즉시 다메섹에서 복음을 전파하기 시작했다. 그 후 얼마있지 않아 지금까지 산헤드린의 사도였던 바울은 그리스도를 위하여 받아야할 고난의 의미가 무엇인지 깨닫게 되었다(9 : 23 이하). 바울은 역시 예루살렘에도 나타났다. 나중에 등장하는 바나바라는 자가 예루살렘에 있는 사도들에게 바울을 소개하였다.

(6) 유대인들의 금기를 깨뜨림

누가는 예루살렘 밖에서의 교회의 활동에 대한 또 하나의 실례로 베드로가 룻다와 욥바에서 사역했던 사실(9：32 이하)을 말해주고 있다. 욥바는 오래전 요나가 이방 앗수르에게 회개를 촉구하라는 하나님의 명령을 복종하지 않고 바다로 도망가려고 했던 곳이다. 베드로는 이 욥바에서 환상을 보고 "하나님을 경외하는" 로마 관리를 방문할 준비를 갖추었는데, 그는 이 로마인과 그 가족들에게 복음을 전파해야만 했었다.

여전히 유대인들의 금기 사항에 젖어있던 베드로가 유대인들의 정결규례를 준수하고 있지 않은 이방인의 집에 들어갈 리가 없다. 그러나 주님께서는 베드로에게 이방인의 가정을 방문하도록 하셨으며 누가에게 고넬료－이는 회당에 속해 있던 "하나님을 경외하는" 이방인들 중의 하나로 로마 관리였다－에게 복음이 전파되는 사실을 기록하도록 하셨다.

물론 누가가 이 사건을 기록할 때 일차적인 독자로 데오빌로를 마음에 두었는데 그는 자신의 체험을 통하여 고넬료의 문제를 알고 있었다. 그러므로 누가는 그 사건을 상당히 상세하게 기록하고 있는 것이다. 그는 또한 예루살렘에서 있었던 이 문제에 대한 베드로의 보고에 대하여 많은 관심을 기울이고 있다. 왜냐하면 그 교회가 어떠한 반응을 보였는지를 아는 것은 데오빌로에게 있어서 중요하였을 것이기 때문이다.

(7) 외모를 취하시지 않는 하나님

누가는 부끄러운 일은 숨기고 넘어가는 사람이 아니었다. 왜냐하면 그는 교회가 이상화되어가고 그 단점들을 숨긴다면 교회가 복음을 전하기 위해서 찾고 있는 사람들을 제대로 찾을 수 없다는 사실을 잘 알고 있었기 때문이다. 그러면서도 누가는 베드로의 행동에 반대했던 자들이 결국에는 돌아왔던 사실을 분명하게 밝히고 있다.

에디오피아의 내시처럼 그들은 베드로의 지도를 따르는데 있어서 거리낄 것이 없음을 알았던 것이다(8：36; 10：47; 11：17).

하나님은 사람을 외모로 취하시지 않는다. 하나님은 "특별한 족속"을 인정하지 않으신다. 베드로는 이렇게 말하고 있다. "내가 참으로 하나님은 사람의 외모를 취하지 아니하시고 각 나라 중 하나님을 경외하며 의를 행하는 사람은 하나님이 받으시는 줄 깨달았도다 만유의 주되신 예수 그리스도로 말미암아 화평의 복음을 전하사 이스라엘 자손들에게 보내신 말씀을 너희도 알거니와"(10：34-36).

사도행전의 이 단락(8：1-12：25)은 예수님의 세례를 받고 그가 마신 고난의 잔을 마셔야 했던(막 10：39; 골 1：24) 야고보의 죽음의 기사로 끝나고 있다. 베드로는 유월절 기간 중에 체포되었으나 주께서 천사들을 통하여 헤롯의 수중에서 풀려나게 하셨다. 예수님의 형제 야고보는 예루살렘에 자리를 잡았다. 그때에 베드로는 예루살렘의 날씨가 너무 더워 견딜 수 없었으므로 다른 곳으로 갔다. 주께서는 더욱 널리 복음을 전파하는데 이러한 상황을 사용하셨다.

(8) 시리아의 안디옥

시리아의 안디옥(전승에 따르면 누가는 이 곳 출신이라고 한다)에는 이미 교회가 있었다. 바나바(그는 원래 구브로 출신이다)가 이 교회로 파송되었다. 이 기회를 통하여 바나바는 길리기아 근처의 고향 다소에서 시간을 보내고 있던 바울을 데려올 수 있었다.

이처럼 우리는 교회가 어느 지역으로 누구를 파송할까 결정하는데 있어서 가장 적당한 인물을 선택해야 한다는 사실을 알 수 있다. 흩어진 유대인이었던 바나바는 헬라인들과 잘 어울릴 수 있었다. 그러므로 바나바는 이미 교회 안에 헬라 회중들이 있었던 안디옥으로 파송되었다. 여기서 유대인들과 이방인들 사이에 있던 담은 무너졌던 것이다(11：20-21).

오론테스 강변에 위치에 있던 이 강력한 도시 안디옥에서 예수님을 따르는 자들은 처음으로 그리스도인, 즉 그리스도의 무리들(11 : 26)이라는 명칭을 얻게 되었다. 나중에 살펴보겠지만 안디옥 교회는 생동력있는 교회로서 복음전파 사역의 필요성을 절실하게 느끼고 있었을 뿐만 아니라 가난하고 궁핍한 자들을 돌보는 일에 매우 민감하였다. 누가는 또 안디옥 교회에서 예루살렘에 큰 흉년이 있을 것이라는 예언이 있었을 때 바울과 바나바를 보내어 구호품을 전달했던 사실을 기록하고 있다(11 : 27 이하.)

교회는 베니기아(두로와 시돈—참조 21 : 1—5; 눅 10 : 13—14)와 구브로 뿐만 아니라 안디옥에도 세워졌다. 씨가 멀리 그리고 넓게 뿌려졌다. 그것은 마치 식물의 씨가 사람, 동물 또는 바람을 통하여 사방으로 흩어지는 것과 같은 것이었다.

주

1) 마술사 시몬을 말함.

2) 8 : 24의 시몬의 즉각적인 반응에서 그러한 사실을 충분히 엿볼 수 있다.

3) 흔연히, "기쁨에 넘쳐"(rejoiceing)라는 뜻.

4) 9장 7절에 보면 그때에 바울과 함께 있었던 자들이 소리는 들었으나 아무도 발견하지는 못했다는 사실을 알 수 있다. 22장 9절에서 바울은 자신과 함께 있던 자들이 빛은 보았으나 말하는 목소리는 듣지 못했다고 밝히고 있다. 이러한 명백한 모순에도 불구하고 고대 역사가인 누가는 동일한 사건에 대한 상충된 설명을 충실히 기록했다. 그것은 마치 현대 역사가들이 하나의 사건에 대한 상충되는 번역에 대해 각주를 달거나 다른 여러가지 사본들에 근거한 본문들을 제시하는 것과 같은 것이라고 주장되어 왔다. 여기서 어떤 차이가 있음을 부정할 수는 없지만 그렇다고 해서 모순이나 상충되는 것이 있다고 말할 필요는 없다. 9장 7절에서 말해 주고 있는 것은 바울과 함께 있었던 자들이 소리는 들었으나 그 소리의 주인공을 발견할 수 없었음을 말해 준다. 22장 9절에서는 그들이 사람을 본 것이 아니라 빛을 보았으며 또 무슨 소리인지 알아들을 수 없었다는 사실을 말해 주고 있다.

6. 첫째는 유대인에게 그리고 헬라인에게 (*13 : 1−14 : 28*)

(1) "선교사"로서의 바울

사도행전 13장과 14장에 묘사되어 있는 여행은 보통 "바울의 제 1차 선교 여행"으로 불리고 있다. 그러나 이러한 명칭은 정확한 것이라고 할 수 없다. 우선 바나바 역시 이 여행에 있어서 아주 중요한 역할을 담당했던 것이다. 그 뿐만 아니라 이것이 전도자로서 바울의 첫번째 사역이라고 할 수 있을까? 바울은 부르심을 받은 후에 다메섹과 예루살렘으로 가서 사역했다(9 : 19 이하). 거기서 그는 자신의 고향 다소로 가서 복음을 전파했다(갈 1 : 21, 23). 갈라디아서를 보면 바울이 아라비아, 시리아 그리고 길리기아에서도 복음을 전파했던 사실을 알 수 있다. 이처럼 바나바와 함께 온세계에 복음을 전하기 위하여 안디옥을 떠났던 사람은 무식한 사역자가 아니라 복음을 전하는데 경험이 많고 훈련을 잘 받은 사람이었다. 끝으로 우리가 "선교 여행"에 관하여 말할 때 보통 이교도들 가운데서 전도하는 사람을 생각하기 쉽다. 그러나 바울의 일차적인 목적은 그것이 아니었다.

우리는 "선교 사역"에 관하여 말할 때 보통 빽빽한 정글로 덮인 미개한 지역의 "개척지"로 들어가는 사람을 생각하게 된다. 우리가 이러한 관점에서 바울과 바나바의 여행을 평가한다면 크게 실망하게 될 것이다. 결국 우리는 그들의 사역은 "선교 여행"이 아니라는 결론에 이르게 될 것이다. 예를 들어 13장 5절을 보면 바울과 바나바가 구브로에 이르러 유대인 회당에서 하나님의 말씀을 전파한 사실이 나타난다. 그들은 비시디아의 안디옥(시리아의 안디옥과 혼동하지 않아야 한다) 그리고 이고니온(13 : 14; 14 : 1)에서도 똑같이 하나님의 말씀을 전파했던 것이다.

(2) 유대인의 기반을 활용함

먼저는 언약 백성들에게 선택권이 주어졌다. 이 기존 "교회"[1]는 그 자체를 개혁하도록 부르심을 받았던 것이다. 유대인들이 듣기를 거부한다면 전도자들은 "헬라 사람들"에게로 향하게 될 것이다. 뿐만 아니라 많은 경우에 있어서 이러한 헬라 사람들은 "개척지"가 아니었다. 그들 중에 많은 사람들은 회당에 출석하고 있던 "하나님을 경외하는" 이방인들이었다. 그러므로 그들은 구약의 메시아에 관한 약속을 잘 알고 있었다.

알렉산더 대제 이후 당국자들[2]은 많은 유대인을 소 아시아의 도시로 이주하도록 장려하였다. 그것은 국가에 충성스러운 유대인이 이미 소아시아에서 살고 있던 자유를 사랑하는 헬라의 이주민들에 필적할 만한 반대 세력을 형성할 것이라는, 즉 로마의 충복이 될 것이라는 생각에서였다(원주민들은 그다지 중요하게 생각되지 않았던 것 같다).

유대인들의 이주 및 여러가지 경로로 발전해 갔던 "회당"과 "헬라인들" 사이의 일상적인 접촉을 통하여 교회는 성장하여 갔다. 우리가 기억해야 할 요점은 곧 복음 전파와 교회 성장을 위한 계획은 예루살렘을 필두로 시작하여 말씀이 이미 활동하고 있던 곳으로 이어지도록 되어 있었다는 사실이다. 이러한 유대적 기반으로부터 복음은 훨씬 더 넓은 범위의 사람들에게 미치게 되어 있었다. 그 말씀은 먼저는 유대인들에게 전파되어야 했고 다음에는 "헬라인들"에게 전파되어야 했다. "야만인들"(이것은 헬라인들이 헬라인이 아닌 사람들을 부르는 명칭이었다)에게도 조만간 차례가 돌아갈 것이었다.

바울과 바나바가 "개발도상국들"을 지원하기 위하여 수 백만 달러를 거둔 것도 아니며 모든 식민주의 및 제국주의 세력들에 대하여 저항과 혁명을 일으키라고 선포하지도 않았다. 그대신 그들은 이주와 식민지화로 비롯된 유대인, 헬라인 그리고 로마인들로 이루어진 사회 구조를 인식하였으며 지중해 연안 지역에서 말씀을 통한 사역을 계속적으로 전개해 나갔다. "선교 사역"이 "교회 개혁"으로부터 분리, 어떤 특별한 종류의 모험으로 바뀜으로써, 먼 나라에서 "선교사들"이 하는 일은 우리의 주변에서 전도자들이 하는 사역과 전적으로 다른 것이라는 치유될 수 없는 오해가 야기된 것은 한참 후의 일이다.

(3) 바울과 바나바를 파견함

시리아의 안디옥에는 국제적인 범죄 소굴이 있었는데 그 곳에서는 여전히 어린이들과 성인들이 아스다롯 여신에게 제물로 바쳐지고 있었다. 바로 이러한 곳에서 번창하여 발전하는 교회가 출현하게 되었다. 그 곳에는 각지에서 모여든 유명한 예언자들과 교사들(젊은시절에 헤롯 안디바의 친구였던 어떤 자를 포함하여)이 이미 활동하고 있었다. 따라서 주를 섬기며(눅 1장 23절의 헬라어 본문에서는 정기적인 성전 봉사를 묘사하는데 동일한 단어가 사용되고 있다) 금식할 때에 성령께서는 이렇게 명령하셨다. "내가 불러 시키는 일을 위하여 바나바와 사울을 따로 세우라"(13：2). 이렇듯 예수 그리스도의 영께서 주도권을 취하셨던 것이다.

누가는 그의 독특한 필치로 이 "선교 여행"에 있어서 마가, 요한이 바울 및 바나바와 동행하게 된 사실을 설명하고 있다. 안디옥 교회에서 파송한 이들 선교팀이 택했던 길을 살펴보려면 지도를 준비하라.

(4) 유대인들의 반발

유대인들이 반발할 가능성은 항상 있었다. 우리는 이러한 사실을 바예수(여호수아의 아들을 의미함)라는 유대인 거짓 선지자에게서 찾아볼 수 있다. 바로의 궁전에서 모세를 대적했던 애굽의 술객들처럼 바예수는 총독 서기오 바울 앞에서 바울과 바나바를 대적했던 것이다. 그 결과로 바예수는 얼마 동안 애굽의 흑암(즉, 소경이 됨)을 경험하게 됐다. 유대인들의 그림자는 비시디아의 안디옥에서도 따라다녔다. 바울은 비시디아의 안디옥에서 이고니온, 루스드라 그리고 더베에서처럼 구속사적인 설교를 회당에서 행했다.

루스드라에서 기록한 디모데후서에서 바울은 디모데가 보내준 격려와 관심에 대하여 감사를 표현하고 있다. 디모데는 바울이 안디옥, 이고니온 그리고 루스드라에서 "겪은 모든 핍박" 중에 그를 지원하였던 것이다. 바울은 계속해서 이렇게 말하고 있다. "주께서 이 모든 것 가운데서 나를 건지셨느니라 무릇 그리스도 예수 안에서 경건하게 살고자 하는 이는 핍박을 받으리라"(딤후 3 : 11－12; 참조. 살전 2 : 15－16).

유대인들은 좀처럼 예수님을 메시아로 받아들이고자 하지 않았다. 오히려 그들은 바울이 이방인들을 교회로 이끌어들이자 크게 격분하였다. 우리는 앞으로도 계속해서 유대인들이 이 "새 교"(17 : 19; new doctine)를 전파하는 사도들을 방해하는 것을 보게 될 것이다. 심지어 바울은 루스드라에서 돌에 맞아 거의 죽을 뻔하기까지 하였다(14 : 19; 참조. 고후 11 : 25).

(5) 회당에서의 설교

누가는, 안디옥 회당에서의 바울의 설교를 그가 행했던 설교의 실례로 제시하고 있다. 바울이 청중들을 향하여 "이스라엘 사람들과 및 하나님을 경외하는 사람들"이라고 부르고 있는 사실에 유의하라. 따라서 데오빌로 역시 바울이 하는 말이 곧 자신에게도 해당되는 것으로 받아들일 수 있었던 것이다.

안디옥에서 했던 바울의 설교 내용은 놀라운 것이었다. 그러나 거기에는 선동적인 요소도 없었고 복음을 단순화시킨 흔적도 찾아볼 수 없다. 바울은 오직 청중들에게 성경을 열어주었을 뿐이다.

바울의 설교가 미친 영향 역시 주목할 필요가 있다. 유대인들은 물론 특별히 하나님을 경외하는 이방인들 역시 바울이 전하는 복음을 다시 듣기를 원하였다. 다음 안식일 날 바울이 다시금 말씀을 전파했을 때 회당은 이방인들로 가득 찼다. 이것은 분명하지 못한 설교는 교회의 성도들을 자라지 하지 못한다는 사실을 보여준다. 그리스도에 비추어 율법과 선지서를 설명해 줄 때만이 이방인들에게 빛을 가져다 줄 것이다.

(6) 루스드라에서의 설교

누가는 바울 설교의 두번째 실례를 보여주고 있다. 루스드라에서 앉은뱅이를 고친 사건으로 인하여—루스드라에서 바울과 바나바는 각각 제우스〔쓰스〕와 헤르메스〔허메〕신이 순회여행[3)]에 나선 것으로 오해받았다—사람들이 바울과 바나바를 신으로 대접하는 큰 소동이 일어났다.

이때에 바울은 그의 두번째 설교를 행하였다. 그것은 안디옥의 회당에서 했던 것과는 아주 다른 것이었다. 종종 이것이야말로 진정한 "선교사의 설교"라고 주장되기도 한다. 왜냐하면 바울은 이교도들이 이미 알고 있던 사실을 수사학적으로 묘사하면서도 구약으로부터 한 구절도 인용하지 않았기 때문이다.

그러한 주장이 일리가 있기는 하나 우리는 그러한 상황 속에서 그렇게 밖에 대처할 수 없었음을 이해해야 한다. 루스드라에서 바울은 성경에 대해 전혀 모르는 채 어떤 전설들에만 익숙해있는 이방인 청중들을 상대해야만 했다. 그러므로 바울은 안디옥에서처럼 훌륭하게 설교를 해낼 수 없었다. 그렇지만 사도행전 14장 15, 17절을 시편 146편 6, 7절과 예레미야 5장 24절과 비교해 본다면 이처럼 위태로운 상황 속에서도 바울이 성경의 몇 구절들을 반영시키고 있음을 알 수 있을 것이다. 이렇듯 누가는 늘 구약을 가까이 하는 바울이 어떻게 청중을 향하여 이방인의 헛된 삶으로부터 돌아올 것을 호소했는지 보여주고 있다.

주

1) 유대 백성들로 이루어진 옛 교회를 총칭한다.

2) 로마 제국.

3) 오비드(Ovid)가 기록한 고대 이야기에 따르면(Metamorphoses, Ⅷ, 610－714) 쥬피터와 머큐리 신(이들은 헬라어로 제우스와 헤르메스로 각각 불리운다)이 인간들을 방문하기 위하여 신분을 숨기고 내려왔다고 한다. 그러나 빌레몬(빌레몬서를 보면 이 사람과 동일한 이름을 가진 사람인 빌레몬이 나온다)이라는 사람과 그의 아내 버시 외에 그들을 반겨주는 사람이 없었다(이들은 손님으로 온 제우스와 헤르메스를 대접하기 위하여 그들에게 있어서 "집지키는 개"의 역할을 했던 거위를 잡으려고까지 하였다). 신들을 대접하지 않은 다른 이웃들이 살던 땅은 습지로 변했으나 그들 부부의 집은 사원이 되었다. 빌레몬과 버시는 서로 아끼며 살다가 결국 사원 마당에 있는 거룩한 나무들(상수리 나무와 보리수 나무)이 되었다고 한다.

아직 완전히 헬라화되지 못했던 루스드라 사람들이 이와 같은 신화의 영향을 받았을 가능성은 매우 높다(그들은 아직도 자기들끼리 루스드라의 방언을 사용하고 있었던 것이다).

바울이 신들의 사자(messenger)인 헤메로스로 여김받고, 아무런 이적도 행하지 않았던 바나바가 최고의 신인 제우스로 여김받은 사실은 곧 그 지역에서 권세를 가진 자는 반드시 중재인(mediator)을 통하여 말했다는 사실을 기억할 때 전적으로 이해가 될 것이다. 이러한 사실로 인하여 바울과 바나바는 자연스럽게 신들로 여김받게 되었던 것이다.

7. 율법의 굴레에서 자유로운 이방인들 (*15 : 1－35*)

(1) 할례에 관한 논쟁

마침내 바울과 바나바는 안디옥으로 돌아왔다. 그러나 유대에서 온 일부 사람들이 이방인 그리스도인들에게도 할례가 필요함을 가르치고 있었다. 그러므로 안디옥 교회는 바울과 바나바를 예루살렘에 보내어 교회의 지도자들에게 이 문제에 대하여 문의하도록 하였다.

예루살렘에서 그들은 이전에 바리새인이었던 사람들로부터 강력한 반발을 받았다. 베드로는 이방인 그리스도인들이 할례를 받아야 한다는 주장을 배척했으며 야고보(예수님의 형제)는 이방인들이 회개한 것은 다윗의 무너진 장막을 다시 세우시겠다는 하나님의 약속에 대한 성취라고 말했다(암 9 : 11).

예루살렘 회의에서는 이방 출신의 신자들에게 율법의 굴레를 지우지 않기로 결정되었다. 그러나 유대 출신의 그리스도인들과의 거리낌없는 접촉을 위해서는 그들 역시 유대인이 금하는 우상에게 바친 고기라든가 유대인의 의식에 따라 피를 빼지 않고 잡은 짐승의 고기 같은 것은 먹지 말고(레 17장) 음행을 멀리하도록 요구되었다(여기에는 레위기 18장에 명시된 결혼에 대한 사항도 포함되었다). 그러나 이방인 그리스도인들은 굳이 할례받아야할 필요가 없었고 할례를 받지 않음으로 해서 차별받지도 않게 되었다.

(2) 거리낄 것이 없음

이러한 갈등을 해결하는데 있어서 주안점은 교회의 "더 연약한" 형제들이 어떻게든 실족하지 않도록 하려는 것이었다. 이것은 모든 사람들이 우상의 더러운 것과 음행과 목매어 죽인 것과 피를 멀리 함으로써 이루어질 수 있는 일이었다. 교회는 혁명적이거나 무질서한 기관으로 인식되는 것을 피해야 했다. 이렇게 하여 유대인 그리스도인들과 이방인 그리스도인들이 한 식탁에서 먹을 수 있게 되었다. 유대인들은 이방인 그리스도인들이 회당에 참석했던 "하나님을 경외하는" 이방인들처럼 생활하는 사실을 생각하고 그들을 편안히 대할 수 있었다. 그리고 이방의 그리스도인들은 할례라는 불필요한 짐으로부터 벗어나게 되었다. 이렇게 하여 교회는 예루살렘에서부터 공회의 성격을 띠게 되었다.

(3) 교회들의 결속

유다와 실라는 바울과 바나바와 함께 이러한 결정 사항이 적힌 문서를 가지고 각 교회로 다니면서 설명해주도록 지시를 받았다. 여기에서 우리는 교회의 기구가 상존하고 있음을 본다. 그러나 사도행전 15장에 묘사된 모임을 하나의 "총회"(synod)로 규정하는 것은 정당하지 않다. 이것은 사실상 모교회의 사도와 장로들이 자문의 목적으로 안디옥으로부터 파송되어온 몇몇 대표들과 함께 가진 일종의 모임에 불과하다. 그러나 여기에서 분명한 것은 교회들 사이에 모종의 관계가 유지되었다는 사실이다. 개교회는 이제 서로에게 관심을 가지고 접촉할 수 있는 단계에 이르게 되었다.

이 모임을 통하여 바울의 사역이 공식적으로 인정받게 되었다. 뿐만 아니라 고넬료 사건－이 사건을 계기로 의식적 율법에 관한 베드로의 태도가 변화되었다－은 이제 교회가 수납한 원리의 기초가 되었다. 이러한 결정은 앞으로 여러 지역에 흩어져 살고 있는 유대인들과 "하나님을 경외하는" 이방인들에게도 적용될 것이다. 율법에 대해 정통한 야고보의 지도를 받던 예루살렘은 이방인들에게 복음이 전파되어 열매가 맺히는 것을 보면서 선지자들이 예언했던 메시아의 영광이 실현되고 있음을 알았다.

8. 헬라의 도시들에서 복음을 전함 (15 : 36－19 : 41)

(1) 마게도냐 전도

여러 차례 이사야는 "연안 지역"(coastlands)을 언급하고 있다(어떤 역본들에서는 "coastlands"를 "islands" ("섬")로 번역하였다).[1] 그는 야완(즉, 이오니아인 또는 헬라인)의 자손들이 식민지화한 땅들을 가리키고 있는 것이다.

이러한 용어가 여호와의 말씀인 토라를 디아스포라에게 전파하라고 부르심을 받은 여호와의 종(사 24 : 15; 51 : 5; 60 : 9－10)과 관련하여 자주 나타나고 있다는 사실은 의미심장하다. 그런데 예수 그리스도는 바로 이 여호와의 종이시다. 그런즉 그리스도께로부터 이사야 42장 1－9절과 49장 1－7절에 나타난 계획을 수행하도록 명령을 받은 바울 사도가 성령에 이끌림을 받아 헬라와 소 아시아의 서부 지역으로 파송되었다는 사실은 그렇게 놀라운 것이 아니다. 결국 그 예언이 성취되었던 것이다.

바울은 새로운 여정을 위해 안디옥을 떠나면서 일찍이 여행 도중 중도에서 이탈하였던 마가를 대신하여 새로운 동반자로 실라를 택하였다(실라는 로마 시민으로 베드로전서 5장 12절에는 실비누스라는 라틴 이름으로 나타난다). 루스드라에서 디모데가 그들과 합류한다. 성령은 그들이 오늘날 터어키라고 불리는 내부 지역을 거쳐 해안에 이르기까지 줄곧 인도하신다. 드로아[2]에서 바울은 "마게도냐로 건너와서 우리를 도우라"(16 : 9)고 부르짖는 마게도냐 사람의 환상을 보게 된다. 요컨대 그 연안 지역("섬들")은 율법의 가르침을 기다리고 있었던 것이다(사 42：4).

(2) 빌립보에서의 바울

그들이 가장 먼저 들어갔던 도시는 빌립보였다. 루스드라와 비시디아의 안디옥처럼 빌립보도 로마의 식민지로 제국의 퇴역군인들이 살고 있는 곳이었다. 전도자들은 회당 사역을 기초로 하여 복음을 전파하고자 했다. 또 다시 설교를 듣고 마음을 연 것은 여자(즉, 루디아)였으며,[3] 그녀는 그 선교사들을 집으로 맞아들였다. 누가 역시 그 집에서 묵게 되었다. 그런즉 누가가 빌립보에서 있었던 사건을 기록할 때 목격자로서 말하고 있는 것이다. 대접받기를 별로 좋아하지 않았던 바울이 빌립보 사람들에게서는 대접을 받았다.

그리하여 빌립보에 교회가 시작되었다. 그러나 이번에도 사단이 등장하였다. 여러분은 아마 뱀의 일종인 피톤(python; 비단뱀)에 관하여 들어 보았을 것이다. 그 이름은 피톤이라고 불리우는 한 용(dragon)이 아폴로(Apollo)에게 물려죽었다는 헬라신화에서 유래되었다. 델피(Delphi)에는 아폴로 신전이 있었는데 거기서 피디아(Pythia)라고 하는 여사제(즉, 점장이)가 아폴로로부터 신탁(oracle)을 받아 점을 치고 있었다. 빌립보의 여종은 고대의 아폴로신(또는 무당의 신)이 들린 소녀였다. 그녀의 능력의 근원이 무엇이든지 간에 그녀는 미래를 예언할 수 있었다.[4] 그 신들린 여종이 바울과 그 일행을 따라오면서 "이 사람들은 지극히 높은 하나님의 종으로 구원의 길을 너희에게 전하는 자라"(16：17)고 소리쳤다. 누가는 여기서 하나님의 구원의 그 길을 여러가지 구원의 방법 중의 하나로 전락시키려는 사단의 공작을 지적하고 있다.

바울은 이러한 사단의 소란을 원치 않았으므로 그 여종에게서 악한 귀신을 쫓아냈다. 그 결과 그 여종의 주인은 이제 돈벌이를 잃게 되었다. 이 일로 인하여 바울과 실라는 결국 매를 몹시 맞은 후에 감옥에 갇히게 되었다. 밤중에 그들은 하나님을 찬미하고 있었다(아마도 시편 18편 또는 99편 이었을 것이다). 그때에 지진이 일어났고 그 일로 인하여 간수가 복음을 받아들이게 되었다. 다음날 아침 로마의 정부관리들은 로마시민인 바울과 실라를 잘못 대접했던 것을 사과하고 친히 성 밖까지 호송해 주었다.

이 사건에서 바울이 자기의 권리를 주장했던 것은 빌립보의 교회를 위해서였다. 빌립보의 온 성이 로마관리들의 배웅을 받으며 떠나는 바울과 실라를 주목하며 이상스럽게 여겼던 것이다.[5] 그 후 한동안 빌립보 교회는 로마 당국자들을 두려워하지 않았다.

만일 바울이 이 경우에 있어서 산상 보훈을 문자 그대로 따랐더라면 산상보훈의 정신과는 반대로 행동하게 되었을텐데 바울은 실제로 그렇지 않았다.[6] 이 사건은 바울의 놀라운 유머 감각을 보여주며 교회를 보호하려는 열의를 말해 준다.

(3) 데살로니가와 아덴

다음 차례는 데살로니가였다. 나중에 바울은 그 곳에 세운 교회에게 두 통의 편지를 보냈다. 이 데살로니가서를 올바로 이해하려면 바울이 처음 그 곳에 도착했을 때 유대인들이 매우 적대적이었으며(참조. 살전 1 : 6 이하; 2 : 14; 살후 1 : 14 이하; 2 : 1 이하) 다른 도시에 있을 때에도 큰 소란을 피웠던 사실을 기억해야 할 것이다.

바울은 아덴에서 헬라의 지식인들을 어떻게 전도할 것인지의 실례를 보여주고 있다. 그는 아레오바고에 출두하도록 소환을 받았다. 아레오바고는 아마도 판데온 신전 옆의 언덕이 아닌, 시장터(아고라)에서 모였던 회의를 가리킬 것이다.[7] 그 회의에서 바울의 아덴에서의 전도 활동을 허락할 것인지의 여부가 결정되게 되어 있었다.

바울이 그 곳에서 했던 말로 인하여 그는 일부 사람들로부터 많은 이상한 견해들과 태도들이 그에게서 비롯됐다는 오인을 받게 되었다. 어떤 사람들은 바울이 복음을 단순화시키고 이방 철학자들로부터 빌어온 어떤 사상을 유용함으로써 뛰어난 자신의 청중들과 타협했다고 주장한다. 물론 바울이 아덴에서 했던 설교는 안디옥 회당(13장)에서 했던 것과는 다르다는 점을 부인할 수 없다. 바울이 청중들의 기분을 상하게할 만한 행동을 한 것도 아니었다. 그러나 바울의 설교를 주의깊게 읽어보면 그것이 구약의 표현들[8]로 가득차 있음을 알게 될 것이다.

바울은 아덴의 현자들의 무지함을 비난하였다. 그들은 확실하지도 않은 소위 알지 못하는 신(17 : 23)을 섬기고 있었다. 여기에서 바울은 하나님을 "알 수 없는" 존재라고 믿는 에피큐리안〔에비구레오〕과 성전의 온갖 어리석은 일 및 우상들을 막고자 하는 어떤 일도 하지 않았던 스토아〔스도이고〕 사람들의 헬라적 허무주의를 언급하고 있다.

바울은 그들에게 자기를 친히 계시하신 하나님을 선포하였다. 또 그들에게 회개할 것을 호소하며 하나님으로부터 용서를 받으라고 말했다. "이는 정하신 사람으로 하여금 천하(Oikoumene)를 공의로 심판할 날을 작정하시고 이에 저를 죽은 자 가운데서 다시 살리신 것으로 모든 사람에게 믿을 만한 증거를 주셨음이니라"(17 : 31).

"명성"을 얻었던 이 이교도들에게 바울은 성경의 참된 복음을 놀라운 방법으로 설명해 주고 있다. 바울이 아덴에서 말했던 사실에 대한 자료를 누가에게 제공해준 이는 아마도 디노누시오일 것이다(17 : 34).

(4) 고린도에서의 바울

바울이 고린도의 큰 항구에 있는 회당과 접촉을 가짐으로써 야기된 충돌은 "교회"가 "회당" 곁에 세워짐으로 인하여 더욱 심화되었다. (참조 18 : 7). 환상 가운데 바울은 임마누엘의 약속을 받았다. "이 성 중에 내 〔언약〕백성이 많음이라"(18 : 10).

데오빌로를 위한 이 글에서 누가는 스토아 철학자 세네카의 형제인 갈리오 총독이 유대인들에게 "기독교"를 멸시치 못하게 하였고, 용인된 종교로서의 그 위치가 박탈당하지 않도록 조처했던 사실을 지적하고 있다. 심지어 그리스도인이 된 그리스보로부터 회당장의 직분을 이어받은 소스데네는 그가 복음을 반대했던 결과로 매를 맞기까지 하였다. 누가는 "갈리오가 이 일을 상관치 아니하더라"(18 : 17)고 말함으로써 교회의 일차적인 원수는 국가가 아니라 배교한 교회라는 사실을 데오빌로에게 분명히 밝히고 있다.

고린도서를 올바로 이해하기 위해서는 고린도 교회가 이방인들로만 구성된 것이 아니라 사실상 회당으로부터 탈퇴한 무리들이 세운 것이라는 점을 기억해야 할 것이다. 따라서 고린도 교회는 회당과의 끊임없는 대립 속에 존재했던 것이다.

(5) 에베소에서의 바울

바울은 소아시아의 주요 도시를 육로로 되돌아보며 에베소를 경유하여 안디옥에 돌아왔다. 에베소 교회도 역시 회당으로부터 분리되어 생겨난 교회였다.

바울은 에베소에서 오랫동안 사역했다. 바울은 2년 동안 두란노라고 명하는 사람의 학교에서 가르쳤는데 두란노는 수사학 교사였다. 고대 사본에 따르면 바울은 배우러오는 자들을 오전 11시부터 오후 6시까지 시간을 내어 가르쳤다고 한다(이것은 아주 현명한 방법이 되지는 못했을 것이다. 왜냐하면 "시에스타" Siesta, 즉 점심 후의 낮잠 시간이 끼여 있었기 때문이다).

주의 말씀은 점점 흥왕하고 널리 퍼져갔다(19 : 20). 마술사들의 책이 불타고 은장색의 조합이 소란을 일으킨 사실은 복음이 얼마나 진보되어 갔는지를 말해주고 있다. 아데미 신(고대의 아스다롯 여신)을 예배하던 풍습도 사라져갔다.

주

1) 한글 개역은 이것을 "섬들"로 번역하였다. R.S.V는 이것을 "coastlands", 즉

연안 지역으로 번역하였다.

2) 그 잔해로 미루어 보아 이 도시는 고대 트로이와 다다넬스 해협으로부터 그다지 멀지 않은 해안에 위치한 큰 도시로서 전략적 요충지였음이 분명하다. 쥴리어스 시저와 콘스탄틴 대제는 모두 드로아를 제국의 수도로 삼으려 했다. 과연 누가가 거기에서 한때 의사로 활동했을까?

3) 요한복음 4장의 사마리아 여인을 생각하라. 루디아가 기도처에 모였다는 것은 이미 유대인들을 통하여 하나님을 경외하는 삶을 어느 정도 살고 있었다고 추측할 수 있을 것이다.

4) 사도행전 16장 16절의 "점하는 귀신"(a spirit of divination)은 문자적으로 "프뉴마 픽도나"이다. 이 귀신은 태양, 음악, 시, 건강, 신탁(예언)의 신인 아폴로로부터 신탁을 받아 예언하는 무녀(巫女)의 신이다. 그 무녀의 신(Pythan)은 아폴로에게 물려 죽기까지 신탁을 하였다고 한다. 따라서 델피(이는 Pytho라고도 불려졌다)의 아폴로 신전에서 점하는 여자를 Phythia라고 불렀고 그녀가 아폴로로부터 신탁을 받아 말한다고 여겼다. 빌립보의 여인은 바로 이 무녀의 신에 들린 phythia, 즉 여자 점장이(pythoness)였다.

5) 그 전 날 갇혔던 자들이 로마 관리의 배웅을 받고 떠났기 때문이다. 아마 그들은 바울과 실라를 대단한 사람으로 인식하였을 것이다.

6) 이는 바울이 산상보훈의 교훈을 문자적으로 취하지 않았고 그 깊은 의미를 취하였다는 뜻이다. 가령 오른편 빰을 치거든 왼편도 돌려 대라는 교훈은 실제로 그렇게 하라는 뜻이 아니라 바로 그와 같은 정신의 사랑을 행하라는 뜻이었다. 바울은 "너희 원수를 사랑하며 너희를 핍박하는 자를 위하여 기도하라"(마 5 : 44)는 뜻이 무엇인지를 알고 있었다. 그러므로 당당히 자신의 권리를 요구한 것이다.

7) 판데온 신전 옆의 언덕 역시 아레오바고라고 불렀다. 바울이 끌려간 아레고그는 12명의 재판관이 아테네의 종교, 도덕에 관한 문제를 강론하고 재판하는 장소였다.

8) 이 설교에서 나오는 표현 형식과 다음에 제시된 구약의 구절들을 비교해 보라.

"만유를 지으신"(17 : 24)－ 창 1장; 출 20 : 11; 시 146 : 6; 사 42 : 5; 66 : 2
"손으로 지은 전에 계시지 아니하고"(17 : 24)－왕상 8 : 27; 사 66 : 1

"사람의 손으로 섬김을 받으시는 것이 아니니"(17：25)－시 50：8－12
"호흡과…을 친히 주시는"(17：25)－창 2：7; 시 104：29; 사 42：5; 단 5：23
"한 혈통으로 만드사"(17：26)－창 1：27; 2：21－22; 말 2：10
"거주의 경계를 한하셨으니"(17：26)－신 32：8; 시 74：17
"하나님을 혹 더듬어 찾아 발견케 하려 하심이로되"(17：27)－신 4：7, 29; 시 145：18; 사 55：6
"우리가 그를 힘입어 살며"(17：28)－단 5：23; 시 104：27; 145：16; 욥 12：10
"신을 금이나 은이나 돌에다 사람의 기술과 고안으로 새긴 것들과 같이 여길 것이 아니니라"(17：29)－신 4：28; 시 115：4; 135：15; 사 40：18 이하; 4：9－20; 46：5 이하; 렘 10：3 이하
"천하를 공의로 심판할"(17：31)－시 9：9; 96：13; 98：9
"날을 작정하시고"(17：31)－암 5：18, 20; 욜 2：1 이하.

> 네 성문이 항상 열려 주야로 닫히지 아니하리니 이는 사람들이 내게로 열방의 재물을 가져오며 그 왕들을 포로로 이끌어 옴이라 (사 60 : 11)

9. 오순절 1주년 (20 : 1－21 : 16)

(1) 이교도 가운데서의 추수

사도행전 초두에서 누가는 오순절에 대하여 말하고 있다. 사도행전의 끝 부분에서 오순절에 대한 언급이 또 한번 나온다. 우리는 바울이 오순절에 참석하기 위하여 시간에 맞추어 예루살렘에 도착하는 광경을 보게 된다(20 : 16).

처음보다 나중이 더 나은 경우가 바로 이 경우를 두고 하는 말이다. 왜냐하면 첫번째 오순절 때의 추수는 유대인들 및 그들의 추종자들에 한정되어 있었는데 사도행전의 끝부분에 보면 바울이 "성도들", 즉 예루살렘의 교회를 위한 연보를 가진 개종한 이방인 무리를 거느리고 예루살렘으로 돌아오고 있기 때문이다(24 : 17, 참조. 고전 16 : 1 이하; 고후 8－9장).

바울은 "연안 지역"에 세워진 교회의 대표들과 함께 왔던 것이다. 이사야 60장이 성취되고 있었다. 만방의 여호와의 전의 산으로 모여 들고 있었던 것이다(사 2 : 2 이하; 미 4 : 1 이하). 이교도들이 주의 종의 말을 순종할 때에 유대인들이 시기하지 않겠는가?

바울과 함께 동행하는 자들은 그들의 출신이 보여주고 있듯이 이교도들 가운데서 거둔 추수를 말해주고 있다. 그들 중에는 소바더(마게도냐의 베뢰아 출신), 아리스다고와 세군도(마게도냐의 데살로니가 출신), 가이오(소아시아 동부의 더베 출신), 두기고와 드로비모(소아시아 서부의 에베소 출신) 등이 있었다.

(2) 예루살렘으로 향하는 또 다른 운명의 여행

사도행전에는 누가복음서에서처럼 선지자들을 죽이고 핍박하는 도시인 예루살렘으로 향하는 여행에 대하여 많은 부분을 할애하고 있다. 누가는 그리스도께서 장차 자기에게 임할 고난에 대하여 언급하신 것을 세 차례나 기록한 것 같이 바울에게 장차 임할 고난에 대해서도 역시 세 차례나 언급하고 있다(20 : 22－23; 21 : 4, 11).

추수의 절기(오순절)에 어두운 그림자가 드리워지고 있었다. 바울은 자기 앞에 놓인 길을 가야한다는 사실을 알고 있었다(20 : 24). 그 위험은 유대인들로부터 오는 외부적인 것들 뿐만 아니라 역시 내부적인 것으로서 이단 사설들이 고개를 들고 있었다(29절). 이러한 위험들에도 불구하고 바울은 다음과 같이 말함으로써 귀감을 보이고 있다. “나의 달려갈 길과 주 예수께 받은 사명 곧 하나님의 은혜의 복음을 증거하는 일을 마치려함에는 나의 생명을 조금도 귀한 것으로 여기지 아니하노라”(20 : 24).

바울과 그의 동지들(누가를 포함하여)은 “주의 뜻이 이루어지이다”라는 주기도문의 세번째 청원에 근거하여 살았다(21 : 14). 이처럼 군은 의지 가운데 연안 지역의 교회로부터 온 대표들은 계속해서 시온으로 나아갔던 것이다.

패역하고 더러운 곳, 포악한 그 성읍이 화 있을찐저 (습 3 : 1)

10. 불길에 휩싸인 복음 (21 : 17－26 : 32)

(1) 유대의 극단주의자들

바울이 예루살렘에 도착했을 때 그 곳에 있던 그리스도인들은 이방인들 가운데서 거둔 수확들을 보고 하나님을 찬미했다. 일부 사람들은 바울이 유대인들에게 더 이상 율법에 따라 살지 말라고 가르쳤다고 주장했다. 따라서 예루살렘의 지도자들은 이러한 소문을 공개적으로 반박하기 위하여 다른 네 명의 유대인 그리스도인들과 함께 바울이 나실인의 서원을 행할 것을 요구하였다. 그때에 바울은 자신의 입장을 그대로 고수한 채 유대인들을 위하여 이러한 요구에 응하였던 것이다.

이러한 맹세에 대해서는 18장 18절에 이미 언급되어 있다. 어머니가 유대인인 디모데는 유대인들을 위하여 할례받기로 하였다(16 : 3). 이렇듯 바울과 예루살렘의 지도자들 사이에는 의견 차이가 전혀 없었다. 칼빈이 지적하듯이 바울은 이 경우에 있어서 위선적으로 행동한 것이 아니라 유대의 극단주의자들을 위하여 양보했다. 그는 단지 부당한 비난으로부터 벗어나고자 했을 뿐이다.

(2) 예루살렘에서의 배척

결국 이러한 예방책으로 인하여 바울은 유대인에게 붙잡히게 되었다. 바울이 에베소의 드로비모와 함께 예루살렘에 있는 것이 목격되었는데 나중에 소아시아의 에베소 지역에서 온 유대인들은 바울이 성전에 있는 것을 보고 드로비모도 함께 그 안에 있을 것이라고 추정하였다. 그런데 성전 안에서 이스라엘의 뜰로 알려진 곳에는 이방인들이 절대로 들어갈 수 없었다. 왜냐하면 그 곳을 침범하는 이방인들은 성전을 더럽히는 것이 되기 때문이었다.[1]

드로비모가 바울과 함께 성전에 있었으리라고 단정한 유대인들은, 이러한 성전 모독은 모세의 율법에 대한 바울의 "혁명적 견해"에서 비롯된 자연스러운 결과라고 간주하였다. 결국 이로 말미암아 커다란 소동이 일어나게 되었다. 어떤 테러 지도자가 도망한 줄로 알고서 근처에 있는 안토니아의 병영으로부터 로마 군대가 출동하였다. 이 로마 군대는 폭도들로부터 바울을 구출한 뒤 곧 체포하였다.

압송되기 직전 바울은 성전에서 히브리 방언으로 유대인들을 향하여 최후의 공개적인 증거를 할 수 있는 기회를 허락받았다. "부형들아 내가 지금 너희 앞에서 변명하는 말을 들으라"(22 : 1). 이전의 산헤드린의 고위(高位) 심문자였던 그는 자신의 생애에 있었던 회심에 대하여 말하고 주께서 이방인들에게 전파하라고 말씀하신 것은 바로 성전 안에서였음을 밝혔다(17절 이하). 예루살렘은 바울의 말을 듣지 않고 다시 소동하며 "이러한 놈은 세상에서 없이하자 살려둘 자가 아니라"(22절)고 소리쳤다.

산헤드린 안에서 바리새인들은 바울의 편을 들었다. 예수님께서 밤중에 바울에게 나타나셔서 "담대하라 네가 예루살렘에서 나의 일을 증거한 것 같이 로마에서도 증거하여야 하리라"(23 : 11)고 말씀하셨다. 예루살렘이 듣기를 거절하므로 바울은 황제에게 호소해야만 했다.

바울에 대한 음모가 꾸며지고 있었다. 고위 제사장직에 있는 사두개인들이 이 일에 연관되어 있었다. 이러한 일들이 일어나고 있을 때 누가는 예루살렘에 있었다. 그는 다시 한 번—전에 그가 자주 행했던 대로—자기에게 보내심을 받은 선지자들을 죽이던 버릇을 아직도 버리지 못하고 있는 예루살렘에 대하여 기록하고 있다.

(3) 로마 관리에게 호소함

엄중한 감시 아래 바울은 가이샤라로 이송되었다. 가이샤라는 해안도시로 로마 총독 벨릭스가 거주하던 곳이었다. 바울은 "그 도"(24：1)에 관하여 잘 알고 있는 총독과 관리들 앞에서 자신의 행위를 변호하였다. 그 재판은 2년을 끌었다. 이것은 벨릭스가 유대인들의 마음을 사고자 하여 일부러 바울을 구류하여 두었기 때문이다.

보르기오 베스도가 벨릭스의 뒤를 잇자 유대인들은 바울을 예루살렘으로 이송하는 도중에 죽이고자 하여 베스도에게 바울의 호송을 요청하였다. 그 음모자들은 바울을 죽일 때까지는 당분간 먹지도 않고 마시지도 않기로 한 맹세를 일시적으로 중단하였던 것 같다(23：12).

바울은 황제에게 호소할 책략을 세웠다. 바울에게 여러 명의 지방 관리들 앞에서 자기의 입장을 말할 수 있는 기회를 주기 위하여 특별한 모임이 마련되었다. 물론 베스도는 자기의 상전 네로 황제에게 바울에 관하여 어떻게 조서를 꾸밀지를 생각해야 했을 것이다(25：26). 그 모임에는 새로 부임한 총독에게 인사하러 온 헤롯 아그립바 2세가 자기의 누이 버니게와 함께 참석하고 있었다.

(4) 바울의 "변명"

누가가 바울의 "변명"을 친히 들었을 가능성도 있다. 누가는 사건의 진행을 시종 묘사하면서 로마 관리들의 아량을 유대인들의 음모와 악의에 대조시키고 있다. 데오빌로도 물론 이러한 사건을 다른 고위 관리들이 어떻게 처리할 것인지에 대해 흥미를 느꼈을 것이다.

바울은 우선 헤롯 아그립바 앞에서 연설하였다. 헤롯 아그립바는 그 당시 갈릴리 일부를 다스리고 예루살렘의 대제사장을 임명할 수 있는 권리를 가진 "유대인들의 왕"이었다. 우리는 사도행전 26장의 내용이 9장과 22장에 나오는 바울의 회심 사건을 단순히 되풀이하는 것이라고 생각해서는 안 된다. 누가는 여기에서 부활하신 주님에 대한 마지막 목격자가 이스라엘 땅에서 일어났다는 사실을 묘사하고 있다. 당국자들은 성경이 전하는대로 하나님의 음성에 귀를 기울일 것을 호소하는 바울의 권면을 마지막으로 들었던 것이다.

> 이제도 여기 서서 신문받는 것은 하나님이 우리 조상에게 약속하신 것을 바라는 까닭이니 이 약속은 우리 열 두 지파가 밤낮으로 간절히 하나님을 받들어 섬김으로 얻기를 바라는 바인데 아그립바 왕이여 이 소망을 인하여 내가 유대인들에게 송사를 받는 것이니이다 하나님의 도우심을 받아 내가 오늘까지 서서 높고 낮은 사람〔일반사람과 권세있는 사람 모두〕 앞에서 증거하는 것은 선지자들과 모세가 반드시 되리라고 말한 것 밖에 없으니 곧 그리스도가 고난을 받으실 것과 죽은 자 가운데서 먼저 다시 살아나사 이스라엘과 이방인들에게 빛을 선전하시리라 함이니이다 하니라 (26 : 6-7, 22-23; 참조. 사 42 : 6; 49 : 6)

바울의 청중 가운데 아무도 "그리스도인"이 되고자 하는 사람은 없었다. 그러나 황제에게 전달되었을지도 모르는 일반적인 여론(26 : 30-32)은 바울이 무죄라는 것이었다(여기서 우리는 예수님의 혐의에 대한 빌라도의 견해를 상기하지 않을 수 없다). 베스도는 바울을 유대인들에게 넘겨줌으로써 그들의 비위를 맞추려고 하지 않았다(25 : 16). 그러므로 데오빌로에게 있어서 결론은 명확한 것이었다. 즉, 바울을 로마로 오게 한 것은 복음에 대한 유대인들의 반대 때문이라는 사실이다. 심판을 불러들일 유대인들의 죄는 얼마있지 않아 그 수(数)를 채우게 될 것이다.

주

1) 성전의 맨바깥에는 이방인들을 위한 "이방인의 뜰"이 있었다.

11. 바울이 담대히 복음을 전파함 (*27 : 1－28 : 31*)

(1) 복음 때문에 보존됨

누가는 로마로 항해하는 동안 자세한 일지를 기록했음에 틀림없다. 왜냐하면 그는 그 여행 및 도중에 있었던 파선에 관하여 생생하게 묘사하고 있기 때문이다. 선박에 대한 누가의 용어들을 검토한 학자들은 누가가 항해에 대하여 잘 알고 있었다는 결론을 내리고 있다. 이것은 마치 누가가 로마의 관리직 및 그 계급을 상세하게 묘사하고 있는 것과 같다.

누가의 설명으로 보건대 바울은 그 특정 기간 동안의 여행에 필요한 지식을 알고 있었음이 분명하다(27 : 9 이하). 복음은 실제적인 지식과 무관하지 않다. 이 여행 중에 참으로 "세상"(즉, 배에 있던 불신자들을 말한다)은 "교회" 때문에 살아남게 되었던 것이다.

천사가 바울에게 이렇게 말했다. "바울아 두려워말라 네가 가이사 앞에 서야 하겠고 또 하나님께서 너와 함께 행선하는 자를 다 네게 주셨다"(27 : 24). 그 배가 좌초되었을 때 "세상"이 "교회"를 위한 방주가 아니라 "교회"가 "세상"을 위한 방주임이 드러나게 되었다. 복음 때문에 이 세계가 보존되고 있는 것이다.[1]

(2) 로마에 있던 유대인들의 반대

많은 모험을 겪은 끝에 바울은 로마에 도착하게 되었다. 바울은 로마의 유대지도자들에게 예루살렘에 있는 산헤드린과의 연대성을 선포할 것인지의 여부에 대해 분명한 태도를 보일 것을 촉구하였다. 성경에 근거하여 그는 그리스도 안에서 도래한 하나님의 왕국을 그들에게 설명하였다. 이사야가 부르심을 받았을 때의 "듣기는 들어도 깨닫지 못할 것이요 보기는 보아도 알지 못하리라"(사 6 : 9-10; 마 13 : 14-15; 눅 10 : 23-24; 요 9 : 40-41; 12 : 40)는 말씀이 이러한 유대인들 대부분에게 해당되는 것 같았다.

이사야의 소명에 관한 기사를 읽을 때 우리는 이사야가 사람들의 마음이 강퍅하여지도록 "성읍들이 황폐하여 질 때까지"(사 6 : 11) 전파할 것을 명령받았다는 사실을 기억해야 한다. 예루살렘에서부터 로마에 이르기까지 회당들이 예수님을 메시아로 받아들일 것을 거부했기 때문에 그 성읍과 거룩한 장소에 대한 심판이 확정된 것이다. 데오빌로여! 이러한 사실을 명심하십시오!

(3) 속박에서 풀려난 그리스도의 복음

한편 하나님의 왕국의 복음은 계속 전파되었다. 사실상 그 복음은 방해를 받지않고 퍼져나가고 있었다. 누가는 사도행전을 다음과 같은 말로 끝맺고 있다. "〔바울이 로마에서〕 담대히 하나님의 나라를 전파하며 주 예수 그리스도께 관한 것을 가르치되 금하는 사람이 없었더라"(28 : 31).

우리가 더 이상 알아야 할 것 이 없으므로 누가는 여기에서 기록을 중단하고 있다. 어떤 학자들은 누가가 3부작을 쓰려고 했으며 제 3권에서는 바울의 나머지 생애(여기에 대해서 우리가 궁금해 하는 것은 당연하다)를 담으려고 했다는 견해를 말한다. 그러나 바울의 전기를 쓰려는 것이 누가의 의도였을까? 아니다. 누가는 그리스도의 사역의 과정을 묘사하기 위해 이 역사서〔즉, 사도행전〕를 기록하였던 것이다.

누가는 부활하신 주님에 대한 두 증인인 베드로와 바울이 사도로서 자신들에게 부여된 사역을 어떻게 감당했는지를 묘사해 주고 있다. 누가는 베드로와 바울의 사역—물론 그들이 각각 다른 개성을 가졌음을 인정해야 하겠지만—이 모세와 엘리야 및 엘리야와 엘리사의 경우처럼 얼마나 유사하였는지를 보여주고 있다. 이러한 유사성은 근본적으로 그들이 하나의 뿌리를 갖고 있는데서 비롯되었다. 베드로와 바울이 각각 자기 나름대로의 독특한 신학이나 복음을 전파하였는가? 아니다. 바울과 베드로는 모두 동일한 복음을 전파했던 것이다.

세상의 어떠한 권세도 그들을 막을 수 없었다. 그들은 회당과 성전, 이스라엘 민족 그리고 여러 통치자들의 방해에도 불구하고 자신들이 해야할 바를 행했다. 실로 예수님의 예언이 성취되었던 것이다. "〔그러나〕 이 모든 일 전〔즉, 종말의 징조가 나타나기에 앞서〕에 내 이름을 인하여 너희에게 손을 대어 핍박하며 회당과 옥에 넘겨주며 임금들과 관장들 앞에 끌어 가려니와 이 일이 도리어 너희에게 증거가 되리라"[2] (눅 21 : 12—13). 이 증거가 방해받지 않고 계속적으로 퍼져나갈 수 있었다니 이 얼마나 놀라운 일인가?

주

1) 이는 이미 제 1권에서 여러 번 거론된 바 있다. 악한 이 세상이 멸망되지 않는 이유는 그들이 잘나서나 하나님이 그들을 어여삐 여겨서가 아니라 이 땅에 있는 교회를 보존하시기 위한 하나님의 배려 때문에 그들 역시 함께 보존되는 것이다. 교회가 하나님의 왕국으로 흡수, 완성될 때 세상은 그 끝을 보게 될 것이다.

2) "이 일이 도리어 너희에게 증거가 되리라". 영역으로는 "This will be a time for you to bear testimony"이다. 즉, 여러가지 핍박을 받지만 그것이 도리어 복음을 증거하는 계기가 된다는 뜻이다. 따라서 복음은 어느 누구, 무엇에도 방해를 받지 않는다는 뜻이다.

로 마 서

1. 로마 교회를 무장시킴

(1) 가장 긴 서신

로마서는 신약에서 가장 긴 서신이다. 로마서는 약 7,100단어로 되어 있다. 시세로(Cicero)의 가장 긴 편지가 4,500단어였다는 사실을 생각할 때, 그 당시에 로마서처럼 긴 편지를 쓴다는 것은 흔한 일이 아니었음을 알 수 있다.

로마서가 다른 바울 서신들 앞에 위치하게 된 것은 그 길이 때문이며 저작 시기와는 아무런 관계가 없다. 다음으로 고린도전서가 6,800 단어로 되어 있다. 그리고 고린도후서가 4,600 단어, 갈라디아서가 2,300 단어, 에베소서가 2,400 단어, 빌립보서가 1,700 단어, 골로새서가 1,750 단어, 데살로니가전서가 1,550 단어, 데살로니가후서가 850 단어로 되어 있으며 그 밖에는 개인들에게 보내는 편지이다.

(2) 예루살렘에 대한 관심

바울이 이 편지를 기록한 것은 그가 헬라와 소아시아 교회들의 대표로 예루살렘의 모교회(母教会)를 위한 구제금을 전달하기 위해 고린도를 떠나려고 했을 때였다. 그는 예루살렘으로 가는 일이 매우 위험하다는 것을 잘 알고 있었다. 그러므로 로마 교회에게 “유대에 순종치 아니하는 자들에게서 〔자신을〕 구원받게 하고 또 예루살렘에 대한 나의 섬기는 일을 성도들이 받음직하게”(15 : 31)해달라는 기도를 드려주도록 부탁하고 있다. 우리는 로마서의 행간(行間)에서 로마 교회가 예루살렘 모교회와 밀접한 관계를 유지할 것을 호소하는 바울의 마음을 읽을 수 있다.

로마서를 읽는 동안 우리는 **예루살렘**을 향한 바울의 관심을 기억해야 한다. 바울은 "땅의 중심", 즉 구원이 온 세계로 퍼지게 하는데 있어서 산실(産室)의 역할을 했던 그 곳과의 관계를 끊어버리려 하지 않았다. 왜냐하면 이 관계는 구속사를 통하여 성장, 발전되어왔기 때문이다.[1] 그는 역시 동료 유대인들이, 많은 이방인들이 어떻게 예수님을 메시아로 받아들이는 신앙을 갖게 되었는지를 보고 시기심을 갖게 될 것－건전한 의미에서－을 기대했다.

(3) 서바나를 바라봄

한편, 바울은 역시 로마 제국의 수도인 로마를 염두에 두며 이 편지를 기록하였다. 예루살렘에 대하여 관심을 쏟는 것도 중요했지만 역시 복음은 예루살렘이 심판받기 전(마 24：14) 온 세상에 전파되어져야만 했기 때문이다.

바울이 동방에서 교회들을 세웠던 일은 어느 정도 마무리되어 가고 있었다(15：28). 이제 바울은 서쪽 서바나[spain]로 가기 원했다. 바울은 신앙고백에 신실한 것으로 잘 알려진, 이미 로마에 존재하고 있는 기독교회가 그 일에 있어 격려와 도움을 주기를 기대했다. 바울은 자신이 서바나로 가는데 있어서 로마 교회가 도약대의 역할[2]을 해주기 원했다(15：24). 이처럼 바울은 로마에 있는 그리스도인들과 유대를 강화하기 위해서 로마서를 썼던 것이다.

(4) 로마의 유대인들

이 서신을 읽을 때 바울이 예루살렘으로 가는 "도중"에 있었다는 사실을 염두에 둔다면 그가 왜 한편으로는 교회와 복음과의 관계를, 다른 한편으로는 유대인들에 대한 가르침에 대해 많은 주의를 기울이고 있는지를 이해하게 될 것이다. 로마 교회는 이러한 문제에 대한 교훈을 절실히 필요로 하고 있었던 것이다.

주후 50년에 글라우디오 황제는 모든 유대인들에게 로마를 떠나라고 하는 칙령을 내렸다(행 18：2). 그러나 주후 54년 네로 황제가 정권을 잡았을 때 유대인들은 다시 로마에서 자유롭게 살 수 있었다. 바울이 로마서를 쓴 것은 이보다 약 3, 4년 후인 유대인들의 로마 이주가 이미 진행되고 있을 때였다. 이는 곧 기독교회가 회당을 어떻게 판단해야 할 것인지의 문제에 봉착하고 있었다는 것을 의미한다. 왜냐하면 회당이 "참된 교회"라고 주장하고 있었기 때문이다. 이방인 그리스도인들도 할례를 받아야 한다고 주장하는 자들에게 교회는 무엇이라고 말해야 할 것인가?

유대인들은 로마에서 강력한 세력을 이루고 있었음이 틀림없다(오늘날까지도 남아있는 유대인들의 넓은 카다콤인 지하묘지는 이러한 사실을 뒷받침하고 있다). 그런즉 로마 교회는 유대인들의 율법주의적 정신을 경계해야 할 뿐만 아니라 다른 한편으로는 "구원이 유대인에게서 난다"(요 4：22)는 사실을 잊지 말아야 했다.

(5) 유대인들과의 계속적인 논쟁

일부 작가들이 논거하는 것과는 달리 로마서는 사도행전처럼 "예루살렘에서 로마까지"라는 주제를 가지고 있지 않다. 최후까지 바울과 로마서의 내용은 예루살렘을 향하고 있었다.

바울은 개인적으로 알지 못하는 이 교회에 보내는 편지에서 차분한 어조로 유대인들 및 유대인들의 영향력 아래에서 거짓된 교리를 배운 일부 그리스도인들과 끊임없이 벌여야했던 그의 논쟁에 대하여 기록하고 있다. 이렇게 함으로써 그는 로마 교회—마찬가지로 다른 이방인 교회—가 복음을 위하여 싸우며 흩어진 모든 유대인들의 와중 속에서도 그것을 내버리지 않도록 그들을 무장시키고 있는 것이다. 그는 성경을 왜곡되게 사용하는 자들에 대응하여 그것을 정당하게 해석함으로써 교회가 갖추어야 할 무기를 나눠주고 있다.

그는 구속사에 있어서 참으로 중요한 문제가 무엇인지를 분명하게 밝히고 있는 것이다.

하나님이 정하신 때가 아직 이르지 않았음으로 바울은 로마에 갈 수 없었다(참조. 행 19：21; 23：11; 롬 1：13). 그러므로 그는 고린도(로마와 예루살렘의 중간 지점)에서 옛날에 벌어졌던 싸움과 동일한 싸움[3]을 벌이고 있는 자들에게 도움이 될 것이라는 기대 속에서, 이처럼 긴 편지를 통하여 자신의 사상을 피력하였던 것이다.

주

1) 다윗이 예루살렘을 정복한 후 온 이스라엘의 왕이 되었을 때부터 예루살렘은 그 나라 수도요 왕의 거주지가 되었다. 이 때부터 다윗의 성인 예루살렘은 이스라엘의 심장이요 중심지가 되었다. 성전이 있는 곳이요, 언약궤가 보관되어 있던 곳이 바로 이 곳이었다. 모든 선지자들은 바로 이 예루살렘을 언급하여 예언하였으며 포로 기간 중에 이스라엘 족속들은 "새 예루살렘"을 꿈꾼 것으로 보아도 이 도시가 이스라엘의 역사에 있어서 얼마나 중요한 역할을 하였는지를 알 수 있다. 예루살렘은 역시 선지자들을 죽인 도시요 그리스도께서 자신을 계시하시고 죽임을 당하신 곳이기도 하다. 그리고 성령이 부어진 곳이 바로 이 곳이며, 열두 사도가 처음으로 증거를 시작한 곳도 바로 이 곳이다. 신약의 성도들은 "새 예루살렘"의 백성들로서 이 도시가 하늘로부터 강림하기를 기다리고 있다. 이렇듯 예루살렘은 구속사에 있어서 매우 중요한 위치를 차지하고 있는 것이다.

2) 바울의 서방 선교에 있어서 로마는 전략적 요충지였다. 따라서 그는 로마 교회의 도움을 받아야 했던 것이다.

3) 이는 여인의 후손과 뱀의 후손과의 싸움을 말한다. 이 싸움은 종말의 때까지 계속되어질 것이다.

2. 우리의 의가 되시는 주 (1 : 1-17)

(1) 핵심적인 주제들

고대의 편지 형식은 통상 발신자를 그 서두에 밝히는 것이 상례였다. 그런후 수신인이 나오고 인사가 따르게 된다. 바울의 각 서신들은 이러한 형식을 엄격하게 따르고 있지는 않지만 대체로 이러한 요건들을 갖추고 있다. 바울은 기록 목적에 따라서 비교적 자유롭게 그 형식을 취하고 있다.

로마서의 서두는 전체의 내용과 조화를 잘 이루고 있다. 바울은 자신을 사도로 소개하며 자신의 복음이 성경과 일치되는 것임을 주장하고 있다. 뿐만 아니라 그리스도께서 이미 바울 자신의 설교를 통하여 모든 민족들 중에서 믿고 순종하는 자를 일으키셨다는 사실을 지적하고 있다. 이처럼 처음부터 로마서의 핵심적인 주제들이 언급되고 있다.

(2) 로마서의 핵심

바울은 자신이 로마에 와서 복음을 전파하기를 원했던 사실과 그 이유를 밝히고 있다. "이 복음은 모든 믿는 자에게 구원을 주시는 하나님의 능력이 됨이라 첫째는 유대인에게요 또한 헬라인에게로다 복음에는 하나님의 의가 나타나서 믿음으로 믿음에 이르게 하나니"(1 : 16-17). 이 구절은 로마서의 핵심을 바로 요약한 것이다. 첫번째로 제기되는 질문은 "하나님의 의"(the righteousness of God)라는 표현을 통하여 바울이 의미하는 바가 무엇이냐는 것이다.

우리는 구약에서 의라는 표현이 많은 것을 보고 놀라게 된다. 다윗은 "주의 의로 나를 건지소서"(시 31：1)라고 기도했다. 예레미야는 메시아에 대하여 "여호와 우리의 의"(렘 23：6)라는 이름을 부여하고 있다. 여호와께서 자기 백성들을 구원하시기 위하여 개입하실 때 "의로 호심경[1]을 삼으신다"(사 59：17)라는 구절도 있다.

이러한 구절들로 보아 하나님의 "의"는 "자기의 각 백성들에게" 나눠 주시는 어떤 덕목을 의미하는 것이 아님이 분명하다. 성경이 하나님의 의에 대하여 말할 때 그것은 자기 백성들을 위한 하나님의 구속의 행위를 의미한다. 하나님께서 의롭게 행동하실 때 그는 은혜 가운데 그렇게 행동하신다. 여호와께서는 자기 종들의 피를 갚아주시는 분이시다. 그는 부르심을 받아 자기를 믿는 자기 백성들을 위하여 일어서신다. 그는 자기 백성을 의롭다고 하시며 "죄가 없다"고 선언하신다.

(3) "믿음으로 믿음에"

"의로운" 사람이란 자신의 공로 때문에 사죄를 받는 사람이 아니라 여호와 안에서 피난처를 구하는 가난한 자 또는 죄인을 가리킨다. 하나님의 심판이 임하던 어두운 시절에 하박국은 의인은 믿음으로 살리라고 말했다. 그러나 유대인들은 이 말씀을 왜곡하여 자기들의 생각에 맞도록 만들었다. 쿰란 주석은, 그 구절이 율법(토라)을 지키는 유다의 모든 사람들에게 적용된다고 한다. 그 이유는 하나님께서는 그들의 행위 및 그들에게 율법을 설명해 주는 자를 믿는 믿음을 근거로 그들을 심판으로부터 보존하실 것이기 때문이라고 설명하고 있다.

바울의 사역은 흡사 그림을 복원시키는 사람의 작업과 같았다. 그는 나중에 첨가된 모든 물감과 방부제들을 제거하고 하나님께서 그리스도 안에서 베푸신 은혜로운 구속을 밝은 빛 가운데로 드러내 보인다.

행위의 (行爲義; Worksrighteousness)에 기초한 구원을 가르치는 유대인들에 맞서 바울은 "믿음으로 믿음에"를 주장하고 있다.

바울에게 있어서 참으로 중요한 것은 믿음이었다. 이 점을 강조하기 위하여 바울은 모든 시대를 위한 복음의 구원하는 능력을 밝히고 있다.

(4) 종교 개혁의 발견

수사(修師) 시절 루터는 이렇게 자문하였다. 하나님의 의란 그가 모든 죄를 처벌하신다는 것을 의미하는가? 루터에게 있어서 죄인을 처벌하시는 의로우신 하나님을 사랑한다는 것은 불가능한 일이었다. 오히려 하나님에 대한 증오가 생겨 직접적으로 그를 모독하지는 않았으나 그에 대한 불평은 점점 더 증폭되고 있었다.

루터는, 가련한 죄인들이 온갖 불행을 겪고 있는 것은 원죄와 십계명을 지킬 수 없는 그들의 무능함 때문이며, 설상가상으로 하나님은 복음을 사용하사 자기의 의와 진노를 나타내 보임으로써 그들을 위협하고 계신다고 생각하였다.

이러한 배경에 비추어 볼 때 우리는, 루터가 마침내 바울이 로마서에서 암시하는 바를 깨닫게 되었을 때, 즉 하나님의 의란 나쁜 소식이 전혀 아니며 믿는 죄인들을 위한 하나님의 구속적 행위를 말해주는 좋은 소식임을 깨닫게 되었을 때 얼마나 큰 위로를 받았을 것인지를 이해할 수 있다. 전(全) 종교 개혁은 이 점에 있어서 루터를 따랐던 것이다.

주

1) 호심경. 갑옷의 가슴에 대는 구리 조각.

3. 이방인도 유대인도 하나님 앞에서 의롭지 못함 (1 : 18-3 : 20)

(1) 짓밟힌 율법

바울은 고린도에서 매일같이 이교도들이 전에 깨달았던 지식을 버리고 우상 숭배에 빠져있는 사실을 목도하였다. 이로 말미암아 주의 진노가 나타나게 되었다. 그들이 눈을 막고 "자연" 가운데 나타난 하나님의 계시를 보지 않았으므로 하나님께서는 그들을 "비정상적인" 상태로 내어 버려두셨다.

이러한 사실은 특히 성적도착〔변태성욕〕에서 두드러지게 나타났다. 그러나 사실상 "첫번째 돌판"의 계명을 무시하는 자들은 "두번째 돌판"[1]의 모든 계명을 짓밟는 것이다. 그들은 범죄하는 자들을 옳다고 부추기면서 내놓고 죄를 짓는데 열심을 나타냈다(1 : 18-32).

그러나 유대인들은 그보다 더 나은 형편에 있었던가? 그들 중에 많은 사람들은 유물론적인 이주자들(immigrants)이었다. 그들은 자신들의 사악함을 핑계할 수 없었다. 왜냐하면 그들에게는 자신들의 유익을 위하여 기록되었고 어둠 가운데서 빛으로 쓸 예정이었던 언약의 율법이 있었기 때문이다(2 : 19). 뿐만 아니라 그들은 언약에 참여한 증표로 할례받은 사실을 자랑했다. 그렇지만 이 모든 것들이 계명-그 어느 하나라도-을 범하지 못하도록 하는데 있어서는 절대무능하였다.

(2) 죄 아래 매임

하나님은 사람을 외모로 취하시지 않는다. 하나님은 편애하시지도 않는다. 그런즉 유대인이 하나님의 율법을 가지지 못했던 이방인보다도 더욱 진노 아래 놓이지 않겠는가?(2：9—10). "첫째는 유대인에게요 또한 헬라인에게며"라는 구절 역시 유대인들이 먼저 언약의 진노를 받게 된다는 것을 의미한다. 유대인들은 그 점을 매우 잘 알고 있었다.

바울의 결론은 "유대인이나 헬라인이나 다 죄 아래 있다"(3：9)는 것이다. 바울은 우리들에게 시편과 예언서들의 여러 구절들을 인용하여 그러한 사실을 논거하고 있다. "여호와여 주께서 죄악을 감찰하실찐대 주여 누가 서리이까?"

주

1) 십계명의 두 돌판을 말한다. 첫째 돌판은 인간과 하나님과의 관계를, 둘째 돌판은 인간과 인간과의 관계를 나타낸다. 하나님을 떠난 자는 역시 인간 관계에 있어서 그릇되게 행동한다.

4. 구약에 나타난 용서의 복음 (3 : 21-5 : 21)

(1) 오직 은혜로만

지금까지 바울은 소망이 없는 상황을 묘사해 왔다. 하지만 3장 21절에서 대전환이 이루어지고 있다. 그것은 곧 하나님 안에 용서가 있다는 선언이다. 우리를 구속하시고 죄 없다고 선언하시는 하나님의 의가 예수 그리스도 안에서 나타났다. 누구든지 믿는 자는 용서를 받고 의롭다 선언을 받게 된다. 거기에는 아무런 값이 필요없다. 그것은 순전히 은혜로 되어진다.

신자들이 하나님의 진노를 쌓지 않았던가? 물론 쌓았다. 그렇지만 하나님께서는 예수님께서 친히 속죄의 제물로 희생되도록 허락하셨다. 예수님께서는 우리의 형벌을 대신 담당하셨다. 그러므로 하나님께서는 믿음으로 예수님을 붙드는 자 모두를 의롭다 하실 수 있는 것이다. 그런즉 인간의 공로를 자랑할 것이 없다. 자랑하고자 하는 자는 믿는 유대인들과 이방인들을 똑같이 의롭다 하시는 주님을 자랑해야 할 것이다

(2) 아브라함이 믿음으로 의롭다함을 받음

유대인들은 자신들의 구원이 아브라함의 공로에 근거한다고 믿었으며, 할례를 행위의를 인치는 표로서 간주하였다. 그러나 바울은 성경을 근거로 아브라함이 믿음으로 의롭다함을 받았음을 보여주고 있다. 창세기 15장 16절에는 아브라함이 아직 할례받지 않았을 때에

하나님께서 "그의 믿음을 의로 여기셨다"는 사실이 기록되어 있다. 할례 의식은 창세기 17장 이후에야 비로소 나타난다.

그런즉 할례는 행위의를 인쳐주는 표가 아니라 "무할례시에 믿음으로 된 의를 인쳐주는 것"(4 : 11)이다. 그 과정을 통하여 아브람(즉, 많은 민족의 아버지)은 아브라함(모든 믿는 자들의 조상)이 되었다. 인간적으로 볼 때 아브라함은 죽었지만 죽은 자에게 생명을 주시며(사 26 : 19; 신 32 : 39) "없는 것을 있는 것같이 부르시는"(4 : 17) 자를 믿는 부활의 신앙을 소유했던 것이다.

(3) 부활 신앙과 의

이 부활 신앙을 소유한 자는 누구든지 그와 동일한 의를 공유한다. 그리스도께서는 "우리 범죄함을 위하여 내어줌이 되고 또한 우리를 의롭다 하심을 위하여 살아나셨"(25절)다.

그러므로 바울에게는 노래할 이유가 있었다. 한 사람(아담)을 통하여 죄가 세상에 들어왔고 그와 함께 모든 사람에게 저주가 임하여 사망이 왕노릇하게 되었다. 그러나 **그 사람**(예수 그리스도)을 통하여 부요한 은혜가 나타나게 되었다. 그의 순종을 통하여 많은 사람들이 의롭다 하심을 얻게 되었다(5 : 17－21).

후대의 로마 교회가 인간의 공로를 믿는 신앙에 빠져들지 아니하고 바울이 가르친 이 복음을 붙잡았더라면 얼마나 좋았겠는가? 그러므로 선교지에서 새로 설립된 교회들이 참 복음을 인간적인 또는 "사회적인" 복음으로 잘못 생각하지 않도록 바울의 가르침을 명심하는 것은 대단히 중요한 일이다. 또한 첫째 아담이 우리를 위한 어떤 "교훈"으로 사용되고 설교 중에 그렇게 제시되는 것은 얼마나 위험한 일인지 알아야 한다. 아담의 죄－아담 안에서 우리가 지은 죄－는 결코 비유나 상징이 아니다. 마지막 아담을 통한 우리의 칭의가 하나의 실체이듯이 그것은 분명 하나의 실체이다. 그것은 결코 우리에게 단순한 도덕적 교훈이나 모범을 말해주는 것은 아니다.

5. 은혜로 얻은 새 생명 (6 : 1−8 : 8)

(1) **죄를 허용하는 것이 아님**

종교개혁 시대 때 일부 사람들은 은혜에 관한 "새로운 가르침"이 사람들을 방종하게 만들어 결국 불경건한 자들로 전락시킬지도 모른다는 우려를 표명하였다. 바울의 가르침을 반대하는 유대인들도 똑같은 질문을 제기하고 있다. 하나님의 은혜가 우리의 죄를 통하여 나타난다면 이는 우리로 하여금 죄 가운데서 살도록 허용한 것이 아닌가? 우리는 이제 율법 아래 있지 않으므로 은혜가 넘치도록 하기 위해서 죄를 지어야 하지 않겠는가?

그리스도의 믿음에 관한 교훈이 단지 모순에 불과하다고 하는 이러한 비난을 바울은 강력히 거부하고 있다. 세례받는 자는 누구든지 죽었다가 다시 살아나신 그리스도와 연합해 있다. 이것은 죄(옛 본성)가 그리스도와 함께 십자가에 못박혀 장사되고 우리는 그리스도와 더불어 **부활된다**는 사실을 의미한다. 세례받는 자들은 그리스도의 능력을 통하여 **새로운 삶을 살도록** 부르심을 받는다.

그러므로 은혜로써 살기를 원하는 자들은 제멋대로 사는 것이 아니라 순종의 제사를 통하여 그들의 몸(즉, 그들의 온전한 삶)을 투자할 수 있는 모든 것을 행할 것이다. 로마서 6장은 "나는 내가 속해 있는 분을 섬기노라"는 제목을 붙이는 것이 좋을 것이다.

(2) 죄와 율법

한편 바울은 역시 "너희가 법 아래 있지 아니하고 은혜 아래 있음이니라"(6：14)고 선언하고 있다. 어떤 성급한 결론을 내리기에 앞서 우리는 이 구절의 상반절("죄가 너희를 주관치 못하리니")의 내용을 유의해야 한다. 그런즉, 율법이 배척되어야할 것인가? 우리는 바울이 전혀 의도하지 않았던 견해를 바울의 교훈이라고 말하지 않도록 조심해야 한다.

바울은 결코 율법을 훼손시키려 하지 않았다. "율법도 거룩하며 계명도 거룩하며 의로우며 선하도다"(7：12). 우리는 율법을 통하여 죄를 깨닫게 된다(7절). 동시에 우리는 죄가 어떤 의미에서 율법을 사용한다는 것을 인식해야만 한다. 그것은 마치 낙원에서 있었던 것과 같다. 죄는 율법을 사용, 우리의 악한 욕망을 일깨우고 오도하며 우리를 죽이는 일을 한다. 어린 아이는 왜 항상 금지된 일만을 하고 싶어하는가?

바울은 비록 그가 더욱더 많이 알고 있음에도 불구하고 죄의 법이 끊임없이 자신을 사로잡고 있는 사실을 체험하였다(7：13 이하). 바울은 요한계시록 3장 17절에 나오는 구절을 사용, "오호라 나는 곤고한 사람이로다"라고 절규한다. 그리고 "이 사망의 몸에서 누가 나를 건져내랴"(24절)고 부르짖는다. 물론 바울이 의미하는 사실은 육체가 여전히 죄 아래 있어서 사망에 복종한다는 것이다.

그렇지만 바울의 묵상은 3장 21절의 경우처럼 어떤 절정에 도달한다. 그리하여 그는 승리감에 가득차서 이렇게 부르짖는다. "우리 주 예수 그리스도로 말미암아 하나님께 감사하리로다 그러므로 이제 그리스도 예수 안에 있는 자에게는 결코 정죄함이 없나니 이는 그리스도 예수 안에 있는 생명의 성령의 법이 죄와 사망의 법에서 너를 해방하였음이라"(7：25; 8：1-2). 하이델베르그 요리문답(1563년)이 이 구절을 근거로 하여 정죄, 구속, 감사의 세 부분으로 나누어져있음[1]은 우연한 일이 아니다.

그런즉 바울은 죄가 계속해서 그 영향력을 미치고 있음을 부인하지 않는다. 그는 죄를 "육신"(the flesh)으로 표현한다. 비록 그가 몸을 무시하거나 멸시하지는 않지만 우리는, 말하자면 "피 속에 있는" 죄를 가지고 있다고 주장한다. 죄는 혈과 육으로 된 사람을 지배하는 여왕이다. 그리고 결국에는 그를 죽이고 마는 것이다.

(3) 감사의 법

바로 이러한 이유 때문에 그리스도께서 혈과 육을 입으신 사람이 되셨다. 그것은 곧 율법의 요구를 이행하시며, "육체 속에 있는" 죄를 정죄하시기 위해서였다. 그가 강림하신 이유가 바로 여기에 있다. 그리스도께서는 우리 중의 하나와 같이 되셨으며 "육체"에 대항하여 싸우는 우리를 도우시기 위하여 성령을 보내주셨다.

우리는 율법에서 해방되었기 때문에 더 이상 율법의 정죄를 두려워할 필요가 없다. 그러나 이는 곧 율법을 순종하는 것이 중요하지 않다는 의미가 아니다. 그리스도 안에서 우리는 성령을 좇아사는 삶을 위하여 일종의 감사의 법으로서의 율법을 되찾게 된다.[2)]

주

1) 하이델베르그 요리문답은 52주일용으로 되어 있으며, 크게 3부로 나뉘어져 있다. 제1부 죄와 그 비참함은 제2주일～제4주일(문 3～문 11), 제2부 구원은 제5주일～제31주일(문 12－문 85), 제3부 감사는 제3주일～52주일(문 86－문 129)로 구성되어 있다.

2) 구원받은 자에게 있어서 율법은 성령충만한 삶을 살아가는데 필수적인 것이다. 과거에는 그것이 "사망의 법"이었지만 이제는 순종의 제사를 기꺼이 드리는데 있어 필요한 "감사의 법"이다.

6. 성령에 의한 삶 (8 : 9—39)

(1) 새로운 창조의 후사

어떤 사람들은 그리스도인들을 두 가지로 분류, 단순히 "믿는" 자들과 "성령을 받은" 자들로 구별한다. 물론 후자에 속하는 그리스도인들이 우월한 것으로 간주한다. 그러나 이것은 잘못된 구분이다. 왜냐하면 바울은 "누구든지 그리스도의 영이 없으면 그리스도의 사람이 아니라"(8 : 9)고 말하고 있기 때문이다.

바울의 이 말은 적극적인 표현으로 바꾸어 "그리스도께 속한 자는 누구나 그리스도의 영을 소유하고 있다"라고 말할 수 있다. 이 그리스도의 영은 우리들에게 "육신"과 싸우며 순종하는 삶을 살도록 해준다. 그(즉, 예수 그리스도의 영, 성령)는 역시 우리에게 매일 부활하고 있다는 것과 어느 날 우리의 육체가 일어설 것이라는 사실을 확신하도록 해준다. 앞으로 새로운 창조가 있는 것이다!

매일의 생활에 있어서 성령의 인도에 자기를 맡기는 자들은 모두 다 하나님의 자녀들이다. 이는 곧 그들이 후사, 즉 그리스도와 함께 한 후사, 새로운 창조의 후사임을 뜻한다.

(2) 피조계 전체를 위한 소망

우리 주변 모두에서 우리는 낙원의 시절 이후로, 즉 자신들의 뜻과는 상관없이 우리 때문에 죄의 저주 아래 속해 있는 피조물의 신음소리를 듣는다. 그러나 피조물들의 이러한 "탄식"은 소망이 없는 탄식이 아니다. 하나님의 자녀들과 함께 피조물은 저주에서 풀려날 그날을 고대하고 있다.

피조계가 황폐화 및 무질서화되어 가고 있다고 생각하지 말라. 그것은 해산의 고통을 겪고 있는 여인과 같다. 그것들은 새 하늘과 새 땅을 학수고대하고 있는 것이다. 여러분이 공해에 대한 논의 및 대도시들의 기술 발달로 농촌지역을 좀먹는 대도시의 급속한 공업 발달의 문제를 접할 때 이러한 사실을 명심해야 할 것이다.

하나님께서는 자기의 피조물을 포기하지 않으실 것을 약속하셨다. 그러므로 피조물들은 소망 가운데서 살아가고 있다. 하나님의 자녀들 역시 즐거운 기대 가운데서 탄식하고 있으며 또한 오는 구속을 보증하시고 그를 위하여 간구하시는 성령께서 탄식하고 있는 그들과 함께 하시는 것이다.

(3) 넉넉히 이기느니라

승귀하신 주님은 보좌 앞에서 참소하는 사단을 대적하여 신자들을 위하여 변호하고 계신다. 구원은 단순한 가능성이나 행운의 문제 이상의 것이다. 하나님은 자기 계획을 시행하실 것이다. 자기가 택하신 자들을 반드시 부르실 것이다.

복음을 통하여 우리는, 우리를 선택하시고 구속하시는 하나님의 음성을 들을 수 있다. 믿음을 통하여 우리는 하늘에 굳게 자리잡은 우리들의 권리(rights－[천국시민권])－를 보게 된다. 요컨대, 환난이나 위협이 능히 하나님의 사랑으로부터 우리를 끊을 수 있겠는가? 결코 그럴 수 없다. 믿음을 통하여 우리는 넉넉히 이기는 것이다(8 : 37).

7. 하나님은 자기의 약속과 경고를 기억하신다 (9 : 1－11 : 36)

(1) 상속받는 것이 아님

8장 31절 이하의 송영 이후 9장 이하의 내용을 보면 바울이 마치 어떤 이들이 그의 말에 반대를 제기하는 것을 들었던 것처럼 보인다. 비록 그가 개인적인 친분 관계가 없는 로마인들을 상대로 편지를 쓰고 있긴 했지만 그는 마음의 눈으로 종종 자신과 논쟁을 벌였던 유대인들을 바라보고 있었다. 그는 역시 의문들을 갖고 있는 교인들의 소리도 듣고 있었다. 하나님의 부르심이 그토록 능력있는 것이라면 왜 대부분의 이스라엘이 믿기를 거절하는 것일까?

사도 바울은, 자신의 육신의 동족을 위해서라면 그리스도 안에서 자신이 누리고 있는 분깃(share)을 기꺼이 포기하겠다고 선언함으로써(전에 모세도 이와 유사한 말을 했다) 그러한 물음들에 답변하기를 시작하고 있다. 언약 백성들이 "반교회"(anti-church)적인 것을 보았을 때 그의 마음은 얼마나 고통스러웠겠는가?

그렇지만 그들이 믿기를 거부한다고 해서 하나님의 약속들을 마치 바람에 한잎씩 떨어지는 나무잎새처럼 믿을 수 없는 것으로 생각해서는 안 된다. 사실상 이스라엘이라는 이름만 가진 것으로, 그리스도께서 모으시는 새 이스라엘 중에 포함되는 것은 아니다. 아브라함의 후손이라고 해서 메시아의 영광을 누릴 수는 없다. 그렇다. 은혜는 우리의 조상들로부터 상속받는 것이 아니다.

(2) 하나님의 주권

이스라엘의 구속 역사 초두에서부터 주님께서는 이미 자기는 혈통에 얽매이지 않는다는 사실을 보여주셨다. 예를 들어 아브라함의 자손에 대해 살펴보자. 많은 민족들이 아브라함을 자신들의 조상으로 여기고 있다. 그러나 그들의 주장은 사실이 아니다. 주께서는 자기의 주권적인 은혜 안에서 이삭을 선택, 메시아의 약속을 이루기 위한 통로로 세우셨던 것이다. 또한 우리는 이삭의 장막 안에서도 하나님께서 자기의 주권을 자유롭게 행사하시는 것을 보게 된다. 큰 아들 에서가 작은 아들 야곱을 섬기게 되지 않았던가? 그는 "야곱을 사랑하였고 에서는 미워하였"(9 : 13; 말 1 : 2-3)던 것이다.

하나님께서는 자기의 약속을 지키시되, 자기를 위하여, 즉 그가 그렇게 행하시기를 결정하시기 때문에 그렇게 행하신다. 하나님은 "혈과 육"을 자랑할 수 있는 여지를 남기시지 않는다. 바울의 결론은 주님의 뜻이 유대인들 가운데서도 승리를 거두셔야만 한다는 것이다. 그렇다. 그는 언제나 선택하시는 하나님, 즉 육체적인 혈통에 전혀 개의치 아니하시는 하나님이시다.

이것이 불공평하단 말인가? 아니, 하나님께서 바로의 마음을 강퍅케하실 때 이스라엘이 반대했던가? 모든 이스라엘 백성들이 아직도 하나님의 의와 자비가 나타났던 출애굽 사건을 감격스럽게 기억하고 있지 않은가? 그렇다면 주권을 가지신 하나님께서 반메시아적 "애굽"이 된 이스라엘을 같은 방법으로 강퍅케하시기로한 것에 대해 불평할 권리가 있는가? 바울은 계속 이렇게 자문하고 있다.

그렇다면 어찌하여 이스라엘에 대해 한탄하시는가? 하나님의 목적이 변할 수 없다면 왜 아직도 이스라엘을 권고하시는가? 그는 이러한 물음에 대해 다음과 같이 대답하고 있다. 토기장이는 진흙을 가지고 자기 마음대로 할 수 있다. 하나님은 어떤 것은 진노의 그릇으로, 어떤 것은 긍휼의 그릇으로 선택할 권리가 있는 것이다.

(3) 접붙임받은 이방인들

바울은 우리들이 바로 긍휼의 그릇이라고 기쁨에 넘쳐 말하고 있다. "이 그릇은 우리니 곧 유대인 중에서 뿐만 아니라 이방인 중에서도 부르신 자니라"(9 : 24). 하나님은 자기를 위하여 "남은 자"를 보존해 두셨다. 유대인들은 거치는 돌 때문에 넘어지나 이방인들은 살아계신 하나님의 자녀들이 된다.

하나님은 증인들을 남겨두셨다. 세계 각처에 있는 유대인들 가운데 복음의 전파자들이 있었다. 이 전파자들은 언약 백성들이 들을 권리를 가지고 있는 증거를 알렸다(10 : 18; 시 19 : 4). 그러나 대부분의 유대인들이 듣지를 않았다.

그런즉 하나님께서 자기 백성을 버리셨는가? 그렇지 않다. 하나님께서는 자기가 하신 약속을 지키신다. 바울 자신은 아브라함에 속하는 순종의 자손이 아닌가? 그러나 그만이 유일한 자가 아니었다. 그것은 마치 하나님께서 그 은혜로 "남은 자" "칠천"을 남겨두시기로 결정하셨던 엘리야의 때와 같았다. 언약의 진노는 이스라엘에게 임할 것이다(11 : 8 이하; 시 69 : 23-24). 그러나 이는 동시에 하나님의 목적들을 이루고 있다. 이스라엘의 일부는 믿고 있고 이방인 출신의 신자들이 원가지에 접붙임을 받는다. 이교도들이 시온의 구속자 앞에 절하는 것을 보고 유대인들은 시기가 났을는지도 모른다.

(4) 과도기

바울은 마침내 "그리하여 온 이스라엘이 구원을 얻으리라"(11 : 26)고 말한다. 우리는 여기서 구약에서 종종 사용되고 있는 모든 이스라엘이라는 표현이 이스라엘의 대표 또는 남은 자들을 가리키는 것임을 기억해야 한다. 그러므로 이 구절을 유대인들이 결국 천년 왕국에서 한 사람씩 회개하게 될 것이라는 의미로 해석해서는 안 된다. "이방인의 충만한 수"(11 : 25)를 위하여 이스라엘이 부분적으로 완악하게 되었다. 그럼에도 불구하고 이스라엘의 충만한 수(즉, "모든 이스라엘")－다시 말해 바울의 때에 회심한 자들－는 하나님의 왕국에 들어갈 것이다.

바울이 동족의 형제들을 "조상들을 인하여 사랑을 입은 자라"(28절)고 말할 때 우리는 바울 당시의 상황에 비추어 생각해야 한다. 즉, 회당들은 얼마 전에 예수를 메시아로 받아들일 것인가 하는 문제에 부딪쳤다. 그 전에는 모든 유대인들이 "하나의 교회"에 속해 있었다. 바울 당시는 아직도 과도기였으며 은혜의 때였다. 하지만 머지않아 그리스도의 심판이 예루살렘에 임할 것이다.

그 후에 불순종하는 유대인은 언약 백성의 일원으로 간주될 수 없었다(오늘날도 마찬가지다). 그들은 "육체를 따라" 언약 백성들의 후손들일 뿐 그들 자신은 언약 안에 있지 않다.

그러므로 11장 26절에서 우리는, 장차 모든 유대인들이 회개할 것이라는 어떤 근거를 추론하지 않아야 한다. 물론 이것은 우리가 그들에게 복음을 전할 필요가 없다는 말이 아니다. 그 요점은 곧 오늘날의 유대인들을 가리켜 "조상들을 인하여 사랑을 입은 자"라는 말을 해서는 안 된다는 뜻이다. 왜냐하면 그렇게 말하는 것은 언약을 손상시키는 결과가 되기 때문이다.

(5) 엄위와 인자

로마서의 이 부분은 난해한 것이 사실이다. 따라서 여러분은 바울이 예루살렘으로 가는 도중에 있었다는 사실과, "유대인의 문제"에 대해 회의적 견해를 취하는 경향이 있는 로마 교회를 상대로 이 편지를 쓰고 있다는 것을 염두에 두라. 바울은 로마의 그리스도인들이 될 수 있는 한 자신이 동족을 위하여 행하도록 부르심을 받았다는 사실을 깨닫기를 원했다. 그는 신자들이 자신들은 결코 유대인처럼 실수를 범치 않을 것으로 생각한 나머지 교만에 빠지는 것을 원치 않았다(11：20). "그러므로 하나님의 인자와 엄위를 보라 넘어지는 자들에게는 엄위가 있으니 너희가 만일 하나님의 인자에 거하면 그 인자가 너희에게 있으리라 그렇지 않으면 너도 찍히는 바 되리라"(22절).

옛 언약과 마찬가지로 새 언약에서도 우리는 언약의 진노와 언약의 약속 모두를 생각해야 한다. 결국 유대인과 이방인을 다루시는 하나님의 은혜는 측량할 수 없는 것이다.

> 여호와께서 내게 주신 모든 은혜를 무엇으로 보답할꼬 (시 116 : 12)

8. 구원에 근거한 변화 (12 : 1-13 : 14)

(1) 일상 생활에 있어 중요한 교훈

설교에 있어서 "적용"이 본문의 설명으로부터 완전히 분리되어서는 안 된다. 하나님의 메시지가 사람들에게 주의를 끄는 것이 되기 위해서는 따로 "적용" 부분을 만들지 않더라도 그 자체 안에 사람들이 암시적으로 "적용"할 수 있는 내용을 지녀야만 한다. 그러나 만일 일상 생활을 위한 중요한 교훈이 모든 이들에게 분명하게 알려질 필요가 있는 것이라면 그 어떤 것은 보다 더 구체적으로 언급해야만 할 것이다. 바울이 12장 이하에서 기록하고 있는 내용은 바로 그러한 성격을 지니고 있는 것이다.

이러한 "적용"은 앞에 나오는 것들과 밀접한 관계를 가지고 있음에 유의하라. 바울은 도덕적 교훈을 말하는 것이 아니라 앞장에서 묘사된 구원을 근거로 한 신실한 순종을 호소하고 있다. 에베소서나 골로새서와 같은 서신들에서처럼 그는 우선적으로 그리스도께서 우리를 위하여 하신 일과, 우리에게 베풀어주신 일을 보여주고 있다. 그리고 바로 그러한 사실을 기초로 계속해서 "삶의 모든 영역"에서 감사의 제물을 드릴 수 있는 신자로서의 그들의 제사장적 임무가 무엇인지를 말하고 있다.

(2) 구원과 부르심

바울이 로마서에서 "해석"과 구체화 작업을 병행시키고 있으므로 구원과 부르심의 관계가 명백히 드러나고 있다. 바울은 이 "실천적인" 부분을 다음과 같은 말로 시작하고 있다.

> 그러므로 형제들아 내가 하나님의 모든 자비하심으로 너희를 권하노니 너희 몸을 하나님이 기뻐하시는 거룩한 산 제사로 드리라 이는 너희의 드릴 영적 예배니라 너희는 이 세대를 본받지 말고 오직 마음을 새롭게함으로 변화를 받아〔문자적으로는 완전한 개조를 말한다〕 하나님의 선하시고 기뻐하시고 온전하신 뜻이 무엇인지 분별하도록 하라

그러므로 바울의 관심은 단지 제물이나 "이 세대를 본받는" 것을 피하라는데 있지 않다. 바울이 요구하고 있는 것은 모양이나 형식보다 훨씬 중요한 문제들, 즉 예수 그리스도께서 여신 "새 시대"(new age) 및 그가 이루신 구원에 근거하여 우리의 전 존재가 새롭게 변화되고 새로운 방향으로 나아가는 것이다.

(3) 정부와 법에 순종함

바울은 이러한 개혁이 무엇을 포함하는지를 설명할 때 교회 내부의 필요조건부터 다루고 있다. 한 몸의 지체들은 각자 받은 은사를 사용하면서 협력해야 한다. 대적자들에 대한 교회의 태도는 교회 "고유의 방침"을 나타내는 일면인 것을 아주 분명히 해야 한다. 그리스도인들은 무한히 참을 수 있다. 왜냐하면 친히 원수를 갚아주시는 하나님을 노래했던 모세의 노래를 부를 수 있기 때문이다(신 32：35).

여기서 우리는 특별히 로마의 그리스도인들을 적대시했던 회당에 관하여 생각해야 한다. 교회는 유대인들의 뒤를 공격하는 무법자의 집단이 되어서는 안 된다. 오히려 그리스도인들은 유대인들에게 원수를 사랑하라는 그리스도의 교훈의 실체를 보여 주어야 한다.

교회는 또한 유대인들의 반정부적인 어떠한 태도도 본받아서는 안 된다. 글라우디오 치하에서 로마로부터 추방되었던 유대인들이

수 년후 네로의 치하에서 다시 돌아오게 되었지만 그들의 마음 속에는 로마인들에 대한 증오의 감정이 사라지지 않고 있었다.

물론 유대인들은 역시 세금을 포탈하기도 했다. 그러므로 바울은 로마의 그리스도인들에게 마땅히 가이사에게 바칠 것을 바치라고 말하고 있다. 검을 가진 자들은 하나님의 종으로 쓰임받고 있다(13 : 4). 그리스도인은 분명 그리스도로 말미암아 자유를 얻은 자들이지만 그렇다고 해서 그것이 곧 무법자나 혁명가가 되어야 한다는 의미는 아니다.

이러한 교훈은 오늘날 전 세계의 모든 그리스도인들에게 커다란 의미를 가지는 것이다. 왜냐하면 바울이 그리스도의 구속 사역에 근거하여 정부의 권력에 복종할 것을 호소하고 있다는 사실을 많은 사람들이 깨닫지 못하고 있기 때문이다. 우리는 처벌이 두려워서가 아니라 "양심을 인하여"(13 : 5) 권세에 복종해야 한다. 도대체 혁명의 신학이 어떻게 로마서 13장 1—7절과 조화를 이루겠는가?

9. 연약한 자나 강한 자가 봉사와 사랑으로 하나됨 (14 : 1－16 : 27)

(1) 서로 용납함

바울은 이제 빛의 자녀처럼 행할 것과, 사랑의 계명으로써 살도록 부르심을 받은 사실을 언급하고 있다. 바울은 이 문제를 말할 때 특히 유대인과 이방인이 함께 섞여있는 로마 교회가 당면한 실제적인 문제들에 대하여 설명하고 있다.

로마교회 내에서는 유대인의 절기를 지키는 문제에 관하여 견해 차이가 있었던 것 같다(14 : 5). 또한 이방 신전에서 제사에 사용된 고기의 처리 문제에 대해서도 불화가 있었다(2절, 15절 이하). "강한 자들"은 모든 의식적 규례들을 무시하는 한편, "연약한 자들"은 그 문제 때문에 교회를 떠날 수도 있다는 강경한 입장을 보였다. 물론 교회 내부의 이러한 논쟁에 휘말리지 않고 중립을 고수하는 또 다른 세력도 있었다.

이러한 난제들이 있음에도 불구하고 바울은 직접적인 해결책을 제시하지 않고 다만 상호 용납할 것을 호소하고 있다. "우리 강한 자가 마땅히 연약한 자의 약점을 담당하고 자기를 기쁘게 하지 아니할 것이라"(15 : 1). "강한 자들"은 자기들이 무슨 일이나 할 수 있다는 태도를 취함으로써 "연약한 자들"이 죄에 빠지도록 해서는 안 된다. "하나님의 나라는 먹는 것과 마시는 것이 아니요 오직 성령 안에서 의와 평강과 희락이다"(14 : 17). 그리스도께서는 이스라엘에 대해 하나님의 신실하심을 보이기 위해서 그리고 그로 말미암아 이방인들 역시 구원에 참여토록 하기 위하여 자기를 기쁘게 하지 않고 할례받은 자들의 종이 되셨다(15 : 7 이하, 참조. 16절).

(2) 공통적인 신앙 고백

다른 많은 구절에서처럼 R.S.V역은 15장 7절에서 관사 "the"를 생략하고 있다.[1] 그러나 헬라어 본문에는 그리스도 앞에 관사 "the"가 붙어 있다(참조. 14 : 9; 15 : 3, 19). 이러한 본문들에서 바울은 그(the) 그리스도, 즉 "그 메시아(직무 수행자로서)를 말함으로써 유대인 그리스도인들과 이방인 그리스도인들이 공통으로 믿고 있는 신앙 고백에 호소하고 있다. 그러므로 그는 거듭해서 그(또는 메시아, 기름부음 받은 자)의 복음을 말하고 있다(15 : 19; 고전 9 : 12; 고후 2 : 12; 4 : 4; 9 : 13; 갈 1 : 7; 빌 1 : 27; 살전 3 : 2).

교회는 회당의 반대에도 불구하고 이러한 사실에 근거하여 연합하였다. 그런즉, 바울이 "그 그리스도"에 대해 말할 때, 그는 연합을 호소하고 있는 것이다. 그리스도라는 말은 단지 어떤 이름이 아니라 일종의 직무(office)를 의미하는 것이다. 로마 교회가 존재하고 있는 그 자체는 곧 그리스도의 직무가 있었기 때문이다(행 28 : 23, 31). 로마 교회의 생활은 예수님이 기름부음 받은 주님이시라는 신앙 고백으로 지배되고 있었다.

사도 바울은 보다 넓은 문맥 속에서 사소한 차이점들을 지적하고 있다. 그것은 곧 예수 그리스도는 할례자나 무할례자 모두의 종이시라는 것이다. 그런즉 로마 교회가 그 위대한 종의 형상을 나타내지 못하고 서로 반목하는 것은 합당치 못한 일이었다.

바울이 예루살렘으로 가는 "도중"에 있었다는 사실을 잊지 말라. 그는 예루살렘에 가서 흩어진 이방인 성도들이 모금한 연보를 유대의 모교회에 전달함으로써 교회의 연합을 구체적으로 나타내고자 했다. 그것은 곧 "열방들아 주의 〔언약〕 백성과 함께 즐거워하라"(15 : 10; 신 32 : 43)는 모세의 노래가 성취되고 있음을 보여주고 있는 것이다.

(3) 제사장 직무

로마 교회는 그들이 계속적으로 그리스도의 사역을 감당해야 할 것을 인식해야만 했다. 바울은 값진 제사장의 직무를 행하도록 허락받았다. 그리고 그 이방인들은 그들 자신을 하나님께서 받으실 만한 제물로 드렸던 것이다(15 : 16). 이러한 사실을 깨닫음으로써 로마 교회 내의 다툼은 사라져야 했다. 바울은 예루살렘에서 일루리곤까지 복음을 전파하고 이제는 예루살렘으로 돌아오고 있다. 바울은 로마를 경유하여 마침내 서바나까지 가기를 소망하고 있다(15 : 20－28).

(4) 그리스도의 전진

로마서는 어떤 문안 인사로 끝나고 있다. 마지막 16장에 나오는 모든 사람들은 하나의 복음으로, 즉 거짓 교리를 말하는 선생들로부터 떠날 것을 요구하는 교훈(16 : 17)으로 뭉친 자들이다. 그들은, 의는 다만 믿음을 통하여 얻는다는 교훈을 굳게 믿는 자들이다.

한편, 우리가 특히 로마를 중심으로 한 교회의 역사를 고찰해 볼 때 때로는 바울이 로마서를 쓴 것이 헛되지 않았나 하는 생각을 하게 된다. 그러나 우리는 역시 그리스도의 승리에 찬 행군이 멈춰질 수 없다는 사실을 인정하지 않을 수 없다. 교회의 예배 때 종종 축도로 사용되고 있는 16장 20절은 모든 세대의 교회를 위한 말씀이다. “평강의 하나님께서 속히 사단을 너희 발 아래서 상하게 하시리라. 우리 주 예수의 은혜가 너희에게 있을찌어다”(16 : 20).

(5) 로마서 16장의 문제

로마서가 마치 15장 33절에서 끝나는 것처럼 보이므로 종종 16장은 에베소 교인들에게 보내는 편지의 일부라는 주장이 대두되어 왔다. 3절에서 바울은 로마에서 쫓겨난 브리스가와 아굴라를 언급하고 있다. 그들은 고린도(바울이 로마서를 썼던 곳)에서 살려고 왔다가 나중에 에베소로 이주하였다(행 18 : 2, 18, 26; 고전 16 : 19; 딤후 4 : 19). 그러나

브리스가와 아굴라가 언급된 것으로 문제가 끝나는 것은 아니다. 왜냐하면 아굴라가 “사업상” 잠시 로마로 갈 수도 있기 때문이다.

저자의 견해로는, 로마서 16장이 에베소 교회에 보낸 다른 문서 －로마서와는 전혀 상관없는－이며, 나중에 설명할 수 없는 어떤 이유로 인하여 로마서 뒤에 첨가되었다는 학설은 배척되어야 한다고 생각한다. 그러나 로마서 16장이 에베소 교회를 위하여 더디오가 로마서를 필사(copy)할 때 첨가했을 가능성을 부인할 수 없다. 이렇게 동봉한 서신들을 보낼 때에는 보통 사도와 회중들이 함께 문안을 하는 것이 일반적이었다(참조. 행 15：22 이하; 롬 16：17 이하). 적어도 이러한 가설들은 좀 더 연구해 볼 만한 가치가 있다.

만일 로마서 16장이 위와 같은 경위로 씌어졌다면 우리는 고린도 교회가 나름대로의 목적을 위하여 16장이 포함된 로마서의 사본을 간직했을 것이라고 충분히 이해할 수 있다. 우리는 바울의 서신들이 이 교회에서 저 교회로 돌려가면서 읽혀졌다는 사실을 잊어서는 안 될 것이다(참조. 골 4：16). 왜냐하면 바울의 서신들은 그 성격상 순전히 개인적인 것이 아니고 오히려 그리스도의 복음에 대한 하나님의 영감이 부여된 권위있는 하나의 해설로서 읽혀질 수 있기 때문이다.

주

1) 한글 개역 역시 이를 생략하고 있다.

고린도전서

1. 먼저 감사함(*1 : 1–9*)

(1) 교만한 고린도인들

지도를 펼쳐 보면 고린도가 무역의 중심지였음을 곧 알 수 있다. 그리이스로 항해하는 모든 배들이 바로 그 곳에 정박하였던 것이다. 그 곳에서는 "먹고 마시며 즐기"는 소리가 그치지 않았다. 헬라인들은 종종 "고린도인의 삶"이라는 말로 온갖 종류의 일들이 그 항구 도시[1]에서 계속되고 있음을 표현하였다. 부자나 부두에서 일하는 노동자들 모두 각자의 쾌락을 좇아서 행동하였다. 이교적인 헬라 종교 역시 헬라 철학과 마찬가지로 도덕적 부패를 억제하는데는 힘을 발휘하지 못했다.

주님은 이처럼 교만한 고린도에 그들에게는 거침돌이 되는 십자가 복음을 전파하기 위하여 바울을 사용하셨다. 연약한 바울이 그 곳에서 일년 반 정도 사역했는데 처음에는 회당에서, 다음에는 그 바로 옆[2]에서 사역했다. 여기에서 바울은 회당의 지도자였던 그리스보가 교회로 "넘어 오는" 사건을 목격하게 되었다. 뿐만 아니라 그리스보의 후계자인 소스데네도 그리스도인이 되었을 것이다. 아무튼 바울은 고린도서의 초두에서 발신자들 가운데 하나로 소스데네라는 사람을 언급하고 있다(1 : 1; 참조. 행 18 : 17).

(2) 이 서신을 기록한 이유

당시 에베소에 있던 사도 바울은 고린도전서를 써야 할 특별한 이유가 있었다. 고린도 교회 안에 문제가 생겼던 것이다. 이 거대한 상업 도시의 영이 고린도 교회에 침범한 것으로 보였다. 사람들은, 구약은 더 이상 자신들에게 적용되지 않는다고 믿었다. 일단 성령을 받은 이상 옛적의 제약과 한계에 더 이상 매일 필요가 없고, 따라서 모든 것이 자유롭다고 생각하였다.

바울은 자신이 일찍이 써보냈던 편지가 어떤 오해를 불러일으킨 것을 발견하고 당황하였다. 그러므로 그에게 있어서의 급선무는 이 교만한 고린도인들의 주의를 말씀의 능력으로 향하게 하는 일이었다. 고린도인들은 원리의 근거가 되는 말씀을 버리고 "영"(the Spirit; 이것은 사실상 그들의 마음 가운데 있는 욕망을 표현한 것에 지나지 않는다) 이라고 부르는 것에 절대적으로 의존함으로써 결국 교리와 행위에 있어서 그들 나름대로의 주관에 빠지게 되었다. 맛을 잃은 소금보다 쓸모없는 것이 어디 있겠는가?

(3) 감사할 수 있는 마음의 여유

이러한 모든 사실들에도 불구하고 고린도전서의 서두(1 : 1-9)에 나오는 말은 우리를 놀라게 한다. 그 뒤에 나오는 기록은 확실히 고린도인들의 어두운 측면을 보여주고 있다. 우리는 그러한 내용을 읽는 동안 놀라서 두 손을 들고 "어떻게 그럴 수가 있을까?"라고 묻는다.

그렇지만 바울은 고린도전서를 "고린도에 있는 하나님의 교회 곧 예수 그리스도 안에서 거룩하여지고 성도라 부르심을 입은 자들과…" 라는 말로 시작하고 있다. 이 교회를 불러 모으신 분은 주님이시다. 그는 자기의 주권적인 사랑 안에서 그들을 부르신 것이다. 바울이 맨 먼저 지적한 요점은 바로 이것이다. 잘못된 여러가지 사실들에도 불구하고 바울은 하나님께서 고린도를 선택하신 사실에 대하여 감사하는 일을 빼놓지 않았다. 그는 고린도 교회가 받았던 많은 은사들로 인하여 감사를 드렸다. 왜냐하면, 그 은사들은 그리스도 예수 안에서 풍성하게 자라났기 때문이다. 그는 또한 고린도인들이 끝까지 보호하심을 받아 주 예수 그리스도의 날에 흠없는 자들로 나타날 것임을 확신시키고 있다.

바울이 고린도전서를 쓰게된 이유는 무엇인가? 하나님은 자기가 부르신 성도들을 교훈하고 곁길로 벗어나지 않도록 지키시기 위해 바울을 한 사도로서 사용하신다. 바울은 고린도에서 나타난 하나님의 사역을 찬양하고 감사드린 후에 고린도 교회의 생활 가운데 나타난 여러가지 혼란스러운 문제들을 취급하고 있다.

주

1) 고린도는 헬라 본토와 지금의 페르폰네소스를 연결하는 지협(地峽)에 위치하고 있었다. 서쪽으로는 레카이움 항구가 있었고 동쪽으로는 겐그리아 항구가 있었다. 고린도는 남북으로는 육로를 연결하고 동서로는 해로를 연결하는 교통의 요충지였다. 이러한 여건 때문에 군사적으로나 상업적으로 크게 번창하는 도시가 되었다.

2) 이 문맥의 배경은 사도행전 18장 1-8절이다. 바울은 하나님을 공경하는 디도 유스도라하는 사람의 집에 들어가 사역하였다.

2. 하나님의 어리석은 것 (*1 : 10－4 : 21*)

(1) 인기를 끄는 설교자들

여러분은 어떤 종류의 설교를 좋아하는가? 설교자들이 어떻게 설교해야 한다고 생각하는가? 이것은 매우 위험한 질문 방법이다. 우리가 사람들에게 이런 식으로 의견을 묻는다면 각자 다른 대답을 얻기 쉽다. 따라서 교회는 주님께서 어떠한 설교를 하기를 원하시는가라는 물음을 물어야 한다. 이것이 설교에 관해 교회가 물어야할 가장 중요한 물음이다. 주님은 자신의 종들이 분명한 그의 가르침에 착념할 것을 요구하신다.

그러나 고린도에 있는 그리스도인들은 이러한 사실을 전혀 알지 못하였다. 그들은 자신들의 견해를 앞세웠다. 왜냐하면 그들은 확립된 규범(norm)으로서의 성경에 착념치 않았기 때문이다. 그들은 자신을 성경보다 높은 위치에 올려놓고 성경에 기록된 사실들을 지나쳐 버렸다(4 : 6). 그들은 자신들의 마음과 지혜와 지식 가운데 있는 규범을 추구하였다. 그 결과 다툼과 불화가 야기되었고, 개인적인 교만이 득세함으로써 매사가 침소붕대되기 일쑤였다.

고린도에 있는 그리스도인들은 성령이 아닌, 죄악된 육신(the sinful flesh)에 사로잡혀 있었다. 그 결과가 어떠할 것인지는 뻔한 사실이 아닌가? 각 사람은 자기의 취미와 기호에 따라서 마음에 드는 설교자들을 선택하였던 것이다.

에베소에 있던 바울은 글로에라는 여인의 종들로부터 고린도에 있는 일부 그리스도인들이 바울 자신에게 충성을 다짐했고, 다른 그리스도인들은 아볼로나 게바(베드로)에게 충성을 다짐했다는 소식을 듣게 되었다. 심지어 어떤 자들은 마치 바울과 그리스도 또는 바울과 아볼로가 서로 경쟁자나 되는 것처럼 그리스도에게 충성을 다짐하기도 하였다. 고린도인들은 마치 자신들의 마음에 드는 설교자(즉, 내게 세례를 베풀어주고 구원의 복음을 전해준 사람)가 복음보다 더 중요한 것처럼 행동하였다.

바울은 이처럼 인간적인 지혜를 따라 살려는 욕심, 즉 개인의 지식과 육감을 과대평가하는 잘못에 대하여 강력하게 반대하였다. "세상"(즉, 유대인과 헬라인)이 그 마음의 소욕을 채우고자 하는 것은 당연하다. 어떤 사람들은 확실한 증거를 보기 원하며 다른 사람들은 유창한 웅변을 더 좋아한다. 그러나 십자가에서 저주받은 자에 관한 복음은 이러한 모든 인간적 욕망과는 너무도 거리가 먼 것이었다. 그러므로 그것은 참으로 보잘 것 없고 어리석으며 빈약한 것으로 보였던 것이다.

(2) 천한 자를 높하심

바울은 자신에게 사람들의 인기를 끌만한 아무런 것도 없음을 잘 알고 있었다. 그는 고린도에서 몇사람에게 세례를 베풀었으나 그러한 방법으로 추종을 받지 못하였다(1：16－17). 바울은 달변의 재능이 없는 사람이었다(2：1－4, 13). 다른 사람들이 부러워할 만큼 고상한 생활을 하지도 못했다. 오히려 "세계 곧 천사와 사람에게 구경거리"가 되었던 것이다(4：9). 고린도 사람들은 그들의 모든 소유와 위치를 자랑하고 다른 사람들의 목전에서 마치 하늘에서 땅으로 내려온 자들처럼 스스로를 높였지만 바울은 자신을 가리켜 "세상의 더러운 것과 만물의 찌끼"(13절)라고 묘사하였다. 그런즉 순전히 인간적인 관점에서 볼 때 그의 설교가 멸시를 당하고 다른 설교자들이 인기를 얻는 것은 당연한 일이었다.

그러나 죄 가운데 버려진 세상에게 있어서 복음은 항상 어리석은 것으로 보여질 것이다. 하나님은 인간의 지혜를 자랑하는 자들을 용납치 않으신다. "내가 지혜있는 자들의 지혜를 멸하고 총명한 자들의 총명을 폐하리라"(1 : 19; 사 29 : 14). 한나와 마리아의 노래 가운데서 분명하게 드러난 사실들이 역시 바울을 통하여 선포되고 있다. 그렇다. 하나님께서는 교만한 자를 낮추시고 천한 자를 높이신다! 세상은 어리석은 환상에 젖어, 초라하게 보이는 바울의 메시지를 업신여긴다. 하나님은 전도(preaching; 즉, 설교)의 어리석은 것으로 믿는 자들을 구원하신다. "하나님의 미련한 것이 사람보다 지혜있고 하나님의 약한 것이 사람보다 강하니라"(1 : 25).

(3) 보잘 것 없는 출발

고린도 교인들은 자신들의 초라했던 과거를 돌아보아야 했다. 의심할 여지없이 그들 중의 많은 사람들은 한때 부두에서 일하던 노예들이었다. 그들은 고린도와 같은 교역의 중심지에 모여들기 쉬운 세상의 찌꺼기들이었다. 그렇지만 그들은 분명 하나님이 찾으시는 종류의 사람들이었다. "하나님께서 세상의 미련한 것들을 택하사 지혜있는 자들을 부끄럽게 하려 하시고 세상의 약한 것들을 택하사 강한 것들을 부끄럽게 하려 하시며"(1 : 27).

이러한 사실은 두려움과 떨림으로 고린도 교회를 개척했던 바울의 사역 가운데서 분명하게 예증되었다. 바울은 두려움을 무릅쓰고 단순한 설명을 통하여 하나님의 감춰진 지혜를 드러내고자 하였다(2 : 7). 성령이 그를 통하여 말씀하셨다(10절 이하). 바울의 설교를 멸시하는 자들은 누구든지 자신이 영적이지 못하다는 것을 나타내는 것이었다. 고린도 교회는 이 사실을 명심해야 했다.

동시에 고린도인들은 바울이 사용했던 "단순한" 설교 방식에 대하여 불평해서는 안 되었다. 그는 일부러 간단한 방식을 채용했다. 왜냐하면 회중들의 대부분이 믿음의 어린이들인 미성숙한 그리스도인들이었기 때문이다. 그 당시의 여러가지 정황들로 미뤄 보건대 바울의 이러한 판단은 옳았음이 분명하다. 고린도 교회의 불화는 무엇보다도 중요한 메시지 자체를 망각한 채 그 전달자(messenger)에게만 정신을 빼앗기는 미성숙한 인격에서 비롯됐던 것이다.

(4) 특정한 개인을 숭배할 수 없음

설교자들은 하나님께서 자기 교회 안에서 일하라고 보내신 종들이다. 그러므로 교회는 어떤 개인을 숭배하는 것과 관련이 있는 어떠한 일을 해서도 아니 된다. 오히려 그 종들이 선한 사역을 행할 수 있도록 주의를 기울여야만 한다.

바울은 견고한 터를 닦아 두었다. 사람들은 각각 그 위에 건축을 하였다. 그러나 반짝이는 모든 것이 다 금은 아닌 법, 따라서 고린도인들은 세상에 영합하는 인기있는 교사들을 경계해야 했다. 이러한 교사들은 나무와 풀 그리고 짚으로 집을 짓기 때문에 그들의 사역은 마지막 날의 불 가운데서 견디지 못할 것이다.

우리는 특정한 사람들을 영광스럽게 하려 할 것이 아니라 하나님의 성전인 교회가 거룩하게 보존되도록 하는 일에 힘써야 할 것이다. 교회가 한 종을 또 다른 종과 반목시킬 수 없는 이유가 바로 여기에 있다. "만물이 다 너희 것임이라 바울이나 아볼로나 게바나 세계나 생명이나 사망이나 지금 것이나 장래 것이나 다 너희의 것이요"(3 : 21-22).

우리 역시 우리 스스로를 자랑하며 "우울한 얼굴의 기사"[1](Knight of the rueful countenance)라는 거친 말로 바울을 비판하는 것으로써는 교회의 성결을 보존할 수 없다. 고린도인들이 가진 모든 것들은 그들에게 주어진 것들이다(4 : 7).

(5) 나를 본받으라

관원들이 매우 관대했던 고린도에 사는(행 18 : 12 이하) 형제들은 왕처럼 행진하면서 에베소의 맹수들과 싸워야 했던(19 : 32) 바울을 멸시하였다. 그렇지만 사도 바울은 "너희 교회의 아버지요 창설자인 어리석은 나를 본받으라"고 말한다.

사태가 심각하였기 때문에 바울은 고린도인들에게 디모데를 보냈다. 왜냐하면 아직은 그가 직접 갈 수 없는 형편이었기 때문이다. 바울은 은혜를 무시한 교만한 영들을 그냥 두지 않을 것이라고 경고하였다(4 : 17 이하).

주

1) "우울한 얼굴의 기사"는 동키호테(Don Quixote)의 별칭이다. 과연 바울이 동키호테였을까?

3. 교제의 개혁 (*5 : 1－6 : 11*)

(1) 죄를 용납하지 않음

글로에의 종들은 바울에게 어떤 정보를 제공해 줌으로써 바울에게 고린도인들의 어떤 생활 영역에 자극을 줄 만한 따끔한 꾸중을 하도록 했음이 분명하다. 고린도인들의 기강이 해이해져가고 있었다. 근친상간의 결혼이 아무런 비판이나 제재를 받지 않았다.

바울은 이러한 사태에 어떻게 대처해야할 것인지를 잘 알고 있었다. 바울은 그 회중의 모임을 개최, 영(spirit)으로 그 모임에 참석하였다. 그리고 그 모임에서 근친상간의 죄를 범한 자를 출교시켰다.

어린 양 예수 그리스도께서 완전한 유월절 시대를 여셨다. 그러므로 죄의 누룩은 교회로부터 제거되어야 했다. 이것은 교회 밖에 있는 죄인들과의 어떠한 접촉도 가질 수 없다는 의미가 아니다. 하나님께서 교회 밖에 있는 사람들을 심판하실 것이다. 그러나 교회 안에서 죄는 용납될 수 없다. 언약의 공동체 가운데서 악은 제거되어야만 한다(신 13 : 5; 17 : 7; 19 : 19; 22 : 24; 24 : 7). 우리는 마치 아무런 잘못도 일어나지 않은 것처럼 행동하면서, 권징을 받아야 할 교회의 회원들과 교제하며 어울리지 않아야 한다[1] 바울은 교제에 있어서 개혁을 요구하고 있다.

(2) 하나님의 왕국 안에서의 심판

형제들 사이의 다툼에 있어서도 역시 개혁이 필요했다. 그리스도인들은 교회의 권징에 순복해야만 했다(이는 그들이 이미 회당을 통해 잘 알고 있는 것이었다). 따라서 그들의 법적인 분쟁을 교회 바깥의 법정까지 가지고 가서 해결하려 해서는 안 되었다(이는 회당의 또 다른 규칙이다).

하나님 왕국의 절대적인 규범을 믿는 어떤 그리스도인이 한 형제가 불의를 행했다고 해서 불의한 불신자들[2]에게 가서 그 시정을 요구해야 할 것인가? 불의한 자들은 하나님 왕국의 상속자가 아니다. 오직 성도들에게만이 하나님 왕국에서의 심판을 감당할 수 있는 직분이 주어지는 것이다(단 7 : 18, 22, 27).

불신자들의 법적인 판단이 하나님 교회의 그것보다 더 우월할 것인가? 우리가 이런 식으로 생각한다면 처음부터 혼돈에 빠지게 된다. 왜냐하면 세례를 통하여 확정된 교회의 고상한 직분을 인식할 수 없기 때문이다. 우리는 차라리 불의를 참는 것이 더 나을 것이다.

주

1) 즉, 교회 안에서의 죄를 무조건 덮어두고 용납하는 잘못을 범하지 말라는 뜻.

2) 불신자들 또는 믿지 않는 자들(6 : 6)이라는 용어는 유대인을 가리키는 것일 수 있다. 제 4세기에 John Chrysostom은 회당에서 맹세하는 습관을 여전히 반대해야 했다. 이슬람교의 발흥 이후 소수 집단이 되어버린 근동지역의 교회들은 법적인 분쟁을 해결하기 위하여 그들 자신의 법정을 세우는 관습을 가지게 되었다. 이 제도(이른바 "millet system"이라고 불린다)는 회교 정부들이 인정하였으며 기존 교회의 정치 제도에 연결되었다. 그 재판은 이러한 교회 정치의 이름으로 시행되었으며 이것은 정부와의 관계에 있어서의 교회의 입장을 나타내는 것이다. 고린도전서 6장에서 바울이 말하는 것은 지역 교회에 의한 법적인 해결을 가리키는 것이다.

4. 성전으로서의 몸 (6：12-7：40)

(1) 성문제에 대한 극단적인 비난

고린도에는 아주 "영적인" 사람들이 있었다. 그들 중의 일부는 결혼을 전면적으로 부정하고 사람들에게 결혼하지 말라고 가르쳤다. 몸과 영혼이 분리되었다는 이원론이 유행하여 심지어 어떤 사람들은 육체를 가지고 원하는대로 할 자유가 있다고 생각하였다. 그들은 "모든 것이 내게 가하나"라는 바울의 말로 자신들의 결혼을 변호하였다. 이렇듯 한편에서는 결혼이 "영적인" 사람들에게는 합당치 않은 것으로 인식되어 있으면서도 다른 한편으로는 혼외 성교의 문이 열려 있었다.

바울은 6장 12-20절에서 후자의 경우를 다루고 있다. 그는 주께서 전인(全人)을 구원하셨다는 사실에 근거하여 이원론을 모두 배격한다. 몸은 주를 위한 것이지 부정을 위한 것이 아니다. 몸은 성령의 전이며 그리스도의 부활에 참여하게 될 것이다. 몸이 성전이라는 사실은 성생활에서 고려해야 할 사항이다. 우리는 몸으로 하나님께 영광을 돌려야만 한다.

(2) 결혼 생활의 문제점들

논란이 많은 7장에서 사도 바울은 이 문제를 보다 깊이 다루고 있다. 그 이유는 그 교회가 바울에게 결혼에 관한 충고들을 요청했기 때문이다. 처음 다섯 구절에서 바울은 이미 결혼한 사람들이 그들의 결혼 생활을 어떤 종류의 영적 관계로 바꾸어야 할 것인지를 물었던 물음에 답변하고 있다.

결혼 생활에 있어서 철저한 금욕생활을 고집하는 사람들이 나타났던 것은, 문란하고 추잡한 그 당시의 성생활에 비추어 볼 때 결코 놀랄 일이 아니다. 교회사를 살펴보면 독신주의나 심지어 "영적 결혼" 등이 종종 주장되었던 사실을 볼 수 있다. 그들은 모두 "남자가 여자를 가까이 아니함이 좋다"(7:1)는 바울의 말에 근거를 둔다.

(3) 어거스틴의 관점

여기에서 우리는 어거스틴의 "회심"을 생각할 수 있다. 어거스틴은 "정숙한 절제의 아름다움과 순진하고 때묻지 않은 기쁨"에 대하여 묘사하면서 이렇게 말하고 있다. "너의 육체의 더러운 속삭임에 귀를 기울이지 말며 그 정욕을 억제하라 그것은 너를 기쁘게할 사실들을 말해주지만 주 하나님의 법이 말해주는 것들은 아니다." 어거스틴에 따르면 여인에 대한 욕망은 그 자체가 죄악된 것이다. 그는 하나님을 향하여 "당신은 나를 당신 자신에게로 회심시켰나이다. 그러므로 나는 아내를 원하지 않습니다"[1]라고 고백하였다. 어거스틴은 그의 저서 「하나님의 도성」 11장 전체를 할애하여 아담과 그의 아내가 육체에 대한 정욕이나 성적인 욕망없이 낙원에서 살았음을 말하고 있다.

어거스틴에게 있어서 이상적인 생활은 의지(will)의 지배를 받는 생활이었다. 이러한 이상은 남녀 관계에도 적용되었다. 어거스틴의 견해에 따르면 성을 하나님의 창조물로 보는 개념은 완전히 배제되고 있다. 어거스틴은 이성간에 서로 끌리는 것은 원죄의 결과라고 보고, 결혼한 사람들은 오직 자녀를 낳기 위하여 성교를 해야 한다고 말한다. 자녀생산의 목적 이외에 갖는 성적인 관계는 용서받을 수는 있지만 여전히 죄라는 것이다.

어거스틴의 이러한 극단적인 입장의 배후에는 칭찬할 만한 동기가 깔려 있다. 그는 당시의 부자들을 통렬하게 비난하고 있다. 가난한 자들이 탐욕스럽게 자녀를 많이 낳은 잘못을 범하는 것과 마찬가지로 부자들은 자녀를 둘로 제한하는 잘못을 범했던 것이다.[2] 그는 역시 당시에 사용되었던 산아제한방법도 반대하였다. 어거스틴은 정숙한 어머니들보다도 콧대가 높은 처녀들의 반발을 더 많이 받았다. 그러나 어거스틴에게 있어서 최고의 이상은 금욕과 절제였다. 그 결과 어거스틴은 로마의 족속이 점점 사라져가는 것에 대하여 아무런 반대도 제기하지 않았다.

결혼에 대한 어거스틴의 이러한 목회적 관점-그밖에도 이와 유사한 견해를 갖는 유명한 교부들이 있었다—은 여러 세기를 통하여 교회 생활에 막대한 영향을 끼쳤다. 우리 시대에도 성생활을 경멸해야할 부끄러운 측면이라고 믿는 그리스도인들이 많이 있다. 그러므로 우리가 "죄 중에서 잉태되고 태어났다"는 교리는 죄악된 방법으로 잉태되었다는 의미로 해석되었던 것이다.

(4) 결혼을 변호함

고린도 교인들이 바울에 대해 물었던 사항은 어떻게 되었는가? 바울이 이상의 견해를 변호함으로써 그것을 옳다고 인정하였는가? 바울이 "남자가 여자를 가까이 아니함이 좋으나"라고 말할 때 마치 "모든 것이 내게 가하나"(6 : 12; 10 : 23)라는 말을 할 때처럼 고린도의 회중을 상대로 어떤 사실을 말하고 있는 중이었다. 7장 2—5절에 보면 바울은 "영적 결혼"과 관계되는 어떠한 것도 원하지 않고 있음을 분명히 밝히고 있다. 왜냐하면 그와 같은 결혼은 사단에게 시험할 수 있는 기회를 줄 것이 분명하기 때문이다.

이러한 주장은 오늘날에 있어서도 강조되어야 한다. 바울은 이렇게 권면하고 있다. "서로 분방하지 말라 다만 기도할 틈을 얻기 위하여 합의상 얼마동안은 하되 다시 합하라 이는 너희의 절제 못함을 인하여 사단으로 너희를 시험하지 못하게 하려 함이라"(7 : 5). 고린도의 그리스도인들에 대해 남편과 아내는 서로 "부부의 권리"(3절)를 가진다고 가르치고 있는 바울은, 결혼을 하나님이 창조하신 제도로 옹호하고 있음이 분명하다. "하나님의 지으신 모든 것이 선하매 감사함으로 받으면 버릴 것이 없나니"(딤전 4：4).

(5) 결혼과 이혼

7장 6－9절에 보면 바울은 결혼하지 않은 자들에 대하여 말하고 있다. 그가 8절에서 "결혼하지 않은 자"에 대하여 말할 때 과부 뿐만 아니라 홀아비도 염두에 두었음이 분명하다. 랍비 출신인 바울 역시 일찍이 결혼을 했을 것이다. 왜냐하면 모든 랍비들은 결혼해야 하기 때문이다.[3] 그는 자신이 행하도록 부름받은 사역 때문에 다시금 결혼하지 않는 것이 더 좋다고 생각했다. 그러나 다시 결혼하지 않고도 지낼 수 있는 은사를 받지 못한 사람은 유혹의 불이 타는 것 보다 다시 결혼하는 것이 나을 것이다. 그러나 이러한 사람들을 멸시하거나 "영적인" 수준이 낮은 자들로 생각해서는 안 된다.

7장 10－24절에서 바울은 결혼 문제를 더욱 상세히 다루고 있다. 결혼한 자들은 성생활을 배척해서는 안 된다. 이것은 결혼에 합당한 일이 아니기 때문이다. 아직 주님을 영접하지 않은 사람과 결혼 생활을 하는 그리스도인의 경우에 있어서도 성생활을 거부하는 것은 온당한 처사가 아니다. 우리는 화평 가운데 살라고 부르심을 받았기 때문이다. 불신앙의 배우자가 상대방을 버릴 경우에만 이혼의 사유가 성립되는 것이다. 바울은 그 점을 이렇게 설명한다. "혹 믿지 아니하는 자가 갈리거든 갈리게 하라 형제나 자매나 이런 일에 구속 받을 것이 없느니라 그러나 하나님은 화평 중에서 너희를 부르셨느니라"(7：15).

(6) 재혼의 문제

7장 25－39절에서 바울은 다시 한 번 "결혼하지 않은 자"에 관한 문제를 다루고 있다. 이 구절에서 N.E.B(New English Bible)는 "독신주의의 문제"로 표현하고 있으나 이것은 본문을 잘못 읽은 탓이다.

학자들에 따르면 여기에 사용된 헬라어는 재혼하지 않은 남자나 여자를 가리킬 수 있다고 한다. 바울은 이러한 사람들에게 다시금 결혼하지 말라고 권면한다. 그러나 그 이유는 단지 환난의 때이기 때문이다. 바울은 처녀에 관해서는 특별히 주께 받은 계명이 없다고 말하고 있다(25절).

바울은 자신이 결혼한 적이 없는 자들에게만 말하는 것이 아님을 분명히 밝히고 있다. 왜냐하면 "아내에게서 놓였느냐?"(27절)고 묻고 있기 때문이다. N.E.B에서는 "결혼 관계가 파기되었는가?"라고 표현한다. 각 개인은 스스로 결정해야 한다. 바울은 "장가가도 죄 짓는 것이 아니요 처녀가 시집가도 죄 짓는 것이 아니라"(28절)고 말한다. 7장 36－38절에서 바울은 수혼제도[4](嫂婚制度)를 다루고 있는 것으로 보인다. 왜냐하면 39－40절에서 과부에게도 주 안에서라면 원하는 사람과 결혼할 수 있는 자유가 있다고 말하기 때문이다.

본 장에 나타난 바울의 말은 우리의 시대에도 많은 교훈과 시사를 주는 것이다. 바울은 결코 생활에서 정당한 쾌락을 빼앗으려고 하지 않는다. 오히려 바울은 성을 하나님을 섬기는 일과 분리시키며 저속한 것으로 여기는 자들과 투쟁하고 있는 것이다.

결혼의 소명(창 1：28; 9：1)에 대하여 바울은 결코 의심하지 않았다. 오히려 바울은 결혼의 소명을 더욱 굳게하며 결혼을 단지 겉모양의 문제로 취급하려는 사상을 배척하고 있다. 한 번 결혼한 경력이 있는 사람들의 문제를 다루는 바울의 섬세한 목회적 감각은 그의 훌륭한 이해심을 말해주고 있다.

주

1) Confessions, trans, R. S. Pine-Coffin(Penguin Books, 1961), pp. 176, 178.

2) 가난한 자들은 지나치게 많은 자녀를 낳음으로 탐욕스러움을 드러내는 것과 마찬가지로 부자들은 자녀를 둘만 낳음으로써 그들의 성생활은 역시 탐욕스러움을 드러낸다는 것.

3) 일반적인 견해는 바울이 미혼이었을 것이라는 것이다.

4) 과부가 고인의 형제와 결혼하는 관습으로서, 이러한 사례를 우리는 룻기에서 볼 수 있다. 룻과 보아스와의 관계를 생각하라.

5. 연약한 자들에게 거치는 돌이 됨 (*8 : 1－11 : 1*)

(1) 우상에게 바쳐진 음식

앞선 단락에서 우리는 고린도인들이 보내온 질문에 대하여 바울이 답변한 내용을 살펴 보았다. 바울은 역시, 이미 우상에게 희생물로 드려진 음식을 먹는 문제에 대한 질문을 받았음이 분명하다.

고기는 식육 시장에서 살 수 있었다. 심지어 사람들은 그 곳에서 식사를 할 수도 있었다. 종종 이방 신전에서 우상에게 바쳐진 고기들이 시장에 나오는 경우가 많았다. 과연 그리스도인들이 이러한 고기를 사서 먹는 모험을 감행할 수 있었을까?

고린도 교회에 속한 신자들 중 많은 사람들은 그럴 수 없다는 입장을 취하였다. 심지어 그들은 잔치나 사교석상에서조차도 이러한 음식을 먹기를 거부하였다. 요컨대 그들은 우상과 모든 관계를 단절하였던 것이다.

하지만 이러한 고기를 먹을 만큼 자신들이 강하다고 여기는 일부 사람들이 있었다. 어쨌든 우상은 실재하는 것이 아니었다. 따라서 그들은 고기를 얻기 위하여 이방신전을 찾아가기도 했다. 사실상 신전이란 돌무더기 외에 아무 것도 아닌 것이다. 더구나 그리스도인들이 불신앙인들의 모든 음식을 거절함으로써 그들과의 모든 "사회적" 관계를 단절할 수는 없는 일이었다. 우상을 믿지 않는 자들이 모든 잔치와 축제들로부터 떠난다면 무슨 유익이 있겠는가? 교회 밖에 있는 사람들은 그리스도인들의 이러한 행동을 이해하지 못할 것이었다.

이처럼 고린도에서는 우상에게 바쳐진 음식을 완전히 거부하는 자들("연약한 자들")과 그것을 먹는 자들("강한 자들") 사이에 다툼이 일어났다. 따라서 바울은 그 두 파당 사이에 야기된 분쟁을 해결해야만 했던 것이다.

(2) 개인의 자유와 형제에 대한 고려

바울은 우상이 어떤 힘을 가진 실재적인 존재가 아니라는 사실을 독자들이 다 알고 있다는 전제로부터 답변을 시작한다. 우리는 성경을 통하여 우상이 아무 것도 아닌 것을 알 수 있다.

그러나 불행하게도 근래에 회심한 교인들이 이러한 사실을 충분히 인식하지 못하였다. 그들에게 있어서 우상은 아직도 하나의 실체이며 그들에게서 완전히 벗어나지 못하고 있다. 그러므로 그들은 신전과 거기에 바쳐진 음식을 생각만해도 움추려지는 것이다.

"강한" 그리스도인들이 절기 중에 이방신전에 들어가서 그들과 더불어 먹고 마실 때 "연약한" 그리스도인들은 어떻게 생각하겠는가? 연약한 형제들은 길을 잃고 다시금 신전에 가서 옛날의 죄악에 빠질 위험성은 다분히 있었다. 이처럼 "연약한" 그리스도인들은 "보다 강한" 동료 신자들로부터 도움을 받지 못한다. 오히려 그들은 실족하여 넘어지며 죄에 빠지게 될 것이다(8장).

한편, 그리스도인들에게는 이방신전에 들어가서 우상에게 바쳐진 음식을 먹을 수 있는 자유와 권리가 있다고 주장하는 자들이 있었다. 그러나 바울이 말하는 자유는 어떤 한계를 가진다. 바울은 자신의 생활을 지적함으로써 이 점을 분명히 밝히고 있다.

바울은 교회 안에서 그가 행한 사역에 대해 보수를 요구할 자유가 있지 않았던가? 일꾼이 품삯을 받는 것은 당연한 일이 아닌가? 그러나 바울이 재정적인 지원을 받는다면 틀림없이 오해를 불러 일으킬 수 있었다. 그러므로 바울은 고린도에서 자신의 사역에 대한 재정적 보수를 요구할 수 있는 권리를 행사하지 않았던 것이다. 바울은 할 수 있는 한 복음에 대한 반대가 일어나지 않도록 희생적으로 처신하였다. 그러므로 그는 친히 노동을 통하여 자신의 생활을 유지해 나갔다. 바울은 자신이 궁극적으로 구원의 축복들에 참예케 될 것을 인식한 나머지 복음을 위하여 이렇게 했던 것이다(9：1-27).

(3) 바울의 경고

바울은 오로지 자신들만 생각하고, 동료 그리스도인들의 가책을 염려하지 않는, 사랑이 없는 "강한" 그리스도인들에 대하여 자신을 하나의 모범으로 제시하고 있다. 이러한 그리스도인들은 그들이 성숙했다고 생각할지 모르지만 조심해야 했다. 요컨대 구약의 이스라엘이 어떻게 되었던가? 홍해를 통과한 것은 이스라엘의 세례였고 만나를 먹은 것은 주님의 만찬이었다. 그러나 이 모든 은혜를 받았던 세대는 약속의 땅에 이르지 못하였다. 그들이 받은 모든 특권에도 불구하고 이스라엘 백성들은 유혹에 빠져 우상을 공경하는 잔치에 참여하게 되었다.

그러므로 "강한" 그리스도인들은 자신들의 행동을 제거해야 할 것이다. 왜냐하면 교회 안에서 "영적인 초인"은 없기 때문이다. 우상에게 희생을 드리는 이방의 예배의식이 그리스도인들을 해칠 수 없다는 듯이 행동해서는 안 될 것이다.

(4) 우상숭배와의 단절

우상들 그 자체가 실질적인 힘이 없다는 것은 사실이다. 그러나 이교의 사상은 사실상 마귀와 악령들의 산물이며 이방의 희생은 이방신들에게 드려지는 것이다. 주님의 성찬을 누가 귀신의 상과 겸하여 먹을 수 있겠는가? "우리는 주를 시험해서는 안 된다." 결론적으로 바울은 신전에 참여할 수 있는 모든 가능성을 배제하고 있다(10：14 이하).

바울은 또한 고린도의 그리스도인들에게 다른 사람들의 구원에 대해서 관심을 가지라고 권면한다. 음식이 우상의 의식에 따라 요리된다는 것을 알았다면 그들은 믿음 안에 있는 형제들을 위하여 그것을 먹지 말아야 한다. 그러므로 바울은 이렇게 선언하고 있다. "그런즉 너희가 먹든지 마시든지 무엇을 하든지 다 하나님의 영광을 위하여 하라"(10 : 31).

이 유명한 구절은 우상에게 바쳐진 음식에 대한 논쟁의 배경에서 이해되어야 한다. 그것은 일반적인 감사 생활이나 하나님의 왕국에 대한 이해에 관하여 말하고 있지 않다. 그렇다. 이 구절은 성도의 교제에 관한 규칙을 말하는 것으로 받아들여야 할 것이다. 그리스도인들은 우선 자신들만 돌아볼 것이 아니라 다른 사람들의 안녕에 대해서도 관심을 가져야 한다. 이렇게 함으로써 우리가 그리스도 안에서 얻은 자유를 합당하게 사용할 수 있는 것이다.

6. 공적 예배에서 신중한 행동 (*11 : 2-34*)

(1) **자유로운 여자들**

그리스도인들에게는 분명 자유가 있다. 그런데 고린도의 그리스도인들은 그 자유의 모든 한계를 무시하고 자기애와 이기주의를 보장하는 것으로 이해하였다. 그러나 바울은 섬기는 자유, 즉 하나님의 명령에 순종하고 그것들을 존중할 자유를 말하고 있다.

그러므로 바울은 고린도 교회 안에 있는 여자들이 자신들을 해방시키려는 노력에 대하여 찬성을 표시할 수 없었다. 이 여자들은 자신들의 위치를 인정하지 않고 남자의 역할을 수행하려고했다. 그래서 자신들의 태도와 주장에 대한 상징으로 머리에 쓴 것을 벗어버렸던 것이다.

여기서 문제가 되는 것은 복장이나 여자들이 머리에 무엇을 써야할 것인지에 대한 것이 아니다. 중요한 것은 하나님께서 창조하신 질서를 유지하는 것이다. 그 질서 아래서 여자는 천사들을 인하여(11 : 10) 남자의 다스림을 받아들여야 한다. 여자가 머리에 쓴 것은 마치 군인의 모자가 다른 사람에게 복종하는 신분이라는 사실을 나타내듯이 여자는 섬기는 자라는 사실을 상징하는 것이다.

(2) **"애 찬"**(Love feasts)

주의 만찬에 대해서도 불법이 성행하고 있었다. 고린도의 그리스도인들은 주의 만찬 때 공동 "애찬"의 자리를 마련하였다. 이것은 안식일날 식사하는 회당의 습관을 따른 것으로 보인다. 그러나 이러한 규례 때문에 거짓된 자유가 다시금 그 추악한 머리를 쳐들게 되었는데, 온갖 종류의 얍체적인 행위들이 그 공동체 가운데 나타나게 되었다. 그리하여 공동체를 세우기는 커녕 "애찬"은 서로에게 적대감과 이질감을 불러 일으키는 원인이 되고 말았던 것이다.

물론 식사에 참여하는 사람들이 음식을 가져왔다. 그러나 먼저 온 자들이 나중에 오는 사람들을 기다리지 못하고 재빨리 자신들의 음식을 먹어치웠다. 그리고 교인들 가운데 종의 신분을 가진 사람들은 행동의 제약으로 일부 다른 사람들처럼 그 자리에 일찍 참석할 수가 없었다. 따라서 그들은 "애찬"에 늦게 참석하게 되고 그 결과 일찍 온 사람만큼 많이 먹을 수 없었다. 그렇기 때문에 그들은 교회의 친교 모임에 전적으로 참여하지 못했던 것이다. 그런즉 그 이후에 거행되어질 주의 만찬은 성도의 교통을 우스운 모양으로 만들어 버린 결과가 되었다. 왜냐하면 미리 거행되었던 "애찬" 가운데서 교회 "파당"의 모습이 분명하게 보여졌기 때문이다.

이처럼 서글픈 현상을 바로잡기 위하여 바울은 고린도인들에게 주의 만찬의 목적을 상기시키고 있는 것이다. 주의 만찬은 배불리 먹기 위하여 제정된 것이 아니라 교회가 그리스도의 희생적 죽음을 기념하는 하나의 방편으로 만들어진 것이다. 고린도의 그리스도인들이 주의 만찬을 합당한 방법으로 지키는 것이 매우 중요한 이유가 바로 여기에 있다. 그들이 주의 만찬을 합당하게 기념하지 못한다면 그 교회 위에 하나님의 진노를 불러들이는 셈이 될 것이다.

사람들은 주의 만찬이 무엇인지 명심해야 할 것이다. 즉, "주님의 몸"(성도들의 공동체인 교회)은 자신을 살피고 분별하는 법을 배워야 할 것이다. 주의 만찬은 조심스럽게 그리고 합당한 방법으로 지켜져야 한다(11 : 26-29).

뿐만 아니라 그리스도인들이 공동의 식사를 위하여 한 곳에 모일 때 다른 사람들이 도착하기까지 기다려야만 한다(33절). 그리고 주의 만찬은 정기적으로 시행되어야만 한다. 그러나 교회는 그것의 특징을 일종의 성례(sacrament)로써 보호해야만 한다[1]. 그렇지 않으면 심판의 구름이 교회를 덮게 될 것이다(11：27 이하).

(3) 주의 만찬을 기념함

주의 만찬에 관한 이 구절은 교회의 생활 가운데 결정적인 영향을 미쳤다. 왜냐하면 오늘날 사람들이 주의 만찬에서 매우 조심스러운 자세로 행동하고 있기 때문이다. 이것은 일부 잘못된 이해에서 비롯된 처사이다. 많은 사람들이 주의 만찬은 즐거운 행사가 아니라 엄숙한 의식이라고 믿고 있다. 뿐만 아니라 많은 사람들이 스스로 "합당치 못하다"는 생각 때문에 자신이 받을 심판을 먹고 마시는 것을 피하기 위하여 주의 만찬을 사양하는 경우가 많다.

그러나 이러한 두려움을 느끼는 사람들은 설교를 듣고도 그대로 행치 못할 때 역시 더욱더 심판을 자초하게 된다는 사실을 기억해야 할 것이다. 더구나 11장 27절에 나오는 "**합당치 않게**"라는 단어는 어떤 이의 영적인 상태를 가리키는 말이 아니다. 바울이 지적하는 것은 "주의 떡이나 잔을 **합당치 않게** 먹고 마시는 자들"이다.

올바로 준비가 되어있는 성찬식에 나오는 자는 누구나 자신의 죄와 **합당치 않은** 모습을 잘 알고 있을 것이다. 그러나 이러한 사실로 인하여 그는 오히려 그리스도의 상 앞으로 나아가야 한다. 바울이 여기서 경고하는 것은 주의 만찬을 "합당치 않은" 방법, 즉 아무 생각없이 무관심하게 받아들이는 태도이다. 우리는 주의 만찬을 성도들의 공동체를 세우는 방편 가운데 하나로 보아야 할 것이다.

주

1) 성례, 문자그대로 신성한 예식. 따라서 주의 만찬을 신성하게 드리는 것을 통해 그것의 본래적 특성이 상실되지 않도록 해야한다는 것.

7. 성령과 교회의 질서 (12 : 1-14 : 40)

(1) "영적인" 도취

고린도전서 13장은 종종 신약의 아가서라고 불린다. 참으로 그것은 그리스도인의 사랑에 관한 "사랑의 찬가"이다.

그러나 불행하게도 고린도전서 13장은 산상보훈처럼 종종 그 문맥에서 벗어나 일반적인 인간 관계, 즉 그리스도와 그의 교회 밖에 있는 인간 관계에 적용되는 경우가 많다. 우리는 이러한 잘못에 빠지지 않아야 한다. 왜냐하면 고린도전서 13장은 분명한 틀과 문맥 속에 위치하고 있기 때문이다. 이제 그 틀을 검토해 보기로 하자.

우리는 앞에서 이미 고린도인들이 그리스도인의 자유에 대해 잘못된 개념을 가지고 있으며 "육체적인" 일들을 무시하고 "영적인" 사실만을 강조하는 경향이 있다는 사실을 살펴 보았다. 우리는 거기에 덧붙여 고린도인들이 성령을 그들의 사사로운 감정적 도취와 쾌락에 이용하려 했다는 사실을 말할 수 있을 것이다. 그들은 자신들을 아주 "신령한 자들"로 생각한 나머지 심지어 성령과 말씀 사이의 유대[1]를 끊어버릴 수도 있었다.

그들은 자신들이 받은 은사(charismata)에 매료되었다. 그리하여 다른 사람들을 무시하고 스스로 "영적 거장들"로 자처하였다. 갑(甲)이라는 형제는 마치 고린도에 오순절이 재현된 것처럼 아주 능숙하게 "방언을 말할" 수 있었다. 그러나 을(乙)이라는 자매는 한층 더 놀라운 방언을 함으로써 보다 더 새로운 오순절을 재현하였다(비록 아무도 그녀가 무슨 말을 하는지 이해할 수 없었지만). 이 모든 것이 행해지고 있는 동안 병(丙)이라는 형제는 예언의 은사를 받아 행함으로써 그의 지지자들에게 더욱더 열렬한 환영을 받고 있었다. 말씀에 대한 조용한 헌신과 봉사가 있어야할 곳에 영적인 광란이 난무하고 있었다. 방언의 은사가 자신의 영광을 나타내는 방편이 되어버린 것이다.

여기에서 우리는 다시금 해 아래 새 것이 없다는 사실을 보게 된다. 예배드리는 중에 "성령"의 부어주시는 축복을 받았다고 믿는 오늘날의 모든 운동들을 생각해 보라. 그러나 비록 그들의 선지자(또는 예언자)들이 실제로 여러가지 언어로 말한다 할지라도 그들이 말하는 "영"이란 성령이 아니다. 그들이 "영"이라고 부르는 것은 사실상 인간의 영이지 성령이 아니다.

이 점에 대해서 바울 역시 고린도 교회를 위하여 몇가지 할 말이 있었다. 한때 고린도 교인들은 이교의 말못하는 신(우상)에게 붙잡혔던 적이 있었다. 그리스도를 선택한 이후 그들은 성령을 통하여 확실한 신앙고백을 받아들일 수 있게 되었던 것이다. 그러므로 방언 그 자체는 중요한 것이 아니다. 사실상 방언은 영적인 도취로 이끌어 갈 수도 있다.

(2) 성령의 사역 방법

성령은 분명한 목소리로 말한다. 어떤 사람이 흥분하여 "저주받은 예수!"라고 말한다면 그가 성령을 통하여 말한다고 할 수 없다. 왜냐하면 그는 그리스도를 배척한 회당을 지지하고 있기 때문이다. 거룩하지 않는 영이 지금까지 예수가 주님이심을 고백하도록 만들 수 있었던 경우는 전혀 없었다(12 : 1-3).

성령은 여러가지 방법으로 역사한다. 교회는 마치 몸과 같아서 그 지체들은 각각 다르지만 그것들이 한데 모여 전체적인 조화를 이룬다. 모든 지체들이 귀나 눈이 될 수 없다. 교회도 마찬가지여서 누구나 사도나 선지자가 될 수 없다. 그러므로 이러한 직책들을 시기해서는 안 된다(12 : 12-31). 그러나 불행하게도 이 교회에 시기와 질투가 있었음을 볼 수 있다.

(3) 사랑의 위치

바로 이러한 구조와 문맥 속에서 고린도전서 13장을 파악해야 한다. 고린도전서 13장은 그리스도인의 사랑이 교회 안의 모든 다양성들을 결합시켜 아름답고 전체적인 조화를 이루는 사실을 보여주고 있다.

고린도의 그리스도인들은 특정한 형식에 너무나 얽매어 있었다. 그들은 현재의 형태가 언젠가는 다른 형태로 바뀌어야 한다는 사실을 모르는 것 같았다. "사랑은 언제까지든지 떨어지지 아니하나 예언도 폐하고 방언도 그치고 지식도 폐하리라"(13 : 8). 교회사는 이러한 진리가 사실임을 보여준다.

같은 구절에서 바울은 그리스도인들이 서로에게 나타내야할 것은 사랑 밖에 없음을 말해주고 있다. 믿음과 소망도 확실히 아름다운 것이며 사라지지 않을 것이다. 그러나 사랑은 절대적으로 필요한 것이다(indispensable). 믿음과 소망이 실행되어지는 것은 바로 사랑 안에서이다(13 : 13).

(4) 덕을 세움

이상의 내용을 실천에 옮기기 위해서는 사랑이 교회를 세우는 역할을 한다는 사실을 기억해야 한다. 흠정역 성경은 이것을 "덕을 세우는 일"(edification)로 표현하였다.

많은 사람들이 "덕을 세우는 일"에 대하여 잘못 생각하고 있다. 그리하여 말썽이 일어나지 않도록 하기 위하여 문제를 바로 지적해주지 못하는 설교자가 마치 덕을 세우는 경우인 것처럼 생각한다. 그러나 덕을 세우는 것이라는 용어가 이 문맥에서 실제로 의미하는 것은 교회의 회원들이 서로를 세워 나가는 것을 말한다.

이처럼 서로를 세우는 일에 주된 관심을 쏟는다면 자만이나 통역이 없이 하는 방언, 신앙고백과 어긋나는 예언, 자유로운 여인들의 부끄러운 행실 등이 없어지게 될 것이다. 이교의 특색은 열광과 흥분이지만 성령의 표지는 질서이다. 질서정연한 가운데 각 개인들이 공동체를 위하여 봉사하는 것이다. 이렇듯 방언 그 자체가 중요한 문제가 아니다.

(5) 바울의 지도 노선

고린도인들에 대한 바울의 전체적인 호소를 살펴 보면 본문이 교회의 질서에 대하여 말하고 있음을 알 수 있다. 고린도전서 14장에 나오는 여러가지 규칙과 항목들은 아래와 같이 정리해 볼 수 있다.

제1항 : 모든 것은 덕을 세우고 교회를 세우는데 이바지해야 한다.

제2항 : 세사람 이상이 한꺼번에 방언을 해서는 안 된다. 그들은 한꺼번에 방언으로 말하지 말 것이며 회중들에게 그 의미를 해석해주는 통역자가 있어야 한다.

제3항 : 예배의식 가운데 세사람 이상이 예언하지 않도록 해야 한다. 그들이 동시에 말해서는 안 된다. 새로운 계시가 우선적이며 즉각 들려져야 하지만 예배에 참석한 사람들은 하나님의 예언의 말씀의 표준에 근거하여 그 예언을 판단해야할 것이며 모든 것을 무비판적으로 받아들여서는 안 된다.

제4항 : 여자들은 공식적인 예배의식에서 지도적 역할을 담당할 수 없으며 설교할 수도 없다.

교회의 질서라는 용어는 오래 전에 만들어진 결정이나 딱딱한 기록문서들을 연상시키기가 쉽다. 그러나 바울이 여기에서 말하는 교훈들은 교회 생활을 위하여 주님께서 주신 계명이다. 주님은 무질서의 하나님이 아니다. 교회의 질서 역시 사랑을 요구하는 순전히 영적인 문제이다.

(6) 방 언

오늘날의 교회 질서에 있어서 예배의식 중에 방언을 말해야 할 때와 말해서는 안 될 때를 자세히 설명해야 할 것인지의 여부에 대한 질문이 제기될 수도 있다. 그러나 이 질문은 또 다른 질문, 즉 만일 있다면 오늘날의 예배의식에서 방언으로 말하는 것이 어떤 위치나 기능을 차지하느냐는 질문을 전제한다. 바울은 다음과 같이 이사야 28장 11절을 인용하고 있다.

> 주께서 가라사대 내가 다른 방언하는 자와 다른 입술로 이 백성에게 말할찌라도 저희가 오히려 듣지 아니하리라 (14：21)

바로 다음 구절에서 바울은 이러한 인용구에 대한 주석을 달고 있다. "그러므로 방언은 믿는 자들을 위하지 않고 믿지 아니하는 자들을 위하는 표적이나"(22절).

우리는 여기에서 "방언"에 대하여 몇가지 결론을 얻을 수 있다. (1) 방언은 "이 백성들", 즉 바울 당시의 유대 언약백성들을 위한 것이다. (2) 방언은 특별한 "표적과 기사"의 틀 가운데서 기능을 발휘한다. (3) 이스라엘 백성들은 메시아의 시대가 과연 도래했다는 표적인 방언을 받아들이지 않았다.

이러한 사실들을 염두에 둔다면 우리가 예배의식에 있어서 어느 정도 방언을 허용할 것인지를 묻는 것은 무의미한 일이다. A.D 30년과 70년 위기의 기간 중에 이스라엘에 대한 증거로서 발생한 방언 현상은 메시아이신 예수님께서 구약의 예언에 따라 성령을 부어주셨다는 사실을 명백히 가리키는 것이었다(사 59：21; 렘 31：33－34; 욜 2：28－29). 그러나 사도 시대는 오래 전에 끝났다. 오늘날 우리의 예배의식에서는 성경봉독, 찬송 그리고 말씀의 선포에 중심을 둔다.

바울이 고린도인들에게 주지시키려는 것은, 방언은 곧 불신하는 언약백성들에 대한 메시아의 심판의 날이 점점 다가오고 있음을 이스라엘에게 깨닫게 하려는 방편 가운데 하나라는 사실 및 그 심판의 날이 지나면 "방언"도 그칠 것(13：8)이라는 사실이었다.

바울은 방언의 관습을 제한시킴으로써 방언을 제거하려는 뜻에서 그 첫번째 조치를 취하였다. 교회로 모였을 때 말씀은 그 예배의 중심이 되어야 했다. 오늘날의 예배의식 가운데 방언을 끌어들이려는 것은 구속사의 발전을 간과한 것으로 자신의 영광과 개인주의를 조장할 뿐이다.

주

1) 성령은 말씀과 함께 역사한다. 성령은 우리를 중생시키시고 우리 안에 내주하시면서 우리가 성령을 좇아 살도록 도우시고 이끄신다. 여기에는 성령세례와 성령충만의 개념이 포함되어 있다. 즉, 성령세례를 받음으로 의롭다 인정을 받으며 미래의 영원한 왕국에 들어서게 된다. 그 후에 그는 계속적으로 내주하시는 성령의 충만을 받아 그의 지도하심을 받으며 산다. 따라서 성령이 없이는 중생도 없으며, 중생한 이후에도 신자는 계속적으로 성령을 의지하며 그의 다스림을 받으며 살아야 한다. 칼빈은 성령이 우리에게 은혜주시는 것은 "말씀과 함께"(cum verbo)", 즉 말씀을 가지고 우리에게 활동하시므로 성령 충만한 삶을 살게 하신다고 했다. 그런즉 이 양자의 관계를 무시하는 것은 극히 위험한 발상이다.

8. 육체의 부활을 믿는 신앙고백을 견지함 (*15 : 1−58*)

(1) 아름다운 새 같은 영혼

오늘날 기독교 신앙을 비신화화하려는 사람들이 있다. 인간의 사고 방식은 그리스도의 부활 뿐만 아니라 육체의 부활도 용납하지 못하는 것이다.

고린도의 그리스도인들도 이처럼 위험스러운 경향으로 나아가고 있었다. 이것은 오랫동안 문제되어 왔던 사실, 즉 "영적인" 일을 너무 강조하고 "육체"를 경멸 내지는 무시하는 사상이 또 다른 방향에서 나타난 것이다. 영혼은 추악한 새장(즉, 육체) 속에 갇혀있는 한 마리의 아름다운 새로서 생각되었다. 설상가상으로 고린도인들은 자신들이 다 된 줄로 믿고 있었다. 그들은 현재와 심판의 날 사이에 있는 연속성을 무너뜨리기 시작했다.

부활에 관한한 고린도인들은 아직 그리스도의 부활을 부인할 정도는 아니었다. 요컨대 그리스도의 부활은 설교의 단골 주제였다. 그러나 육체 부활이 불필요하다고 믿는 사람들이 있었다. 그리스도인들은 "성령에 의한" 부활과 중생을 경험한 사람들이요, "성령"에 속한 현존하는 이상적 인물로서 이미 가장 높은 목표를 달성한 자들이라고 간주하였던 것이다.

(2) 우리 부활에 대한 보증

이같이 부활을 영적으로 해석하는 것을 반대하여 바울은 그리스도의 부활을 직접 증거하기 시작한다. 여기서 바울이 말하고 있는 것은 신약의 다른 곳에서와 마찬가지로 어떤 이의 마음 속에서 우러나는 감정이 아니라 그가 친히 보고 들은 실제적인 사건인 것이다. 바울은 부활하신 그리스도의 나타나심을 언급하고 있다. 이 점에 대해서는 고린도인들이 아직 살아있는 다른 목격자들로부터 확인할 수 있었을 것이다.

바울은 부활하신 주님을 친히 목격한 자였다. 비록 자신이 맨마지막으로 예수님을 본 사도라 할지라도 예수님은 그에게 나타나셨던 것이다. 바울은 고린도에서 부활의 복음을 선포했으며 사람들은 그것을 믿었다(15：1-11).

그러나 이 복음은 교회 안에서의 신앙 생활과 분리되어서는 안된다. 요컨대 그리스도의 부활은 구원에 이르는 우리들의 부활을 확실히 보증해 주는 것이다. 교회는 죄의 모든 결과들을 처리하신 그리스도에게 속해 있다.

바울은 두 가지의 가정적인 질문을 하고 그것에 대답하는 방식을 빌어 그리스도의 부활에 대해서 설명하고 있다. 만일 죽은 자의 부활이 없다면 어떻게 되겠는가？ 그렇다면 그리스도께서도 죽은 자 가운데서 살아나지 못했을 것이며 바울은 거짓 증인이 되었을 것이다. 뿐만 아니라 부활하신 주님을 믿는 신앙은 완전히 헛 것이 될 것이다. 그러나 그리스도께서 참으로 부활하셨다면 어떻게 될 것인가？ 우리는 그리스도를 "잠자는 자들의 첫 열매"(15：20)로 받아들이지 않을 수 없을 것이다.

(3) 영광스러운 몸

그리스도는 참으로 죽음에서 부활하셨다. 아담 안에서 모든 사람이 죽었으나 마지막 아담을 통하여 모든 사람이 다시 살게 될 것이다. 단순히 "영적인" 형태로서만이 아니라 참된 백성으로서 살게 될 것이다. 그 몸은 새롭게 될 것이다. 왕이신 그리스도께서는 자기의 영광스러운 미래에 사망의 왕(King Death)을 그 보좌로부터 추방하실 것이다.

우리를 기다리는 것은 몸이 분해된, "하늘"에서의 순전한 "영적" 생활이 아니라 거룩케된 피조물과 영광스러운 육체이다. 시편 8편에는 만물이 복종하는 분에 대한 노래가 있지 않은가? 그렇지 않다면 완전한 생명을 내다보는 세례(15：29)가 무슨 의미가 있겠는가? 바울이 왜 그가 살던 에베소에서 생명의 위험을 무릅썼겠는가? 우리가 육체의 부활을 믿지 않는다면 차라리 쾌락주의자로 사는 것이 더 나을 것이다.

육체로 짓는 모든 죄의 결과들이 어떻게 될 것인가? 바울은 몸이 영화롭게 되리라고 말한다. 육체는 밀알처럼 땅에 떨어진다. 다시 말하면 육체가 마치 씨앗과 같이 땅에 심어져 언젠가는 아름다운 열매를 맺는다는 말이다. 언젠가는 우리도 마지막 아담인 그리스도의 형상을 지니게 될 것이다. 그리스도가 다시 오실 때 살아있는 자들은 "순식간에 홀연히"(문자적으로 눈깜짝할 사이, 즉 최소한의 시간 단위) 변화될 것이다. 마지막 나팔이 울릴 때 사망은 패배하게 될 것이다.

이것을 깨닫게 될 때 교회는 더욱 활력을 얻게 될 것이다. 부활의 교리는 우리가 그저 형식적으로 고백하는 것이 아니다. 그렇다. 우리에게 교회 안에서 하는 일이 주 안에서 헛되지 않은 줄을 알게 함으로써 자발적으로 주를 섬기게끔 하여 준다(15：58; 참조. 전 1：2 이하; 계 14：13).

9. 맺는 말 (16 : 1-24)

(1) 예루살렘의 성도들을 위한 구제

바울은 고린도인들이 예루살렘의 교회를 위한 구제에 참여하도록 권면하고 있다. 바울은 자족하는 고린도 교인들을 구제하는 생활로 인도하고 있다. 이것은 그들의 완악함을 깨뜨리는 가장 좋은 방법이다.

동시에 바울은 고린도의 그리스도인들에게 안식일에 관한 명령을 말하고 있다. 그들은 교회가 가난한 자들을 도울 수 있도록 정기적인 연보를 드려야 했다.

(2) 사랑과 교회의 질서

본 서신은 개인적인 언급으로 끝나고 있다. 바울은 고린도인들에게 디모데를 편안하게 해주도록 부탁하고 있다. 왜냐하면 디모데는 그들 가운데 주의 일을 하도록 보냄을 받은 사람이기 때문이다. 그 밖에도 여러 사람들의 이름이 언급되고 있다. 바울은 자신의 친필로 문안하고 있다(본 서신의 나머지 부분은 비서나 서기가 받아 쓴 것이다). 13장에 비추어 볼 때 바울이 "나의 사랑이 그리스도 예수의 안에서 너희 무리와 함께 할찌어다"라는 구절로 그의 서신을 끝맺는 것은 놀라운 일이 아니다. 이러한 끝맺음을 읽으면서 사랑이란 많은 사람들이 생각하듯이 단순한 호의나 자비같은 것이 아님을 기억해야 할 것이다. 바울이 말하는 사랑은 교회 안의 질서유지를 의미하는 것이다. 고린도인들은 바울의 발자취를 따라야할 것이며 부활하신 주님을 통하여 그렇게 할 수 있을 것이다.

고린도후서

항상 우리를 그리스도 안에서 이기게 하시고 우리로 말미암아 각처에서 그리스도를 아는 냄새를 나타내시는 하나님께 감사하노라 (2 : 14)

1. 배 경

(1) 고린도에 나타난 새로운 양상

많은 여행을 했던 에라스무스(Erasmus)는 고린도후서를, 잔잔히 흐르다가도 한꺼번에 모든 것을 휩쓸고 지나가고 그러다가도 바닥이 말랐다가 어느 날 갑자기 범람하는 강에 비교하였다. 이 서신은 역시 너무 넓고 깊어서 살펴보거나 이해하기에는 불가능한 대양(大洋)에 비교되었다.

참으로 본 서신에서는 모든 종류의 문제들이 다뤄지고 있다. 고린도후서는 바울이 열정적인 활동의 사람이며 교회의 온갖 문제들과 투쟁하는 용기있는 사람임을 보여준다.

고린도전서와 후서 사이의 기간동안에 바울은 다시금 고린도를 방문하였다. 회중의 모임에서 그는 자신을 변호해 주는 사람 하나없이 오히려 모욕을 당하였다. 바울은 문제를 방치하지 않았던바, 디도와 다른 한 형제(12 : 18) 편에 편지를 보냈다(이 편지는 후에 분실되었다). 바울은 이 편지에 대하여 "내가 큰 환난과 애통한 맘이 있어 많은 눈물로 너희에게 썼노니"(2 : 4)라고 기록하고 있다. 디도가 고린도에 간 것은 바울의 세번째 고린도 방문을 준비하기 위해서였다.

(2) 기쁜 소식

바울과 디도는, 바울이 고린도로 향할 때에 드로아에서 만나기로

하였다. 그러나 드로아에 도착한 바울은 부모의 심정 때문에 디도의 소식을 기다릴 수 없어서 더 멀리 여행하여 마게도냐(아마 빌립보 또는 데살로니가였을지도 모른다)에서 디도를 만났다.

디도는 바울에게 기쁜 소식을 가져다 주었다. 고린도 교회에서의 문제가 바로 해결됨으로써 범죄자들이 처벌을 받았던 것이다(2 : 6, 12 이하; 7 : 5 이하). "비천한 자들을 위로하시는 하나님이 디도의 옴으로 우리를 위로하셨으니"(7 : 6). 따라서 바울은 그가 당한 모든 어려움에도 불구하고 승리의 노래를 부를 수 있었다.

(3) 의심받는 바울의 권위

바울의 입장을 생각해 보라. 그는 고린도 교회의 창설자요 그 교회를 위하여 개인적으로 많은 희생을 치루었다. 이미 고린도전서를 통하여 우리는 고린도에 얼마나 큰 혼란과 교만이 팽배하고 있었는지 살펴 보았다. 그것은 결국 고린도인들이 바울을 대단치 않게 생각한다는 사실을 말해 준다. 고린도인들은 바울이 훌륭한 편지를 쓰는 법을 알고 있지만 언변은 부족한 사람이라는 것을 부인하지 않았다. 바울에게 대적하는 자들 중 대부분이, 바울은 자신의 계획을 즉시 변경하고서 말을 둘러댄다고 비난하면서 사실상 그가 고린도 교회 속이고 있다고 주장하였다.

남을 중상하는 거짓말은 사람들의 뇌리에 오래남아 좀체 없어지지 않는다. 사람들이 바울의 등 뒤에서 그를 험담할 때 바울의 사도적 권위는 침해되었다. 바울이 변명을 하지 않을 수 없었던 이유가 바로 여기에 있다. 문제가 되었던 것은 바울 개인이 아니라 그가 선포한 말씀이었기 때문이다. "하나님은 미쁘시니라 우리가 너희에게 한 말은 예 하고 아니라 함이 없노라"(1 : 18).

(4) 하나님의 말씀을 공격함

바울이 하나님의 말씀을 위하여 자신의 계획을 변경했을 때 그가 불성실하다고 비난했던 자들은 실제로 하나님과 그의 말씀을 공격하고 있었다. 바울의 설교 방식을 멸시하는 자들은 사실상 신약의 영광스러운 메시지를 거부하고 있었다. 바울에게 있어서 문제는 자신이 개인적으로 어려움을 당하는데 있지 않았다. 필요하다면 그는 얼마든지 그러한 어려움을 묵묵히 참고 견딜 수도 있었다. 그러나 그리스도의 사역이 방해를 받을 때 그는 침묵할 수 없었다. 시온을 위하여 그는 무엇인가를 말해야 했던 것이다.

이와 같은 동일한 이유로 바울은 역시 8장과 9장에서 민감한 사항인 재정에 관한 문제들을 다루고 있다. 바울은 아직도 예루살렘의 가난한 성도들을 위한 모금 운동에 관여하고 있었다. 고린도후서의 마지막 네장(어떤 사람들은 이것을 2장 4절에서 언급되고 있는 분실된 "눈물의 서신"이라고 생각한다)에서의 바울은 "지극히 큰 사도들"(super-apostles)"을 대적하기에 합당한 자신의 직무를 변호하였다. 이른바 "지극히 큰 사도들"이라는 사람들은 고린도에 침입하여 온갖 속임수로 사람들을 유혹함으로써 바울을 멸시하도록 만들었다. 이러한 거짓 사도들은 고린도의 그리스도인들을 위협하고 바울의 권위와 말씀의 신빙성을 공격하였다.

(5) 적극적인 반응

여러분은 이상의 예로 든 구절(1 : 18)에서 아름다움을 볼 수 있는가? 바울은 언쟁(bickering)과 자기의(self-righteousness) 및 부정적인 말(negative language)의 먹이로 전락되지 않았다. 그는 악을 선으로 이기며, 그들의 비난을 적극적으로 이용하여 그리스도를 전파하고 하나님의 은혜의 영광과 구속사에 대해 말했던 것이다. 이 모든 어두운 구름과 의심들에 맞서서 바울은 그리스도 안에서 하나님의 분명한 예(Yes)와 신약의 영광스러운 메시지 및 사도들의 선포의 능력 그리고 하나님 은혜의 충족성을 지적하였다. 이러한 과정을 통하여 바울은 주님의 권능 안에 있는 **승리자**로 나타난다.

우리는 바울의 서신들이 너무 어렵다고 불평해서는 안 된다. 오히려 우리는 그 서신들 가운데 나타난 투쟁과 승리를 붙잡아야 한다. 그러면 그 서신들은 우리를 사로잡게 될 것이다. 항상 우리에게 승리를 주시는 하나님께 감사하리로다!

(6) 개 관

고린도후서는 다음과 같이 분해할 수 있다. (1) 인사와 감사, 1 : 1-11 (2) 사도의 직분에 대한 변명, 1 : 12-7 : 16 (3) 예루살렘 성도들을 위한 모금 운동을 권면함, 8-9장 (4) 거짓 사도들의 정체를 드러냄, 10-12장 (5) 권고 및 결론, 13장

우리가 아는 한 바울은 고린도인들에게 4개의 서신을 썼다. 첫번째 서신은 고린도전서 5장 9절에 언급된 것으로 분실되었다. 두번째 서신이 바로 고린도전서이다. 세번째 서신은 고린도후서 2장 4절에 "눈물의 서신"으로 묘사된 것으로서 역시 분실되었고, 네번째 서신이 바로 고린도후서이다.

(7) 찬양과 위로

고린도후서는 "하나님의 뜻으로 말미암아 그리스도 예수의 사도된 바울"이라는 구절로 시작된다. 바울은 의미심장한 표현들을 사용하여 먼저 자신의 사도적 권위를 인식시키고 있다. 고린도후서 전체를 통하여 바울의 사도적 직분이 여러 차례 언급되고 있다.

바울은 또한 고린도 사람들이 잘 알고 있던 디모데에게 보내는 편지 속에서도 아가야에 있는 성도들에게 문안 인사를 하고 있다. 물론 바울의 의도는 아가야에 있는 성도들도 자신의 편지를 읽도록 하는 것이었다.

그 서신의 본론에서 고린도인들을 향하여 심히 근심하며 준열한 책망을 할 망정, 바울은 우선 하나님을 찬양하는 것으로 그 서두를 시작하고 있다. 우리는 바울이 **위로**(comfort)라는 말을 자주 사용하는

것을 볼 수 있다. 아시아(에베소) 지방에서 주님은 많은 환난과 위험으로부터 바울을 구원해주셨던 것이다. 그러므로 바울은 자신의 장래에 대한 두려움이 없었다. 왜냐하면 "모든 위로의 하나님"께서 건져주실 것이기 때문이었다.

(8) 덕을 세움과 화목

바울은 당면한 문제들에 대해 용기있게 대처하고 있다. 왜냐하면 주님께서 그와 함께 하시기 때문이다. 바울은 자신이 여행계획을 변경시킨데 대하여 비난한 사실을 먼저 취급하고 있다. 바울이 본래 계획했던대로 고린도로 가지 못하게 된 것은 사실상 고린도인들에게 책임이 있었다. 최근의 고린도 방문은 바울에게는 고통스러운 체험이었다. 그러므로 다시 그러한 모험을 감수하고 싶지 않았던 것이다.

바울은 자신의 입장을 변호하는 도중에 "하나님의 약속은 얼마든지 〔예수〕 그리스도 안에서 예가 되니 그런즉 그로 말미암아 우리〔교회〕가 아멘하여 하나님께 영광을 돌리게 되느니라"(1：20)고 말하고 있다. 이렇듯 바울은 분쟁과 오해가 있을 때 가만있지 않았다. 그는 항상 교회에게 덕을 세우고 그들을 세워주기 위하여 노력하였던 것이다. 바울은 고린도 교회 안에 있던 범죄자들이 벌을 받은 이상 그들을 용서하고 위로하라고 교회에게 권면하고 있다. 바울은 "저가 너무 많은 근심에 잠길까 두려워"했던 것이다(2：7).

2. 전하는 자와 그 메시지

(1) 질그릇 안에 있는 보배

바울은 승리에 찬 행진의 비유를 사용하면서 자신의 사도적 선포를 묘사하고 있다. "우리는 구원얻는 자들에게나 망하는 자들에게나 하나님 앞에서 그리스도의 향기니 이 사람에게는 사망으로 좇아 사망에 이르는 냄새요 저 사람에게는 생명으로 좇아 생명에 이르는 냄새라"(2 : 15−16).

바울에 관한 비판을 들어볼 수 있다면 여러분은 바울이 왜 지금 복음의 선포에 관하여 길게 말하는지 그 이유를 이해할 수 있을 것이다. 바울의 비판자들은 그의 실패들을 지적하였다. 그들은 마치 욥의 친구들처럼 "잘되는 일이 하나도 없어 보이는 바울 같은 사람이 참으로 복음의 전파자가 될 수 있겠는가?"라고 주장하였다.

복음을 전파하는 것은 쉬운 일이 아니다. 바울은 자신과 그 동역자들이 하나님의 종들로서 어떠한 일을 겪었는지를 설명하고 있다.

> 우리가 이 직책이 훼방을 받지 않게 하려고 무엇에든지 아무에게도 거리끼지 않게 하고 오직 모든 일에 하나님의 일꾼으로 자천하여 많이 견디는 것과 환난과 궁핍과 곤난과 매 맞음과 갇힘과 요란한 것과 수고로움과 자지 못함과 먹지 못함과 깨끗함과 지식과 오래 참음과 자비함과 성령의 감화와 거짓이 없는 사랑과 진리의 말씀과 하나님의 능력 안에 있어 의의 병기로 좌우하고 영광과

> 욕됨으로 말미암으며 악한 이름과 아름다운 이름으로 말미암으며 속이는 자 같으나 참되고 무명한 자 같으나 유명한 자요 죽은 자 같으나 보라 우리가 살고 징계를 받는 자 같으나 죽임을 당하지 아니하고 근심하는 자 같으나 항상 기뻐하고 가난한 자 같으나 많은 사람을 부요하게 하고 아무 것도 없는 자 같으나 모든 것을 가진 자로다 (6：13－10)

설상가상으로 바울은 형제들로부터 의심과 반대를 받았다. 바울은 복음 전파자들이 항상 죽음과 파멸의 위험 가운데 노출되어 있는 질그릇에 불과하다는 사실을 잘 알고 있었다. 그러면서도 그 질그릇 속에 보배를 지니고 있다는 사실도 잘 알고 있었다(4：7 이하). 그 보배는 신약에 나타난 속죄의 복음이다.

고린도인들은 그 영광을 목도하지 않았던가? 심지어 구약시대의 "돌에 써서 새긴 죽게 하는 의문의 직분도 영광이 있어 이스라엘 자손들이 모세의 얼굴의 없어질 영광을 인하여 그 얼굴을 주목하지 못하였거든 하물며 영의 직분이 더욱 영광이 있지 아니하겠느냐"(3：7－8).

(2) 복음을 가로막는 것들

신약의 선포는 모든 환난과 죽음과 고난에도 불구하고 하나님의 빛나는 영광으로 가득차 있다. 고린도인들은 이제 더 이상 옛 언약의 시대에 살고 있는 자들처럼 그들의 얼굴을 수건으로 가리지 않았다(3：12 이하). 그러므로 설사 땅에 있는 우리의 장막집이 무너지더라도 핍박을 받고 고난을 겪은 그리스도인들은 외부적인 성공과 찬란한 현상으로 그들의 축복을 측정하지 않는다. 왜냐하면 그들은 성령께서 장차 자신들이 부활할 사실에 대한 보증이 되심을 알고 있기 때문이다(4：16 이하).

우리는 결코 낙심하지 말고 꾸준히 복음을 전파하여야 한다(5：11－6：10). 이것은 역시 우리가 불신자들과 멍에를 함께 하는 일에 사로잡혀서는 안 된다는 사실을 의미한다. 바울이 여기에서 지적하고 있는 바를 이해하기 위해서 신명기 22장 10절보다는 마태복음 11장 29-30절과 갈라디아서 5장 1절을 더 중요시해야 할 것이다(그리스도의 쉬운 멍에와 특별한 유대인의 규례에 매어있는 종의 멍에를 비교해 보라). 바울은 다음과 같이 묻고 있다. "의와 불법이 어찌 함께하며 빛과 어두움이 어찌 사귀며 그리스도와 벨리알이 어찌 조화되며 믿는 자와 믿지 않는 자가 어찌 상관하며 하나님의 성전과 우상이 어찌 일치가 되리요"(6 : 14-16).

고린도의 그리스도인들에게 바울이 멀리하라고 가르치는 것이 무엇이냐는 질문에 대하여 흔히 이교도들과의 친밀한 관계, 특히 결혼을 의미하는 것이라고 대답한다. 그러나 문맥으로 보아 유대의 종의 멍에를 경고하고 있기 때문에 저자는 바울이 회당이나 배교한 유대인들과의 가까운 접촉을 경계하고 있을 가능성을 배제하고 싶지 않다. 왜냐하면 그러한 접촉은 선포된 새 언약의 영광스러움을 흐리게 하고 바울 및 그가 전파하는 복음의 길을 가로막을 수 있었기 때문이다. 바울은 "마음으로 우리를 영접하라"고 호소하고 있다. 다행히도 과거의 "문제들"[1]이 묵살되었던 것이다. "내가 너희를 향하여 하는 말이 담대한 것도 많고 너희를 위하여 자랑하는 것도 많으니 내가 우리의 모든 환난 가운데서도 위로가 가득하고 기쁨이 넘치는도다"(7 : 2-4).

주

1) 고린도전서와 후서의 기간동안 고린도를 방문했을 때 바울이 그 사람들로부터 받았던 냉대와 모욕을 말한다.

이는 내가 약할 그 때에 곧 강함이니라 (12 : 10)

3. 유대인 그리스도인들과 거짓 선지자들

(1) 예루살렘을 위한 연보

8장과 9장에서는 예루살렘의 성도들을 위한 모금 문제를 다루고 있다. 오늘날의 예루살렘이 외국(특히 미국)으로부터 막대한 도움을 받고 있는 것처럼 바울 당시에도 예루살렘은 도움이 필요한 형편에 처해 있었다. 예루살렘에 있는 가난한 사람들로서 그리스도인이 된 예루살렘의 궁핍한 유대인들은 더 이상 회당의 "집사들"로부터 경제적인 도움을 받지 못했다.

일찍이 바울은 안디옥에서 거둔 연보를 유대로 가져다준 적이 있었다(행 11 : 30). 바울은 예루살렘에 있는 성도들을 구제하기 위하여 이방인 지역에서 모금 운동을 전개하고 있었다. 마게도냐에서는 이미 상당한 액수의 돈이 거두어졌다. 그러나 고린도인들도 뒤질 수는 없었다.

불신과 의심의 여지를 없애기 위하여[1] 침착한 사람은 반드시 부패의 가능성을 계산에 넣어야 할 것이다—바울은 디모데와 함께 신실한 형제 두 명을 보냈다(아마 아리스다고와 누가였을 것이다). 예루살렘을 위한 구제 사업의 표어는 "인색하게 뿌리는〔적게 심는〕 자는 적게 거둔다"는 것이었다. 이러한 모금 운동을 통하여 바울은 교회의 일체감을 나타내려고 하였다. 그리스도 안에서는 유대인이나 헬라인이나 차별이 없는 것이다.

(2) 비난의 화살

고린도후서의 후반부(10－13장)는 전반부에 이어 곧 바로 씌어지지 않았을 것이다. 그렇지만 두 부분은 서로 밀접하게 연관되어 있다.

바울은 어엿한 사도로서 인정받기 위하여 노력하고 있었다. 고린도에서의 그의 활동과 설교는 계속적으로 비난의 대상이 되었는데, 그 이유는 고린도의 그리스도인들이 그러한 것들에서 언약의 영광을 더이상 보지 못했기 때문이다(1－7장). 오히려 많은 사람들이 유대인들의 주장에는 귀를 기울이면서도 예루살렘의 교회를 위한 연보에는 그다지 열심을 보이지 않았다. 여기에서 고린도인들은 자신들의 정체를 드러내 보였다. 따라서 그들은 특별한 권면을 받아야 했던 것이다(8－9장).

(3) 유대인 거짓 선지자들

비(非)진리를 가르치는 거짓 선지자들이 고린도에 왔던 것 같다. 그들 거짓 선지자들은 고린도를 그들의 거점으로 활용하고자 했다. 그들은 유대인들로서 자신들의 재능과 성공을 뽐내고 있었다. 그들은 고린도인들이 스스로에 대해 만족해하며 부르던 콧노래를 오라토리오(oratorio)로 바꾸었다. 거기에 비하면 바울은 항상 죽음의 그림자가 따라다니는 형편없는 자요 자랑할 것이라고는 초라한 결과와 영적인 경험 뿐이었다.

이 새로운 사도들은 자랑할 것이 엄청나게 많았으며 밖으로 나타난 것 뿐만 아니라 안으로 감추어진 재능도 많았다(10：7 이하; 11：5 이하). 사실 고린도의 거짓 선지자들은 옛 언약에서 활보하는 거짓 선지자들과 거의 구별할 수 없었다.

(4) 바울의 자랑

바울은 자신이 다루어야 할 사람들에 대하여 알고 있었다. 처음에는 고린도인들의 명예심에 호소하였으나 이제는 그들에게 제 정신이들도록 하기 위하여 풍자를 사용하고 있다. 바울이 다시금 말하려고 하는 메시지는 말할 수 없이 아름다운 것이었는데 이 논쟁에서도 문제의 진정한 핵심은 바울이 아니라 바울과 같은 연약한 그릇을 통하여 자기의 은혜의 영광을 나타내기로 하셨던 예수 그리스도였다.

바울은 자신에 관하여 말하는 것을 좋아하지 않았다. 그러나 돈밖에 모르고, 마치 떡을 먹듯이(20절; 시 14 : 4; 겔 34 : 3 이하) 하나님의 백성들을 잡아 먹는 "지극히 큰 사도들"(11 : 5)이 스스로 자랑한다면 바울(그 이름은 작다는 뜻이다) 역시 자랑할 것을 조금 발견할 수 있었다. 그는 자신의 고난과 연약함을 자랑하였고 자신이 당했던 불행한 일들을 말할 수 있었다(11 : 23 이하). 뿐만 아니라 그는 유대인의 후손이요 역시 계시를 받은 자였다(22절; 12 : 1 이하). 비록 육체 안에 있는 가시로 고난을 받고 있었지만 그는 위로를 누렸다. 겟세마네의 그리스도처럼 세 번 고쳐주시기를 기도했으나 에스겔이나 예레미야처럼 자신을 강건하게 만들어주었던 일종의 신탁 같은 응답을 받았다. "내 은혜가 네게 족하도다 이는 내 능력이 약한데서 온전하여짐이라"(12 : 9).

바울은 저속한 욕망을 따르며 자랑을 일삼고 자신들의 존재를 왜곡시킴으로써 추종자을 얻으려고 하는 이 거짓 선지자들을 식별할 수 있었다. 그들은 비진리의 사도들이요 사단의 종이요 적그리스도적인 거짓 선지자들이었다. 요컨대 마지막 때가 온 것이다. 사단은 구원의 날에 그 어느 때보다도 분주해하고 있다(6 : 2).

(5) 세번째 방문

바울은 세번째로 고린도를 방문하려고 했다(12 : 4; 13 : 1). 우리를 위하여 가난하게 되시고(8 : 9) 연약함 가운데서 십자가에 못박히신(13 : 4) 그리스도의 이름으로 바울은 그 안에서 연약해졌을 것이다. 동시에 바울은 하나님의 능력으로 고린도인들을 향하여 살게 되었을 것이다.

세번째 방문에서 바울은 잘못된 자들과 잘못된 것들을 남김없이 찾아내어 책망하였을 것이다. 그 교회는 사도의 직무를 통하여 자신들을 점검할 마지막 기회를 가졌을 것이다. 바울은 "기뻐하라 온전케 되며 위로를 받으며 마음을 같이하며 평안할지어다"라고 쓰고 있다(13 : 11). 그는 다음과 같은 아름답고 친숙한 표현으로 편지를 끝맺고 있다. "주 예수 그리스도의 은혜와 하나님의 사랑과 성령의 교통하심이 너희 무리와 함께 있을지어다."

여러가지 권면을 한 후에 이러한 축복을 말하고 있다는 사실을 잊어서는 안 된다. 이것은 우리에게 얼핏보기에 연약해보이는 사도의 말씀을 더욱 깊이 간직하도록 격려하여 준다. 거짓 선지자들의 헛된 자랑을 멀리 하라. 그리스도의 은혜는 우리에게 족한 것이다.

주

1) 오늘날의 교회에 있어서도 이 문제는 신중히 취급돼야 한다. 재정 관계의 봉사자들이 여럿이고, 그것을 감사하는 사람이 있는가 하면, 헌금을 계수할 때 기도하는 사례들은 바로 돈 때문에 시험들지 않도록 하기 위한 조처일 것이다.

갈라디아서

1. 저작 목적

(1) 갈라디아

갈라디아서는 일종의 회람으로서 갈라디아에 있는 모든 교회들을 위한 것이었다. 그러나 바울이 사용하고 있는 **갈라디아**(Galatia)라는 말은 무엇을 의미하는가? 이 이름으로 명명된 지역이 실제로 있었다. 따라서 그 곳에 사는 사람들은 당연히 "갈라디아인"으로 불렸을 것이다. 그들은 본래 골(Gaul) 또는 켈트(Celt)인들로서 B.C 3세기에 용병으로 소아시아 지역에 왔던 자들이다. 갈라디아는 고대 엔키라(지금의 앙카라) 주변에 위치하고 있다.

홀란드(Holland)는 원래 한 지방의 이름이었으나 지금은 네덜란드 전체를 가리키는 말로 사용되고 있는 것처럼 **갈라디아인**이라는 명칭도 보다 더 넓은 의미를 가지게 되었다. 로마의 속주인 갈라디아는 **남쪽**으로 루스드라, 더베, 이고니온, 루가오니아 그리고 비시디아의 안디옥과 같은 도시들을 포함하고 있었다. 바울은 그의 "첫번째" 선교 여행 중에 이 지역들을 방문했다. 갈라디아서 역시 이 교회들을 위한 것이었을까?

고린도전서 16장 1절에서 바울이 **갈라디아** 교회들의 연보에 관해 말하고 있는 것은 주목할 만한 일이다. 한편 사도행전 20장 4절을 통해서 우리는 예루살렘에 돈을 가져온 대표자들 가운데 **더베**에서 온 가이오와 **루스드라**에서 온 디모데도 끼어있었다는 사실을 알 수 있다. 더베와 루스드라는 갈라디아의 남부에 있는 성들이다.

(2) "하나님을 경외하는" 이방인들

갈라디아 교회의 교인들은 대부분이 이방인들이었다. 그러나 그 중에 많은 사람들이 회당의 예배에 참석했던 "하나님을 경외하는 이방인들"이었다는 사실을 기억해야 한다(참조. 행 13 : 43). 이는 바울이 갈라디아서에서 구약을 자주 언급한 이유가 무엇인지를 밝혀 주는 사실이다.

갈라디아서에는 교회에 대한 유대인들의 핍박이 언급되어 있다. 사도행전을 통해서 우리는 갈라디아 남부 지방에 있는 유대인들이 그리스도의 도를 얼마나 반대했는지를 알 수 있다(13 : 45, 50; 14 : 4 이하, 19절; 참조. 딤후 3 : 11). 이것은 5장 11절과 6장 12절에 묘사되어 있는 상황과 조화를 이룬다. 이런저런 이유로 우리는 갈라디아서가 우선적으로 갈라디아 남부 지역[1]에 있는 교회들에게 주어진 서신들이라고 생각해야 하는데 그 곳에서부터 복음이 공적으로 갈라디아로 알려진 북쪽 지역으로 퍼져나갔던 것이 분명하다.

(3) 저작 시기

갈라디아에 관하여 "북방" 가설을 취하는 칼빈은 갈라디아서가 사도행전 15장에 묘사된 모임 이전에 기록된 것이라고 생각한다. 만일 그 이후였다면 바울은 이방인들이 할례받을 필요가 없다는 그 모임의 결정 사항을 들어 논쟁을 신속하게 매듭지을 수 있었을 것이기 때문이다. 이러한 칼빈의 논리는 정확한 것이다. 갈라디아서는 "첫번째" 선교 여행이 끝난 후 A.D 48년에 있었던 이른바 "예루살렘 총회" (Council of Jerusalem) 바로 직전에 기록되었음이 틀림없다. 그 모임에서 다른 사도들은 이방인의 할례 문제[2]에 대한 바울의 정책을 지지하기로 결의했던 것이다.

(4) 율법과 의식

갈라디아 교회 안에 거짓 교훈들이 일어나고 있었다. 유대인의 의식주의(ritualism)에 부합되는 복음이 전파되고 있었다. 그들은 그리스도인이 된다는 것은 곧 이스라엘과 연합하는 것을 의미한다고 주장하였다. 이스라엘이 할례를 언약의 증표로 받아 들였으므로 그리스도인이 된 이방인들도 당연히 할례를 받아야 하고(5 : 2), 역시 절기와 월삭과 특정한 날에 대한 율법을 준수해야 한다는 것이었다(4 : 10). 그 선동자들은 바울의 복음은 간접적인 것에 불과하지만 자신들은 "참된" 사도들의 인준을 받은 예루살렘의 순수한 복음을 전한다고 주장하였다.

이방인 출신의 갈라디아 그리스도인들은 이러한 주장에 귀가 솔깃하였다. 과거에 이방인들이나 이교도들은 구원을 받기 위해 율법이나 규례를 지켰던 적이 있었다. 그리스도인이 될 때 그들은 이전에 알지 못했던 자유에 갑작스럽게 직면하게 된다. 그들은 이 자유(즉, 율법으로부터 해방된 사실)를 오히려 공허하게 생각한 나머지 그들의 공허감을 채우기 위하여 복음을 또 하나의 새로운 율법으로 변질시킴으로써 다시금 온갖 의식과 규례들에게 종노릇 하려고 한다. 로마 가톨릭이나 동방정교에서 지키고 있는 세세한 의식들을 생각해 보라. 역시 이방 지역에 새롭게 설립된 교회들 안에서 나타나는 현상들, 즉 온갖 의식을 예배에 끌어 들이려고 애쓰는 경향들을 생각해 보라.

이러한 압력에 굴복하는 것은 이교로 돌아갈 수 있는 다리를 놓아주는 셈이 된다. 바울은 이러한 사실을 정확히 인식하고 있었다. 갈라디아 사람들은 구속사의 시계를 뒤로 돌리고 있었으며 사실상 이방의 "초등 학문"으로 되돌아가고 있었다. 비록 그것이 유대인들의 구미에 맞게 각색되어 있어서 성경과는 전혀 모순이 없는 진리인 것처럼 보일지라도 "약하고 천한 초등 학문"이었다.

(5) 할 례

거짓 교훈을 가르치는 선생들은 그들의 창고 안에 또 하나의 무기를 가지고 있었다. 즉, 그들은 할례 받은 자들만을 유대인으로 인정하였으며 종교적인 모임에 공식적으로 참석할 수 있도록 권위를 행사했던 것이다. 이처럼 여러 곳에서 그리스도인들을 난처하게 만들었던 유대인들은 유월절을 지킨 할례받은 그리스도인에게는 아무런 문제를 제기하지 않았다. 이러한 관점에서 보면 적어도 할례에는 커다란 유익이 있는 것처럼 보인다. 그리스도인들이 할례를 받는다면 모든 일이 한층 더 쉽게 풀릴 것으로 보였던 것이다.

사실상 할례를 받은 이방인일 수 있는(참조. 6 : 13) 이 거짓 선생들은 박해자들의 편에 섬으로써 박해를 피해보려고 했다. 그러므로 바울은 그들의 미지근한 태도를 신랄하게 책망하였다(참조. 계 21 : 8). 갈라디아인들이 이처럼 유혹을 받고 있었으므로 강력한 어조의 경고가 불가피하였다. 그것은 교회의 사활이 걸린 문제였다. 왜냐하면 복음 자체가 문제되고 있었기 때문이다.

주

1) 갈라디아서와 비시디아 안디옥 (이 곳은 갈라디아 지방의 일부이다) 회당에서 바울이 행했던 설교와의 유사성이 두드러지게 나타나고 있다. 다음의 구절들을 서로 비교해 보라.

사도행전	갈라디아서
13 : 23, 32	3 : 16 – 17; 4 : 4
13 : 29	3 : 13
13 : 20	1 : 1
13 : 27	4 : 25
13 : 39	2 : 16; 3 : 11, 21

또한 남부 지역에서 갈라디아 본토(앙카라)에 이르는 길은 소금기가 많은 호수와 굴곡이 심한 지역을 통과한다. 그러나 바울이 이 길을 택했을 가능성은 희박하다.

2) 튜빙겐 학파에 따르면 사도행전 15장과 갈라디아서 2장 1–10절의 관련 기사는 사실상 동일한 사건을 언급한 것이라고 한다. 이 학파에 속하는 학자들은 이 두 기사 사이의 차이점을 강조하여 누가가 나중에 자신의 목적에 따라 기사를 변경시켰으므로 신빙할 수 없다고 말한다. 그러나 저자의 견해로는 사도행전 11장 30절, 12장 25장과 갈라디아서 2장 1절 이하를 바울이 회심하여 소명을 받은 이후

예루살렘을 방문했던 사실을 다른 기사로 보아야 할 것으로 생각된다(그러므로 사도행전 11, 12장과 갈라디아서 2장 1절에서는 동일한 단어 "다시"가 사용되고 있다). 이렇듯 사도행전 9장 26－29절에 나타난 기사는 바울의 첫번째 예루살렘 방문에 대한 것이요 사도행전 15장은 바울의 세번째 예루살렘 방문을 말해 주는 것이다.

2. 바울의 복음은 그리스도 예수의 복음

(1) 그리스도의 위임을 받음

바울은 "사람들에게서도 난 것도 아니요 사람으로 말미암은 것도 아니요 오직 예수 그리스도와 및 죽은 자 가운데서 그리스도를 살리신 하나님 아버지로 말미암아 사도된 바울"(1 : 1)이라고 선언함으로써 자신이 하나님의 부르심을 받은 사실을 강력하게 주장하고 있다. 바울은 처음부터 그가 자신의 예언을 전파하는 것이 아니라 온전히 그리스도의 권위를 힘입어 말하고 있다는 사실을 밝혀 두기를 원했던 것이다.

일종의 전령으로서 바울은 참되고 유일한 복음을 가져왔다. 바울은 일종의 외교관으로서 갈라디아인들에게 접근하거나 그들의 관심을 구걸하고 있는 것이 아니다. 바울이 그들에게 믿으라고 **명령**하는 그 복음 외에 다른 복음은 없는 것이다. 바울은 다른 복음을 전하는 자에게는 저주가 임할 것이라고 말한다. 어찌하여 갈라디아인들이 거짓 복음에 귀를 기울이게 되었는가? 그들이 어찌하여 바울이 예루살렘 모교회의 참 복음이 아닌 자기 멋대로 만들어낸 복음을 전파한다고 믿게 되었던가?

젊은 시절 바울은 복음을 철저히 반대했던 자였다. 그러나 예수 그리스도께서 복음을 가지고 그에게 몸소 나타나셨던 것이다. 따라서 바울의 전승(tradition)은 **그리스도의 전승**이었다. 그리스도인들을 핍박하였던 바울은 예수 그리스도를 통하여 특별한 계시를 받고 복음을 접촉했을 뿐만 아니라 그것을 이방인들에게 전파할 사명을 받았던 것이다. 그러므로 바울이 전파하는 복음은 인간의 복음이 아니었다. 그가 즉시 다메섹과 그 주변에서부터 그 자신에게 임했던 복음을 전파하기 시작했던 이유가 바로 여기에 있다.

(2) 예루살렘에서의 바울

바울이 예루살렘에 와서 베드로(게바)를 만난 것은 그로부터 3년이 지난 후였다. 바울의 예루살렘을 향한 순례의 길은 어떤 의미에서 일종의 시험(test)이었다. 바울은 또한 많은 유대인 그리스도인들로부터 존경을 받았던 예수님의 동생인 야고보도 만났다. 이 방문 기간동안 바울은 그 어느 누구로부터 비판을 받지 않았다. 바울이 수리아와 길리기아에 왔을 때 유대에 있는 교회들은 바울의 사역으로 인하여 하나님을 찬양하였다.

그 후에 바울은 예루살렘을 다시 방문하였는데 그 때는 할례 받지 않은 이방인인 바나바와 디도를 데리고 갔다. 그러나 바울이 비난을 받고 디도가 할례를 받아야 한다는 말을 들었던가? 결코 그렇지 않았다. 예루살렘 교회의 "기둥들"은 바울과 디도를 형제로 영접하였다. 어느 누구도 바울과 디도에게 의식적인 규례를 지키라고 말하지 않았다. 그들이 부탁했던 것은 오직 예루살렘에 있는 가난한 자들에게 계속적인 관심을 가져달라는 것이었다(1 : 11－2 : 10).

바울의 자유와 독자성은 수리아의 안디옥에서 베드로와 그 밖의 이교도 출신의 형제들과 동석했던 자리에서도 분명하게 나타나고 있다. 예루살렘에 있는 야고보 주변의 몇몇 형제들이 나타나자 베드로는 그 자리를 피하여 유대인의 결례에 따라 음식을 따로 먹었다. 이것은 예루살렘으로부터 온 유대인들의 비난을 피하고 싶었기 때문이다. 다른 유대인들(바나바도 포함된다)이 베드로가 했던 행동을 따르자 바울은 언성을 높여 베드로를 책망하였다. 베드로 자신도 고넬료의 가정에서 이방인들과 함께 먹지 않았던가? (행 10－11장)

그러나 이젠 자기 자신도 일관성있게 지키지 못하는 율법의 규례를 이방인들에게까지 강요하고 있다는 말인가?

3. 행위가 아니라 믿음으로 의롭게 됨

(1) 몽학 선생으로서의 율법

미혹을 받은 갈라디아인들은 자신들에게 주어진 복음이 어떠한 것인지를 잊어버렸던가? 그 복음은 유대인이나 이방인 모두 믿음으로써 의롭게 된다는 사실을 선포하는 것이었다. 의식적인 율법을 충성스럽게 지킴으로 갈라디아인들이 성령을 받았던가? 결코 아니다. 그들이 성령을 받은 것은 믿음으로 의롭게 된다는 메시지를 받아들였기 때문이다(3 : 2).

갈라디아인들은 이스라엘이 특권을 가진 백성이라는 사실 때문에 스스로 속아서는 안 될 것이다. 아브라함도 믿음으로 의롭다 하심을 입었다(3 : 6; 창 15 : 6). 그러므로 믿는 자들은 모두 아브라함의 자손인 것이다.

하나님께서 그 백성을 다루시는데 있어서 율법이 중요한 역할을 담당했던 때가 있었다. 그러나 율법은 결코 구원에 이르는 의를 가져다주는 구실을 하지 못했다. 율법은 우리를 그리스도에게로 인도하는 스승이요, 몽학 선생[1)]이다. 율법은 유대인에게 십자가에 달리심으로써 율법의 모든 저주를 담당하신 분을 믿어야 할 필요성을 깨닫게 해주었다.

(2) 믿음으로 말미암는 후사

믿는 자는 모두 그리스도 예수 안에서 하나님의 자녀들이다(3 : 26). "너희는 유대인이나 헬라인이나 종이나 자주자나 남자나 여자없이 다 그리스도 예수 안에서 하나이니라 너희가 그리스도께 속한 자면 곧 아브라함의 자손이요 약속대로 유업을 이을 자니라"(3 : 28-27).

우리 모두는 한 분이신 하나님의 자녀들이라고 간단히 말하는 것은 정확한 표현이 아니다. 또한 누구나 할례를 통하여 하나님의 자녀가 된다고 말하는 것 역시 올바른 표현이 아니다. 아브라함에게 속한 약속의 후사들은 민족이나 사회적 계급이나 남녀의 구별없이 오직 믿는 자들뿐이다.

(3) 독자적인 차이점들

갈라디아서 3장 28절은 오늘날 다른 각도에서 성경에 대해 어느 정도 관심을 보이는 자들에 의해 종종 인용된다. 그들은 이 구절을 가지고 그리스도께서 모든 민족과 국가들 사이에 있는 구별을 철폐하셨다고 주장한다. 이 구절은 또한 여성 해방 운동의 목적을 변호하고, 사회적 경제적 "계층들" 사이에 있는 모든 차별을 정죄하는데 이용되고 있다.

그러나 바울이 여기에서 실제로 말하고 있는 것은 각 족속과 민족들 사이의 독특성이 철폐되어져야 한다는 의미가 아니다. 바울은 항상 그러한 차이점들, 즉 유대인은 유대인으로서, 헬라인은 헬라인으로서의 특색을 인정하였다. 그는 또한 모든 "사회적"인 차이점들이 철폐되어져야 할 것을 주장한 것도 아니었다(참조. 고전 7 : 20-21). 그리고 그는 남녀 사이의 구별을 무시하려는 시도를 반대하였는데 여자는 여자이므로 남자 같이 행동하려고 해서는 안 된다고 말하였다(고전 11 : 2 이하; 14 : 34 이하; 엡 5 : 24, 33; 딤전 2 : 9 이하).

바울은 민족들, 개인들, 종들 그리고 여자들이 각기 나름대로 특징을 지니고 있음을, 즉 헬라인은 헬라인으로, 여자는 여자로 존재해야 한다는 것을 인정하였다. 그러나 모든 사람들이 동일하게 하나의 약속과 기업을 받아 누리는 것이다. 이로 인하여 헬라인은 훌륭한 헬라인으로 바뀌게 되고 여인은 진정한 여인이 되며 종은 충성스러운 종이 될 것이다. 복음은 혁명을 주장하지 않는다. 오늘날 일부의 사람들이 갈라디아서 3장 28절을 바울의 본래 의도와 문맥을 무시하고 자기들의 표어에 맞도록 적절하게 해석하는 것은 오해일 뿐만 아니라 부당한 일이다.

(4) 자유와 노예

그리스도와 성령을 통하여 우리 모두는 하나님을 아버지라고 부를 수 있게 되었다. 아브라함에게 속해 있던 약속의 자녀들과 후사들이 성인이 되었다[2]. 하나님께서는 율법의 무거운 멍에로부터 우리를 해방시키시기 위해서 자기의 아들을 율법 아래 태어나게 하셨다.

바울은, 그리스도께서 율법의 저주를 담당하심으로 그 저주에서 우리를 속량하셨다고 말한다(3 : 13). 여기에서 바울이 "저주받은 율법"(the "accursed" law)이라고 표현하지 않은 점에 주의하여야 한다. 그렇다면 회심하여 세상의 "초등학문"이나 자연 종교의 초보로부터 해방된 이교도들이 왜 다시금 유대인의 "초등 학문"으로 돌아가야할 필요가 있겠는가 ? (4 : 9, 3) 그것은 그들이 얻은 자유를 다시금 새로운 속박으로 바꾸는 일이 될 것이다.

바울의 이러한 호소를 읽을 때 우리는 그 곳에서의 바울의 사역이 위기에 봉착해 있음을 느낄 수 있다. "내가 너희를 위하여 수고한 것이 헛될까 두려워 하노라"(4 : 11). 처음 방문했을 때 바울이 갈라디아인들에게 얼마나 환영을 받았던가 ? 바울은 예수 그리스도의 대표자요, 하나님의 사자로 인정을 받았던 것이다. 이제 그러한 환영이 다 어디로 가버렸단 말인가 ? (4 : 15) 갈라디아인들은 거짓 선생들이 전한 온갖 비진리들을 받아들이고 있었다. 그들은 자신들의 "어머니"였던 바울을 떠남으로써 그리스도와 그의 복음에서 멀어지게 되었다.

주

1) 한글 개역의 "몽학 선생"은 헬라원어로 파이다고고스(paidagogos)이다. 어떤 역본들은 이를 "가정 교사", "학교 선생님"으로 번역하였다. 그러나 헬라 문화에 있어서 이 파이다고고스는 교사가 아니라 어린 소년의 관리인이었다. 일반적으로 그는 어린 소년들에게 복종과 자기 훈련을 가르치고 학교에도 매일 데려다 주는 임무를 가진 노예였다. 그는 일종의 훈육관으로서 회초리를 들고 다니면서 소년이 말을 듣지 않을 때는 그것으로 그를 다스렸다. 율법은 파이다고고스이다. 우리를 징계하며 또한 우리의 마음이 믿음의 복음 안에 있는 자유를 받아들이도록 준비시키는 일을 한다. 율법은 우리를 예수 그리스도께로 이끌고가 의롭다함을 받게끔 해주는 역할을 한다.

2) 율법아래 있을 때는 어린 아들이지만 은혜아래 있을 때 그는 성인이라는 관점에서 이해하라.

4. 속박이냐 자유냐

(1) 하갈의 자손들

거짓 선생들이 율법(토라)에 호소하였으므로 바울도 토라를 통하여 오직 복음만이 우리를 해방시킨다는 사실을 증명하고 있다. 아브라함의 자손들(즉, 예루살렘의 유대인들과 그의 추종자를 말한다)이 속박에 사로잡혀 있다고 주장하는 것이 매우 이상하다고 여겨지는가?

아브라함은 자신의 종 하갈에게서 낳은 자손 이스마엘을 두고 있었다. 이스마엘은 아브라함의 육신적인 계획과 계산의 결과로 얻은 자식이었다. 더구나 이 종의 아들이 이삭을 조롱하고 박해했던 것이다. 이삭은 자유인 어머니에게서 낳은 아들로서 약속으로 말미암아 성령으로 낳은 아들이었다. 아브라함의 장막의 이러한 형편은 갈라디아인들에게 무엇인가를 시사해 주고 있다. 즉, 아브라함의 자손에도 두 종류가 있다는 것이다.

바울은 갈라디아인들의 주의를 그리스도의 교회를 박해하고 율법의 행위로 구원을 얻는다고 주장하는 "예루살렘"으로 환기시키고 있다. 예루살렘은 하갈과 같다. 그것은 초등학문과도의 같은 옛 언약의 예배(이 예배는 실체인 신약 시대의 예배의 그림자였다)노예된 자녀들을 낳았다. 따라서 그들은 사라에 비유될 수 있는 위에 있는 예루살렘을 기억해야 했다. 이 예루살렘에 대하여 이사야는 "〔사라처럼〕 잉태치 못하며 생산치 못한 너는 노래할찌어다"(사 54 : 1)라고 표현한다.

(2) 십자가의 능력을 빼앗김

갈라디아인들은 하나님께서 아브라함에게 그 종 하갈과 아들 이스마엘을 내보내라고 명령하셨던 사실을 기억해야 할 것이다. 왜냐하면 이스마엘은 후사가 아니었기 때문이다(창 21 : 10). 그러므로 갈라디아인들은 유대 회당의 영과 관계를 끊어야 할 것이다. 왜냐하면 그것은 사람들에게 다시금 종의 신분으로 돌아가게 하고 기업을 빼앗음으로써 결국 또 하나의 이교에 빠지도록 인도하는 것이기 때문이다. 바울은 브루기아와 갈라디아에 있는 이도교들의 습관을 지적하면서 "너희를 어지럽게 하는 자들이 스스로 베어버리기를 원하노라"[1] (5 : 12)고 말하고 있다.

형제들이여! 우리는 자유를 얻도록 부르심을 입은 자들이다. 그 당시의 상황에서 할례 받기로 한 사람은 유대인들의 박해를 피할 수 있겠지만 무서운 대가를 치루게 될 것이다. 그는 십자가의 능력을 빼앗길 것이다. 그리스도께서는 그에게 아무런 유익이 되지 못할 것이다. 왜냐하면 그가 종이 되기를 선택했기 때문이다(5 : 11, 1-2). 하나님께서는 우리가 자유하기를 원하신다. 그 자유는 값을 치루고 얻지 못하며 오직 믿음을 통해서만 우리의 것이 되는 것이다.

(3) 방종한 행동

바울은 갈라디아 교회를 너무 잘 알고 있었으므로 거짓된 자유에 대한 경고를 발하는 것으로 그의 편지를 끝낼 수 있었다. 자유를 얻기 원했으면서도 새로이 얻은 자유를 남용함으로써 금방 방종한 행동에 빠지는 자들이 많았다. 자유를 얻은 사람으로서 그들은 죄악된 "육신"을 제멋대로 버려둘 수 있으리라고 생각하였다.

그러나 바울이 선포한 자유는 그러한 자유가 아니었다. 바울은 성령의 인도함을 받는 자유를 말했던 것이다. 이러한 자유는 섬기는 것이 무엇인지를 안다. 참된 자유는 사랑으로 자신을 아낌없이 주는 것이다. 성령의 열매는 육신의 일을 피하며 희락, 오래 참음, 양선과 절제를 나타내는 것이다. "만일 우리가 성령으로 살면 또한 성령으로 행할찌니"(5 : 25).

(4) 섬기는 자유

훌륭한 병사들과 같이 우리는 각각 제 위치에서 행진을 해야 한다. 우리는 다른 사람의 위치에 들어가서는 안 되며, 오히려 그들이 자기 자리를 이탈했을 때 제자리로 돌아오도록 친절하게 도와주어야 한다.

성령을 좇아 사는 삶의 질서에는 우리가 서로의 짐을 짐으로써 그리스도의 율법을 완성할 것이 요구된다. 아무도 자신이 다른 사람들보다 더 강건하다고 생각해서는 안 된다. 왜냐하면 자신들을 우리들 가운데 가장 연약한 자들과 비교해 볼 때 강한 자들처럼 보일지 모르나 주님의 요구에는 훨씬 못미치는 상태에 있기 때문이다. 우리는 각자의 짐을 져야 한다.

우리는 심은대로 거두게 될 것이다. "씨를 뿌리는 것"은 좋은 의미에서 자비를 베풀어야 할 의무(10절)와 가르치는 자를 대접해야 할 의무 (6 : 6)를 포함하는 것이다. 우리들의 자유는 섬기는 자유인 것이다.

주

1) 여기 "베어 버린다"는 말은 "거세(去勢)한다"는 뜻이다. 그 당시 이방의 신들 중에 시빌리(Cybele; 소아시아에 있던 프리지아국의 신화에 나오는 신)라는 신이 있었다. 그 신을 좇는 사람들—사제들과 예배자—은 시빌리 신께 대한 헌신의 표로서 거세를 하는 관례가 있었다.

5. 친필로 쓴 요약과 끝맺음

(1) 친필로 쓴 당부

통상 바울은 편지를 대필시켰으나 끝에는 친필로 몇마디를 적어 넣었다. 바울은 "내 손으로 너희에게 이렇게 큰 글자로 쓴 것을 보라"(6 : 11)고 말한다. 바울이 이처럼 글씨를 작고 단정하게 쓸 수 없었던 것은 손으로 한 노동 때문이거나, 돌에 맞은 상처 때문이었을 것이다.

일부 해석가들은 바울이 갈라디아인들을 위로하고 홍미를 주기 위하여 "어린애와 같은 필체"로 써보냈을 것이라고 생각한다. 그러나 바울이 자신의 직분을 다시 한 번 강조하고(참조. 1 : 1 이하) 그 서신에 담겨 있는 중요한 메시지를 확인하기 위한 것이라는 설명이 더 타당성이 있을 것이다. 갈라디아인이여 주의하라 ! 이는 아주 실질적인 문제이다 !

(2) 십자가를 자랑함

성경이 말하는 것에 관심이 있는 척하는 그 선동가들은 자랑하는 일에 더 관심이 있다고 바울은 지적한다. 그들의 주장 배후에 있는 진정한 동기는 두려움이다. 즉, 그들은 박해를 두려워하여 할례의 표를 지님으로써 환난을 피하려고 했다. 뿐만 아니라 그들에게는 일관성이 없다. 왜냐하면 다른 율법들은 온전히 지키지 않기 때문이다.

이처럼 마음이 나누이고 일관성이 없는 사람들은 다만 그들이 개종한 사실을 모든 사람에게 알리고 할례를 행함으로써 자랑하기를 원하는 것 뿐이다. “그러나 내게는 우리 주 예수 그리스도의 십자가 외에 결코 자랑할 것이 없으니”(6：14).

바울은, 나는 항상 예수 그리스도의 십자가 안에서 자랑하겠다고 말한다. 그 십자가는 죄악된 “세상”과 신자들 사이의 관계를 단절시킨다. 십자가를 통해서 새로운 피조물의 탄생이 가능하다. 왜냐하면, 그리스도께서 지금 옛 본성이 죽은 자들 가운데 살아 계시기 때문이다(6：15, 2：20). 우리가 성령을 좇아 사는 삶, 자유를 누리는 삶을 발견할 수 있는 곳은 바로 그 십자가에서다.

이제 갈라디아인들은 무엇이 문제인지를 알게 되었다. 그들이 이스라엘(메시아의 교회)의 일부가 되기를 원한다면 유대인들의 증표인 할례를 받아들일 필요가 없을 것이다. 할례를 받는 그는 인간 자신의 행위를 자랑하는 이방 종교로 돌아가고 말 것이다.

(3) 교회를 향한 지침

고대 회당에서는 하나님께서 자기 백성인 “모든 이스라엘”에게 평안, 구원, 축복, 자비 그리고 은혜를 주시기를 기도했다. 복음을 위한 고난의 흔적을 그 몸에 지닌 바울은 이상의 기도가 그리스도 안에서 드려진 것이라면 응답될 것이라고 말하고 있다. 오직 그리스도 안에서 자랑해야 한다는 법칙을 따라 자신의 위치를 이탈하지 않고 행진하는 자들은 모든 민족들로 구성된 새 이스라엘 위에 임할 메시아의 축복에 참여하게 될 것이다.

이러한 법칙은 하나님의 말씀보다는 전통, 민족, 철학 또는 체험에 근거한 자들과 같이 율법이나 “흔적”(marks)에 얽매일 위험성이 항상 있는 전 교회를 향한 분명한 지침이다. “할례나 무할례가 아무 것도 아니로되 오직 새로 지으심을 받은 자 뿐이니라 무릇 이 규례를 행하는 자에게와 하나님의 이스라엘에게 평강과 긍휼이 있을지어다”(6：15-16).

에베소서

1. 수신자들

(1) 회 람

에베소서의 많은 사본들 가운데는 에베소(Ephesus)라는 이름이 1절에 나타나지 않는다. 따라서 표준 개역(RSV)은 에베소라는 말을 포함하고 있는 흠정역과는 달리 그것을 생략하고 있다.[1]

이러한 사실로 인하여 일부 학자들은 에베소서를 에베소에 있는 교회 뿐만 아니라 그 주변에 있는 교회들을 위한 회람 형식의 편지로 간주한다. 그들은 바울이 편지의 전달자로 두기고를 언급하고 있으나 문안 인사의 특별한 대상들을 지적하고 있지 않다는 사실을 들고 있다. 에베소서는 일반적인 성격을 띤 것으로 특정 교회의 형편을 언급하고 있지 않다. 이렇듯 에베소서가 갈라디아서처럼 사실상 여러 교회들을 위한 회람이었다는 견해를 뒷받침할 만한 근거는 많이 있다.

바울은 자신이 옥중에서 편지를 쓰고 있다는 사실을 본 서신 가운데서 암시하고 있다(6：20). 그러나 그가 어디에 투옥되어 있었는지는 말해주고 있지 않다. 아마도 가이샤라였을 것이다(행 23：23 이하). 본 서신 역시 골로새서나 빌레몬서와 거의 같은 시기에 씌어진 것으로 보인다. 왜냐하면, 골로새서에서 두기고가 그 편지의 전달자로서 언급되어 있으며 오네시모가 그와 동행한 것으로 나타나 있기 때문이다(골 4：7 이하).

(2) 에베소서와 골로새서

내용상으로 보면 골로새서와 에베소서 사이에는 상당한 유사성이 있다. 학자들은 심지어 이 문맥 가운데 일종의 "공관적인 문제" (synoptie problem)를 말하기도 한다. 아래의 병형구절들을 비교하라.

에베소서	골로새서
또 만물을 그 발 아래 복종하게 하시고 그를 만물 위에 교회의 머리로 주셨느니라 교회는 그의 머리니 (1：22-23)	만물이 그 안에 함께 섰느니라 그는 몸인 교회의 머리라 (1：17-18)
이제는 전에 멀리 있던 너희가 그리스도 예수 안에서 그리스도의 피로 가까와졌느니라 그는 우리의 화평이시니라 (2：13-14)	그의 십자가의 피로 화평을 이루사 만물 곧 땅에 있는 것들이나 하늘에 있는 것들을 그로 말미암아 자기와 화목케 되기를 기뻐하심이라 (1：20)

뿐만 아니라, 이 서신들은 아내들, 남편들, 자녀들, 아버지들, 종들, 그리고 주인들에게 주는 권면의 기사들을 포함하고 있다(엡 5：22-6：9; 골 3：18-4：1).

그 유사성에도 불구하고 이 서신들은 각각 독특한 성격을 가진다. 에베소서와 골로새서 사이의 관계는 세 개의 공관복음서들 사이의 관계와 아주 흡사한데 이 둘은 많은 공통점을 가지면서도 각각의 독특한 강조점과 목표를 지니고 있는 것이다.

골로새서를 읽을 때 이미 읽은 에베소서의 내용을 근거로 그 내용을 미리 추정해서는 안 된다. 골로새서의 여러 표현들이 아무리 유사하게 보일지라도 그 편지는 우선적으로 거짓 교훈들과 대적하는 것을 목적으로 하고 있기 때문에 에베소서의 목적과는 아주 다른 것이다.

주

1) 한글 개역은 이를 포함하고 있다. 공동번역은 이를 ( )로 처리하고 있다.

2. 삼위일체 하나님의 택하신 은혜를 찬송함 (*1 : 1–3 : 21*)

(1) 바울의 시편

몇마디 인사와 축복의 말을 한 후에 바울은 성경에서 가장 긴 문장을 사용하여 삼위일체 하나님을 찬양하고 있다(1 : 3–14은 보통 여러 개의 문장으로 나뉘어 번역되고 있지만 헬라 원문에서는 한 문장으로 되어 있다). 성부(3절 이하), 성자(3, 5절 이하), 성령(13절)께서 하나님의 주권적이고 자유로운 선택과 관련하여 언급되고 있다.

바울은 교회를 불러내신 근거가 되는 하나님의 주권적 은혜를 찬송하는 놀라운 시편을 기록하고 있다. 칼빈은 본 구절에 대하여 다음과 같이 주석하고 있다.

> 우리를 부르신 것과 우리가 하나님으로부터 받은 모든 축복에 대한 근거와 원인이 본문에서는 그의 영원하신 선택으로 선포되어 있다. 하나님께서 왜 우리를 부르사 복음을 누리게 하시며 날마다 많은 축복들을 주시고 우리를 위하여 하늘 문을 열어 주시는지를 묻는다면 그 대답은 항상 한 가지 원리에서 대답할 수 있는바 그것은 곧 하나님께서 창세 전에 우리를 선택하셨다는 사실이다. 하나님께서 우리를 선택하신 시기 자체가 그 선택이 전혀 자유로운 것이었음을 증명해준다. 왜냐하면 창세 전에 우리에게 무슨 공로가 있거나, 자격이 있을 수 없을 것이기 때문이다.[1]

교회의 성화, 그리스도를 통한 죄의 용서, 장차 받을 기업에 대한 보증으로서 성령의 인치심. 이 모든 것들은 오직 그리스도 안에서 하나님의 선택으로 말미암아 가능한 것이다. 그러므로 인간의 공로를 자랑할 여지가 없는 것이다. 바울은 자신의 찬양을 통하여 하나님의 주권적이고 자유로운 선택을 높이고 있다.

(2) 기뻐해야 할 이유

우리는 왜 찬양의 노래를 불러야 하는가? 선택의 교리를 오히려 슬퍼해야할 근거와 이유로 여기는 사람들이 많다. 그러나 이러한 태도는 성경과는 전혀 반대되는 것이다. 트림프 박사(Dr. C. Trimp)는 다음과 같이 말한다.

> 사람들이 그토록 논쟁을 벌이고 심사숙고하고 있는 선택은 존재하지 않는다. 다만 선택하시는 하나님이 존재할 뿐이다. 당신은 당신의 생애 쪽으로 길을 내시면서 당신의 죄악의 수풀을 헤치고 다가오시는 하나님을 볼 수 없었는가? 당신은 실제로 당신을 향하여 다가오시는 그를 뵈었다. 즉, 그가 당신의 탄생의 때와 세례의 장소를 정하시고 기독교 교육을 받게 하시며 신앙을 공적으로 고백하고 싶은 마음을 주실 때에 당신을 향하여 다가오시는 하나님을 뵈었던 것이다. 물론 우리는 이 모든 사실들을 받았음이 사실이다. 그러나 하나님께서 이런 식으로 다가오시지 않는 사람들이 많았다. 그러므로 하나님의 말씀에 비추어 이상의 계시된 사실들을 토대로 하여 당신의 하나님을 안다면 당신은 당신의 선택에 관하여 이해할 수 있을 것이다.[2)]

에베소서의 서두는 우리가 선택에 관하여 근심했던 것의 대부분을 없애준다. 바울은 기뻐해야 할 하나의 이유로 선택을 제시하고 있다.

(3) 더 많은 지식을 얻기 위한 기도

바울은 자신의 독자들이 하나님을 찬양하는데 있어 자신과 같은 생각을 할 것이라고 확신하고 있다. 바울은 이 사실로 인하여 하나님께 감사를 드린다. 동시에 바울은 삼위 하나님께 그리스도의 영광에 대한 더욱더 풍성한 지식을 그들에게 허락해 주시도록 기도하고 있다(1 : 15 −23). 그리스도께서는 모든 천사들의 권세 위에 있는, 즉 "모든 정사와 권세와 능력과 주관하는 자와 이 세상 뿐만 아니라 오는 세상에 일컫는 모든 이름 위에 뛰어"난 하늘의 자기 보좌에 앉아 계신다(1 : 21)."

신자는 결코 믿음에 관한 충분한 지식을 가졌다고 주장할 수 없다. 그는 항상 자신의 구속주를 더욱 잘 알도록 힘써야 한다(참조. 빌 3 : 10−14). 몸(교회)은 머리(그리스도)와 밀접하게 연관되어 있다.

그리스도께서는 참으로 죄악되고 타락한 세상으로부터 교회를 구속해 주셨다. "너희가 그 은혜를 인하여 믿음으로 말미암아 구원을 얻었나니 이것이 너희에게 난 것이 아니요 하나님의 선물이라"(2 : 8). 이러한 구절은 마땅히 모든 예배 처소마다 황금 문자로 새겨두어야 할 것이다. 교회가 구원받은 것은 어떤 "과정의 문제"(matter of course)가 아니다.

(4) 함께 한 후사로서의 이방인들

원래 "그리스도 밖에 있었고 이스라엘 나라 밖의 사람이라 약속의 언약들에 대하여 외인이요 세상에서 소망이 없고 하나님도 없는 자"(2 : 12)였던 이교도들을 생각해 보라. 모세의 율법을 성취하심으로 그리스도께서는 이 마지막 장애물을 제거하시고 이교도들이 교회 안의 한 가족이 될 수 있는 길을 열어 주셨다.

그리스도께서는 "막힌 담"을 헐으셨다. 즉, 평강의 왕을 통하여 유대인과 헬라인들이 하나의 교회로 연합되었다. 이등 그리스도인들(second class christians)이란 존재하지 않으므로 반유대주의나 민족적 자부심 등은 발붙일 곳이 없다. 모든 그리스도인들은 함께 모여 모퉁이 돌이신 그리스도와 더불어 한 교회를 이루는 것이다(2 : 11−22).

사도 바울은, 유대인과 이방인들 사이의 차별이 철폐된 것은 전에 없었던 새로운 것임을 잘 알고 있었다(3 : 4−5). 그는 이방인들에게 복음을 전했기 때문에 죄수가 되었음이 분명하다. 그러나 바울은 기꺼이 옥에 갇혔다. 왜냐하면 그는 자신의 권위에 근거하여 행동하지 않았기 때문이다. 이방인들도 함께 한 후사요 복음을 통하여 그리스도 예수 안에서 약속에 참여해야 할 자들이라는 비밀을 바울에게 계시해 주신 것은 성령이었다. 한때 그리스도인의 핍박자였던 바울에게, 하나님의 영원하신 선택을 통하여 위대한 영광이 허락되었다. 이것은 곧 이방인들에게 복음을 전파하고 이방인들 중에서 조차도 자기 교회를 모으시는 하나님의 놀라운 지혜를 천사와 같은 권세들에게 알리게 하시는 영광이었다(3：8 이하).

주

1) Commentaries on the Epistles of Paul to the Calatians and Ephesians, trans. William Pringle (Edinburgh, 1854), pp. 197－198.

2) De Schat van Christus Bruid, by H. J. Meyerink, C. Trimp, and G. Zomer (Goes, 1958), p. 85.

3. 한 몸, 한 성령, 한 주, 한 하나님, 한 아버지 (*4:1-6:9*)

(1) 하나되게 하신 것을 힘써 지키라

교회는 죄악된 사람들과 심지어는 다른 사람들을 괴롭히고 노엽게 만드는 사람들로 이루어져 있다. 인종이나 국적의 차이에서 오는 사소한 다툼이나 시비는 말할 것도 없고 종종 분쟁이 발생하며 사소한 차이점이 커다란 문제로 확대되기도 한다. 개종한 이방인들과 유대인들이 같은 회중들 가운데 포함되어 있을 때 결국 서로 원수처럼 싸우게 되기 마련이다.

이방인들에게 복음을 전파하기 위하여 갇히는 것도 마다하지 않았던 바울은 이제 그 독자들에게 하나님께서 주신 구속과 연합을 힘써 지키라고 호소하고 있다. 선택과 마찬가지로 연합은 삼위 하나님으로 말미암는 것이다. 사도 바울의 호소 가운데서 삼위일체의 교리가 어떻게 나타나는지를 살펴 보라.

> 그러므로 주 안에서 갇힌 내가 너희를 권하노니 너희가 부르심을 입은 부름에 합당하게 행하여 …… 평안의 매는 줄로 성령의 하나되게 하신 것을 힘써 지키라 몸이 하나이요 성령이 하나이니 이와 같이 너희가 부르심의 한 소망 안에서 부르심을 입었느니라 주도 하나이요 믿음도 하나이요 세례도 하나이요 하나님도 하나이시니 곧 만유의 아버지시라 (4:1, 3-6)

(2) 매일의 회개 생활

시편 68편 19절에 따르면 그리스도께서는 하늘로 승천하실 때 교회에게 오순절의 선물(gifts; 즉 은사)을 주셨다. 교회는 그 선물로 말미암는 힘을 얻어야 한다. 공식적으로 선포되는 말씀을 통하여 교회는 잘못된 길로 가지 않고 자진해서 섬기는 자세를 보여주도록 성숙해야 한다. 그리스도의 말씀으로 교훈을 받은(4 : 20) 교회는 역시 옛 성품을 죽이고 옷을 입듯이 새로운 성품을 입는 법을 배워야 한다. 이것은 매일같이 회개의 생활을 하며 성화되어 나가는 생활을 의미한다. 우리는 빛의 자녀들로서 행동해야 한다(5 : 8).

바울은 이러한 사실을 개인 대 개인의 관계와 연관시켜 실제적으로 설명하고 있다(4 : 25 이하). 몸의 모든 지체들은 다른 지체들을 세우고 유지하기 위하여 힘써야 한다. 쾌락을 좇는 생활과 거짓말하며 인색하고 도둑질하게 만드는 이방인의 사고방식(4 : 25 이하) 그리고 절제하지 못함으로 곤드레만드레 취하는 술버릇(5 : 18)과 그와 같은 여러 사악한 행실은 성령으로 거룩케 되는 삶으로 대치되어야 한다. 그리스도인의 생활과 이방인의 생활이 분명하게 구별되어져야만 한다. 어두움의 무익한 행실들이 그 가면을 벗고 정체를 드러내야 한다. 바울은 "잠자는 자여 깨어 죽은 자들 가운데서 일어나라 그리스도께서 네게 비춰시리라"(5 : 14)고 말한다. 이것은 구속받은 자들에 대한 이사야의 감사의 노래(사 26 : 19)와 제사장의 자손들에게 베풀었던 축복의 말씀들(민 6 : 25)을 인용한 내용일 것이다.

(3) 가족들과의 관계

바울은 생활의 여러가지 영역을 지적하면서 회심의 결과가 어떻게 실생활에서 나타나야 하는지를 보여주고 있다. 남편과 아내의 관계를 손상시킬 정도의 자유분방함을 원해서는 안 된다. 이처럼 남편은 자신의 아내가 자신의 살과 피임을 잊어서는 안 된다. 남편과 아내의 관계는 그리스도와 그 교회와의 관계를 반영시키는 것이어야 한다.

그리스도는 사랑스러운 남편이요, 그를 존경하고 섬기는 신부인 교회의 머리이시다(5 : 22−23).

어린이들은 어떤 반항적인 정신으로 선동받지 않아야 한다. 뿐만 아니라 아버지들은 자신들의 권위를 어리석고 독재적인 방법으로 행사함으로써 자녀들을 노엽게 하지 말아야 한다. "오직 주의 교양과 훈계로 양육"해야 한다(6 : 4).

(4) 종과 그 상전

종들은 섬기는 일을 게을리함으로써 주인의 권위를 무시해서는 안 된다.

> 종들아 두려워하고 떨며 성실한 마음으로 육체의 상전에게 순종하기를 그리스도께 하듯하여 눈가림만 하여 사람을 기쁘게 하는 자처럼 하지 말고 그리스도의 종들처럼 마음으로 하나님의 뜻을 행하여 단 마음으로 섬기기를 주께 하듯하고 사람들에게 하듯 하지 말라 (6 : 5−7)

상전들도 그 종들을 위협하거나 학대하지 않음으로써 그들의 수고에 보답해야 한다. 요컨대 상전들 역시 사람을 외모로 취하시지 않는 하늘에 계시는 주인(Master) 또는 주(큐리오스)를 모시고 있기 때문이다.

이것은 권위의 위기 속에 살고 있는 우리에게 꼭 필요한 말씀이다. 오직 예수 그리스도 안에서만 우리는 가정 안에서나 사회 전반에서 참된 인간 관계의 회복을 기대할 수 있을 것이다.

4. 하나님의 전신 갑주 (*6 : 10 – 24*)

(1) **싸움을 위한 무장**

개혁의 과정은 자동적으로 진행되는 것이 아니다. 하나님께서는 우리를 싸움터로 부르셨다. 바울이 그 유명한 하나님의 전신갑주에 대해 묘사하면서 또한 그것을 입을 것을 교훈하고 있는 이유가 바로 여기에 있다(6 : 10 이하).

우리는 본 구절과 관련하여 "영적 무장"에 대하여 많이 들어 왔다. 그리스도의 군사들에게 필요한 각종 장비는 인간의 덕목(gualities)과 같다고 생각한다. 즉, 진리의 허리띠는 이웃에게 진리를 말하는 것이고, 의의 흉배는 모든 사람을 합당하게 대접하는 것이며, 믿음의 방패는 우리 자신들의 믿음의 행위를 나타낸다고 한다.

그러나 우리는 바울이 하나님께서 가져다 주시는 구원(사 59 : 17)을 가리키는 구원의 투구와 하나님의 말씀(사 49 : 2; 11 : 4)인 성령의 검[1]에 대하여 말하고 있다는 사실을 기억해야 한다. 끝에 나오는 이 두 가지의 장비가 하나님을 가리키는 것이라면 나머지 세 가지는 무엇을 가리키는가? 인간의 덕목보다도 오히려 하나님의 성품과 행위를 상징하는 것이 아닐까?

(2) **구약에 나타난 유사한 표현들**

바울의 이러한 표현들과 유사한 구절들이 이미 이사야서에 나타나고 있다. 이사야 선지자는 메시아에 관하여 "공의로 그 허리 띠를 삼으며 성실로 몸의 띠를 삼으리라"(사 11 : 5)고 말하고 있다. 이와 같이 그 "띠"는 메시아의 성품 가운데 하나인 것이다. 또한 "의로 호심경을 삼으시며 구원을 그 머리에 써서 투구로 삼으시며 보수로 속옷을 삼으시며 열심을 입어 겉옷을 삼으시고"(사 59 : 17)라고 말한다. 이러한 의는 여호와의 구속하시는 의를 말한다.

에베소서의 이 유명한 구절에서 바울이 사용하고 있는 표현은 구약에서도 찾아볼 수 있다. 바울은 이방 세계(후대에 있어 이는 세속화된 세상을 말한다)의 모든 혼란의 와중에 있는 약하고 흔들리는 교회에게 하나님의 전신갑주로 무장하고 싸워야 할 것을 보여주고자 했던 것이다. 하나님의 언약의 신실하심(진리)은 허리 띠나 벨트의 구실을 할 것이다. 하나님의 구원하시는 칭의(의)는 흉배가 된다. 하나님의 평화의 복음은(참조 사 52 : 7) 발을 준비한다[2](바울이 이사야서의 표현을 얼마나 즐겨 사용하는지를 보라).

하나님에 대한 우리의 신앙고백의 내용은 우리를 보호해주는 방패가 될 것이다. 그는 교회에게 방어와 공격을 위하여 자기의 투구와 검을 주신다. 무엇보다도 이 세상에서 악전고투하고 있는 교회는 그 싸움의 와중에서 기도를 통하여 자신의 하나님을 바라볼 것을 허락받고 있다.

(3) 합당함

사도 바울은 편지를 읽는 자들에게 옥에 갇힌 자신을 잊지 말며 주께서 복음을 전파할 수 있는 힘을 주시도록 기도해 달라고 부탁하고 있다. 그는 이방인들에게 메시아이신 예수님에 대한 복음을 전파한 것으로 인하여 갇히는 몸이 되었다.

바울은 옥에 갇힌 것을 부끄러워하지 않았다. 바울이 자신의 "신조"(principles) 때문에 겪는 고난은 역시 이방인들에게는 영광이었다. 왜냐하면 그러한 사실은 곧 이방인인 자신들도 하나님의 왕국의 시민이요 그 약속에 함께 참여할 후사로서의 권리가 있음을 보여주기 위하여 누군가가 싸우고 있다는 사실을 말해주기 때문이다(3 : 1－3, 13; 2 : 11 이하).

그렇지만 전에 이스라엘의 시민권을 얻을 수 없었던 자들로서 이제 하나님의 권속으로서 간주된 자들은 자신들의 고상한 신분에 합당한 모습을 보여 주어야 할 것이다. 바울은 에베소서의 후반부를 자신이 "주 안에서 갇힌 자"(4 : 1)임을 상기시키는 말로 시작하고 있다. 뿐만 아니라 바울은 역시 권면을 끝내면서도 자신을 "쇠사슬에 매인 사신"(6 : 20)으로 묘사하고 있다.

바울이 헛되이 씨를 뿌린 것으로 밝혀질 것인가? 아니, 그가 이방인들을 얻기 위하여 힘쓰고 애썼던 것이 지속적인 효과를 가져오지 못한 것으로 드러날 것인가? 바울은 "그러므로 주 안에서 갇힌 내가 너희를 권하노니 너희가 부르심을 입은 부름에 합당하게 행하여"라고 쓰고 있다(4 : 1). "그러므로 하나님의 전신갑주를 취하라 이는 악한 날에 너희가 능히 대적하고 모든 일을 행한 후에 서기위함이라 또 나를 위하여 구할 것은 내게 말씀을 주사 나로 입을 벌려 복음의 비밀을 담대히 알리게 하옵소서 할 것이니 이 일을 위하여 내가 쇠사슬에 매인 사신이 된 것은 나로 이 일에 당연히 할 말을 담대히 하게 하려 하심이니라"(6 : 13, 19－20).

주

1) 성령의 검이라는 표현 때문에 기독교 미술가들은 종종 바울을 묘사할 때 손에 칼을 들고 있는 모습으로 그렸다. 듀러(Dürer)의 그림,「네 사람의 사도」를 생각하라.

2) "발에는 평화의 복음을 갖추어 신고" (공동 번역), " 평안의 복음의 준비한 것을 발에 신고" (표준 번역), "평화의 기쁜 소식을 전할 태세로 신발을 신고" (현대인의 성경).

빌립보서

그러므로 나의 사랑하고 사모하는 형제들, 나의 기쁨이요 면류관인 사랑하는 자들아 이와 같이 주 안에 서라 (4 : 1)

1. 바울과 빌립보인들의 관계

(1) 짧은 기간의 사역

빌립보는 바울이 유럽 대륙에서 가장 먼저 교회를 세운 도시였다. 사도행전 16장에는 빌립보에서 사역했던 바울의 역사가 기록되어 있는데 거기에서 우리는 루디아의 회개와 귀신들린 여종에게 점을 치게함으로써 돈벌이를 크게 하고 있던 사람에 대한 기록 등도 볼 수 있다. 바울은 그 여종에게서 귀신을 쫓아냄으로써 그 주인의 미움을 받아 빌립보에서 더 이상 머무를 수 없게 되었던 것이다.

누가는 바울과 함께 다니다가 바울이 그 곳을 떠날 때 그냥 그 곳에 머물렀던 것으로 보인다. 여러 해가 지난 후에야 비로소 다시 바울과 합류하여 초창기의 이방인 교회에서 모금된 연보를 예루살렘에 전달하기 위한 여행을 했던 것이다.

(2) 친밀한 관계

성경에 비추어 볼 때 우리는 빌립보 교회에 대하여 매우 좋은 인상을 갖게 된다. 바울은 이 교회들과 친밀한 관계를 유지하였으며 그 교회를 "나의 기쁨이요 면류관인 사랑하는 자들"(4 : 1)이라고 부르고 있다.

빌립보서에서 기쁨(joy)과 기뻐하다(rejoice)라는 표현이 자주 등장하는 것은 주목할 만한 일이다(1 : 4, 18, 25; 2 : 18, 28－29; 3 : 1; 4 : 1, 4). 바울이 빌립보를 처음 방문하는 동안 그에게는 역시 기쁨이 있었다. 감옥 속에서 그는 실라와 함께 찬송하지 않았던가? (행 16 : 25) 믿음에서 비롯된 그들의 기쁨은 그 회중에게까지 전달되었음이 분명하다. 빌립보에서 의사로 정착했던 것으로 보이는 누가에게도 기쁨은 역시 항상 새로운 힘을 주는 동기가 되었다(참조. 2 : 10; 15 : 5 이하).

처음부터 바울과 빌립보 교인들 사이의 관계는 아주 따뜻하고 순수한 것이었다. 루디아가 바울과 그 동료들을 자신의 집에서 머물도록 초청했을 때부터 모든 일이 순조롭게 풀려나갔다(바울은 보통 자신의 숙식 문제를 스스로 해결했다). 그들의 좋은 관계는 나중에 빌립보 교회가 사도 바울의 사역을 위하여 연보를 했던 사실에서도 나타나고 있다.

바울은 다른 교회들(즉, 고린도인들)에 대해서는 부담감을 주지 않고 특히 탐욕스럽다는 인상을 주지 않기 위하여 노력했지만 이 마게도냐[1] 형제들의 선물은 감사한 마음으로 받아들였다(고후 11 : 8-9; 빌 4 : 14 이하). 바울이 이 마게도냐인들에게 본 서신을 쓰는 이유 가운데 하나는 에바브로디도 편에 보낸 빌립보 교회의 선물을 그가 받았기 때문이었다.

(3) 옥중에서 쓴 편지

그 때에 바울은 예수님께서는 역시 이방인들을 위한 메시아도 되신다는 복음을 전파한 것으로 인해 옥에 갇히게 되었다. 고린도후서 11장 23절에 보면 바울이 자주 체포되었던 사실을 알 수 있다. 일부 학자들은 바울이 빌립보서를 쓸 때 에베소의 옥중에 있었다고 생각하지만 가이사랴나 로마에 있었을 가능성이 더 많다. 에바브로디도가 옥에 있는 바울을 여러가지로 수종들다가 몹시 앓아 눕게 되었다. 빌립보 교인들은 바울을 수종들도록 보냈던 종이요 사자인 에바브로디도의 병세에 대하여 아주 깊은 관심을 나타내 보였다(2 : 25). 그러나 하나님께서 에바브로디도에게 자비를 베푸셨으므로 바울은 그에 대해서 걱정하는 빌립보인들에게 그를 돌려 보낼 수 있었다. 이와 같이 빌립보서의 목적은 한편으로 에바브로디도의 착한 행실을 칭찬하려는 것이다. 사도 바울은 에바브로디도를 조심스러운 말로 칭찬하고 빌립보인들이 보내준 "연보"에 대하여 감사를 표현하고 있다(2 : 25 이하; 4 : 14－20).

바울의 편지에 그 교회의 모든 형편들이 상세하게 다뤄지고 있다는 사실에 대하여 놀라서는 안 된다. 교회들 사이의 연락을 통하여 서로 소식을 들을 수 있었다. 그러므로 바울은 빌립보에서 있었던 일들을 전혀 모르고 있지는 않았다. 더구나 그는 에바브로디도를 통하여 그곳의 형편을 전해 들었던 것이다. 바울은 빌립보 교회 안에서 "아버지" 위치를 누리고 있었으므로 자신의 권면이 잘 받아들여질 것과, 그들의 형편을 말해준 에바브로디도가 책망을 듣지 않을 것이라고 확신할 수 있었다.

주

1) 빌립보는 소아시아와 그리이스, 로마 사이를 연결하는 대로변에 위치한 도시로서 알렉산더 대제의 아버지인 빌립 II세의 이름을 따라 명명된 로마의 식민지였다. 사도행전의 저자인 누가는 "마게도냐 지경의 첫 성"(행 16 : 12)으로서 이 도시를 언급하고 있다.

2. 믿음 안에서의 진보와 기쁨 (1 : 1 – 26)

(1) 바울의 기쁨

오늘날의 사람들은 성장(progress)을 열망하고 있다. 그들은 자신들의 생활과 사회가 전반적으로 향상되는 것을 보고 싶어한다. 성경은 우리가 하나님의 말씀보다 더 잘 안다고 주장하는 어떤 거짓된 진보적 태도를 배척한다(고전 4 : 6; 요이 9절). 그러나 성경은 바울(그리고 디모데)이 빌립보의 성도들(빌립보에 있는 교회)과 감독 및 집사들에게 써보낸 것과 같은 성장을 반대하지는 않는다(감독에 해당하는 헬라어 단어는 에피스코포스이며 이 말에서부터 몇개의 경로를 거쳐서 영어의 Bishop이라는 말이 유래되었다).

바울은 빌립보인들이 복음에 참여한 사실을 기뻐하였으며, 그들 가운데서 착한 일을 시작하신 이가 "그리스도 예수의 날까지 이루실 줄을" 확신하였다(1 : 6). 바울은 또한 빌립보인들의 사랑이 통찰력과 분별력으로 더욱더 풍성하여 옳고 그른 것을 예민하게 느낄 수 있게 되기를 기도하고 있다(9–10 절). 사도 바울은 그들이 스스로 지식 안에서 성장해 가는 것을 보기 원하였다.

(2) 불순한 동기

빌립보인들을 위로하기 위하여 바울은 자신이 당한 일이 복음의 진보를 위하여 얼마나 이바지했는지를 말하고 있다. 바울이 정치적인 문제 때문이 아니라 그리스도이신 예수님에 대한 복음을 전파한 것으로 인하여 사슬에 매이게 됐다는 것은 바울을 지키던 시위대들에게 분명하게 드러났다.[1] 비록 어떤 이들이 바울이 옥에 갇힌 사실을 순수하지 못한 동기, 즉 "외모"(pretense; 1 : 18)로 복음을 전파할 구실[2]로 간주하였지만 다른 전파자들은 그러한 사실로 인하여 많은 용기를 얻었던 것이다. 바울은 자신이 처한 환경 가운데서 기뻐하였다. 왜냐하면 복음이 **진보되고** 있었기 때문이다.

한편 일부 사람들은, 빌립보서 1장 18절의 실제적인 의미를 어떠한 교훈으로 가르치든지 그것은 별로 중요한 문제가 아니라는 뜻으로 해석하고 있다. 그리하여 복음이 베일에 쌓인 어떤 방법으로 전파될 때에도 우리는 기뻐할 이유가 된다고 주장하고 있다. 그러나 바울은 **순수하지 못한** 복음을 전파하는 것을 말하고 있지 않다. 그는 그리스도의 순수한 복음을 **불순한** 동기로 전파하는 것을 말하고 있다. 따라서 불순한 동기에서 복음을 전하는 것과 순수하지 않은 복음을 전하는 것과는 전혀 차원이 다른 이야기이다. 바울은, 명성을 위한 일부 설교자들의 죄악된 열심이 복음의 진보를 가로막지 못할 것임을 지적하고 있다.

(3) 평소의 직무로 되돌아감

바울은 얼마 있지 않아 다시금 평소의 자신의 직무로 돌아갈 것을 기대하였다. 그에게 있어서는 죽는 것도 유익이었다. 자기 혼자만을 생각한다면 바울은 그리스도와 함께 있기 위하여 복음 전하는 사명으로부터 벗어나고 싶었을 것이다. 그러나 바울은 하늘나라만을 생각하는 이기적인 욕심에 사로잡히지 않았다. 바울에게 있어서 사는 것은 그리스도이다. 그런즉 **열매맺는 사역**을 행하는 것이었다.

바울이 자신의 진보 뿐만 아니라 교회의 성장을 생각한 것은 놀라운 일이 아닌가? 다른 어떤 곳에 평안이 있다 할지라도 바울이 더 원하는 것은 빌립보인들의 믿음이 진보하는 것이었다(1 : 25). "평안"을 누릴 수 있는 시골의 아주 한적한 곳에 은둔하듯 세워진 교회는 죽음의 위험에 처해 있는 것이다. 사는 것이 그리스도라면 우리는 열매맺는 사역을 행해야 한다.

주

1) 현대인의 성경은 이 부분을 이렇게 알기 쉽게 번역했다. "그래서 내가 그리스도를 위해 갇혀 있다는 사실이 온 경비대와 모든 사람에게 알려졌습니다."

2) "그러나 어떤 사람들은 순수한 동기로 그리스도를 전하지 않고 갇혀 있는 나를 더욱 괴롭힐 생각으로 이기적인 야심에서 그리스도를 전하고 있습니다"(1 : 17; 현대인의 성경), "저들은 내가 감옥에 갇힌 일에 괴로움을 더하게 하려고 불순한 동기에서 경쟁심으로 그리스도를 전파한다"(표준 번역), "이기적인 동기에서 전하는 자들은 성실한 마음으로 하는 것이 아니라 내가 감옥에 있는 동안 나를 괴롭힐 생각으로 하는 것입니다"(공동 번역).

3. 그리스도인의 시민권과 생활 양식 (*1 : 27 − 2 : 18*)

(1) **하늘을 중심으로 하는 공동체**

싸움이 계속되는 동안 빌립보인들은 성령 안에서 굳게 서야할 것이다(1 : 27). 3장 20절에서 바울은 하늘의 "폴리튜마"(politeuma)를 말하고 있다. 표준개역(R. S. V)에는 "우리의 국가는 하늘에 있다"라고 번역되어 있다. 한편 New English Bible에는 본문이 "우리는 오히려 하늘의 시민"이라고 번역되어 있다. 폴리튜마라는 단어 속에는 도시 또는 도시 국가를 의미하는 폴리스(polis)라는 단어가 포함되어 있으며 역시 이 단어는 정치(politics)라는 말의 어근 역할을 한다. 그러므로 교회는 메시아가 계시는 하늘 나라에 그 본부를 두고 있는 시민들의 공동체이다. 그 메시아는 언젠가 다시 오셔서 교회의 몸과 영혼을 영화롭게 하실 것이다.

일부 학자들은 여기에서 바울이 폴리튜마라는 단어를 사용한 것을 근거로 빌립보가 고대 로마의 군사적 식민지였다는 주장을 편다. 이 견해에 따르면 바울이 나타내려는 의미는 "빌립보인들아, 너희는 두 영역, 즉 로마의 시민이면서도 그리스도의 시민이라"는 것이다. 그러나 신약 성경은 이러한 구별을 인정하거나 전제하지 않는다. 관원들은 하나님의 종들(servants)이다(롬 13 : 1 이하). 빌립보에서 관원들은 바울을 잘못 대우한 일로 사과해야 했다(행 16 : 35 이하). 그러므로 바울은 다른 대조적인 의미를 염두에 두었음이 틀림없다.

(2) 회당으로부터의 반발

특정한 장소에 있는 유대인의 회당 공동체를 종종 " 폴리튜마"라고 불렀다. 왜냐하면 이 공동체 회원들이 예루살렘을 중심으로 긴밀한 연합을 이루고 있었기 때문이다. 바울이 1장 27절에서 "너희의 생활 방식"(폴리튜에스타이)을 말하면서 사용하고 있는 단어 역시 유대인의 "생활 방식"을 가리키는데도 사용되고 있다.

이것은 바울의 권면에 그 깊이를 더해주고 있다. 빌립보에서도 유대인의 회당은 교회를 향하여 여러가지 반대와 핍박을 일으켰다. 모세가, 배도한 이스라엘을 향하여 "사곡한 종류"(신 32 : 5, 20)라고 부르고 있듯이 바울 역시 하나님의 택하신 백성들이 살고 있는 "어그러지고 거스리는 세대"(2 : 15)에 대해 말하고 있다. 물론 바울이 말했던 것은 유대화된 거짓 선생들을 비롯한 언약을 파기했던 이스라엘이었다.

(3) 복음에 합당한 행동

"지상의" 유대인의 폴리튜마는 하늘에 머물고 있는 폴리튜마를 거부하고 있다. 그와 반대로 하늘의 폴리튜마인 우리는 지금 있는 예루살렘(참조. 갈 4 : 25-26)에 얽매이지 않는다. 이러한 이유 때문에 교회는 그 자신의 독특한 모습을 나타내야 한다. 하나님 왕국의 시민인 교회의 회원들은 복음에 합당한 행동을 해야 한다. 거기에는 내부적인 연합이 존재해야 한다. 그리스도인들은 영광을 얻기 위하여 자기를 비워 종의 형체를 입으신 분의 특징을 나타내야 한다.

빌립보에 있는 그리스도인들의 폴리튜마도 이러한 특징을 나타내야 했다. 그들은 하늘에 계시는 주님의 형상을 나타내는 법을 배워야 했다. 스스로 낮추는 자는 높아질 것이다. 싸움에서 한 때 멍에를 같이 멧던 자들이 다투기도 쉽다(4장 2-3절에서 유오디아와 순두게에게 권면하고 있는 말을 생각해 보라).

긴장과 압박감은 결국 불평을 유발한다. 그러나 기쁨과 자원하여 희생하고자 하는 마음이 먼저 왔다(2 : 17－18). 그러므로 바울이 달렸던 경주－운동 경기와 군사적인 용어들에 유의하라－는 결코 헛되지 않을 것이다(2 : 16).

개들을 삼가고 (3 : 2)

4. 의와 온전에 이르는 길 (2 : 19 – 4 : 23)

(1) 거짓 선생들

바울을 위하여 생명을 걸었던 에바브로디도만 빌립보에 파견되었던 것은 아니다. 바울은 자신의 방문을 준비하기 위하여(2 : 19–24) 개인적으로 빌립보인들을 잘 알고 있는 디모데를 보냈던 것이다(행 16 : 1 이하).

디모데와 바울이 아주 궁핍한 처지에 있었다는 사실은 바울의 말에서 명백히 드러나고 있다. 할례 의식과 유대인들의 음식물에 관한 율법 등을 도입하고자 했던 거짓 선생들이 회중들 가운데서 활동하고 있었다. 유대인들이 이방인들을 가리켜 종종 "개"라고 불렀으므로 바울도 그리스도의 십자가의 원수인 유대인 선동자들을 가리켜 개라고 부르고 있다. 그들은 배로 자기 하나님을 삼고 있었다. 그들에게 있어서는 음식물에 관한 규례를 지키는 것이 곧 구원의 길을 여는 것이었다. 그들은 부끄러움으로 영광을 삼으며 메시아의 영광에 참여할 수 있는 증표로 할례를 생각했던 것이다.

(2) 믿음으로 말미암는 의

바울은 자신의 생애를 지적함으로써 다시 한 번 참된 복음을 설명하고 있다. 바울도 이전에는 육신의 혈통과 율법의 행위를 의지했다. 그러나 이제는 그 모든 것들을 쓰레기와 분토로 여긴다. 왜냐하면 그리스도를 알게 되었고 이제는 그리스도로 말미암는 의를 추구하기 때문이다. 그러므로 바울은 그리스도를 위하여 십자가 지기를 원했다. 왜냐하면 장차 그가 그리스도와 함께 죽은 자들 가운데서 부활하게 될 것을 알기 때문이다.

우리는 하늘에 있는 우리 자신의 "폴리튜마"를 가지고 있다. 거기로부터 주 예수님께서는 우리를 구원하러 오실 것이다. 우리는 오직 믿음으로써만 의를 얻는다. 따라서 거짓된 어떤 복음에 귀를 기울이지 않도록 조심해야 한다. 비록 참된 복음을 붙드는 것이 현재에 있어서 고난과 박해를 의미한다 할지라도 말이다.

(3) 온전을 위하여 달려감

바울은 "내가 이미 얻었다 함도 아니요 온전히 이루었다 함도 아니라 오직 내가 그리스도 예수께 잡힌바 된 그것을 잡으려고 좇아가노라"(3：12)고 말했다. 이 구절은 때로 우리의 구원은 결코 확신할 수 없는 것이라는 의미로 해석되기도 하였다. 그러나 본문의 의미를 상고할 때에 바울이 "내가 그리스도 예수께 잡힌바 된……"[1] 이라고 말한 사실을 유의해야 할 것이다.

바울이 자신의 것으로 삼기 위해 좇아가는 것은 그의 구원과 용서와 믿음의 확신이 아니었다. 이 구절에서 바울은 자신이 결코 온전하게 될 수 없으리라는 사실을 말하는 것이 아니다. 그런데도 바울은 그리스도께서 그를 붙들고 계셨기 때문에 믿음의 확신을 누릴 수 있었다. 바울이 죽은 자들로부터 부활이라는 상급을 얻기 위하여 달려간다고 말한 이유가 바로 여기에 있다. 바울이 본문에서 말하고 있는 것은 그가 아직도 온전하지 못하다는 사실이다. 그러나 원리적으로 볼 때 온전함을 얻을 수 있는 것이다(3：15－16).

(4) 하나님의 평강으로 지키심

바울은 여러가지 권면으로 편지를 끝내고 있다. 우리가 앞에서 보았던 동기들이 다시 나타나고 있다. 빌립보인들은 주 안에서 굳게

서야 하며(4 : 1) 기뻐해야 했다(4절). 바울은 그들을 돌보시며 평강을 주시는 하나님을 의지할 것과 한 마음을 품을 것을 부탁하고 있다(2-7절). 바울은 자신을 후원해준 것에 대하여 다시 한 번 감사를 전하며(10절 이하) 성도들, "특별히 가이사 집 사람들"의 안부를 전하고 있다. 가이사의 집 사람들은 로마의 식민지인 빌립보의 사람들 중 몇몇을 알고 있었음에 틀림없다(22절).

바울은 또한 빌립보인들에게 "주께서 가까우시니라"고 말하고 있다(4 : 5). 주 예수님께서 교회의 원수들을 심판하기 위하여 다시 오실 것이다. 그는 자신의 "폴리튜마"를 보호하실 것이다. 그러므로 신자들은 그들의 이웃에게 관대하고 친절해야 할 뿐만 아니라 기뻐해야할 이유 또한 있는 것이다. 그들은 메시아를 통하여 모든 지각 위에 뛰어난 하나님의 평강으로 보호하심을 받는다.

주

1) Not that I have already obtained this or am already perfect; but I press on to make it my own, because Christ Jesus has made me his own(3 : 12; R.S.V), "내가 이미 얻었다는 것도 아니요 온전하게 되었다는 것도 아니다. 다만 그리스도 예수께 내가 붙잡힌 그 목적에 이르려고 달려간다"(표준번역), "내가 이 모든 것을 이미 얻었다는 것도 아니며 완전해졌다는 것도 아닙니다. 다만 그리스도 예수님이 나를 위해 마련하신 상을 받으려고 계속 달려가고 있습니다"(현대인의 성경).

골로새서

1. 전 포괄적인 그리스도의 구속사역

(1) 골로새 교회

골로새는 소아시아의 내륙에 있는 도시로서 에베소로부터 약 200 킬로 떨어진 루가스강(Lycus River)변에 위치해 있다. 그 곳은 라오디게아(계시록에 나오는 "일곱 교회들" 가운데 하나)와 히에라폴리스(온천지대)에서 멀지 않다.

골로새 교회는 바울의 조력자인 에바브라에 의행 설립 되었다(1 : 7). 바울이 골로새인들에게 편지를 쓸 때 에바브라도 그와 함께 감옥에 있었다(4 : 12). 물론 에바브라는 바울이 이 루가스 골짜기(Lycus Valley)에 있는 회중들에게 상세한 편지를 쓸 수 있도록 그들에 대한 형편과 정보를 바울에게 알려 주었을 것이다.

(2) 유대적 이단

골로새서는 에베소서와 대단히 유사하다. 사실상 골로새서, 에베소서 그리고 빌레몬(그는 골로새에 살았다)에게 보내는 편지는 모두 거의 같은 시기에 씌어진 것이다. 그러나 골로새서는 그 자체의 독특한 메시지를 가지고 있는데 그 이유는 골로새 주변에 많은 거짓 교훈들이 판을 치고 있었기 때문이다.

골로새 주변에 팽배되어 있던 거짓 복음들은 갈라디아에 있었던 유대인 선동자들의 교훈을 상기시킨다. 골로새와 그 주변 지역에는 많은 유대인들이 살고 있었다. 이것은 골로새 교회에 침투했던 이단들이 유대적인 특징을 띠었던 이유를 설명해 주는 것이다.

(3) 감추어진 지혜

당시에도 오늘날과 같이 유대인들은 모두 하나로 연합되지 못하고 있었다. 자유 분방하고 개방된 정신을 가진 사두개인들과 편협한 정신을 가진 바리새인들로 나누어져 있었다. 유대인들의 교훈과 관습에 영지주의와 신비한 지혜를 혼합시킨 사상들을 가르치는 선생들뿐만 아니라 극단적인 민족주의자들도 있었다.

골로새에 있는 거짓 선생들은 위의 세번째 부류에 속하는 사람들이었다. 그들은 사람들을 완전한 구속에 도달하도록 하는 일종의 신비한 지식을 소유했다고 주장하였다. 높은 수준의 이러한 지혜를 얻기 위해서는 **금욕적인 규칙**을 준수하여야 하는데 어떤 음식은 삼가야 하며 어떤 날에는 금식을 해야 한다고 가르쳤다.(3 : 16 이하). 역시 할례는 매우 중요한 관습으로 간주되었다(2 : 1 이하). 뿐만 아니라 천사들이 **중재자들**로서 구원사역에 있어서 중요한 역할을 담당한다고 보았다. 이것은 아마도 그 천사들이 대적하는 영들의 목전에서 우리에게 도움을 주는 존재라고 생각했기 때문이었을 것이다(18절). 그리스도인들은 유대인들 가운데 이미 유행하던 천사 숭배의 관습을 따르도록 강요받았던 것이다.

(4) 악한 세력들로부터의 자유

기독교의 옷을 입은 이러한 혼합된 "지혜"가 이 루가스 골짜기에서는 잘 먹혀들어갔던 것으로 보인다. 우리는 여기에서 항상 교회를 위협하는 이른바 적응과 토착화의 위험성을 보게 된다. 금욕적인 법칙에 따라 살며 대적하는 영들의 세계를 두려워하면서 그들에 대한 온갖 조치를 취하는 일은 그리스도 밖에 있는 "세력들"에게 사로잡혀 있는 사람들에게는 아주 흔한 일이었다.

골로새서는 이러한 문제들을 여러가지 다각적인 방법으로 취급함으로써 그리스도께서 그 모든 세력들을 완전히 정복하셨음을 강조하고 있다. 우리는 그리스도의 구속 사역을 보충하기 위한 "선한" 천사들의 세력을 필요로 하지 않는다. 인위적인 종교가 만든 어떠한 규례도 우리의 구원에 공헌할 수 없다. 예수 그리스도께서 모든 의식의 율법(할례를 포함하여)을 다 완성하셨다. 그리스도는 만물이 각각 제 위치를 차지하고 있는 이 우주의 중심이시다. 그리스도의 통치 아래에서 우리는 안전할 뿐만 아니라 모든 악한 세력으로부터 벗어나는 것이다.

2. 만물이 그 앞에 경배하게 되리라

(1) 그리스도께서 이미 정복한 세력들

바울은 자신의 이름 뿐만 아니라 디모데의 이름으로 문안 인사를 마친 후에 감사를 드리고 있다. 골로새 회중들 가운데는 믿음과 다른 사람에 대한 사랑이 있었다. 뿐만 아니라 골로새인들은 하늘에 있는 그들의 소망을 붙잡았다. 세상의 다른 곳에서와 마찬가지로 골로새에서도 복음의 선포(이는 에바브라가 정한 것이다)는 열매를 맺었다. 바울은 그 복음이 맺은 열매가 계속되기를 기도하며, 골로새인들에게 그들을 어두움의 세력으로부터 사랑하시는 독생자의 나라로 옮겨 주신 분이 바로 하나님 아버지이시라는 사실을 깨닫게 되기를 원하였다(1 : 13). 바울은 골로새인들이 "모든 신령한 지혜와 총명에 하나님의 뜻을 아는 것으로 채워지게 되기를"(9절) 기도하였다.

골로새인들이 이러한 목표에 도달하도록 하기 위해 바울은 예수 그리스도의 구속 사역의 온전함을 설명하고 있다. 바울이 이러한 사실을 특별히 강조하는 것은 골로새인들 사이에 그리스도의 사역이 어떤 "보충"을 필요로 한다는 이단적인 가르침이 널리 퍼져 있었기 때문이다. 만물이 그리스도를 통하여 창조되었다. 물론 골로새인들이 경계하였던 보이지 않는 세력들과 그들이 때로 도움받기 원하는 천사의 세력들까지도 그리스도께서 창조하신 것이다. "만물이 그에게 창조되되 하늘과 땅에서 보이는 것들과 보이지 않는 것들과 혹은 보좌들이나 주관들이나 정사들이나 권세들이나 만물이 다 그로 말미암고 그를 위하여 창조되었고(1 : 16). 바울은 더 나아가 "또한 그가 만물보다 먼저 계시고 만물이 그 안에 함께 섰느니라"(17절)라고 설명한다. 십자가의 죽으심을 통하여 주님은 그 모든 세력들을 정복하고 무력하게 만드셨다. 만물이 주님을 통하여 하나님과 화목하게 된 것이다(1 : 19-20).

(2) 구주를 본받음

이러한 권세를 가지신 분이 바로 교회의 머리이시다(1 : 18). 교회는 오직 주님을 통하여 하나님과의 화목 관계를 회복하였다. 이것이 바로 이방인들에게 계시된 복음(비밀 또는 감추어진 진리)이다. 이 복음을 위하여 바울 역시 고난을 당해야 했다. 만일 거기에 보충하거나 완성해야 할 것이 있다면 그것은 다른 종류의 것이다. "그리스도의 남은 고난을 그의 몸된 교회를 위하여 내 육체에 채우노라(1 : 24).

물론 이것은 바울이 자신의 선한 행실을 통하여 교회를 위한 어떤 공로를 쌓음으로써 그것을 통해 그리스도의 사역을 보충한다는 의미가 아니다. 사실상 골로새서 전 내용은 그러한 주장을 거부하고 있다. 그렇다. 바울은 자신이 교회의 종임을 선언하고 있다. 그는 이방인들에게 어떠한 것도 보충하지 않은 순수 복음 그 자체를 전함으로써 왕국 사역에 있어 자신의 구주의 본을 따르고자 하였다.

(3) 의식적 율법으로부터의 자유

그와같은 사실은 골로새인들이 에바브라로부터 받은 복음이다. 그들은 그 복음을 굳게 붙잡고 그것을 거짓된 지혜나 "사람의 유전"[1)](2 : 8, 22; 사 29 : 13; 마 15 : 9)으로 대치시키지 말아야 했다.

골로새인들이 다시금 "이 세상의 초등 학문"(2 : 20), 즉 "그리스도의 몸"으로 대체되었던, 초보에 속한 그림자와 같은 율법으로 돌아가 그것을 의지할 것인가? (본문과 갈 4 : 3 그리고 9절에서 표준 개역 〈R.S.V〉과 New English Bible은 바울의 이 세상 "초등 학문"이라는 표현을 모두

"초보적인 정신" 〈elemental spirits〉으로 번역하고 있다)

골로새인들이 그리스도와 함께 죽었을 때 온갖 의식적인 율법을 지켜야 할 의무로부터 해방된 것이 아니겠는가? 그 밖의 다른 교훈을 붙잡는 것은 인위적인 종교를 고안해 내는 것이요 자신들을 기쁘게 하려는 것이다(2 : 23).

주

1) 이사야 25장 13절의 인용 뿐만 아니라 그 밖의 다른 표현들도 역시 골로새서 2장 8－23절이 마태복음 15장 1－20절과 마가복음 7장 1－23절과 아주 밀접하게 연결되어 있다는 사실을 보여주는 것은 놀라운 일이다. 이러한 사실은 아마 바울이 마태와 마가복음서의 내용을 잘 알고 있으므로 그것을 자기 자신의 말로 표현한 것이라고 생각해야 할 것이다.

3. 메시아와 함께 죽고 삶

(1) 세상적인 일들을 부인하지 않음

그리스도와 함께 죽었다는 것[1)]은 곧 복음을 초월한 어떤 신비한 지식을 추구하는 것을 의미하지 않는다. 그것은 세례받은 신자들인 우리가 삶의 모든 영역에서 그리스도를 모시는 것을 의미한다.

거짓 선생들은 제일 밑바닥에서 출발하여 가장 높은 곳으로 오르고자 하지만 교회는 그 생명이 하늘에 계신 예수 그리스도, 즉 모든 권세를 정복하신 메시아와 함께 감춰졌음을 알고 있다. 그리스도인들은 그러한 사실을 자각하면서 매일매일을 살아가는 것이다.

"위에 있는 것을 추구하고 거기에 마음을 두는 것"(3：1-2)은 우리의 소망을 "천국"에 고정시키고 세상적인 것들을 무시한 채 환상의 생활을 하라는 의미가 아니다. 그 의미는 그리스도께서 우리의 출발점이자 안내자이시며 생활의 목표와 방향을 제시해 주시는 분이시라는 뜻이다.

(2) 새로운 성품으로 옷입음

바울은 이 사실을 주님의 모든 계명과 관련하여 설명하고 있다. 우리는 새로운 성품으로 옷입고 서로 관용해야 한다. 우리는 찬송으로 하나님을 찬양해야 한다. 결혼 생활, 부모와 자녀의 관계 그리고 종과 상전의 관계, 불신자들과의 관계 등 우리의 모든 삶의 영역에 있어서 "위에 있는 것들을 추구해야 한다."

일상 생활의 대화 가운데서도 교회는 짠 소금이 되어야 한다(4 : 6). 우리의 눈은 땅에 있는 것들을 바라보되 마음은 위에 있는 것에 두어야 한다.

주

1) 여기에도 관사가 필요하다. 헬라어 본문에는 3장 1-4절에 "the Christ"라는 표현이 네 번 나온다.

4. 교회들 사이의 유대 관계

(1) 에바브라에 대한 따뜻한 위로의 말

두기고가 편지를 전달하게 되었다. 그는 도망했던 종 오네시모를 데리고 가게 되었다. 골로새에서 교회를 세웠던 에바브라는 바울과 함께 머물면서 그로부터 따뜻하고 친절한 말을 많이 들었던 것 같다. 바울은 골로새, 라오디게아 그리고 히에라폴리스에 있는 그리스도인들이 에바브라가 교회를 책임지는 일에서 벗어나 시간을 낭비하고 있다는 생각을 하지 않도록 에바브라의 동정을 언급하였다.

바나바의 생질인 마가, 의사인 누가를 포함한 다른 사람들의 이름이 본 서신의 끝부분에 언급되고 있다. 빌레몬서에도 언급되고 있는 아킵보는 바울이 사역을 완수하는데 있어 함께 헌신했던 사람이다. 아킵보는 빌레몬(오네시모의 주인)의 아들이라고도 하며 라오디게아 교회의 목사라고도 한다.

(2) 회람된 사도의 편지

바울은 라오디게아에 있는 형제들에게 자신의 편지를 읽으라고 권하고 있다. 뿐만 아니라 라오디게아인들에게 보냈던 바울의 편지를 골로새인들도 읽었다. 일부 학자들은 라오디게아인들에게 보낸 이 편지가 사실상 에베소인들에게 보냈던 편지였다고 생각한다. 또한 라오디게아인들에게 보냈던 서신도 있는데 나중에 가짜로 드러났다. 이것은 바울의 여러 서신들의 내용을 조금씩 한데 모아놓은 것이었다.

그러나 골로새인들에게 보내는 편지는 참된 것이다. 갇혀있던 사도 바울은 자신의 친필로 문안함으로써 그 서신의 진정성을 증명하였던 것이다. 이를 통하여 그 편지를 읽었던 지역의 교회들은 그 서신이 가짜가 아님을 확인할 수 있었다. 이렇듯 교회의 숫자와 사도의 회람용 서신들이 점점 많아졌던 사실을 알 수 있다.

데살로니가전서

1. 새로운 교회를 위한 양육

(1) 먼저는 유대인에게

데살로니가(지금은 살로니카로 불린다)는 바울이 "2차" 선교 여행 중 유럽 대륙에 두번째로 교회를 세웠던 장소이다. 바울은 복음을 전하다가 매를 맞고 옥에 갇혔던 빌립보를 떠나 데살로니가에 이르렀다. 유럽에 "교두보"[1]가 세워진 이상 바울은 복음을 가능한 한 빨리 그리고 널리 전파할 수 있게 되었다.

데살로니가의 항구 도시에서 바울과 그의 동료 실라(실바루스)는 회당에 있는 유대인들과 접촉함으로써 그들의 사역을 시작하였다. 그로 인하여 분쟁이 일어났다. 하지만 바울은 먼저 유대인에게 다음은 헬라인에게라는 자기의 원리를 끝까지 고수하기를 원했다. 세번의 안식일에 걸쳐 바울은 회당에서 예수님의 고난과 부활 사건의 메시아적 구속행위인 것을 설교하도록 용인 받았다. 비록 대부분의 유대인들은 바울의 메시지를 배척하였음에도 불구하고 바울은 많은 귀부인들 뿐만 아니라 "하나님을 경외하는" 헬라인들을 그리스도 앞으로 인도했다. 데살로니가 교회는 이 사람들을 기초로 하여 설립되었다.

(2) 골치거리

"하나님을 경외하는" 이 헬라인들은 회당의 예배에 참석하는 이방인들로서 가난한 자들에 대해 동정을 베푸는 자들이었다. 그런데 그들이 그리스도인이 되자 데살로니가의 회당은 갑자기 오른팔을 잃게 되었다. 그리하여 교회의 성장에 질투를 느낀 유대인들은 마을의 하층민들을 선동하여 그리스도인들을 대적하도록 하였다. 그때에 사람들은 바울이 머물면서 생활비를 마련하기 위하여 손수 노동을 하던 야손의 집에 쳐들어갔다. 바울 일행을 찾지 못한 그들은 야손과 그 형제를 관원들 앞에 끌고가 고소하였다. 죄목은 그리스도인들이 예수님을 황제로 선포함으로써 황제의 명을 거스리고 온 천하(오이쿠메네)를 어지럽게 했다는 것이었다.

야손과 다른 사람들이 보석금을 낸 후에 그 소동은 잠잠케 되었다. 그로 인하여 바울은 사역을 중단할 수 밖에 없었다. 물론 이 사건은 바울의 계획에 차질을 가져왔고 그의 "선교 전략"에도 맞지 않은 것이었다. 그들을 피해 베뢰아를 찾은 바울은 그 곳에서도 데살로니가의 유대인들 때문에 괴로움을 당하였다(행 17 : 1-14).

(3) 감사와 교정

바울은 데살로니가에 있는 성도들의 영적 상태에 관심을 가지고 있었으므로 아덴으로부터 디모데를 그 곳으로 보내어 그 모든 환난에도 불구하고 아무도 흔들리지 않도록 권면하였다(3 : 3). 바울은 또한 그들의 믿음과 소망, 사랑이 어떻게 되었는지를 알고 싶었다. "이는 혹 시험하는 자가 너희를 시험하여 우리 수고를 헛되게 할까 함일러니"(3 : 5). 디모데가 소식을 가지고 마게도니아에서 돌아왔을 때 바울은 데살로니가에 있는 교회에게 편지를 쓰기로 하였다.

디모데는 데살로니가인들에 대하여 칭찬할 말이 많았다. 따라서 바울은 감사할 이유가 충분하였고 계속해서 감사의 마음을 표현하고 있다. 그러나 교정하여 설명해 줄 필요가 있는 몇가지 사실들이 있었다. 바울은 데살로니가인들에게 편지를 보냄으로써 그들의 영적 상태를 보살피고 "양육"하는 방편으로 삼았다.

(4) 바울에 대한 의심

교회의 원수들은 눈에 띄게 활동하고 있었다. 더구나 “유혹자” 사단이 그들 가운데 역사하여 바울의 사역에 대하여 트집을 잡고 그가 전하는 복음을 의심하도록 음모하고 있었다.

바울은 회중의 연보를 거두어 치부하고 있다는 비난을 받았다. 그는 또한 위험이 닥쳐올 때마다 숨거나 도망하는 비겁한 사람이라는 공격을 받았다. 마침 데살로니가는 “에그나티아 도로”로 알려진 주요 간선도로에 위치해 있었다. 그러므로 데살로니가에는 종종 기적을 행하는 자들, 떠돌이 철학자들 그리고 새로운 교리를 가르치는 자들이 방문하였다. 그들은 모두 사람들에게 인정을 받고 자신들의 이익을 챙기는데에만 관심을 가졌다. 바울의 대적자들은 바울이 단순한 떠돌이 허풍장이에 불과하다고 주장하였다. 이러한 중상이 자주 반복되자 자연히 그 곳의 교인들은 바울에 대하여 의문을 품게 되었다.

(5) 재림에 대한 기대

사람들은 그리스도께서 곧 다시 오실 것을 기대하였다. 그러나 얼마되지 않아 교인들 중의 일부가 죽었다. 그들의 장래는 어떻게 될 것인가? 죽음 때문에 그리스도의 재림을 목도할 수 있는 특권을 빼앗긴 것은 아닌가?

그리스도의 재림에 대한 생각이 일부 데살로니가 그리스도인들의 생활을 지배하고 있었으므로 마음이 들떠 모두 게으름뱅이들이 되어버렸다. 그리스도께서 다시 오신다면 이 땅에서 부지런히 힘써야할 이유가 무엇이겠는가? 재림에 대한 오해가 빚어낸 무모한 기대감이 그들의 생활을 나태하게 만들고 말았다. 그러므로 바울은 올바른 길을 제시하지 않을 수 없었다. 우리가 바울의 자기 변호와 그의 위로와 권면의 말을 들을 때 이러한 배경을 염두에 두어야 한다.

주

1) 빌립보 교회는 유럽의 첫 교회이다. 빌립보를 보통 "유럽 교회의 탄생지"라고 부른다. 사도 바울은 이 곳에서 유럽 전도의 전략과 교회의 조직을 마련하였다.

2. 위로와 권면의 말
(*1 : 1— 4 : 12*)

(1) 감 사

바울은 자신의 편지를 "하나님 아버지와 주 예수 그리스도 안에 있는 데살로니가인의 교회"에 보내고 있다. 우리는 바울의 이러한 표현을 유대인들의 핍박의 배경에 비추어 보아야 한다. 유대인들은 자신들만이 참 교회라고 주장했다. 그러나 바울은 주님이요 메시아이신 예수님을 통하여 하나님 아버지를 아는 자들에게만 교회라는 칭호를 부여하고 있다. 오직 **그들만이** 구속받은 자들의 무리인 "교회"라고 불릴 수 있는 자격이 있는 것이다.

다른 서신에서처럼 본서에서도 바울은 감사의 말로 시작한다. 그는 데살로니가인들에게 "너희의 **믿음**의 역사와 **사랑**의 수고와 우리 주 예수 그리스도에 대한 **소망**의 인내"를 말하고 있다(1 : 3; 참조. 살후 1 : 3 이하; 고전 13 : 13; 골 1 : 4—5).

(2) 그리스도의 재림을 기다림

유대인들은 데살로니가의 그리스도인들을 괴롭혔다. 모든 유대인들이 그리스도인들을 반대하여 소동을 일으켰다. 혹심한 탄압에도 불구하고 회중들은 성령의 기쁨 가운데서 말씀을 받아들였다. 이러한 소문이 헬라 전역에 널리 퍼졌다. 바울은 헬라의 다른 지역에 있는 사람들에게 아무 말도 할 필요가 없었다. 왜냐하면 그들은 모두 데살로니가에 있는 교회가 얼마나 굳게 서있는지를 잘 알고 있었기 때문이다. 그들은 데살로니가 사람들이 근본적으로 변화하여 "**장래 노하심**에서 우리를 건지시는 예수"(1 : 10) 그리스도의 오심을 기대하면서 살았던 사실을 알고 있었다.

우리는 바울의 표현 방식과 단어 선택에 대하여 조심스런 주의를 기울여야 한다. 데살로니가에서는 그리스도의 재림을 기대하는 열망이 높았으며 일부 사람들은 잘못된 개념에 빠지기도 하였다. 바울은 데살로니가후서에서도 이 문제를 다루고 있다.

(3) 바울의 변명

바울이 가장 먼저 다루고 있는 것은 자기 자신과 데살로니가 교인들의 관계이다. 데살로니가에 있는 바울의 원수들은 바울에 대한 온갖 중상과 의심을 선동하였다. 그러므로 바울은 자신을 변호하기 위하여 **변명서**를 써보내야 할 필요가 있었다.

바울은 교활하고 아첨하려는 불순한 동기를 가지고 있다는 비난을 받았다. 심지어 사람들은 바울이 사도의 사역을 통하여 금전적인 이득을 취하였다고 수근거렸다.

그러한 비난들은 논박하기 쉬운 것이었다. 데살로니가의 교인들은 바울이 처음으로 데살로니가에서 사역했던 긴장된 날들을 잘 알고 있었다. 바울은 심한 냉대를 받았던 빌립보로부터 금방 돌아왔지만 빌립보에서와 같은 냉대를 받을 위험성이 있었던 데살로니가에서는 담대하였던 것이다.

바울은 그리스도의 사도들 중의 하나라는 자신의 위치를 이용하여 어떠한 요구를 할 수도 있었을 것이다. 그러나 다른 사람에게 재정적인 부담을 주지 않기 위하여 자신의 손으로 밤낮 일했을 뿐만 아니라 자신의 유익을 추구하지 않았다(2 : 9). 바울은 청중들에게 많은 것을 요구하는 유명한 선생들처럼 처신하지 않았다. 오히려 신자들에게 아버지와 어머니의 역할을 했던 것이다(2 : 7, 11).

(4) 한결같은 투쟁

바울의 이러한 태도는 열매를 맺게 되었다. 데살로니가인들은 바울의 권위를 믿게 되었을 뿐만 아니라 복음의 권위와 능력을 신뢰하게 되었다(2：13). 그러나 데살로니가도 유대의 교회들과 같은 억압을 받았던바 복음을 받아들이지 않았던 유대인들로부터 박해를 받았다.

"그 유대인들"은 선지자와 사도 그리고 그리스도를 배척할 뿐만 아니라 세상에서 교회가 확장되는 것을 반대함으로써 자신들의 죄과를 나타내고 있었다(바울이 "그 유대인들"이라고 말할 때 그는 자기 자신을 그의 동료 유대인들과 구별하고 있는 것이다).

바울은 그 싸움이 옛 선지자들의 시대로 거슬러 올라가는 것임을 데살로니가 교회에게 보여 주었다. 땅 위에 있는 모든 교회의 싸움은 하나이다.

(5) 사단의 방해

데살로니가를 떠나기 전에 바울은 교회가 고난을 당해야 한다는 사실을 분명히 했었다(3：3-4). 이제 그 핍박의 때가 온 것이다. 바울은 데살로니가 교인들에게 지대한 관심을 기울였으므로 아덴에 홀로 남아서 데살로니가의 형편을 살펴보기 위하여 디모데를 보내기로 하였다(3：2).

바울의 원수들은 바울이 두려워서 감히 다시 돌아오지 못한다고 말했다. 그러나 바울은 답변을 통하여 두 번이나 데살로니가에 가기를 계획하였으나 "사단이 우리를 막았도다"(2：18)라고 응수하였다. 다행히도 디모데가 좋은 소식을 가져왔다. 바울은 그 교회가 믿음에 굳게 서 있다는 소식을 듣고 위로를 받았다(3：6-13).

(6) 아직도 부족한 것들

그렇다고 해서 데살로니가인들에게 바울이 훈계해야 할 이유가 없어진 것은 아니다. 아직도 그들에게는 부족된 점이 많이 있었다.

교회는 완전을 향하여 끊임없이 정진해야 한다. 새 언약의 시대에서도 순종의 원리가 결코 온전히 이루어지지는 않았다.

그러므로 바울은 그 교회가 세워지고 있을 때 그리스도 이름으로 했던 말들을 다시 돌이켜 지적하고 있다. 바울은 성생활, 상업 그리고 매일의 활동 등을 다루고 있다.

이교도들의 윤리와 풍습은 데살로니가에 있는 그리스도인들에게 끊임없는 위협이 되었다. 데살로니가인들은 결혼을 조롱하였다. 그러므로 바울은 그 곳에 있는 그리스도인들에게 "각각 거룩함과 존귀함으로 자기의 아내 취할 줄을 아는 것"(4 : 4)이 하나님의 뜻이라고 말한다.

또한 교회 안에 있는 형제들은 서로 속이거나 거짓말을 해서는 안 된다. 그리고 일하는데 있어서도 세상에 대해 교회는 게으른 자들로 가득 차 있다는 인상을 주어서는 안 된다(4 : 1-12). 그리스도인들은 집사들의 구제나 받아 먹고 사는 기생충이 되어서는 안 된다.

3. 그리스도의 강림 (*4 : 13－5 : 11*)

(1) **소망이 없는 자처럼 슬퍼하지 않음**

데살로니가에는 “잠자는” 자들에 관하여 확신하지 못하는 자들이 있었다. 예수님께서 재림하실 때 그들은 어떻게 될 것인가?

바울은 주님의 말씀을 가지고 회중들에게 다시 한 번 확신시키고 있다. 우리는 메시아를 기대하지 않는 자들과 같이 소망이 없어 슬퍼해야할 이유가 없다. 그리스도의 죽음과 부활은 죽은 자의 부활을 보증해 주셨다. 교회는 부활하신 그리스도와 연합하지 않았던가?

물론 죽지 않고 살아있는 동안에 왕이신 예수님께서 능력으로 강림하시는 것을 체험할 자들도 있을 것이다. 여기에서 바울은 예수님의 강림을 “파루시아(parousia)”라는 용어로 나타내고 있다. 이 말은 높은 지위에 있는 사람의 도착을 나타낼 때 사용하는 헬라어이다.

(2) **공중에서 주를 만남**

그리스도께서 하늘에서 내려오실 때 가장 먼저 신자들이 죽은 자 가운데서 일어나 살아있는 신자들과 함께 주님을 만나러 가게 될 것이다. 이처럼 교회는 공중 여행을 하게 될 것이다.

이는 교회가 항상 공중에 떠돌아다닐 것이라는 말이 아니다. 교회는, 마치 지혜로운 처녀들이 그 신랑을 만나는 것처럼 세상을 차지하러 오시는 주님을 만나게 될 것이다(마 25 : 1 이하에서 지혜로운 처녀와 어리석은 처녀에 대한 비유가 나오는데 살전 4 : 13 이하에서도 동일한 표현들이 많이 나타나고 있다).

일단 주님께서 다시 오시면 우리는 항상 그 분과 함께 있게 될 것이다. 이 말씀은 장례를 앞두고 무덤 앞에 서있는 자들에게 참으로 위로가 되는 것이다. 그러므로 본문의 말씀이 그리스도인의 장례식에서 자주 읽혀지고 있다. 그렇다면 과연 우리는 공중에서 주님을 만날 일에 대하여 얼마나 큰 기대에 부풀어 있는가?

(3) 단순한 이론의 문제가 아님

바울은 처음에 그리스도께서 곧 재림하실 것으로 기대했으나(참조. 살전 4장) 만년에 죽음을 눈 앞에 두고 달리 생각하게 되었다고 말하는 자들이 있다(참조. 고후 5장). 사실 바울은 주 예수님의 강림이 임박했다는 인식 속에서 살았지만 주님이 언제 오실지 확실하게 말하지 않았다. 주님과 마찬가지로 바울은 "그 시와 때"(5 : 1; 행 1 : 7)에 대해서는 아무 말도 하지 않았다.

사도적 교회에게는 "파루시아"의 교리가 단순한 사색의 문제가 아니라 위로(4 : 13 이하)와 권면(5 : 2 이하)의 문제가 되어야 한다. 그리스도는 마치 밤중의 도둑처럼 오실 것이다(5 : 2; 마 24 : 43; 벧전 3 : 10; 계 3 : 3; 16 : 15; 렘 49 : 9; 욜 2 : 9). 그러므로 교회는 항상 깨어 있어야 한다. 교회의 회원들은 정신을 차리고 어두움의 자녀가 아니라 빛의 자녀들이 되어야 한다(참조. 눅 16 : 8; 요 8 : 12; 12 : 36; 엡 5 : 8). 그리스도의 다시 오심을 기다리는 것은, 우리가 깨든지 자든지 (여기서 바울은 그리스도의 강림 이전에 죽을 가능성이 있음을 말하고 있다) 그리스도와 함께 살기 위해서 우리 자신을 무장시키는 것을 뜻한다(5 : 8 이하).

4. 그리스도를 기대하는 삶 (5 : 12-28)

(1) 영을 분별하라

데살로니가 교회에는 어떤 게으른 자들이 있어 그리스도의 강림을 기다린다는 핑계로 아무 일도 하지 않는 자들이 있었다. 그러한 자들은 책망을 받아야 했다. 뿐만 아니라 직분맡은 자들을 존경해야 할 것이다. 바울은 "범사에 헤아려 좋은 것을 취하라"(5 : 21)고 말한다.

어떤 이들은 이 본문을 종종 무슨 일이나 해보아도 된다는 의미로 받아들이기도 한다. 즉, 자신이 해보지도 않은 일을 정죄하지 말라는 것이다. 그러나 우리가 본문의 문맥을 살펴볼 때 그러한 의미가 아닌 것을 알 수 있다. "성령을 소멸치 말며 예언을 멸시치 말고 범사에 헤아려 좋은 것을 취하고 악은 모든 모양이라도 버리라."

이처럼 이 구절은 우리가 모든 것을 해보아야 한다는 사실을 의미하지 않는다. "사단의 깊은 것들"(계 2 : 24)이기 때문에 우리가 멀리해야 할 일들이 많은 것이다. 바울이 "헤아리라"고 말한 것은 계시들로서 교회에 제시된 예언들이 검토를 받아야 한다는 의미이다. 그 "영들"이 하나님께 속한 것들인지를 시험해 보아야 한다.

한편으로는 예언을 멸시해서도 안 되며 (당시에는 특별한 영적 은사들이 있었다) 또 다른 한편으로는 모든 예언들을 무턱대고 받아들여서도 안 되었다(참조. 고전 14 : 29-32; 요일 4 : 1 이하).

(2) 은둔하는 생활 태도가 아님

어떤 이들은 그리스도의 강림을 기대하면서 일상 생활을 소홀히 한 채 아무런 하는 일 없이 단지 하늘의 구름만 바라보며 살았다. 그러나 그리스도인들은 단지 그리스도의 재림을 기다리며 산다는 수동적 신앙 생활을 해서는 안 된다. 오히려 생활의 최전선에서 바쁘게 움직이는 삶을 살아야 한다. 이 "파루시아"에 대한 기대로 인하여 그리스도인들은 주어진 시간에 무엇을 해야할지를 분명히 인식할 수 있어야 한다. 재림에 관한 모든 설교는 그 청중들에게 그 어느 때보다도 열심히 일하고 다른 사람들을 더 많이 도와 주도록 각성케 하는 것이어야 한다. "평강의 하나님이 친히 너희로 온전히 거룩하게 하시고 또 너희 온 영과 혼과 몸이 우리 주 예수 그리스도 강림〔파루시아〕하실 때에 흠없게 보전되기를 바라노라"(5 : 23).

(3) 작은 일에 충성하라

본서에서 바울은 데살로니가인들과 함께 있었을 때 가르쳤던 교훈을 반복하고 있다. "우리가 너희와 함께 있을 때에 장차 받을 환난을 너희에게 미리 말하였더니"(3 : 4), "너희에게 무슨 명령으로 준 것을 너희가 아느니라"(4 : 2). 이처럼 바울은 교회가 처음에 말했던 교훈에 주의를 기울이도록 유도하고 있다. 데살로니가후서에서도 바울은 처음에 주었던 교훈을 반복하고 있다

이 서신들은 새로운 교훈을 말하는 것이 아니라 데살로니가인들이 이미 받았던 사실들을 부연 설명하는 것에 불과하다. 말씀을 좇아 산다는 것, 미래를 바라보면서 산다는 것은 신비한 방법으로 사는 것이 아니라 우리에게 이미 제시된 길을 따라 행하는 것을 의미한다.

그리스도의 "파루시아"를 기대하면서 사는 것은 시기와 환경에 관한 신비한 사색과는 무관한 일이다. 중요한 것은 작은 일에 충성하고 "너희를 부르시는 이는 미쁘시니 그가 또한 이루시리라"(5 : 24)는 확신 속에 사는 것이다. 주님은 자기의 약속을 지키실 것이며 시작하신 일을 완성하실 것이다.

데살로니가후서

1. 주의 날에 대한 오해

(1) 미래를 향한 삶

데살로니가에 있는 회당에서 바울은, 성경이 메시아에 대하여 말하고 있는 바를 지적하는 것으로 그의 설교를 시작하였다. 그는 자신의 청중들에게 그 메시아가 바로 예수님이라는 것과 그 분의 사역을 통하여 교회가 탄생하게 된 것을 말하였다(행 17：1 이하).

한편, 성경에는 "주의 날"에 대하여 자주 언급되어 있다. 사도 바울은 예수님께서 바로 그 날에 "파루시아" 안에서 임하실 것이라고 말한다.

이러한 설교는 데살로니가인들의 마음을 감동시켰다. 그러나 바울이 그들을 가르칠 충분한 시간이 없었으므로 오해가 발생하였다. 이것은 데살로니가전서를 통해서도 분명히 나타나고 있는 사실이다. 현재와는 담을 쌓고 오직 미래만을 위하여 사는 사람들이 생기게 되었다. 그들은 직업까지도 버렸다. 요컨대 그리스도의 재림이 임박했는데 일을 하는 것이 무슨 소용이 있겠느냐고 생각하는 것이었다.

그 이후 시대의 역사를 볼 때 그 당시 데살로니가 교회에서 재림을 오해했던 것과 같은 실수들이 계속 있어 왔다. 각 시대마다 정치적인 조건이나 다른 상황들에 근거하여 그리스도 강림의 정확한 날자를 지적하는 사람들이 있었던 것 같다. 그들의 예언이 성취되지 않고 빗나가면 다른 사람들이 그 뒤를 이어 선풍을 일으킬 만한 새로운 예언을 말하고 있다.

(2) 환난의 때에 굳게 섬

데살로니가 후서에서 바울은 참된 목자의 태도로 이러한 문제들을 취급한다. 그는 문제를 명확히 설명하는데 주의를 기울인다. 하지만 부정적인 태도로 그들에게 나아가지 않는다. 말하자면 그는 데살로니가인들을 손수 붙잡고 있으며, 그가 이미 가르친 것을 지적하는 것으로부터 시작하고 있다.

바울은, 데살로니가인들의 믿음과 상호간의 사랑 및 인내하는 소망에 대해서 하나님께 감사드리는 말로 편지를 시작하고 있다. 데살로니가인들은 유대인들의 핍박 때문에 어려움을 겪고 있었다. 그런데도 환난의 때에 굳게 섰던 것이다. 왜냐하면, 그들은 "그 날에" 자신들을 얽누르고 핍박하는 자들 위에 심판이 임할 것을 알고 있었기 때문이다(사 66 : 15, 5과 살후 1 : 8 이하를 비교하라).

2. 주의 날을 알리는 경고의 불빛

(1) 거짓 경고

데살로니가 교회의 일부 교인들이 들떠 있었으므로 바울은 "혹 영으로나 혹 말로나 혹 우리에게서 받았다 하는 편지로나 주의 날이 이르렀다고 쉬 동심하거나 두려워하지 말라"(2 : 2)고 쓰고 있다. 바울은 여기서 예수님께서 제자들에게 난리와 난리 소문을 들을 때에 **놀라지** 말라고 하신 마태복음 24장 6절의 표현과 동일한 말을 사용하고 있다.

이러한 확신의 말을 하는 중에도 바울은 주께서 밤중에 도적처럼 임하실 것을 부인하려고 하지 않는다. 요컨대 바울은 맨 첫번째로 일어날 일을 말하고 있다. 주님께서는 거룩한 곳, 즉 성전에 있는 멸망의 가증한 것에 대하여 말씀하셨다(마 24 : 15). 먼저 언약으로부터 돌아서는 배교가 두렵고 추한 모습으로 나타나게 될 것이다. 바울이 말하는 "불법의 사람"이 스스로 하나님의 성전에 서서 마치 왕인 것처럼 다스리려고 할 것이다.

(2) 예루살렘에 임하는 언약의 심판

우리는 본문과 에베소서 2장 21절, 고린도전서 3장 16절 그리고 고린도후서 6장 16절의 "하나님의 성전"을 바울이 상징적인 용어로 말했다거나, 그것이 교회를 의미하는 것이라고 생각해서는 안 된다. 주님과 마찬가지로 바울도 그릇된 메시아에 대한 기대 속에 살면서 예루살렘 성전을 온갖 가증하고 더러운 우상의 소굴로 변질시키는 언약 백성들의 불법(이것은 마태복음 24장에서 두드러지게 나타나고 있는 또 하나의 주제이다)과 불순종에 대하여 말하고 있는 것이다.

여기에서도 그리스도의 말씀(즉, 마태복음 24장, 마가복음 13장, 누가복음 21장)이 바울의 표현 배경을 이루고 있다. 이것은 바울이 먼 미래에 나타날 어떤 적그리스도에 관하여 말하고 있지 않다는 사실을 의미한다. 오히려 바울은 예루살렘에 대한 언약의 심판을 말하고 있는 것이다.

바울은 예수님의 말씀을 어떤 미래의 적그리스도나 조직적으로 무장한 세계적 독재자를 의미하신 것으로 받아들이지 않는다. 바울은 다만 장차 있을 배교와 거기에 따를 언약적 심판에 대한 예수님의 예언을 설명하고 있을 뿐이다. 바울은 예수님의 말씀을 벗어나지 않고 그것을 해설하고 있다. 우리가 이 말씀을 올바로 이해한다면 "세상 끝"에 나타날 적그리스도에 대한 환상에 사로잡히지 않을 것이다.

(3) 억제하는 능력

바울은 이처럼 불법의 인물이 억제되고 있음을 말한다. 많은 사람들은 이 구절들에서 오늘날의 반기독교적 세력의 확장을 차단하는 복음을 생각한다. 그러나 이러한 해석도 바울이 세상 끝날에 나타날 어떤 인격적인 적그리스도에 대하여 말한다고 생각하는 잘못된 개념에서 나온 것이다. 하지만, 많은 교부들은 로마 제국이 억제 세력으로서 이 유대인의 폭동을 얼마동안 저지시키는 역할을 했다고 추측하였다.

그러므로 하나님의 참으심에도 한계가 있는 것이다. 복음을 배척하는 자들은 궁극적으로 잘못된 세력, 즉 우리들에게 거짓을 믿게 하는 세력에 굴복하게 될 것이다. 이러한 사실 때문에 데살로니가 인들이 두려워해서는 안 된다. 오직 살아계신 하나님에 대한 예루살렘의 집중적인 배교가 있은 후에 그리스도께서 나타나실 것이다.

그러므로 데살로니가인들은 "악하고 거짓된 자들"(참조. 계 2：2)의 말을 들어서는 안 된다. "믿음은 모든 사람의 것이 아님이라 주는 미쁘사 너희를 굳게 하시고 악한 자에게서 지키시리라"(3：2-3).

(4) 교회의 배교

예수님의 강림의 징표에 대한 바울의 예언은 예루살렘이 멸망하던 A.D.70년에 이루어졌다. 그러나 예수님은 아직 오시지 않았다. 바울이 묘사하고 있는, 먼저 언약으로부터의 배교가 있고 하나님의 성전 안에서의 불법이 성행하고 끝으로 전 교회의 배교가 일어난다는 사실은 교회사에서 반복적으로 나타나고 있다. 그러므로 우리는 데살로니가후서 2장이 "마지막 때"가 왔을 때에야 성취되는 것이라고 생각해서는 안 된다. 바울의 말은 이미 성취된 것이다.

예수님의 강림에 대한 증표(sign)는 A.D.70년에 예루살렘에 있었던 역사적인 재난이다[2]. 바울의 말은, 우리에게 그리스도의 재림에 대하여 기대하도록 해주며 우리가 가진 힘으로 "기독교"의 옷을 입은 거짓 교훈과 싸우며 거기에서부터 우리 자신들을 지키도록 해준다.

주

1) 한글 개역에는 마태복음 24장 6절의 "Mή θροεῖσθε"가 "두려워 말라"고 번역되어 있고 데살로니가후서 2장 2절의 "Mηδὲ θροεῖσθαι"가 역시 "두려워하지 말라"고 번역되어 있다.

2) 이 사건은 실제로 예수님이 오신 것으로 간주된다(1, 2권 참조).

3. 일과 그리스도인의 훌륭함

(1) 일의 중요성

바울은 그리스도의 재림에 대한 지나친 선입견을 배척한 후에 일을 하지 않는 자들을 사도적인 권위로 책망하고 있다. 교회는 그들이 스스로 부끄러움을 느껴 회개하도록 그러한 자들을 피해야만 한다. 바울은 처음에 데살로니가인들을 가르칠 때에 누구든지 일하기 싫거든 먹지도 말게 하라고 교훈했던 사실을 강조하였다.

게으른 사람들에게 적용되는 (참조. 잠 20 : 4; 24 : 30–34) 이러한 규칙을 설명하기 위하여 바울은 우리들의 책임을 일일이 상술하지 않았다. 그렇다고 해서 바울은 신자들이 겨우 자기 자신들만이 먹고 살 정도의 일을 해도 좋다는 식의 교훈을 한 것은 아니었다. 그는 손수 밤낮으로 일하며 (3 : 8; 행 20 : 34) 모범을 보인 사실을 지적하고 있다. 뿐만 아니라 그는 사도로서 가르치고 권면하는 일에 주야로 분주하였던 것이다(행 20 : 31).

(2) 소명으로서의 일

우리 각자에게는 육체적인 일이든지 "교회의 일"이든지 받은 소명이 있다. 우리는 주님께서 우리에게 일을 주셨다는 사실을 알아야 한다. 우리는 자신들만을 위하여 일하는 것이 아니다. 우리의 재능을 사용하여 우리를 재창조하신 분을 섬기며 영화롭게 하는 것이다. 이러한 관점에서 우리의 소명을 볼 때 기생충처럼 다른 사람들에게 도움을 받고만은 살 수 없을 것이다.

또한 이러한 자각은 시대의 징조를 보고 공연히 놀라지 않도록 해준다. 바울은 데살로니가의 그리스도인들에게 주 안에서 말없이 자신의 일을 하며 친히 번 양식을 먹으라고 권면한다. 그리스도인들은 문화적 명령[1]을 초월하는 자들이 아니다. 그 명령은 그리스도인들에게도 유효한 것이다. 훌륭한 그리스도인은 아직 밤이 되지 않았을 때에 열심히 일한다.

주님의 재림에 대한 소망은 우리에게 활기를 준다. 예수님이 내일 오신다해도 루터의 표현대로 우리는 오늘 심으려고 했던 나무를 심어야 할 것이다. 우리는 일하기 위해서 먹어야 한다.

서신의 진정성에 대한 의심을 없애기 위하여 친필로 문안을 한 후에 바울은 데살로니가후서를 끝내고 있다. 대제사장의 축복 기도에 나타난 평강과 은혜는 늘 깨어서 열심히 일하는 자들 위에 임하게 될 것이다(민 6：25－26).

주

1) 창세기 1：28.

디모데전서

내가 떠난 후에 흉악한 이리가 너희에게 들어와서 그 양떼를 아끼지 아니할 줄을 내가 아노니 (행 20 : 29)

1. 목자는 양떼를 보호해야 한다

(1) 목회 서신

목사(pastor)란 말은 라틴어에서 유래한 단어로 목자(shepherd)를 의미한다. 그러므로 목회 서신이란 목자의 편지인 것이다. 신약의 모든 서신들이 그 성격과 의도에 있어서 사실상 "목회적"인 것이지만 특히 디모데와 디도에게 보낸 바울의 편지를 보통 "목회 서신"이라고 부른다.

이 서신들은 각각 다른 지역인 에베소와 그레데에서 어려운 사역을 감당하고 있는 "두 직분자" 디모데와 디도를 격려하기 위하여 씌어졌다. 이 서신들은 바울이 밀레도에서 에베소의 장로들에게 했던 연설(행 20 : 18-35)과 동일한 취지로 기록된 것이다.

(2) 저자 문제

바울이 "목회 서신"의 저자가 아니라고(컴퓨터까지 동원해서) 주장하는 신학자들이 있다. 그들은 목회 서신에 사용된 어휘들이 일반 서신들과는 다르다고 말한다. 다른 이단들이 논의되고 있으며 교회의 다른 직분들이 전제된 것으로 보아 목회 서신들은 가짜라는 것이다.

한편, 본 서신에 사용된 일부 난해 용어들은 오히려 바울의 저작권을 옹호해 주는 논거로 사용될 수 있다. 왜냐하면, 바울을 모방하려는 사람은 틀림없이 그 어휘에 대하여 곤란을 느꼈을 것이기 때문이다. 그리고 바울이 저자가 아니라면 어떻게 그 겉옷과 포도주에 대한 부탁을 할 수 있었겠는가? (5 : 23; 딤후 4 : 13). 뿐만 아니라 바울의 다른 서신들 속에서도 유대의 영향을 받은 이단들에 대한 많은 언급을 볼 수 있다(갈라디아서를 생각해 보라).

장로와 집사에 대해서는 사도행전 20장 17절과 빌립보서 1장 1절의 말씀에 비추어 볼 때 이미 바울 당시에 그러한 직분들이 교회의 통상적인 직분이었음을 알 수 있다. 디모데와 디도가 감독이었다고 생각하는 것은 옳지 않다. 왜냐하면 그 명칭은 보다 후대에 사용된 것이기 때문이다.

바울은 아직 자유의 몸이었을 때 디모데에게 첫번째 편지를 썼다. 보통 바울이 로마의 감옥에서 풀려난 이후에 디모데전서를 썼다고 생각하지만 그 편지가 훨씬 전, 즉 바울의 마지막 예루살렘 방문 전에 씌어졌을 가능성도 검토해 볼 수 있을 것이다(바울의 마지막 예루살렘 여행 전이란 사도행전 20장 2절과 7절 사이를 말한다). 그러므로 마게도냐의 여행(1 : 3)은 사도행전 20장 1절에 언급된 여행이 될 것이다.

(3) 혼합주의의 위험

디모데전서가 씌어질 때 디모데는 에베소에 있었다. 바울이 디모데를 에베소로 보냈기 때문이다. 디모데의 특별한 임무는 이단을 방지하는 일이었다. 에베소에 있는 교회는 기독교와 이교주의 그리고 유대적 사상을 혼합시키려는 운동(보통 혼합주의라고 부른다)에 감염될 위험에 처해 있었다.

유대인들 사이에 유행하고 있었던 많은 불건전한 교훈들 때문에 이단사설들이 교회에 훨씬 더 쉽게 침투할 수 있었다. "진리 뒤에 숨겨져 있는 진리"를 발견했다고 주장하면서 성경에 전혀 나와있지도 않은 율법을 가르치는 "교사들"이 있었다. 사람들이 상상력을 동원하여 구속사의 자료들을 가지고 신화, 우화 그리고 허탄(虛誕)한 이야기들을 꾸며댐으로 성경의 기사가 제멋대로 변조되었다.

이러한 공론(空論)의 흔적들을 성경이 씌어지던 당시의 "위경" 문헌이나 그 밖의 유대인들의 저술들 속에서 찾아볼 수 있다. 예를 들면 천사들도 할례를 받았다든지 아담이 양성(兩性)을 가지고 있다든지 또 아담과 이브의 결혼이 원죄였다는 주장들이 나왔다. 뿐만 아니라 온갖 사실들을 증명하는데 있어 족보를 사용하였으므로 거짓 교사들은 고상한 왕족의 혈통을 타고 났다는 날조된 주장들이 난무하였다.

(4) 거짓 교훈들의 결과

거짓 선생들은 성경과 전통에 호소하였다. 가짜 복음서와 서신들 그리고 초대 교회에서 찾아볼 수 있는 가짜 "계시록" 등의 온갖 철학적 문서들은 주로 유대인들이 만들어 낸 것이다. 디모데는 이러한 것들과 대항하여 싸워야 했다. 이러한 가짜 저술들과 문서들은 이단자들의 유용한 도구가 되어 교회로부터 참된 복음과 율법들을 빼앗으며 이교에 맞는 율법(토라)의 해석과 거짓 교훈들로 대치시키는데 사용되었다.

허탄한 말과 신화 그리고 소위 신비한 지식(6 : 20)을 지닌 율법의 교사들(1 : 7)은 교회에 치명적인 영향을 끼쳤다. 참된 지식은 사랑 안에서 교회를 세우지만 거짓 지식은 믿음과 행동 사이에 일체성을 부여하지 못한다. 거짓 지식은 우리의 의지를 깨뜨리지 못한다. 그 결과 생활이 거룩하게 되지 못하고(4 : 5) 왜곡된 길로 빗나가게 된다. 거짓 선생들이 제공하는 "지식"은 교만의 열매요 성경의 교훈과는 반대되는 것이므로 교인들의 생활에 파괴적인 영향력을 끼칠 수 밖에 없었던 것이다.

(5) 자연과 은혜

위대한 랍비로 행세했던 거짓 선생들은 "자연"과 "은혜" 사이의 관계를 이해하지 못하였다. 그들의 신화에서는 하나님이 만드신 모든 것이 선함으로 버릴 것이 없다는 교훈을 가르치지 않았던 것이다(4 : 4). 그러므로 그들은 사물의 자연적인 질서를 멸시하는 경향이 있었으며 결혼이나 재혼을 하지 않는 사람들을 높이 평가하였다(4 : 3; 5 : 14). 거짓 선생들에게 있어서는 결혼하지 않는 것을 원칙으로 삼는 이들이 종종 하나님의 계명에 명백히 상충되는 교만한 방법으로 행동하는 매우 골치아픈 자들이라는 사실이 문제되지 않았던 것으로 보인다(5 : 11-13; 2 : 11-15).

복잡한 이론과 까다로운 교훈을 말하는 이 새로운 랍비들이 시간을 낭비하게 만들고 영을 죽이는 스콜라주의의 시조가 되었으며, 커다란 분열의 원인이 되었다는 사실은 말할 필요조차 없는 일이다. 그들은 산상보훈과 얼마나 동떨어진 자리에 있었는가? 단순하고 명백한 하나님의 말씀을 훨씬 초월해버린 "진보"의 옹호자들의 생각 속에는 그리스도의 말씀이 아무런 역할도 하지 못하였다.

(6) 믿음과 생활의 일체성

이러한 사고방식에 젖어든 사람들은 온통 병들고 말았다(6 : 3 이하). 그들은 율법에 대하여 그럴 듯하게 말하지만 그들의 믿음은 지식의 문제일 뿐 마음과는 아무 상관이 없는 것이었다. "생활"은 제재를 받지 않고 방종으로 흘렀다.

특히 이 점에 대하여 바울은 디모데에게 믿음과 생활의 일체성, 즉 자연과 은혜의 관계를 보여주고 있다. 바울은 디모데에게 그리스도의 말씀을 직분을 감당하는 지침으로 삼으라고 권면한다. 이러한 태도는 이단을 배격하고 경건을 함양시키는 가장 고상한 형태의 금욕주의인 것이다(4 : 6-16).

바울이 디모데에게 첫번째로 보낸 편지는 모든 시대의 교회들과 밀접한 관계를 가진다. 교회는 항상 로고스, 즉 말씀에 순종하는 지식을 흐트러지게 하는 신화의 위협에 직면해 있는 것이다.

2. 성직자들의 지배를 받지 않는 성숙한 회중

(1) 평신도 위에 서지 않는 성직자

이 목회 서신은 또 다른 측면에서 중요한 의미를 가진다. 즉, 디모데전서에서는 "성직제도", 말하자면 제사장이나 성직자 그리고 지도자들의 집단에 의해 지배되는 형태를 정죄하고 있다. 오늘날 교회 안과 교회들 사이에 온갖 종류의 위원회와 협의회가 있다. "지도적 인물들"이 참여하는 이러한 모임을 아주 높게 평가하기 때문에 우리의 생각 속에는 평신도와 성직자 사이를 로마 가톨릭처럼 구분하는 태도가 은연 중에 싹트는 것이다.

"목회 서신들" 가운데서는 이러한 구분을 지지하는 근거를 전혀 찾아볼 수 없다. 바울은 직무 수행자로서 편지를 썼으나 아주 겸손한 자세를 나타내고 있다(1 : 18; 4 : 11-16; 6 : 2).

(2) 직무 수행자들의 역할

바울은 교회 내에서 일어나고 있는 실제 상황으로부터 회중을 제외시키고자 하지 않았다. 그는 회중을 그 일에 포함시키고자 하였다. 교회에 직무 수행자들이 있는 것은 교인들을 게으르게, 즉 "목사님이 모든 해결책을 알고 계신다. 그러니 나한테 와서 귀찮게 굴지말라"고 말하는 걱정거리없는 사람들로 만들고자함에 있지 않다. 교회 안에 특별한 직분이 존재하는 것은 모든 신자들에게 그들의 직무를 잘 감당할 수 있도록 격려하려는데 있다. 진리의 기둥과 터인 하나님의 집은 성직제도가 아니라 회중이다(3 : 15).

교회는 그 자체를 사회적 활동을 하는 조직체로 생각해서는 안 된다. 교회의 회원들 개개인은 힘자라는대로 가난한 자들을 붙들어 주어야 한다. 그들의 노력에도 충분치 않을 경우에 집사들의 임무가 필요한 것이다(5 : 4, 16; 6 : 18).

직무 수행자들은 거룩한(마술적인) 행위를 나타내는 자들이 아니다. 그들의 사명은 말씀을 선포하고 가르치는 것이다. 회중은 말씀에 대한 살아있는 지식 가운데서 자라나야 한다. 그들은 교훈을 듣고 받아야 한다(2 : 11; 4 : 16). 그렇게 하지 않고서야 어떻게 진리의 기둥이 될 수 있겠는가? 예배의식을 인도하는 직무 수행자들은 백성들을 위하여 중재하는 중보자가 아니다. 회중은 예배를 인도하는 자와 더불어 기도하기를 배워야 한다(2 : 1-8).

3. 회중을 세움

(1) 같은 싸움을 함

바울은 자신의 소명을 올바르게 지적하고 그것을 강조하고 있다. 사도로서 바울의 신분은 그의 인격이나 자질에 근거한 것이 아니라 하나님께서 주신 사명에 근거한 것이다. 그러므로 바울은 담대히 거짓 사도들과 대적할 수 있었다.

특이한 배경을 가진(유대인 어머니와 헬라인 아버지) 디모데를 바울은 자신의 아들로 여겼다. 바울은 그를 가리켜 "믿음 안에서 참 아들된 디모데"(1 : 2)라고 부르고 있다. 이처럼 믿음은 혈통과 족보까지도 초월한다. 바울과 디모데가 루스드라에서 만난 이후(행 16 : 1-3) 디모데는 항상 바울과 함께 사역했으며 옥에까지 함께 갇혔다(살전 3 : 1-6; 고전 4 : 17; 16 : 10-11; 빌 1 : 1; 2 : 19; 골 1 : 1).

이제 디모데는 에베소에 있는 거짓 선지자들을 대적하라는 사명을 받았다. 그 거짓 선지자들은 적용된 교훈(권면) 대신에 신화들에 관한 수수께끼를 말하며, 율법을 죄를 드러내는데 사용하지 않고 신비의 책으로 취급하는 자들이었다. 디모데는 그의 선생인 바울로부터 하나님의 은혜를 깨닫게 되었다. 바울은 디모데에게 성경적인 건전한 구원교리를 선포하는 법을 가르쳤으며 그것은 수수께끼나 문제의 해답을 말하는 것과 같은 일이 아님을 보여주었다. 디모데는 믿음과 분명한 양심을 가지고 바울과 같은 싸움을 하였다(1 : 3-20).

(2) 정부를 위하여 기도하라

높은 지위에 있는 사람들을 위하여 기도하라는 권면은 "이는 우리가 모든 경건과 단정한 중에 고요하고 평안한 생활을 하려 함이니라"(2:2)는 말씀 앞에 나오고 있다. 이 말씀은 종종 정부가 우리에게 고요하고 평안한 생활을 할 수 있도록 만들어주기를 기도해야 한다는 의미로 받아들여지고 있다. 그러나 그 구절이 참으로 의미하는 것은 우리 그리스도인 자신들이 평온한(혁명적이 아닌) 방식으로 행동해야 한다는 사실을 말한다. 높은 지위에서 권세잡은 자들을 위하여 기도함으로써 우리는 반역적인 압력 단체가 아님을 인식하게 되는 것이다.

정부에 대한 이러한 태도는 복음의 보편적 확장을 촉진시키게 될 것이다. 왜냐하면 교회는 기도를 통하여 세상 전체를 품에 안고 있기 때문이다. 우리 하나님은 각계 각층의 모든 사람들이 진리를 아는 지식에 이르러 구원받기를 원하신다. 우리는 하나님의 사역을 보잘 것 없는 것으로 생각해서는 안 된다. 왜냐하면 그리스도께서 새로운 인류(2:1-7)를 찾아주시기 위하여 목숨을 버리셨기 때문이다.

간절한 기도의 중요성을 강조한 후에 바울은 그리스도인들이 함께 만났을 때 취하여야 할 적절하고 품위있는 태도에 대하여 주의를 기울이라고 권면한다. 다툼으로 인하여 기도가 방해를 받아서는 안 된다.

(3) 여인과 가정 생활

여인들은 예배의식을 패션쇼로 바꾸어서는 안 된다. 바울은 옷을 화려하게 차려 입음으로써 다른 사람들의 주위를 끌려는 행동을 싫어하였다.(참조 사 3:18-24; 벧전 3:3). 바울은 믿는 자들에게 다른 모양의 패션을 요구하고 있다. 즉, "여자들도 아담한 옷을 입으며 염치와 정절로 자기를 단장하고"(2:9)라고 말한다.

바울이 여인들이 단장하는 것을 반대하지 않는다는 사실에 유의

하라. 바울이 요구하는 것은 그리스도인들의 독특한 모양이다. 교회는 세상의 유행을 무조건 모방해서는 안 된다. 뿐만 아니라 여인들은 선한 행실로써 자신을 단장해야 한다. 그들은 교회 안에서 다스리는 자리를 추구할 것이 아니라 서로 복종해야 할 것이다.

바울은 이처럼 교회 안에서 여인들의 위치를 인식하고 그들이 본연의 위치를 찾을 것을 권면하고 있다. 바울은 혁명적인 해방운동과는 아무런 관련도 갖지 않았다. 교회는, 거짓 선생들이 여인의 사명인 어머니로서의 중요성을 손상시키지 않도록 특별히 조심해야 한다. 주님께서 여인에게 자녀들을 주셨다면 믿음 안에서 어머니로서의 소명을 받아들여야 할 것이다(2 : 15).

인구폭발을 염려하고 산아제한을 외쳐대는 현대 사회에서 이 귀한 말씀을 마음 속에 새겨두는 것은 얼마나 놀라운 축복인가! 바울이 말하는 것은 자녀를 낳아 기르는 것이 일종의 직무이자 특권이라는 사실이다. 그리스도의 구속의 축복이 역시 가정 생활에서도 나타나는 것을 볼 수 있을 때 오늘날 참으로 많은 사람들은 그것을 통해 진정한 해방감을 맛볼 것이다!

바울과 디모데의 시대의 이단자들은 온전한 구속을 방해하는 자들이었다. 오늘날도 역시 이단 사설은 교리와 많은 사람들의 생활을 위협하며 자유를 억압하고 있다.

4. 교회 안의 직무 수행자들

(1) 장로들의 역할

에큐메니칼적인 조직이나 기관에서 발행되는 문서나 보고서들을 보면 여러가지 주제에 대하여 다루고 있으나 장로의 역할에 관한 언급은 거의 찾아볼 수 없다. "장로"는 사람들이 전문가들과 기능인들을 많이 찾지 않았던 과거 부르조아 시대의 유물인가? 그러나 성경은 모든 시대를 위한 것이다. 교회가 진리의 기둥과 터로 남아 있기를 원한다면 교회의 정치를 직분자들 개개인의 손에 맡기지 말고 신실한 장로들을 선출하여 장로회를 조직해야 한다.

감독(헬라어로는 에피스코포스)은 지도력을 나타낼 수 있어야 한다. 그러므로 감독은 그 사생활에 있어서 건전하고 진실해야 하며 공적인 행동에 있어서도 신뢰를 받는 사람이어야 한다. 그렇지 않고서야 어찌 하나님의 집을 돌보며 하나님께서 맡기신 것들을 관리하는 진실한 청지기가 될 수 있겠는가?

(2) 교회의 사명

개인적인 감정을 정상적인 것으로 받아들이는 광신주의를 반대하여 바울은 질서를 말하고 그것을 판단할 수 있는 표준으로서 하나님의 말씀을 제시한다. 하나님의 말씀은 우리가 이단적이거나 또는 혁명적인 과격함이나 방종으로 흐르지 않도록 붙잡아주는 제동장치의 역할을 한다. 이것은 사도 시대나 종교개혁 시대 뿐만 아니라 오늘날의

"에큐메니칼" 시대에 있어서도 마찬가지이다.

집사들을 선출하는데도 동일한 원리가 적용된다. 회중이 좀더 각성하여 직무 수행자들을 세워야 할 필요성을 느껴야 한다. 교회는 벧엘, 즉 하나님의 집이기 때문이다. 교회의 사명은 육신이 되셔서 영광을 받으신 주님에 관하여 계시된 비밀을 널리 전파하는 것이다.

(3) 이단을 대적하는 바울의 찬송

바울은 이단을 반박하는 고백적인 찬송을 언급함으로 자신의 주장을 끝맺고 있다. 거짓 선생들은 "자연"이나 "육신"은 무가치한 것이라고 주장하였다. 그러므로 바울은 3장 16절에서 다음과 같이 노래하고 있다.

그는 육신으로 나타난 바 되시고 [초림]
영으로 의롭다 하심을 입으시고 [부활과 영화]
천사들에게 보이시고 [부활절]
만국에서 전파되시고
세상에서 믿은 바 되시고 [복음의 선포]
영광 가운데서 올리우셨음이니라 [승천]

5. 자연과 은혜 사이에 모순이 없음

(1) 장차 올 어려운 때

육신을 통한 계시와 성령으로 말미암는 칭의는 병행한다[1]. 그러나 이단자들은 피조물에 관하여 악한 말로 비판한다.

바울은 앞으로 올 신자들의 세대에 어려운 때가 있을 것을 바라보았다. 거짓 선생들이 나타나서 결혼을 금지하고 어떤 종류의 음식을 금기로 선언할 것이다. 신자들에게 여러가지 것들을 금하는 새로운 바리새주의가 등장할 것이며 "하나님이 그 지으신 모든 것을 보시니 보시기에 심히 좋았더라"(창 1 : 31)는 말씀이 설 자리를 잃게 될 것이다. 이 새로운 랍비들은 하나님의 피조물인 이 세상의 가치를 깨닫지 못할 것이다.

(2) 충성된 집사

바울 자신은 결혼이라는 자연스런 절차를 부인하지 않았으며 수도사나 금욕주의자도 아니었다. 바울은 이렇게 말한다. "하나님의 지으신 모든 것이 선하매 감사함으로 받으면 버릴 것이 없나니 하나님의 말씀과 기도로 거룩하여짐이니라"(4 : 4－5).

디모데는 예수 그리스도의 충성된 집사(종)로서 그 형제들 앞에서 이러한 입장을 지켜야 하며 아무짝에도 쓸모없는 불평이나 자기학대를 피해야 한다. 경건이 우선이다. 왜냐하면 경건은 범사에 유익하고 금생과 내세에 약속이 있기 때문이다(4 : 7－8). 아직 젊고 어리지만 디모데는 침착하게 정진하여 모범을 보여야 할 것이다. 소명을 주신 분은 또한 그것을 감당할 수 있는 힘도 주실 것이다.

주

1) "육신"은 "자연"을, "성령"은 "은혜"를 말한다. "예수 그리스도"께서 "육신"을 입고 이 세상에 오셔서 하나님을 계시하셨다. "성령"께서는 역시 택한 자의 심령을 중생시키시고 하나님을 밝히 계시하심으로써 우리로 회개하고 믿게 만드는 역할을 하시고 의롭다 칭함을 얻도록 하신다.

6. 직분과 의무

(1) 직무 수행자들을 위한 권면

직분자로서 봉사하는데는 통찰력과 예민한 감각이 필요하다. 나이가 많은 사람들은 젊은 사람들과는 다른 각도에서 문제에 접근할 것이다. 그러므로 동일한 방식이 젊은이나 나이 많은 사람에게 모두 적절한 것은 아니다. 또한 과부들의 문제가 있었다. 즉, 많은 젊은 과부들이 집사들을 통하여 정기적인 도움을 받아 게으르고 안일한 생활을 하고 있었다. 바울은 디모데에게 엄중하고 준엄한 지침을 말해주고 있다. 바울은 사단이 사람들을 선동하여 교회를 비방하게 만들며 그 이름에 먹칠하려는 사실을 잘 알고 있었기 때문이다(5 : 1-16).

사도 바울은 장로 직분 후보자들을 선별하고 그들의 사역을 지원하며 그들이 잘못된 길로 나갈 때 필요한 훈계와 권면으로 편지를 끝맺고 있다. 디모데는 그의 연약한 건강을 위하여 포도주의 도움을 받으라는 권면을 받고 있다. 음주에 대하여 바울은 자유주의자도 아니었고 절대 금주주의자도 아니었다. 바울은 분리주의자나 금욕주의자들이 말하는 음식에 대한 규정과는 아무런 상관이 없었다. 감사함으로 받으면 하나님께서 지으신 모든 것들이 선하다.

(2) 권위의 질서

디모데는 악하고 선한 것이 항상 바로 드러나는 것이 아니라는 사실을 염두에 두어야 했다(5 : 24-25). 교회 안에서 이루려는 이상적인 성도들의 연합이 모든 사회적인 구별들마저 철폐하는데까지 나아가서는 안 된다. 그리스도인 종들은 자신의 상전이 신자든지 불신자든지를 막론하고 그에게 순종해야 한다. 종의 위치가 아무리 미천한 것일지라도 그리스도인으로서 충성된 봉사의 삶을 보여 주어야 할 것이다(6 : 1-2)

거짓 선생들은 권위의 질서를 무너뜨리려고 하였다. 이러한 경향은 항상 이단적인 집단과 광신적인 종파들에게서 찾아 볼 수 있었다. 그렇다고 해서 바울이 노예제도를 찬성했다는 말은 아니다. 종교개혁이 높은 계층의 사람들이 농민들을 경제적으로 착취하는 것을 찬성하지 않았던 것과 마찬가지로 바울 역시 노예 제도를 찬성하지 않았다. 그러나 성경은 혁명을 인정하지 않으며 권위에 대한 적대감과 반항을 찬성하지 않는다.

(3) 부의 위험성

혁명주의는 오래지 않아 물질주의로 변하게 된다. 바울은 물질주의를 아주 강력한 말로 정죄하고 있다. 디모데에게 물질주의를 멀리하고 믿음의 선한 싸움을 싸울 것을 당부한다. 디모데는 부자들에게 그들의 소망을 하나님께 두며 맡겨진 물질을 선한 사업을 위해 사용하도록 권면하였다(6 : 3-19). 어떤 사람들에게 맡겨진 물질적인 부와 디모데에게 맡겨진 복음은 전혀 상관이 없는 것들이 아니기 때문이다.

"디모데야 네게 부탁한 것을 지키고 거짓되이 일컫는 지식의 망령되고 허한 말과 변론을 피하라"(6 : 20). 디모데는 안일한 환경 속에서 불경하고 쓸모없는 말로 예언하는 자들을 경계해야 했다. 후메내오와 알렉산더는 아주 곁길로 나아가 사도들로부터 출교당하였다. 그들은 회중과 교제하지 못하도록 격리되었던 것이다.

(4) 커다란 위험

디모데는 비록 어리고 온유한 사람이었으나 양들이 처한 위험성을 지적해 주어야 했다. 참된 목회자로서 양떼들을 거느린다는 것은 교훈을 장려하며 필요한 경우에는 권징을 사용하는 것을 의미한다(참조. 6：20－21; 4：11－16).

선한 목자는 무엇을 해야할지를 안다. 거짓 종교에 대해서는 "그들도 결국 신자들이다"라고 말하면서 그들의 주장을 이해하거나 동정하는 태도를 보여서는 안 된다. 그러므로 그 때나 지금이나 교회가 이러한 문제로 인하여 서거나 넘어지는 것이다. 디모데여！ 너에게 맡겨진 일을 지키고 예수 그리스도와 그가 가르치신 복음을 바라보라.

디모데후서

하나님의 말씀은 매이지 아니하니라 (2 : 9)

1. 승리에 찬 바울의 마지막 메시지

(1) 안팎의 원수들

디모데후서는 종종 바울의 "유언"이라고 불리운다. 왜냐하면 바울이 죽음을 눈 앞에 두고 쓴 서신이기 때문이다. 디모데후서는 매우 감동적인 서신이다.

바울이 처해있던 환경은 얼마나 비참한 것이었던가? 바울은 마치 국가에 대하여 중한 죄를 범한 죄수처럼 붙잡혀서 엄중한 감시를 받고 있었다(2 : 9).

바울이 고소당한 내용은 무엇이었던가? 언제 어디에서 붙잡혔던가? 일반적으로 바울이 두번째로 로마에 갇혔다고 추측한다. 그러나 그것은 역시 사도행전 21장 33절 이하에 나오는 투옥을 가리키는지도 모른다. 그렇다면 바울은 가이사랴나 로마에 있었을 것이다.

유대인들은 바울을 테러주의자로 몰아 체포하고자 하였다. 교회는 항상 혁명적인 조직체라는 의심을 받으면서 존재해 왔다. 바울도 주님처럼 반역죄로 고소당하여 고통을 당하였다. 같은 피를 나눈 유대인 형제들이 바울을 당국자들의 앞에 고소하여 얼마나 괴롭게 하였던가?

바울은 교회 밖에 있는 원수들로부터 모함을 받았을 뿐만 아니라 교회의 회원들인 "자기의 백성들"로부터도 많은 고통을 받아야 했다. 바울이 자신을 처음 **변명**(또는 변호)할 때 모든 사람들이 바울을 등진 것은 쓰라린 체험이었다(4：16). "아시아에 모든 사람이 나를 버린 이 일을 네가 아나니 그 중에 부겔로와 허모게네가 있느니라"(1：15).

(2) 충성된 협력자들

오네시보로만이 바울을 도왔다. 오네시보로는 오랜 동안의 수소문 끝에 로마에 있는 죄수들의 명단에서 바울의 이름을 발견하였다. 그 때 오네시보로는 바울을 위하여 할 수 있는 모든 일을 다했다(1：16-18).

바울이 디모데후서를 쓸 때는 오네시보로가 바울 곁에 없었다. 그러나 사도행전의 저자요 세번째 복음서의 저자인 의원 누가가 바울과 함께 있었다. 오직 "이 세상을 사랑했던" 데마를 제외한 바울의 다른 동료들은 각각 자기 사역을 위하여 바울을 떠났다(4：10).

바울은 겨울이 되어 항해가 불가능하기 전에 자기에게 오라고 부탁하고 있다. 마가복음서를 썼던 마가도 함께 오라고 말하고 있다. 이처럼 한 때 바울을 버렸던(행 13：13) 젊은이들이 이제는 "바울을 섬기는데 아주 유용한 자들"이 되었다.

(3) 앞으로 겪을 어려움

디모데후서는 우리를 슬프게 하지만 또한 약간은 위로를 주고 있다. 사도 바울은 외부적인 위험 뿐만 아니라 내부적인 위험성도 간파하고 있었다. "세상"으로부터 오는 반대도 있었지만 교회 안에서도 바울은 오해를 받고 있었다. 뿐만 아니라 순교의 죽음에 대한 두려움도 있었다. 이단 사설은 "이 마지막 날들", 즉 세계 역사의 마지막 국면에서 그들의 추악한 머리를 들고 일어난다.

충성스러운 주님의 종들이 이러한 이단 사설들 때문에 많은 어려움을 겪었다. 그리스도께서 오시기 전에는 이상적인 상태가 존재할 수 없듯이 교회도 항상 영적으로 깊고 이상적인 상태만 머물러 있을 수 없다. 항상 교회에게 상처를 주는 이단들이 계속 나타나기 마련이다.

바울은 핍박 가운데서 죽을 각오를 하였다. 바울의 후계자들은 그보다 훨씬 더 단단한 각오를 갖춘 예수 그리스도의 좋은 군사들이 되어야 한다(2：3−5, 4：7). 사도들의 시대가 지난 후에는 교회가 참으로 어려운 시기를 맞게 될 것이다.

(4) 하나님 말씀을 의지함

"마지막 날들"을 앞두고 있는 교회는 바울이 디모데에게 했던 말들을 명심해야 할 것이다. "하나님의 말씀은 매이지 아니하니라"(2：9), "주께서 자기 백성을 아신다 하며"(2：19). 바울은 자신의 메시지가 더욱더 실감나도록 "주께서 나를 모든 악한 일에서 건져내시고 또 그의 천국에 들어가도록 구원하시리니"(4：18)라고 단언한다.

전투적 교회도 이미 승리를 기뻐할 수 있다. 왜냐하면 "이제 후로는 나를 위하여 의의 면류관이 예비되었다"(4：8)고 말할 수 있기 때문이다. 디모데가 바울을 그 후로 다시 보았는지 또는 바울이 어떻게 죽었는지에 대해서 우리가 알 필요는 없다. 성경은 우리에게 바울의 전기를 말해 주지 않는다. 어떤 시점의 특별한 상황을 자세히 묘사하는 것은, 교회를 계속적으로 세워나가시기 위하여 주께서 우리에게 주시고자 하시는 메시지를 밝히기 위함이다.

"하나님의 견고한 터는 섰으니"(2：19) 바울은 죽을 수가 있었다. 그리고 디모데는 앞으로 받을 고난을 각오하게 되었다(히 13：23; 딤후 3：12). 우리는, "참으면 또한 함께 왕노릇 할 것이요"(2：12)라는 말씀을 의지할 수 있는 것이다.

2. 하나님께서는 방편들을 사용하신다

(1) 복음을 부탁함

감옥에 있는 늙은 사람은 자연적으로 자신의 일생을 회고하게 된다. 자신의 "사랑하는 아들" 디모데에게 편지를 쓰고 있는 바울은 언약의 하나님께서 그의 일생을 통하여 자신을 어떻게 보호해 주셨는지를 잘 알고 있었다.

부모들의 경건과 양육을 통하여 바울은 이미 어렸을 때에 하나님을 섬기는 일에 헌신하였다(1 : 3). 그는 얼마동안 교회를 핍박하였으나 주께서 친히 간섭하시어 그를 선택하심으로 교회의 발전과 확장을 위한 일꾼으로 사용되었다.

디모데의 생애도 유사하다. 그는 경건한 할머니와 어머니를 모셨으며 그들에게 배웠던 것들이 열매를 맺게 되었던 것이다. 여러분은 디모데를 묘사한 렘브란트의 그림을 기억할 것이다. 그 그림 속에서 어린 소년 디모데는 외조모 로이스가 무릎에 성경을 놓고 가르치고 있는 것을 치마자락 앞에 앉아 듣고 있다.

사람들은 종종 갑작스럽고 극적으로 부르심을 받은 바울과 어릴 때부터 단계적인 가르침을 통하여 회심한 디모데를 대조하려고 한다. 그러나 바울 자신은 그러한 대조를 결코 용납하지 않을 것이다. 오히려 감옥에서 바울은 부모로부터 받았던 양육과 교훈이 자신에게 긍정적인 영향을 미치게 된 사실에 대하여 감사하고 있다. 바울은 디모데에게 이렇게 말하고 있다. "그토록 훌륭한 가정에 태어나 참된 유전을 받게된 사실을 감사하라 그러므로 그 유전을 굳게 붙잡고 모든 이단들의 왜곡으로부터 그것을 지키라 이 어려운 시기에 싸움을 위하여 단단히 무장을 갖추라 미지근한 마음과 거짓된 부끄러움에 대항하여 싸우고 복음을 위하여 기꺼이 죽을 각오를 하라 너에게 부탁한 보배로운 복음을 지키라"(참조 1 : 5-14).

(2) 사도적 말씀을 전함

자신의 환경에 대한 몇마디 말을 한 후(1 : 15-18) 바울은 "그 아들"에게 더욱 격려를 보내고 있다. 디모데는 자신이 들었던 것을 또 다른 사람들에게도 가르칠 수 있는 충성된 사람들에게 전해 주어야 할 것이다(2 : 2).

이 구절은 말씀의 봉사를 위한 사람들을 교육하는데 있어 교회가 관여해야 할 근거를 보여주는 본문으로 간주되고 있다. 그러므로 교회 안에 있는 직분의 기능들 가운데 하나는 다른 사람들이 직분을 맡을 수 있도록 그들을 준비시키는 것이다. 디모데가 이 일을 소홀히 할 수 없었다. 왜냐하면 사도적 말씀을 사람들에게 전달할 사람들이 앞으로는 많이 필요하기 때문이다.

바울은 세가지의 은유를 사용하여 디모데의 활동을 격려하고 있다. 디모데는 **병사**와 같이 자신의 직무에 전념해야만 했다. 그는 내일의 필요한 것들을 위하여 염려할 필요가 없었다. 왜냐하면 그 군대의 지도자가 항상 양식을 마련해 주실 것이기 때문이다. 또한 **경주자**로서 경기의 규정에 따라 끝까지 달리도록 노력해야 했다. 그리고 **농부**로서 할 일을 뒤로 미루지 않아야 했다. 왜냐하면 게으른 농부는 첫 열매는 즐길 자격이 없기 때문이다.

(3) 하나님의 신실하심

복음의 가치는 무한한 것이므로 바울은 모든 것을 인내하고 있다. 요컨대 그 복음은 **부활하신** 그리스도의 복음인 것이다(2 : 1-10).

> 미쁘다 이 말이여, 우리가 주와 함께 죽었으면 또한 함께 살 것이요 참으면 또한 함께 왕노릇할 것이요 우리가 주를 부인하면 주도 우리를 부인하실 것이라 우리는 미쁨이 없을찌라도 주는 일향 미쁘시니 자기를 부인하실 수 없으시리라 (2 : 11-13)

하나님은 자기 약속과 경고하신 것을 분명히 지키시는 분이시다. 그러므로 디모데는 이단에 대하여 획기적인 조치를 취해야만 했다. 왜냐하면 그들은 교회에 재난을 끼칠 수 있는 위험한 존재들이었기 때문이다. 그리스도께서 재림하실 때 실현될 육체의 부활마저도 부인할 정도로 잘못되어 곁길로 가버린 사람들이 있었다. 그들의 주장에 따르면 지금 현재 일어나고 있는 "영적인 부활"이 있을 뿐이었다.

(4) 오도하는 교훈들

디모데는 꾸준히 그러나 결연한 자세로 이러한 거짓 교훈들과 싸워야 했다. 교회는 "주께서 자기 백성을 아신다"(이 말씀은 모세가 반역하는 고라, 다단 그리고 아비람에게 했던 말이다; 민 16 : 5)라는 말씀이 기록된 흔들리지 않는 토대 위에 세워져있다. 하나님은 배교와 개악에도 불구하고 자기의 교회를 보전하신다.

다른 한편, 개인적인 의무와 같은 것이 있다. 그러므로 "주의 이름을 부르는 자마다 불의에서 떠날찌어다"(2 : 19)라는 말씀 역시 그 토대 위에 기록되어 있는 것이다. 이 구절은 다단과 아비람 장막 주변의 텅 비어있는 자리를 상기시켜 준다(민 16 : 26). 뿐만 아니라 구약 교회의 부활 찬송인 "우리가 주만 의뢰하고 주의 이름을 부르니이다 주의 죽은 자들은 살아나고 우리의 시체들은 일어나리이다"(사 26 : 13, 19)라는 구절을 상기시켜 준다.

(5) 사단의 행동

요술적인 혼합 종교의 온상인 에베소에서 바울은 유대인 술사들, 마술에 관한 책들 그리고 아데미의 광란적인 예배의식 등을 알게 되었다(행 19장). 에베소 교회에게 보내는 그리스도의 메시지로부터 우리는 거짓 사도들과의 싸움을 보게 된다(계 2 : 2-6). 디모데는 거짓 교훈의 모양으로 나타나 교회를 위협하는 암적 존재인 사단의 행위와 투쟁하고 있다.

그러나 "그 마지막 날들"은 오순절과 더불어 시작되지 않았던가? 결국 모세는 단지 고라, 다단, 아비람만을 반대한 것이 아니라 모세의 길을 가로막는 온갖 종류의 술객들을 대적했던 것이다(3 : 8). 항상 교회를 유혹하려고 하는 거짓 지도자들과 속이는 자들이 있게 마련이다. 마치 모세가 그 시대의 거짓 지도자들을 꿰뚫어 보았던 것처럼 다행히도 백성들은 그들의 정체를 파악하게 될 것이다. 우리는 주께서 자기 교회를 붙드시리라는 확신을 가지고 살 수 있는 것이다.[1]

주

1) 1526년에 알브리히트 뒤러(Albrecht Dürer, 1471-1528)는 누렘버그(Nuremberg) 시의 신부들에게 그림을 기증했다. 누렘버그 시는 일년 전에 종교 개혁의 기운이 두루 퍼져 있었다. 그 그림은 요한, 베드로, 마가 그리고 바울 등을 그린 것이었는데 각 사도들 아래에는 다음과 같은 성경 구절이 붙어 있었다. 베드로에게는 베드로후서 2장 1-3절 [그러나 민간에 또한 거짓 선지자들이 일어났었나니 이와 같이 너희 중에도 거짓 선생들이 있으리라 저희는 멸망케 할 이단을 가만히 끌어들여 자기들을 사신 주를 부인하고 임박한 멸망을 스스로 취하는 자들이라 여럿이 저희 호색하는 것을 좇으리니 이로 인하여 진리의 도가 훼방을 받을 것이요 저희가 탐심을 인하여 지은 말을 가지고 너희로 이(利)를 삼으니 저희 심판은 옛적부터 지체하지 아니하며 멸망은 자지 아니하느니라], 요한에게는 요한일서 4장 1-3절 [사랑하는 자들아 영을 다 믿지 말고 오직 영들이 하나님께 속하였나 시험하라 많은 거짓 선지자가 세상에 나왔음이니라 하나님의 영을 이것으로 알찌니 곧 예수 그리스도께서 육체로 오신 것을 시인하는 영마다 하나님께 속한 것이요 예수를 시인하지 아니하는 영마다 하나님께 속한 것이 아니니 이것이 곧 적그리스도의 영이니라 오리라 한 말을 너희가 들었거니와 이제 벌써 세상에 있느니라], 바울에게는 디모데후서 3장 1-7절 [네가 이것을 알라 말세에 고통하는 때가 이르리니 사람들은 자기를 사랑하며 돈을 사랑하며 자긍하며 교만하며 훼방하며 부모를 거역하며 감사치 아니하며 거룩하지 아니하며 무정하며 원통함을 풀지 아니하며 참소하며 절제하지 못하며 사나우며 선한 것을 좋아 아니하며

배반하여 팔며 조급하여 자고하며 쾌락을 사랑하기를 하나님 사랑하는 것보다 더하며 경건의 모양은 있으나 경건의 능력은 부인하는 자니 이같은 자들에게서 네가 돌아서라 저희 중에 남의 집에 가만히 들어가 어리석은 여자를 유인하는 자들이 있으니 그 여자는 죄를 중히 지고 여러가지 욕심에 끌린바 되어 항상 배우나 마침내 진리의 지식에 이를 수 없느니라], 마가에게는 마가복음서 12장 38－40절 [예수께서 가르치실 때에 가라사대 긴 옷을 입고 다니는 것과 시장에서 문안받는 것과 회당의 상좌와 잔치의 상석을 원하는 서기관들을 삼가라 저희는 과부의 가산을 삼키며 외식으로 길게 기도하는 자니 그 받는 판결이 더욱 중하리라 하시니라]이었다.

뒤러의 주장은, 위기를 당했을 때 모든 통치자들은 사람의 잘못된 말을 하나님의 말씀으로 받아들여서는 안 된다는 것이었다. 왜냐하면 하나님께서는 그 말씀에 아무 것도 가감하기를 원치 않으시기 때문이다(참조. 계 22 : 18－19). 누렘버그에서 종교 개혁은 성취되었다. 그러나 뒤러는 자기 진영 내부에서 재세례파 광신주의, 혁명주의 등의 원수들이 일어나는 사실을 보았다. 신비주의에 빠져있던 누렘버그의 사제들의 영향으로 세명의 화가(아마 뒤러의 옛 제자였을 것이다)들은 이미 “하나님은 죽었다”는 신학을 가지고 있었다. 그러므로 뒤러는 경고의 표시로서 그 그림을 남겼던 것이다. 뒤러가 그림을 그리기 시작하던 때부터 그러한 구절들을 염두에 두고 있었음이 분명히 나타나고 있다. 바바리아의 선제후 막시밀란 1세는 1627년 누렘버그 시의 신부들에게 그 그림을 요구하였다. 그 요청을 조심스럽게 검토한 후 신부들은 사본과 함께 그림을 보내면서 선제후에게 그 사본을 갖고 원화는 돌려주기를 원했다. 그러나 원화는 그때 이미 손상되고 말았다. 그림 밑에 있는 성경 구절들이 뮈니히의 예수회파를 기쁘게할 리가 없었다. 그 이유는 그 성경 구절들은 적그리스도와 인간이 만든 교령(教令) 등을 경계하고 있었기 때문이다. 미술에 대한 안목이 있었던 선제후는 그림 밑에 적힌 성구들을 잘라버리고 그 성구들을 사본과 함께 누렘버그로 되돌려보냈다. 물론 성구가 삭제된 원화는 자신이 가졌던 것이다. 광신자들을 경계하는 그 성구들은 얼핏 보기에 로마 가톨릭을 겨냥하는 것처럼 보였을 것이다. 1922년에 그 그림과 밑에 새겨져 있던 성구가 다시 결합, 그 그림은 원상대로 복원되었다(지금 그 그림은 뮈니히의 알트 피나코텍에 걸려 있다). 그러나 오늘날에도 여전히 적용되고 있는 그 성구들의 참된 의미를 깨닫는 방문객들이 과연 몇 사람이나 될까?

3. 말씀을 전파하고 고난을 받아들이라

(1) 회 고

주님은 교회를 보존하시는데 있어서 "방편"을 사용하신다. 바울은 디모데가 자신을 따라 사역을 시작하던 때부터 보여준 신실성에 대한 감사를 표현하고 있다.

죽음 직전의 야곱처럼(창 48 : 7) 나이가 많아진 사도 바울의 마음 속에는 여러가지 추억들이 스쳐 지나 갔다. 바울은 안디옥, 이고니온 그리고 루스드라를 생각하였다. 당시에는 바울이 가는 곳마다 유대인들이 좇아다니며 핍박하였다. 루스드라에서는 돌에 맞아 죽을 뻔 하였다(행 14 : 19). 그 때 디모데는 바울과 함께 있었다. 왜냐하면 루스드라는 디모데가 살았던 곳이며 제자가 되었던 곳이었기 때문이다. 루스드라에서 디모데는 핍박받는 사도 바울에게 충성을 다하였다.

(2) 성경으로부터 힘을 얻음

교회는 이윤을 추구하는 기업체가 아니다. 그러므로 교회는 박해를 피하기 위하여 타협하지 않을 것이다. 그러나 이단들은 교회를 이용하려고 한다. "무릇 그리스도 예수 안에서 경건하게 살고자 하는 자는 핍박을 받으리라"(3 : 12).

디모데는 그의 "처음 사랑"을 버리지 말아야 할 것이다(계 2 : 4에 나오는 에베소 교회를 향한 그리스도의 메시지를 생각하라). 디모데가 어릴 때부터 줄곧 성경을 배워왔듯이 성경에만 꾸준히 착념해야 할 것이다. 왜냐하면 오직 성경 속에서만 거짓 선생들과 싸울 수 있는 힘을 얻기 때문이다. "하나님의 사람"이 "모든 선한 일을 행하기에 온전케 하는" 것은 성경인 것이다(3：17). 하나님의 사람이라는 표현은 모세와 선지자적인 직무를 상기시킨다(참조. 딤전 6：11).

(3) 온전한 성경

디모데는 신약의 복음과 관련된 여러가지 신화들을 배척해야 했으며(4：4-5) 동시에 구약을 굳게 붙잡아야 했다. 바울은 여기에서 친히 모범을 보이고 있다. 그의 만년에 바울은 복음서의 저자들인 마가, 누가와 함께 있었다. 바울은 "책과 가죽 종이에 쓴 것"을 가져오라고 요청하는데 이것들은 구약을 의미하는 것이 분명하다(4：11-13).

사람의 비위를 맞추는 온갖 이단이 판을 치는 가운데서도 바울은 옥중에서 다음과 같은 부탁과 명령을 말하고 있다.

> 하나님 앞과 산 자와 죽은 자를 심판하실 그리스도 예수 앞에서 그의 나타나실 것과 그의 [현재] 나라를 두고 엄히 명하노니 [전령으로서] 너는 말씀을 전파하라 때를 얻든지 못얻든지 항상 힘쓰라 범사에 오래 참음과 가르침으로 경책하며 경계하며 권면하라 그러나 너는 모든 일에 근신하여 고난을 받으며 전도인의 일을 하며 네 직무를 다하라 (4：1-2. 5)

(4) 경주의 끝

바울은 횃불을 넘겨주었고 디모데가 그것을 이어받았다. 바울에게 충성을 다한 디모데는 온 세상의 교회에게 모범이 된다. 특히 "진보적인" 신학과 새로운 윤리 앞에 희생이 될 위험에 처해있는 교회들에게 모범이 되는 것이다.

바울은 자신을 드려 희생하였다. 이제 바울이 이 땅 위에서 그의 사역을 끝낼 때가 가까이 왔다. 선한 싸움을 싸웠으며 달려갈 길의 끝이 눈 앞에 다가온 것이다. 바울은 끝까지 자신의 믿음을 지켰다. 바울의 이러한 감동적인 간증을 읽으면서 어찌 눈물을 흘리지 않겠는가?

(5) 개인적인 부탁과 메시지

바울은 디모데에게 겨울이 오기 전에 속히 오라고 말한다. 마지막으로 바울은 몇가지 부탁과 또 전파할 메시지를 말하고 있다. 바울은 좋은 친구 브리스가(브리스길라)와 아굴라-바울이 부인의 이름을 먼저 언급하고 있음에 유의하라-그리고 옥중에서 자신을 돌봐주었던 오네시보로의 "집"에게 문안하고 있다. 바울은 또한 로마에 있는 형제들과 글라우디아 자매로부터 문안을 전하고 있다. 이 사람들은 적어도 바울을 버리지 않았다. "나는 주께서 네 심령에 함께 계시기를 바라노니 은혜가 너희와 함께 있을찌어다"(4:22).

바울은 여기에서 복수의 표현을 사용하여 너희라고 말하고 있다. 이처럼 바울은 단지 디모데만 염두에 두고 있지 않았다. 바울의 편지는 디모데가 섬기는 교회를 위한 것이었다.

교회들은 이 말세에도 세상에 물들지 않고 건전하게 남아 있어야 한다. 그러나 그들은 신뢰할 수 있는 말씀, 즉 바울이 악한 이리떼가 와서 양떼를 남기지 아니할 것을 알고서 전에 에베소에 있는 장로들에게 명령했던 그 은혜의 말씀(행 20:29-30, 32)을 가지고 있었다.

디 도 서

1. 그레데에서의 바울의 동역자

(1) 바울의 또다른 "아들"

디모데 뿐만 아니라 디도도 바울의 "참 아들"이었다(1 : 4). 바울은 디도를 오랫동안 알고 있었다. 유대인과 이방인 회중들이 섞여 있던 수리아의 안디옥으로부터 바울이 예루살렘으로 오는 길에 디도를 데려왔다(갈 2 : 1 이하). 교회에 몰래 들어온 몇몇 거짓 신자들의 반대에도 불구하고 예루살렘 교회의 지도자들은 유대인의 피가 전혀 섞이지 않은 순수한 이방인 디도를 받아들였던 것이다. 바울은 유대인의 피가 섞였던 디모데와는 달리 디도에게는 할례를 행하지 않았다(행 16 : 1-3). 동일한 믿음을 보고 바울은 디도를 자신의 "참 아들"이요 동역자로서 받아들였다.

고린도후서를 보면 디도가 고린도 교회와 바울의 관계를 원활하게 만들기 위하여 아주 어려운 역할을 훌륭히 수행했던 사실을 알 수 있다. "비천한 자들을 위로하시는 하나님이 디도의 옴으로 우리를 위로하셨으니"(고후 7 : 6).

(2) 그레데에 있었던 문제

바울의 목회 서신을 통해 볼 때 바울이 디도를 그레데에 남겨 두었던 것은 그 곳의 잘못된 일들을 바로 잡기 위해서였음을 알 수 있다(1 : 5). 바울이 그레데 섬에 세웠던 교회들은 아직도 "자립"을 못했던 것으로 보인다. 그 교회들은 바울이 파견한 사람을 아주 필요로

하고 있었다. 뿐만 아니라 그레데인들의 성품이 여기에서 나타나고 있다. 교회는 처한 환경의 영향을 받기가 쉽다.

설상가상으로 이제 막 개종한 그리스도인들 가운데서 활동하던 거짓 선생들이 있었다. 잘 알다시피 아직 튼튼한 기초 위에 서지 못한 새신자들은 그럴 듯한 말에 속아 넘어지기가 쉬운 것이다.

디모데서에 묘사된 이단은 그레데에서 사실상 전염병이 되었던 이단과 유사한 것이었다. 유대인들의 허탄한 이야기는 이러한 이단들을 부추기는데 커다란 역할을 했던 것으로 보인다(1 : 10, 14).

(3) 과격한 이단들

그레데에 있는 어린 교회들이 거짓 교훈에 사로잡힌다면 길을 잃게 될 것이다. 그러면 교회 밖에 있는 사람들이 어떻게 생각하겠는가?

그레데의 교회들을 위협하는 이단은 본질적으로 혁명적인 것이었다. 권위의 질서를 받아들이기를 거부하면서 온갖 악한 관례에 대하여 문호를 개방하였던 것이다. 물론 그리스도인들이 땅 위의 것들을 초월해 있는 자들임은 분명한 사실이다. 그러나 그리스도인들이 이러한 이단들의 교훈을 실제로 받아들인다면 "세상"이 그리스도인들에 대해 인간을 미워하는 사람들이라고 부르는 것도 당연할 수 있다. 왜냐하면 그리스도인들이 이웃에 대하여 적대적인 태도를 취하며 그들의 공동체에 긍정적이기 보다는 파괴적인 영향력을 미칠 것이기 때문이다(3 : 1 이하).

본서에서 바울은 디도가 직면하고 있는 어려움에 대하여 권면하고 있다. 바울은 오늘날 교회가 건전한 교훈 위에 남아 있으려면 명심해야 할 몇가지 사실들을 지적하고 있다.

디모데서에서와 마찬가지로 바울은 죽은 율법과 규례들에 근거하여 말하지 않는다. 바울은 처음부터 끝까지 그리스도 안에 있는 우리의 구원으로부터 모든 사실들을 끌어내고 있다. "교회의 법" 역시 그리스도께서 이루신 구원의 질서 아래 속하는 것이어야 할 것이다.

2. 이단과 교회의 직분

(1) 장로 직분의 자격

사도이자 설교자이며 본서의 저자로서 함축성 있는 문장으로 자신을 소개한 후에 바울은 디도의 사역에 대하여 말하기 시작한다. 디도는 어디에서나 장로회를 세워 교회의 기초를 튼튼하게 하라는 명령을 받았다.

물론 디도는 장로 후보자들의 자격과 성품을 심사하는데 신중한 주의를 기울여야 할 것이다. 쾌락주의자로 살았던 사람도 건전한 판단력이 없는 사람과 마찬가지로 장로의 자격이 없다. 또한 자신이 믿고 있는 교리가 공격을 받을 때 그것을 변호하고 자기 주장을 내세울 수 없는 사람은 장로의 자격이 없다. 장로는 말씀의 교훈에 순복하는 사람이어야 할 뿐만 아니라 필요한 경우에는 다른 교훈들을 반박할 줄도 아는 사람이어야 한다.

(2) 이단을 책망함

바울은 거짓 교훈들이 이미 그레데의 회중에게 치명적인 영향을 끼쳤음을 지적하고 있다. 그러한 교훈들로 말미암아 모든 가족들이 혼란에 빠졌다. 유명한 그레데의 철학자요, 시인인 에피메니데스(Epimenides)의 작품에서 인용한 말은 이러한 사실들을 분명하게 증거해 주고 있다.

B.C 7세기에 살았던 에피메니데스는 종종 헬라의 일곱 현인들

가운데 한 사람으로 간주되었다. 바울이 그를 "선지자"로 부른 것은 다만 그레데인들이 에피메니데스를 선지자로 간주했던 사실을 의미하는 것 뿐이다. 정확하게 말하자면 성경은 "선지자"라는 칭호를 언약의 테두리 안에만 제한시키고 있다.

이론가들은 그레데인들에게 이론적인 난제를 설명할 때에는 에피메니데스의 말을 인용하기를 좋아했다. 에피메니데스는 모든 그레데인들을 거짓말장이라고 말했다. 그러나 그 자신도 그레데인이었으므로 결론적으로 에피메니데스의 말도 거짓말인 셈이 된다.

바울은, 디도에게 그가 직면하고 있는 문제를 확실히 깨닫게 하기 위하여 대부분이 유대인들인 이단들을 단호히 그리고 시급히 응징되어져야 한다고 말했다. 뿐만 아니라 바울은 회중에게 이단들을 조심할 것을 경고하고 있다. 디도는 유대인들의 신화에 관심을 갖지 말고 어떤 음식은 정결하고 어떤 것은 부정하다는 랍비들의 견해에 물들지 말아야 할 것이다.

이방인들이 모세의 율법에 따른 의식적인 규례들로 구속될 필요는 없었다. 주를 섬기는 자들은 깨끗하다. 그리고 깨끗한 자들에게는 모든 것이 깨끗하다. 그러나 그리스도의 피로 깨끗함을 받지 못한 자들에게는 세상에 있는 아무 것도 깨끗한 것이 없는 것이다(1：14－15).

(3) 더러운 마음

깨끗한 자들에게는 모든 것이 깨끗하다는 바울의 말을 죄악된 영역속에 들어가도 좋다는 허락으로 받아들여서는 안 된다. 바울이 "모든 것"이라고 말한 표현은 선악간의 모든 것을 의미하는 말이 아니다. 바울이 의미하는 뜻은 하나님께서 선하게 창조하신 모든 것이 선하다는 말이다(딤전 4：1－5, 막 7：1－23).

거짓 선생들의 바리새주의는 의식적인 부정을 제거하려고 했으나 한편으로는 마음의 더러움을 허용하는 결과를 가져오고 말았다. 바울은 이러한 사실을 다음과 같이 요약하고 있다. "저희가 하나님을 시인하나 행위로는 부인하니 가증한 자요, 복종치 아니하는 자요, 모든 선한 일을 버리는 자니라"(1 : 16). 거짓 교훈들이 도덕적 영역에 있어서 광범위한 영향을 끼쳤던 것은 분명하다. 이러한 인위적인 경건은 "생활의 모든 국면"에 있어서 부자연스러움과 억지를 가져왔다.

3. 주님을 섬길 각오를 한 사람

(1) 각각 자기의 처소에서

바울은 계속해서 나이 많은 남자와 여자, 젊은 남자들, 종들이 가져야 할 자세에 대하여 지적한다. 우리가 살고 있는 이 거짓 자유의 시대에 바울의 말은 한층 더 가치있게 들린다.

바울은 모든 것을 "이해한다"고 말하는 심리학자들의 역할을 하는 것도 아니고, "인권"을 위하여 싸우는 것도 아니다. 그는 사람들에게 각각 그들의 위치를 상기시킴으로 그리스도인들이 선한 행실을 함으로써 교회 밖에 있는 자들이 우러러보게 되어야 한다는 사실을 말하고 있다.

늙은 여자들은 그 행실이 거룩하며 참소치 말아야 할 것이다. 그들은 가정사를 돌보는데 헌신하고 남편들에게 순종함으로 "하나님의 말씀이 훼방을 받지 않도록"(2 : 3, 5) 해야 할 것이다.

디도는 자신의 행실과 건전한 가르침을 통하여 젊은이들에게 친히 모범이 되어야 할 것이다. 그리하여 "대적하는 자로 하여금 부끄러워 우리를 악하다 할 것이 없게" 해야 할 것이다(2 : 6−8). 종들도 이와 같이 그들의 충성을 통하여 "우리 구주 하나님의 교훈을 빛나게" 해야 할 것이다(2 : 10). 모든 사람들은 정부의 권세에 복종함으로 "범사에 온유함을 모든 사람에게 나타내야" 할 것이다(3 : 1−2).[1]

(2) 그리스도 구속사역의 완성

우리가 명심해야 할 사실은 그리스도의 구속사역은 이미 성취된 것이라는 점이다. 그리스도께서는 자기를 위하여 "선한 일에 열심하는"(2 : 14) 자기의 친백성을 정결케 하셨다(출 19 : 5; 신 14 : 2). 박애정신, 즉 인류에 대한 우리 구주 하나님의 사랑을 나타내셨다. 성령이 회중 위에 충만히 부어졌으며 중생의 물로 그 교회를 깨끗하게 씻기셨다(3 : 4-5).

세례나 사람이 행할 수 있는 모든 의식 그리고 "의의 행위"로 말미암는 정결함으로는 구원을 가져오지 못하며 생명을 새롭게 하지도 못한다. 구원과 새로운 생명은 "영생의 소망"(3 : 7)을 선포하는 은혜의 복음을 주시는 삼위일체이신 하나님으로 말미암은 것이다.

이러한 소망은 많은 사람이 생각하듯이 불확실한 어떤 것이 아니다. 바울은 이 서신의 초두에서 이러한 소망은 의심과 불확실함으로 괴롬을 당하는 인간의 기대가 아님을 분명히 하고 있다. 그것은 메시아 시대에서의 영생의 소망, 즉 "거짓이 없으신 하나님이 영원한 때 전부터 약속하신 것"(1 : 2)이다.

그리스도의 구속은 이미 도래하였다. 이것은 교회의 생활 방식에서 분명히 드러나야 한다. 그러므로 디도는 모세의 율법에 나타난 관습들과 족보에 대한 모든 문제들을 배척해야 할 것이다. 디도는 그 완고한 이단 사설들을 붙들고 시간을 낭비해서는 안 되며 그들을 바로잡는데 주저하지 말아야 했다.

(3) 재정적인 의무

바울은 달마디아에 있는 니가볼리에서 자신을 만나줄 것을 디도에게 요청하고 있다(딤후 4 : 10). 디도 대신에 바울은 다른 서신에 그 이름들이 등장하는 아데마와 두기고를 보냈다.

한편 디도는 서신을 전달할 세나와 아볼로를 회중이 잘 대접하도록 신경을 써야 했다(행 18 : 24). 불행히도 하나님의 진실한 청지기들(1 :

7)은 종종 재정적인 궁핍에 빠졌던 반면 영적인 협잡꾼들은 돈이 부족하지 않았던 것 같다(1 : 11).

바울은 교회를 섬기는 자들과 그 사자들을 대접해야할 회중의 의무를 지적하고 있다. 믿음의 열매는 교회의 재정적 통계 안에서도 명백하게 나타난다.

(4) 디도를 격려함

바울은 그레데에 있는 회중들의 "감독"에게 보내는 격려로 편지를 끝마치고 있다. 디도에게도 약간의 격려를 주고 있다. 요컨대, 게으른 자와 거짓말하는 자들도 "주의 소유된 백성들" 가운데 하나인 것이다.

바울의 편지와 새로운 교법사들이 옴으로써, 교회를 어둡게 만들려는 이단들의 위협에 직면하고 있던 디도에게는 커다란 힘이 되었다. 그리스도의 은혜는 우리들에게 침체되지 않고 활기를 띠도록 만들어 준다.

"또 우리 사람들도 열매없는 자가 되지 않게 하기 위하여 필요한 것을 예비하는 좋은 일에 힘쓰기를 배우게 하라"(3 : 14). 따라서 그들은 이 방법을 다른 이들에게 보여야 했다. 그러나 불행하게도 그레데의 신자들은 이러한 목표에 충분히 이르지 못하였다(참조. 마 28 : 19).

주

1) 로마서 13장과 함께 이 구절은 다소 논란이 있을 수 있다. 특히 오늘날 우리의 상황에 있어서는 더욱 그렇다. 그러나 우리가 정부의 권위자들에게 복종하는 것은 그들이 무서워서가 아니라 교회가 혁명 단체로 오인될 염려를 막기 위해서이다. 오늘날 제 3세계 국가의 교회들이 혁명적인 데로 나아가는 추세에 있다는 것은 바람직하지 못한 현상이다. 물론 우리나라의 교계에 있어서도 마찬가지이다.

빌레몬서

(1) 주인과 종에게 주는 권면

빌레몬에게 보내는 바울의 편지는 일종의 소개하는 편지라 할 수 있다. 빌레몬서는 바울이 옥중에서 쓴 것이다. 그 편지의 수신인은 골로새에 살고 있던 빌레몬, 그 아내 압비아, 빌레몬의 아들로 보이는 아킵보(참조. 골 4 : 17) 그리고 빌레몬의 집에 예배하러 모였던 회중이다.

빌레몬서를 쓰게 된 계기는 빌레몬의 종들 가운데 하나였던 오네시모가 주인의 것을 도둑질하고 도망했기 때문이었다. 오네시모는 바울을 만났으며 바울은 그를 복음으로 인도하였다. 바울은 이제 자신이 오네시모의 "아버지"가 되었다고 말한다(10절). 골로새서에는 오네시모가 "신실하고 사랑을 받는 형제"(골 4 : 9)로 묘사되어 있다.

빌레몬서의 목적은 빌레몬에게 불충한 종 오네시모를 다시 받아들이도록 설득하는데 있다. 바울은 다음과 같이 주장하고 있다. "저가 잠시 떠나게 된 것은 이를 인하여 저를 영원히 두게 함이니 이 후로는 종과 같이 아니하고 종에서 뛰어나 곧 사랑 받는 형제로 둘 자라 내게 특별히 그러하거든 하물며 육신과 주 안에서 상관된 네게랴"(15－16절).

(2) 그리스도인의 이상적인 형제애

이 겸손하면서도 인간미가 곁들인 편지를 통하여 빛나고 있는 아름다운 사실은, 사회적 관계가 그리스도인들의 사랑의 관점에서 파악되고 규정되어야 한다는 사실이다. 바울은 이 편지를 노예 제도를 정죄하는데 사용하지 않았다(그리스도인들이 노예제도를 지지할 수 없는 것은 분명한 사실이지만). 바울은 노예 제도에서 비롯된 관계를 복음의 관점에서 바라보고 있다. 오네시모를 친절하게 대하도록 빌레몬을 설득하는 것은 복음의 능력이다(14절).

바울은 "사회의" 개혁에 대한 계획을 가지고 있지 않았다. 바울은 사회의 관계를 그대로 인정했다. 즉, 종은 종이었고 주인은 주인으로 남아 있었다. 이러한 사실 때문에 오늘날 많은 사람들이 빌레몬서에 대하여 고개를 흔들면서 바울이 자본주의를 옹호하고 빌레몬이 오네시모를 더 많이 착취할 수 있도록 좋은 말로 달래어 보냈다고 주장한다. 또한 오네시모도 순진하게 자신의 옛 주인에게 돌아갔다고 조소를 받는다. 과연 빌레몬에 대한 바울의 추천이 일꾼의 "권리"를 위태롭게 하는 것인가? 교회는 노예 윤리를 격려함으로써 인종문제 정치문제 그리고 사회 변혁을 위하여 필요한 혁명적인 방법들을 방해하고 있는가?

(3) 진정한 갱신

바울이 여기에서 혁명적 견해를 취하고 있지 않다는 것은 사실이다. 성경은 혁명적인 책이 아니다. 각 사람은 부름을 받은 직업에 충실해야 한다(고전 7 : 20, 24). 성경은 생활을 깨뜨리는 것이 아니라 새로운 인간성을 제시하므로 그것을 치료하는 것이다. 즉, 교회 안의 형제 사랑과 모든 것을 새롭게 하시는 그리스도 안에서의 교제를 통하여 새로운 삶을 누리게 하는 것이다.

노동조합이 노동자의 권리를 위하여 투쟁한다고 해서 참으로 문제가 해결되는 것이 아니다. 조용한 변혁이나 무자비한 혁명이 인간 관계를 갱신하지 못한다. 일부 국가들에서 산업을 국유화하고 사회주의화시킨다고 해서 참된 복지가 이루어질 수 없었던 것과 마찬가지로 노예 제도의 폐지가 곧 참된 행복을 가져다 주는 것은 아니다. 먼저 그리스도의 교회 안에서 모든 관계가 바로 정립되어야 한다.

(4) 전체 회중을 위한 권면

지교회의 회중이 이 짧은 편지를 통하여 깊은 인상을 받았다는 사실을 간과해서는 안 된다. 바울은 자기 자신의 이름 뿐만 아니라 디모데의 이름을 기록하고 있으며 빌레몬 뿐만 아니라 그의 집안에게도 문안을 하고 있다. 이처럼 이 부유한 빌레몬의 다른 종들도 "오네시모의 사건"에 관련되어 있었던 것이다. 그러나 거기에는 "종과 노동자들의 사회적, 윤리적 권익 옹호 위원회"의 개입 등은 없었다.

바울은 오네시모(유용하다는 뜻)가 전에는 무익한 자였으나 이제는 참으로 복음을 섬기는데 유익한 자가 된 사실을 밝히고 있다. 바울은 오네시모를 기꺼이 자신이 데리고 있을 용의가 있었다.

바울은 감옥에서 풀려나와 골로새를 방문할 수 있기를 원하였다. 왜냐하면 골로새 교인들이 자기를 위하여 기도하고 있음을 알고 있었기 때문이다(22절에 나오는 대명사는 헬라 원문에는 복수 형태로 되어있다). 바울과 함께 갇힌 자들도 안부를 보내고 있다. 마지막 구절에 나오는 대명사 "너희"도 복수로써 전체 회중을 가리키고 있다.

이 짧은 서신 머리에 우리는 벨직 신앙 고백서(Belgic Confession) 제 28항을 덧붙일 수 있을 것이다. "이 거룩한 회중은 구원받은 자들의 모임이며 그것 밖에서는 구원이 없다." 이와 같이 "교제의" 삶은 결코 저절로 회복될 수 없을 것이다.[1)]

주

1) 오직 그리스도 안에서만 가능하다. 벨직 신앙고백서 제 28항의 일부를 여기에 소개한다. "우리는 이 거룩한 공회가 구원받은 사람들의 모임이요, 그 외에는 구원이 있을 수 없으므로, 그리스도인은 어떤 상태나 조건 속에 있든지 간에 이 거룩한 모임에서 벗어나서는 안 되며 그 스스로 이 모임의 구성원이 되어야만 한다는

사실과, 모든 그리스도인은 마땅히 이 공회에 모여서 하나가 되어야 한다는 사실을 믿는 바이다. 이렇게함으로써 교회가 하나가 되고 그들 스스로가 교회의 원리와 그 가르침에 따르며, 예수 그리스도의 명령에 복종하고 서로가 동일한 몸의 지체 역할을 하면서 하나님께서 각자에게 주신 은사를 따라 사랑으로 봉사하는 일을 담당하는 것이다…."

히브리서

1. 회당의 유혹과 축출의 위협

(1) **저자 문제**

흠정역 성경은 히브리서가 바울의 서신임을 인정하고 있지만 대부분의 학자들은 바울이 히브리서의 저자가 아니라고 주장하고 있다. 일종의 긴 연설문으로 생각할 수도 있는 이 서신은 역시 바나바나 아볼로의 저작이라고도 생각되어 왔다. 오리겐은 하나님만이 그 저자를 아신다고 말했다.

또한 히브리서의 수신자도 역시 분명하지 않다. 여기에서 말하는 이 "히브리인들"이 누구이며 그들은 어디서 살았던가? 때때로 13장 24절의 "이달리야에서 온 자들"이라는 구절을 근거로 히브리서는 로마에 있는 유대 그리스도인들에게 보내는 편지라고 생각되어 왔다. 그러나 또 다른 학자들은 그것이 예루살렘에 있는 그리스도인들에게 보낸 서신이라고 주장한다.

(2) **저작 시기**

히브리서의 저작 시기에 대해서도 의견이 분분하다. 많은 학자들은 추정하기를 A.D. 80년 경 "제 2세대" 기간 동안 씌어졌을 것이라고 생각한다. 우리는 이 문제를 생각함에 있어서 히브리서의 원문이 유대인 예배가 아직도 드려지고 있다는 사실을 전제하고 있음에 유의해야 한다(8 : 3, 5; 9 : 6-10; 13 : 11). 그러나 역본들에서는 이러한 사실들이 분명히 드러나지 않고 있다.

유대인의 예배 의식에서 제사장의 행동이 현재시제[1]로 묘사되어 있다. 물론 현재시제가 반드시 현재의 사실을 의미하는 것은 아니지만 이 경우에 있어서 성막의 예배가 계속되고 있던 예루살렘 성전이 아직도 건재하다는 사실을 말해주는 것으로 보인다. 만일 그렇다면 히브리서는 성전이 파괴되던 A.D. 70년 이전에 씌어진 것이 분명하다. 그 후에는 성전의 예배가 쓸모없게 되었고 거의 사라지게 되었기 때문이다.

뿐만 아니라 히브리서의 내용을 보면 언급된 유대인들이 여전히 유대인 예배의식에 아주 강한 영향을 받았음을 알 수 있다. 이제 막 시작된 그리스도의 교회에게는 유대인의 회당이 강력한 위협이 되고 있었다. 왜냐하면 그들은 회당의 예배가 참된 전통과 의식에 근거한 것이라고 주장했기 때문이다. 박해와 끊임없는 위협으로 말미암아 낙담한 그리스도인들이 많이 생겨나게 되었다. 구속자이신 그리스도의 영광은 어디로 갔단 말인가?

(3) 히브리서는 일종의 설교인가?

히브리서는 긴 연설 또는 일종의 "설교"라고 할 수 있다. 왜냐하면 거기에는 많은 훈계 부분들이 나오고 있기 때문이다(2 : 1-4; 5 : 11-6 : 8). 만일 이러한 부분들을 생략한다고 하더라도 히브리서의 연속성과 논리적인 통일성이 흐트러지지 않는다.

훈계와 권면 부분들을 읽어 보면 히브리서 수신자들 사이에 팽배했던 어떤 분위기를 엿볼 수 있다. 그 "히브리인들"은 믿음에서 떨어질 위험에 처해 있었다(2 : 1). 그들의 열심은 시들어졌고, 일부는 이미 떨어져 나가 그리스도에게 등을 돌렸던 것이다(6 : 4 이하).

주요 강설이 나온 다음에 "적용"(10 : 9에서부터)이 이어지고 있다. 그 적용은 일련의 실천적인 훈계의 형태로 나타난다. 주의 날(예루살렘 심판의 날)이 날로 가까와지고 있음이 분명함에도 불구하고 일부 그리스도인들은 예배를 멀리하고 있었다. 그들이 교회에 참석하는 대신 회당에 나가고 있었던가?

(4) 회당과의 분쟁

저자인 사도는 이러한 탈당과 뒤로 물러가는 행위를 분명한 말로 경고하고 있다(참조. 10 : 38-39). "너희가 죄와 싸우되 아직 피흘리기까지는 대항치 아니하고"(12 : 4). 성경에서 자주 나오는 **출애굽의 명령**이 여기에서도 나타나고 있다. "그런즉 우리는 그 능욕을 지고 영문 밖으로 그〔예수님〕에게 나아가자"(13 : 13). 이것은 회당과의 의식적인 단절을 의미한다.

이러한 맥락에서 살펴볼 때 우리는 히브리서가 왜 온통 "유대적인" 색깔로 물들여져 있는지를 이해할 수 있다. 이것이 우연한 사실이 아님은 고린도전서와 요한계시록에 나오는 모든 "유대적"인 암시와 언급들이 우연한 일이 아닌 것과 마찬가지이다. 여기에서 회당은 **그들 자체의 무기**를 가지고 싸우고 있다. 예수 그리스도는 토라를 완성하시며 교회를 하늘의 예루살렘으로 이끄시며(12 : 22; 참조. 갈 4 : 26 계 21장), 환난과 위험 속에서도 능히 인내할 수 있는 힘을 주시는 위대한 대제사장으로 묘사되고 있다.

주

1) 헬라어에 있어서 현재시제는 단순히 현재의 시제를 나타내는 것이 아니라 현재의 상태 또는 동작이 계속되고 있음을 나타낸다.

2. 모세, 여호수아 그리고 천사들보다 우월하신 그리스도

(1) 인자가 받을 영광

히브리서는 창조 사역에 참여하시고 자기의 능력의 말씀으로 만물을 붙드시며, 천사보다 능력이 많으시고, 하나님의 우편에 앉아 계시는 아들을 노래하는 것으로 그 서두를 시작하고 있다.

이러한 주제는 시편 110편에서 인용한 것으로 히브리서 전반을 통하여 자주 나타나고 있다. 시편 110편을 본문이라고 한다면 히브리서는 그 주석이라고 할 수 있다. 시편 110편 1절은 "여호와께서 내 주에게 말씀하시기를 내가 네 원수로 네 발등상 되게 하기까지 너는 내 우편에 앉으라 하셨도다"라고 기록되어 있다. 히브리서 기자는 이러한 시편 구절을 인용하여 하나님의 아들이 최고의 영광을 받으실 분이라는 사실을 보여 주고 있다. 천사들도 중개자의 역할을 담당하지만 그들은 인자보다는 훨씬 낮은 위치에 있다. 천사들은 구원을 얻은 자들을 위하여 "부리는"(의식의) 영들[1]에 불과하다(1 : 14). 자기의 영광의 보좌에 앉으신 아들은 천사들의 환호를 받으시는 것이다.

우리는 아들의 복음을 고수해야 한다. 천사들이 가져다 준 율법(참조. 행 7 : 53; 갈 3 : 19)을 소홀히 하는 자가 심판을 면치 못한다면 아들의 능력있는 말씀을 무시하는 자가 받을 형벌이 어떠하겠는가? (2 : 1-4)

(2) 자비하신 대제사장

이상의 사실을 반대하는 자들은 예수님이 세상에 오신 비하의 신분을 지적했다. 사실 예수님이 세상에 태어나실 때 그 영광은 보잘 것 없는 것이었다. 그런즉, 로마를 대항한 유대인의 반동을 부추기는데 있어서 이러한 사실이 십분 이용됐음은 더 말할 것도 없다.

우리는 잠시 동안 천사보다 못한 상태에서 사셨던 그리스도의 비하가 복음의 핵심과 직결된다는 사실을 잊어서는 안 된다. 이처럼 비하하신 것은 "혈과 육을" 구속하시기 위하여 자비하신 대제사장이 되고 모든 면에서 그 형제들과 같은 참된 인간이 되어 유혹과 죽음 아래 살아야 할 필요가 있었기 때문이다. 그가 천사들보다 낮은 상태에까지 내려 오셨기 때문에 천사들보다 높은 위치로 올라 가실 수 있었던 것이다. 이제 그 아들은 영광의 면류관을 쓰고 그의 형제들인 우리를 도우시는 위치에 계시는 것이다.

대제사장이라는 용어는 히브리서에서 매우 중요한 것으로 시편 110편으로부터 빌어온 표현이다. 시편 110편에서는 멜기세덱의 반차를 좇은 대제사장이신 메시아에 관하여 말하고 있다. 히브리서는 메시아의 위대하심을 노래하고 있다. 그 메시아는 중개자인 천사들(1：1－2：18)이나 모세 그리고 여호수아(3：1－4：16)보다 훨씬 우월하신 분이다.

(3) 온전한 안식

모세는 하나의 종이었으나 우리의 믿는 도리의 사도시며 대제사장이신 분은 아들이시다. 교회가 이러한 결론적인 주장을 발견한 것은 구속사적 상황 안에서였다. 모세의 말을 듣지 않았던 이스라엘 백성들은 어떻게 되었던가？ 그들의 불신앙으로 인하여 가나안 땅에 들어갈 수 없었다. 여호수아도 새로운 세대를 온전한 안식으로 인도하는데 성공하지 못하였다.

우리들의 온전한 안식은 아직도 미래에 있다. 온전한 안식은 여호수아라는 이름을 가진 큰 대제사장이 가져다 주실 것이다. 그러나 만일 우리가 그의 안식에 들어가기를 원한다면 수술칼처럼 날카로운 그의 말씀을 진지하게 받아들여야 할 것이요, 큰 대제사장이신 예수(여호수아)에 대한 신앙고백(즉, 믿는 도리)을 붙잡아야 할 것이다.

(4) 그리스도의 고난

이제 히브리서의 기자는 다시금 그리스도의 연약성을 다루고 있다. 왜냐하면 이 점이 어떤 사람들에게는 거침돌이 되는 것 같았기 때문이다. 이러한 이유로 일부(유대인) 비난자들은 "히브리인들"을 혼란에 빠지게 할 수도 있었을 것이다. 아마도 그들은 그리스도의 십자가와 고난은 메시아의 영광과는 맞지 않으며 메시아에게서 그의 왕적인 능력을 빼앗는 것이라고 주장하였을 것이다.

히브리서 기자는 의도적으로 그 왕이 또한 대제사장이라는 사실을 강조하고 있으며 그의 고난은 자기의 백성들이 느끼고 체험하는 고통을 똑같이 겪으시기 위한 준비라는 사실을 말하고 있다(4 : 14-5 : 10). 멜기세덱의 반차를 좇은 대제사장이신 그 아들은 시편 110편에서 말하고 있는 제사장 직분을 수행하신다. 그 아들의 위대하심은 그가 고난을 받았다는 사실에 있으며 고난을 받으므로 인하여 모든 다른 제사장들보다 높은 위치에 오르게 되었던 것이다.

주

1) "이러므로 여자는 천사들을 인하여 권세 아래 있는 표를 그 머리 위에 둘지니라"(고전 11 : 10). 천사들은 구원얻을 자들을 섬기기 위해 보내심을 받아 활동한다. 그들은 예배를 돕기도 한다.

3. 멜기세덱의 반차를 좇은 제사장

(1) 복음의 유아 시절을 지나서

히브리서 기자는 그리스도께서 어떻게 멜기세덱과 같은 대제사장이 되시는지를 설명하기 시작한다. 그러나 그는 논지를 전개하기 앞서 잠시 멈추어 생각을 정리하고 있다.

히브리서 기자는 자신이 하는 말이 너무 어렵고 또 그것을 소화하지 못하여 일부 독자들이 낙오될 것을 두려워하고 있다. 이 점에 있어서는 오늘날도 마찬가지이다. 오늘날 많은 사람들은 단순화된 복음 또는 "미니 복음"을 좋아하고 있다. 그들은 "완전한 데 나아가기"를 힘쓰지 않고 오직 "그리스도 도의 초보"(6 : 1)에만 머물고 있다. 그들의 눈에는 초보의 도를 넘어서는 것은 무거운 짐으로 보이는 것이다. 그들은 복음을 이해하는데 있어서 여전히 어린 아이이며 젖을 떼고 단단한 음식을 먹지 못하는 것이다.

히브리서는 우리에게 이러한 완악함은 용납될 수 없음을 보여 주고 있다. 우리는 지혜와 지식에 있어서 발전해야 한다. 전혀 발전하지 않는다는 것은 타락, 퇴보 그리고 종국에 가서의 배도를 의미하는 것이다.

우리가 소망을 굳게 붙들려면 그 말씀을 붙잡아야 한다. 게을리 믿어서는 안 된다. 아브라함에게 맹세하신 하나님의 약속은 우리 소망의 닻이다(6 : 18). 그 닻은 우리의 대제사장이 들어가신 하늘 성소의 휘장 뒤에 있는 것이다.

(2) 보다 나은 제사 직분

히브리서 기자는 다시금 본 주제로 돌아가서 멜기세덱의 반차를 좇은 대제사장이신 그리스도를 말하고 있다. 멜기세덱은 살렘(예루살렘)의 왕이었으며 제사장으로서 아브라함에게 존경을 받았다. 레위 족속의 조상인 아브라함이 멜기세덱으로부터 축복을 받고 그에게 십일조(즉, 전리품의 십분지 일)를 바쳤던 사실에 유의하라.

아브라함 자신이 멜기세덱의 권위를 인정했던 사실은 레위 족속의 제사장 직분보다 더 나은 제사장 직분이 있다는 사실을 말해주는 것이다. 그러므로 히브리서 기자는 아론의 제사장 직분 및 옛 언약의 불완전함을 말하고 있다(7：11-28). 예레미야 31장에서도 이미 새롭고 "보다 나은" 언약에 대하여 말하고 있지 않은가？(7：22; 8：6)

(3) 그림자(예표)와 성취

옛 언약 아래서는 제사장들의 끊임없는 행렬이 땅 위에 있는 성소로 이어졌다. 일년에 하루(즉, 대속죄일) 대제사장은 자기 자신의 죄와 자기 백성들의 죄를 위하여 지성소에 들어가야 했다. 이러한 희생의 제사는 계속 되었으며 해마다 반복되어야 했다.

그러나 새 언약은 땅 위에 있는 성소를 중심으로 하지 않는다. 새 언약은 희생의 반복과 언약궤 앞에서 피를 뿌리는 것을 요구하지 않는다. 그림자가 이제는 성취된 것이다. 단번의 희생이 영원한 속죄를 가져다 주었다.

큰 대제사장이시며 새 언약의 중보자인 그리스도께서는 자신의 희생적 죽음을 통하여 율법에 대한 효력을 그 언약(계약)에 부여하셨다. 그리스도는 자기의 피로써 그 언약을 세웠다. 이것은 마치 모세가 이스라엘과 여호와 사이에서 피로써 옛 언약을 세웠던 것과 같은 것이다(6：15-20; 참조. 출 24：6-8). 예수님께서 주의 만찬을 제정하실 때 그는 "이 잔은 내 피로 세운 새 언약이니"(고전 11：25)라고 말씀하셨다.

4. 예수님이 드리신 완전한 희생

(1) 새 언약 안에서 성취된 옛 언약

옛 언약과 새 언약의 차이점을 설명하기 위하여 도표를 통하여 히브리서의 기자가 강조하는 점을 설명해 보고자 한다. 도표를 통하여 대속죄일에 구약의 제사장들이 했던 일과 그리스도께서 성취하신 사실을 유의하여 보라.

	옛 언약의 희생	그리스도의 희생
피를 드렸던 장소	하늘 성소의 모형과 그림자인 장막(8 : 5; 9 : 24; 10 : 1). 지성소에는 접근이 금지되었다. 일년에 한 번 대속죄일에 대제사장이 지성소에 들어가(9 : 7 이하) 여호와의 보좌의 언약궤 앞과 그 위에 피를 뿌렸다.	사람의 손으로 짓지 않은 완전한 하늘의 성소(9 : 11, 24). 그리스도께서 하늘에 올라 가셔서 거기에서 자기의 피를 아버지께 드리셨다.
제 물	염소와 송아지의 피(9 : 12-13). 이러한 대리적 피가 죄를 완전히 없애지 못한다. (10 : 14).	하늘 아버지에게 보이사 단번에 영원한 구속을 이루신 그리스도 자신의 피 (9 : 12, 24; 10 : 14).

	옛 언약의 희생	그리스도의 희생
직무 수행자	육체적 혈통에 근거한 제사장의 직분(7：16). 그 결과 의식은 판에 박힌 것이 되었다. 뿐만 아니라 제사장들도 죄가 있었으므로 자신들을 위해서도 희생을 드려야 했다(7：27; 9：7).	무궁한 생명의 능력을 좇은, 악이 없고 더러움이 없는 대제사장의 직분 (7：16; 7：26－28). 연약함에 굴복하지 아니하시고 성령으로 말미암아 흠없는 자기희생(9：14).
횟 수	수 많은 제사. 대속죄일마다 반복됨. 해마다 대제사장이 지성소에 들어가야 함(10：3).	한번의 희생으로 충분함. 승천하셔서 참 성전(즉, 장막)에 들어가셔서 그리스도께서 자기 희생의 피를 드린 후에는 다시 새로운 희생이 필요하지 않음(7：27; 9：12, 25－8; 10：10, 12, 14).
제사장의 자세	제사장(코헨)은 서 있는 자세였다(10：11).	단 한번에 걸친 만족스러운 희생을 드리신 후에 그리스도는 하나님의 우편에 (10：12) 앉아 계신다(시 110편). 앉아계신 대제사장이신 그리스도는 우리의 봉사자 (종)이시다. 왜냐하면 그리스도께서 우리를 하늘 아버지께 가까이 나아갈 수 있도록 하셨기 때문이다 (8：2; 10：19－21).
결 과	계속 반복되어야 할 불완전한 정결 의식 (9：13; 10：1－3). 제사가 반복되는 것은 옛 언약이 불완전하기 때문이다.	교회의 완전한 구속. 하늘 아버지께 나아갈 수 있는 길을 열어줌. 그리스도의 온전한 사역으로 말미암아 교회는 담대하게 하늘 성소로 들어갈 수 있게 되었다(10：19－23, 35).

이처럼 히브리서의 처음 독자들은 유대인의 예배 의식에 많은 영향을 받을 필요가 없다. 왜냐하면 그리스도께서 시편 40편에서 말하고 있는 그 의식을 성취하셨기 때문이다.

> 하나님이 제사와 예물을 원치 아니하시고 오직 나를 위하여 한 몸을 예비하셨도다 이에 내가 말하기를 하나님이여 보시옵소서 두루마리 책에 나를 가리켜 기록한 것과 같이 하나님의 뜻을 행하러 왔나이다 (10 : 5, 7)

(2) 그리스도의 승천

그리스도께서 골고다에서 죽으심으로 그의 희생 사역이 완성된 것은 아니었다. 그는 십자가 위에서 고난을 다 이루셨지만 여전히 대제사장으로서 수행해야 할 일이 남아 있었다. 대속죄일에 희생으로 드릴 동물을 죽였을 뿐만 아니라 그 피를 성소 안에 있는 하나님의 보좌, 즉 언약궤 앞에서 뿌렸던 것이다. 어린 양 예수님께서 친히 하나님의 보좌 위에 앉아 계신 이유가 바로 여기에 있다(계 5 : 6).

승천으로 말미암아 그리스도의 사역은 완성되었다. 승천 때에 그는 비로소 하늘 지성소에 들어가셔서 우리의 죄 사함을 완성하신 것이다. 그리스도의 승천을 생각할 때마다 그가 제사장으로서 하나님의 보좌에 앉아 계신 사실을 기억하라. 이것은 전투적 교회에게 얼마나 큰 위로를 주는 사실인가! 그를 통하여, 즉 "골고다"와 승천 때문에 우리는 담대하게 성소에 나아갈 수 있는 것이다.

(3) 종교개혁자들의 강조점

종교개혁 동안에 그리스도의 희생적 사역이 그토록 강조된 것은 순전히 하나님의 은혜이다. 물론 이러한 그리스도의 속죄 사역은 히브리서의 주된 주제이다. 가톨릭에서는 십자가의 희생 뿐만 아니라 일종의 희생으로서의 미사를 말한다.

다재다능한 신학자들이 십자가의 희생이 미사의 희생과 사실상 동일하다는 사실을 보여주기 위하여 온갖 노력을 다했다. 그러나 미사에는 피가 없다. 그것은 상대적인 것이다. 그리스도 한 분에 의하여 드려지는 것이 아니라 그 아래 사제들과 전체 교회가 드리는 것으로서 그리스도께서 친히 성취하신 일을 적용시키는데 불과한 것이다. 이렇듯 미사는 선별된 사제의 직무를 통하여 피없는 형태로 그리스도의 유일하신 희생을 반복하려는 시도였으며 지금도 그러하다.

최종적인 대속죄일이 거행되었다. 온 땅의 죄악이 단 하루에 제거되었다(슥 3 : 9). 우리들에게 히브리서로 돌아갈 것을 가르쳤던 것은 바로 종교 개혁이었다. 논의의 여지가 있는 하이델베르그 요리문답 제 80항은 — 이 항목이 가톨릭의 미사를 다루고 있다는 것 때문에 오늘날의 많은 개신교도들에게는 거북감을 주는 것 같다 — 히브리서 본문에 근거하여 그 문제를 아주 함축성 있는 말로 설명해 주고 있다. "우리의 죄는 예수 그리스도의 단 한번의 희생을 통하여 온전히 사하여졌다. 그 희생은 그리스도께서 친히 십자가 위에서 모든 사람을 위하여 단번에 이루신 것이다."

5. 충성되고 인내하라

(1) 구체적인 적용

히브리서도 신약의 다른 서신들처럼 교리적 부분으로 시작하여 구체적인 적용 부분으로 이어지고 있다. 10장 19절에서 우리는 이 두 부분의 연결점을 찾을 수 있다.

교리부분에서 적용부분으로 옮겨가는 과정은 점진적이다. 우선 교리에 대한 요약이 나오고 있다. 즉, 그리스도의 희생과 그가 우리를 위하여 마련하신 길을 통하여 하늘 성소로 담대하게 나아갈 수 있으며 하나님의 집에서 우리의 제사장이 나타나셔야 할 필요성이 기록되어 있다. 이 모든 사실들은 공연히 묘사되고 있는 것이 아니라 독자들에게 그들의 믿음을 굳게 하고 소망을 붙잡으며 그리스도인의 사랑을 실천할 수 있도록 하려는 것이다(10 : 19-25).

히브리서 기자는 즉시 그 당시의 문제를 신랄한 어조로 펼쳐 보이고 있다. 예배의식에 참석하는 일이 게을러져 있었다. 배교의 위험은 물론 언약의 피를 모독하고 은혜의 성령을 짓밟을 위험이 있었다. 이 모든 것들은 전날에 자신들의 신앙 고백 때문에 환난과 핍박을 당해야 했던 사람들에 의해서 야기된 것들이다.

여호와께서 이러한 죄악들을 처벌하시지 않고 그냥 두시겠는가? 이스라엘의 역사와 모세의 노래(신 32장)를 보면 여호와께서 죄악을 결코 간과하시지 않는다는 사실을 분명히 알 수 있다. 그러므로 뒤로 물러나 침륜에 빠지거나(10 : 38-39) 멸망 받을 수 밖에 없는 배교한 교회인 이스라엘 편에 가담해서는 안 되었다. "히브리인들"은 복음의 일선에서 인내하며 충성을 다해야 했다.

(2) 보이지 않는 것과 증명하지 못하는 것

우리는 이제 믿음의 길을 걸어왔던 구약의 교회들을 묘사해 주는 유명한 히브리서 11장에 이르게 되었다. 히브리서 11장의 의도는 "믿음의 영웅들"을 받들어 모심으로 사람들에게 "우리는 결코 그들처럼 충성할 수 없을 것이다"라는 생각을 갖도록 하려는데 있지 않다. 오히려 믿음이란 항상 보이지 않는 것과 증명할 수 없는 것을 붙드는데 있다는 사실을 독자들에게 보여줌으로써 용기를 북돋아 주려는데 있는 것이다.

믿음이 없이 창조와 구속사를 이야기하는 것도 무의미하다. 우리는 믿음을 통하여 아벨, 에녹, 노아, 아브라함 그리고 다른 족장들의 행동을 설명할 수 있다. 모세, 라합, 사사들 그리고 선지자들이 그토록 능력있게 행할 수 있었던 것은 믿음 때문이었다. 그들은 그리스도 안에서 아직 성취되지 않았던 그 약속을 바라보고 살아야 했던 것이다 (11 : 39-40).

새 언약의 교회는 "믿음의 주요 또 온전케 하시는 이"(12 : 2)인 예수 그리스도를 안다. "구름같이 둘러싼 허다한 증인들"(1절)인 옛 교회와 더불어 새 언약의 교회는 달려갈 길을 가며 선한 싸움을 싸우면서 이 "온전케 하시는 이"를 주목해야 한다. 그리스도가 오셨으므로 신약의 교회는 구약의 교회보다 훨씬 더 잘 믿어야 할 것이다.

(3) 그리스도를 위한 고난

우리는 역경을 만날 때 그것을 우리의 행위에 대한 심판으로 생각해서는 안 된다. 어떤 사람들은 우리에게 "당신이 소망을 두고 있는 하나님이 어디 계신가?"라고 묻는다. 옛 언약의 교회가 감당해야 했던 십자가가 아무리 무거운 것이었을지라도 그 교회는 보존되었다. "하나님이 아들과 같이 너희를 대우하시나니 어찌 아비가 징계하지 않는 아들이 있으리요"(12 : 7). 징계와 채찍은 아들 자신의 유익을 위한 것이다.

그러므로 그리스도를 위하여 고난을 당할 때 슬퍼해서는 안 된다. 오히려 새로운 힘을 얻어 앞으로 전진해 가야 한다. 우리는 역경을 통하여 우리에게 말씀하시는 분을 배척해서는 안 된다. 왜냐하면 심판의 불이 이미 타오르고 있기 때문이다.

이제 하나님의 계획에 있어서 결정적인 **최후의 단계**가 도래하였다. 교회가 향하여 가는 것은 시내산의 연기가 아니라 새 예루살렘 또는 하늘의 시온이다. 교회는 모세보다 위대하신 언약의 중보자를 모시고 있다. 그 중보자는 교회를 위하여 자기의 피를 흘리셨으며 그 피는 아벨의 피보다도 훨씬 나은 증거가 되는 것이다.

"보다 나은" 새 언약은 우리들에게 더욱 충성하고 순종하게 만든다. 이처럼 "보다 나은" 새 언약은 소멸하시는 불로부터 배교를 고집하는 자들에게 **더욱 무서운 심판**을 요구하게 될 것이다. 그러므로 믿음의 순종이 매일의 생활 속에서 나타나야 한다(13장).

(4) 찬미의 제사

히브리서의 마지막 장에서도 제사가 다뤄지고 있다. 우리는 거기에서 그리스도의 고난에 대하여 읽어볼 수 있다. "이는 죄를 위한 짐승의 피는 대제사장이 가지고 성소에 들어가고 그 육체는 영문 밖에서 불사름이니라 그러므로 예수도 자기 피로써 백성을 거룩케 하려고 성문 밖에서 고난을 받으셨느니라"(13 : 11－12). 그리스도께서 우리 **죄**를 위하여 희생이 되셨으므로 우리는 영원한 언약의 피를 인하여 끊임없이 찬미의 제사를 드려야 한다(15절, 20절).

그리스도 안에서 모든 희생 제사는 성취되었다. 교회 생활에 있어서 이러한 사실은 매우 중요한 의미를 지닌다. 그것은 곧 회중은 이 땅에서 "영구한 도성[1]"을 가지고 있지 않다는 것을 뜻한다. 다시 말하면 교회는 이 땅 위에 있는 예루살렘 및 성전에서의 유대인의 제사에 연연해서는 안 된다는 말이다. 왜냐하면 성전은 사라질 수 밖에 없었기 때문이다(참조. 롬 11 : 7 이하; 갈 4 : 25 이하; 빌 3 : 7-20).

(5) 어려울 때의 제사장적인 봉사

교회는 또한 회당으로부터 오는 멸시와 박해를 견뎌야 한다. 교회는 그리스도를 위하여 분리와 외로움의 십자가를 져야 한다. 참된 희생이 성문 밖에서 치루어졌듯이 하나님의 백성들은 하나님께 나아가기 위하여 영문 밖으로 나가야 한다. 본문에서 또한 우리를 인도하는 자들을 존경해야 한다는 사실을 놓쳐서는 안 된다. 교회 생활에 대한 직접적인 지식을 가지며 성직자들의 고충을 잘 알고 있는 이들은 교회가 어려울 때에 제사장적인 봉사가 얼마나 필요한지를 누구보다도 잘 알고 있는 것이다(13 : 3-7, 17-18).

여기에서도 은혜로 시작하여 은혜로 끝나고 있다. 저자 자신이 자기의 편지를 "권면의 말"로 부르고 있듯이(13 : 22) 이 권고 가운데에는 모든 시대의 교회에게 위로를 주는 말이 나오고 있다. 그것은 곧 "예수 그리스도는 어제나 오늘이나 영원토록 동일하시니라"(8절)는 말씀이다.

이 주 예수 그리스도가 멜기세덱의 반차를 좇은 우리의 대제사장 되심을 아는 것은 얼마나 즐거운 일인가! 그러므로 골고다는 대제사장의 일부 "결과들"을 가지고 있다[2]. 영원한 언약의 피를 통하여 평강의 하나님께서 양의 큰 목자이신 우리 주 예수를 죽은자 가운데서 다시 일으키셨다(3 : 20).

주

1) 우리는 이 본문을, 어떤 이가 이사를 가고자 할 때 또는 죽었을 때 인용하거나

선포해서는 안 된다. 실제로 이 본문은 교회에서 빠져 나가려는 어떤 집단에게 주는 교훈으로 아주 적절하다(참조. 계 18：4; 고후 6：14 이하; 행 18：6-7; 19：9; 갈 4：21-31).

2) 대 제사장이 어떤 직무를 가지고 있으며 그 사역의 "결과들"이 무엇인지를 생각해 보라.

야고보서

1. 야고보와 예수 그리스도

(1) **예수님의 형제**

야고보서 기자는 자신을 "하나님과 주 예수 그리스도의 종 야고보"라고 소개한다. 그가 더 이상 구체적인 설명을 하지 않은 것은 독자들이 그 "종"이 무엇을 의미하는지를 즉시 알 수 있다고 생각했기 때문이다.

사도행전을 보면 이 야고보가 예수님의 형제였으며 베드로가 떠난 후에 예루살렘에서 회중을 지도하는데 중요한 역할을 했던 사실을 알 수 있다. 사도행전에서 언급되고 있는 야고보가 바로 이 서신의 저자인 것이 분명하다(행 12 : 17; 15 : 13 이하; 21 : 18 이하).

주 예수님께서는 부활하신 후에 야고보에게 나타나 보이셨다(고전 15 : 7). 야고보는 유다서를 남기고 있는 그 형제 유다처럼 오순절 기간 중에 교회에 들어왔다(행 1 : 14).

(2) **성직자적인 특권의식이 없음**

우리가 알다시피 예수님의 형제들은 부활 전에는 예수님을 믿지 않았으며 오히려 그의 사역에서 흠잡기를 좋아하였다(요 7 : 3 이하; 막 3 : 21, 31이하). 그러나 나중에 야고보와 유다는 자신들을 주 예수 그리스도의 종으로 묘사하였다. 그들은 자신들의 어머니에게서 태어난 예수님의 메시아적 직분을 인정하였으며 교회 안에서 종이 된 자신들의 사명을 자각하였다.

야고보는 결국 전설적 인물이 되어 대주교 또는 감독이 되었다고 전해진다. 그러나 야고보는 자신을 "하나님과 주 예수 그리스도의 종"이라는 명칭으로 부르고 있다. 그의 서신에서는 성직자인 체하는 태도를 전혀 찾아 볼 수 없다.

(3) 야고보의 형제 예수님

야고보서를 통해서 우리는 야고보의 형제인 우리 주님이 하셨던 말씀과 유사한 말들을 발견하게 된다. 다음의 구절들을 비교해 보라.

야 고 보	예 수 님
내 형제들아 무엇보다도 맹세하지 말찌니 하늘로나 땅으로나 아무 다른 것으로도 맹세하지 말고 오직 너희의 그렇다 하는 것은 그렇다 하고 아니라 하는 것은 아니라 하여 죄 정함을 면하라 (5 : 12)	나는 너희에게 이르노니 도무지 맹세하지 말찌니 하늘로도 말라 이는 하나님의 보좌임이요 땅으로도 말라 이는 하나님의 발등상임이요…… 오직 너희 말은 옳다 옳다, 아니라 아니라하라 이에서 지나는 것은 악으로 좇아 나느니라(마 5 : 34-35, 37)

또 다른 여러 예들이 언급될 수 있다. 산상 설교와 예루살렘의 멸망에 대한 예수님의 설교는 야고보서에서도 나타나고 있다. 다음의 인용된 야고보서의 구절들과 마태와 누가 복음서에 기록된 예수님의 말씀을 비교하라. 1 : 4(마 5 : 48), 1 : 3-4(눅 21 : 19), 1 : 22(눅 6 : 47), 2 : 13(마 5 : 7; 6 : 14-15), 2 : 14 이하(마 7 : 21 이하; 25 : 35 이하), 3 : 18(마 5 : 9), 4 : 4(마 6 : 24), 4 : 10(눅 14 : 11), 5 : 7-8, 11(마 24 : 3, 13).

(4) 신약의 잠언

야고보는 종종 "산상보훈의 기독교"를 전파한다는 비난을 받아

왔다. 말하자면 예수님을 단지 하나의 윤리적인 교훈을 말하는 선생으로 밖에 여기지 않았다는 것이다. 바울과는 달리 야고보는 그리스도이신 예수님에 대하여 별로 말하지 않는다. 그러나 우리가 명심해야 할 것은, 야고보의 의도는 구원의 교리에 대한 상세한 논리적 해설을 주는 것이 아니었다는 사실이다.

야고보의 서신은 구약의 잠언에 비교될 수도 있다. 잠언에도 많은 예언들이 포함되어 있지는 않다. 그럼에도 불구하고 잠언이 말하는 것은 인간적인 윤리에 대한 교훈이 아니라 여호와의 백성들을 올바로 인도하기 위한 하나의 해설이요, 율법에 대한 주석이다.

여호와의 언약이 "야고보 사도가 말하는 지혜"의 배경이 되고 있다. 야고보가 비록 그리스도 안에 있는 우리의 구원에 관하여서는 광범위하게 말하고 있지는 않지만 매일의 생활에 있어서 필요한 실천적인 지혜와 잠언의 형식을 통하여 지극히 높으신 자의 말씀을 해석할 때에 그는 이미 그 구원을 전제하고 있는 것이다.

예수 그리스도께서는 이미 "우리의 지혜"가 되시지 않았던가? (고전 1：30) 마치 구약의 잠언이 메시아적 소망을 상세히 다루고 있지 않듯이 야고보는 예수 그리스도에 관한 증거를 다루고 있지는 않다. 그럼에도 불구하고 야고보는 교회의 신앙고백을 전제하고 있으며 그가 예수님을 단순한 도덕적 선생으로 생각하지 않는다는 사실을 분명히 보여주는 구절들을 말하고 있다.

2. 흩어진 유대인 그리스도인들에게 보내는 편지

(1) 잠언의 형식을 통한 목회사역

야고보는 자신을 "흩어져 있는 열 두 지파"(1 : 1)에게 소개하고 있다. 이러한 사실을 통하여 그는 신약의 교회와 구약의 언약 백성들 사이를 합법적으로 연결시키고 있다. 이처럼 야고보서는 무엇보다도 그가 밀접한 관계를 맺고 있던 흩어진 "유대인" 그리스도인들을 위하여 씌어진 것이다.

스데반을 돌로 쳐죽였던 핍박으로 말미암아 유대인 그리스도인들 가운데 일부는 유대와 사마리아 그리고 베니게, 수리아, 구브로 등으로 흩어졌다(행 8 : 1, 4; 11 : 19). 야고보는, "흩어진" 유대 그리스도인들을 천국의 기본적인 법에 연계시키면서 잠언의 형식을 통한 유대적 방법으로 목회적인 도움을 주기 위하여 자신을 소개하고 있다.

(2) 자유의 율법

강요된 이주(emigration)는 갖가지 위험을 불러일으켰으며 인내력은 심각한 위기를 맞게 되었다. 그러나 야고보는 모든 어려운 상황 속에서도 자유를 주시는 왕의 율법, 즉 하나님의 말씀에 순종할 것을 요구하고 있다. 그는 부자의 교만과 마찬가지로 혀의 죄를 경계하고 있다.

생활의 긴장과 초조로부터 발생하는 온갖 위험 가운데서 야고보는 참된 지혜(1 : 5; 3 : 13)를 제시하고 있다. 적대적인 환경 속에서 그리스도에 대한 신앙을 고백하는 자들에게는 믿음과 신실함은 의의 원천이 되며, 인내할 수 있는 힘을 준다.

(3) 예루살렘에 다가오는 위험

우리는 야고보가 자신의 서신 가운데서 그 시대를 "말세"(5：3; 참조. 행 2：17)로 말하고 있다는 사실에 유의해야 한다. 그는 "심판자가 문 밖에서 계시니라"(5：9)고 말하고 있다. 이 말씀은 "너희도 이 모든 일을 보거든 인자가 가까이 곧 문 앞에 이른 줄 알라"(마 24：33)는 예수님의 말씀을 상기시킨다.

유대인 독자들과 마찬가지로 야고보도 예루살렘에 다가오는 위협과 심판에 관한 예수님의 말씀을 아주 진지하게 받아들이고 있었다. 당시의 그리스도인들은 메시아이신 예수님을 배척했던 유대인들이 아무 탈없이 지내고, 계속해서 예수 그리스도의 존귀하신 이름을 훼방하고 있는 사실을 이해하기 어려웠다. 그 유대인들은 유대인 그리스도인들을 괴롭히고, 할 수만 있으면 당국자들의 힘을 빌어 그리스도인들과 대적하였다(2：6－7; 5：6). 대살육의 날이 임박하고 있음에도 불구하고 이스라엘의 부자들은 억눌린 자들을 착취하여 이러한 호사를 누리고 있었던 것이다(렘 12：3; 롬 2：5).

예수님의 이름을 고백하다가 쫓겨난 사람들은 주 예수님께서 참으로 자기 약속을 지키실 것인지를 생각하게 되었다. 예수님께서 과연 교만한 유대인 압제자들과 부자들과 더불어 회계하실 것인가? 예수님의 변호를 기다리는 것은 참으로 커다란 인내를 요구하는 일이었다.

(4) 기도에 대한 응답

야고보는 욥과 그 밖의 많은 선지자들이 참고 인내하였던 사실(5：10－11)을 말하면서 그 독자들에게 주 예수님께서 "오시기"까지(그들은 예루살렘의 심판을 염두에 두고 있었다) 인내할 것을 호소하고 있다.

그러는 동안 압제 받는 자들은 어떤 "새로운 도덕"을 받아들이려고 하지 않았다. 인내한다는 것은 말씀의 실천자가 되는 것을 의미한다.

야고보의 잠언을 통하여 우리는 예루살렘의 멸망이 당시의 유대인 그리스도인들에게 얼마나 큰 해방감을 주었으며 위로와 기도의 응답이 되었는지를 느낄 수 있다. 야고보서는 또한 우리가 예수님의 최종적인 재림(파루시아)을 기다리면서 인내하는 것이 무엇인지에 대하여 많은 것을 시사해 준다.

3. 야고보와 바울

(1) 루터의 견해

루터가 야고보서를 "지푸라기 서신"으로 여기면서 별로 탐탁치 않게 생각했다는 것은 잘 알려진 사실이다. 루터가 이러한 입장을 취하게 된 것은 야고보가 행위에 대하여 말하고 있기 때문이다. 야고보는 아브라함을 말하면서 "행함으로 믿음이 온전케 되었다"(2 : 22), "행함으로 의롭다 하심을 받은 것"(21절)이라고 말했다.

루터는 이러한 야고보의 주장이 "사람이 의롭다 하심을 얻은 것은 율법의 행위에 있지 않고 믿음으로 되는 줄 우리가 인정하노라"(롬 3 : 28)라는 바울의 가르침과 모순된다고 믿었던 것이다. 어떤 이들은 바울과 야고보의 차이점을 더욱 크게 생각한 나머지 야고보는 유대인의 율법에 순종할 것을 요구했던 율법의 옹호자였으며, 따라서 바울과 이방인 그리스도인에 대한 반대자였다고 주장한다.

(2) 동일한 노선

그러나 성경에는 이러한 가정을 받아들일 만한 근거가 없다. 바울과 야고보의 관계는 아주 돈독한 것이었다(갈 1 : 19; 2 : 9). 바울이 야고보 주변에 있는 어떤 사람들을 반대하기는 했지만(갈 2 : 12), 야고보 자신을 배척한 것은 아니었다.

야고보는 자신의 모든 힘을 기울여 이방인 그리스도인들이 모세의 모든 율법을 지키는 멍에로부터 벗어나도록 하는데 힘썼다(행 15 : 13

−21). 그의 서신 가운데서 야고보는 의식적인 규례들을 언급하지 않았으며 오히려 그의 관심은 "자유하게 하는 온전한 율법"(1 : 25)에 있었다. 그는 독자들에게 "네 이웃 사랑하기를 네 몸과 같이 하라"(2 : 8)고 말하고 있다. 이러한 사실을 강조하면서 야고보는 "남을 사랑하는 자는 율법을 다 이루었느니라"(롬 13 : 8)고 말하는 바울의 노선을 그대로 따르고 있는 것이다.

(3) 믿음의 우위성

바울처럼 야고보 역시 믿음을 제일로 꼽는다. 바울이 행위로 말미암는 칭의를 배척했을 때 그것은 곧 **의식적인** 율법들(말하자면 음식물 금기법이나 절기와 할례에 관한 법들)에 철저히 집착함으로써 칭의를 얻는다고 생각하는 사상에 대한 거부였다. 그러나 **야고보**가 말하는 "행위"는 이러한 율법을 준수하며 사는 것을 의미하지 않는다. 대신에 그는 소위 믿음의 **열매들**을 염두에 두고 있는 것이다.

우리는 살아있는 믿음을 나타내 보여야 하며 이 점에 대하여서는 바울도 전적으로 동의하고 있다. 바울은 "그러나 이제는 너희가 죄에서 해방되고 하나님께 종이 되어 거룩함에 이르는 열매를 얻었으니 이 마지막은 영생이라"(롬 6 : 22)고 기록하고 있다. 믿음은 사랑을 통하여 행동으로 나타난다(갈 5 : 6). 이러한 말씀들은 모두 의식적인 율법을 지킴으로써 칭의를 얻는다는 사실을 분명하게 반대하는 것이다.

바울도 야고보와 마찬가지로 생활 속에서 행함이 없는 믿음은 죽은 것이라고 말한다. 그러므로 우리는 야고보와 바울 사이에 모순이나 갈등이 있다고 말해서는 안 된다. 오히려 바울은, 야고보의 취지를 오용하여 율법주의를 옹호하려는 자들을 반대하고 있다.

4. 말씀을 실천하는 자

(1) 온전한 율법

"그가 그 조물 중에 우리로 한 첫 열매가 되게 하시려고 자기의 뜻을 좇아 진리의 말씀으로 우리를 낳으셨느니라"(1 : 18). 이러한 두 번째 탄생 또는 "신생"(중생)은 우리의 행동을 통하여 나타나야 한다. 우리는 단지 말씀을 듣기만 하는 자가 되어서는 안 된다(22절).

야고보는 실제적인 용어를 사용하여 이러한 진리를 설명하고 있다. 그는 시험이 우리에게 인내하게 만드는 사실을 지적한다(1 : 2 이하). 우리의 지혜가 부족하다면 기도로써 능력을 구해야 할 것이다. 그러나 마음에 의심을 가지고 기도해서는 안 된다(5절 이하). 야고보는 또한 우월감을 경계하고 있다(10－11절). 죄에 빠질 때 저항할 수 있는 힘이 없었다고 말할 수 있는 사람은 없다. 왜냐하면 우리의 욕망은 우리의 마음 속에 자리잡고 있기 때문이다[1](13절 이하).

우리는 우리의 마음 가운데에 심어진 말씀, 영혼을 구원할 수 있는 말씀을 겸손하게 받아들여야 한다(1 : 21). 이것은 자유의 법인 온전한 율법(1 : 25)[2], 즉 미움을 버리며 정욕을 다스리고 과부와 고아를 돌아보며 다른 사람들과의 관계에 있어서 편벽되지 않을 것을 요구하는 율법(1 : 19－2 : 13)에 우리 자신이 몰입되는 것을 뜻한다.

(2) 소수 집단인 그리스도인들

야고보서의 수신자들은 대부분 가난하고 핍박받는 자들이었다.

다수의 호감을 얻기 위하여 이 소수의 집단이 그늘에 묻히거나 푸대접 받을 위험성이 있었다. 야고보는 모임(문자적으로는 회당)에서 가난한 자들에게는 뒷자리를 주면서 부자들에게는 좋은 자리를 제공하는 관습을 정죄하고 있다. "하나님이 세상에 대하여서는 가난한 자를 택하사 믿음에 부요하게 하시고 또 자기를 사랑하는 자들에게 약속하신 나라를 유업으로 받게 아니하셨느냐"(2 : 5; 참조. 5 : 1 이하; 눅 6 : 20; 고전 1 : 26 이하). 여기에서 **부자들**이란 그리스도인들을 핍박하는 자들을 가리키는 것이 아닌가? (2 : 6; 5 : 6)

야고보의 말씀은 아직도 소수 집단에 머물고 있는 교회들에게 매우 중요한 의미를 가진다. 당시의 교회들은 다수의 불신자 집단과 어떻게 관계를 가져야 할지를 몰랐던 것으로 보이며 따라서 대학살의 두려움 때문에 굴복하고 말 위험에 처해 있었다. 야고보는 이러한 교회는 스스로 멸망의 길로 자초하고 있음을 바르게 간파하였다. 왜냐하면 그들은 굳어져 죽어가는 교회가 될 것이기 때문이었다.[3]

믿음의 공동체 밖에 있는 영향력 있는 사람들에게 편벽된 대우를 하는 것은 형제의 우애를 해치는 것이며 죽은 믿음을 보여주는 것이다. 그 실례로서 야고보는 아브라함과 라합을 지적하고 있다. 교회 안에 있는 그리스도인들이 가난한 자들은 무시하면서 자신들만 살아 남으려고 한다면 그들이 예수님을 메시아로 인정하는 집단에 속해 있다는 사실 자체가 아무런 유익도 주지 못할 것이다. 죽은 정통이 그들을 구원하지 못할 것이다.

(3) 혀로 짓는 죄

야고보는 일상 생활 속에서 혀로 짓는 죄를 열거하면서 아주 생생한 표현을 사용하고 있다. 우리의 작은 혀는 오순절의 불의 혀와는 전혀 다른 불이 될 수도 있다.

흩어져 있는 그리스도인들은 바로 이 혀 때문에 자신들의 공동체를 손상시키며 서로에게 쓰라린 체험을 안겨주는 일들이 많았다. 즉, 혀를 가지고 시기하는 말을 하며 이기적인 이익을 추구하며 당을 지어 분쟁하는 것이었다. 따라서 위로부터 오는 의와 지혜가 그 공동체 안에 보여질 리가 없었다.

이 모든 비극의 진정한 원인은 무엇인가? 그것은 세상과의 모든 관계를 단번에 끊어버리지 못했기 때문이다. 즉, 하나님과 친구가 되려하면서도 동시에 사악한 이 세대(즉, 세상)과 벗이 되려하는 간음성을 단호히 끊지 못했기 때문이다.

(4) 두 마음을 품지 말라

두 마음을 품은 자들(4：8; 참조. 시 12：3)은 성경이 말하는 교훈을 기억하고(5절), 마음을 바꾸어 여호와 앞에서 한 마음을 가지고 스스로 겸손해야 한다(4：6-10; 눅 14：11; 벧전 5：5). 그러면 싸움과 말썽이 사라질 것이며 교회는 더 이상 토론 장소가 되지 않을 것이다.

사랑이 없이 동료 그리스도인들을 정죄하는 것도 마찬가지이다(4：11-12; 참조. 마 7：1 이하; 롬 14：4; 고전 4：3-5). 우리는 판단하는 일을 하나님께 맡겨야 한다(4：12; 참조. 전 7：16). 야고보는 흩어진 그리스도인들 사이에 있었던 분쟁과, 세상적이며 신령하지 못한 당파 싸움을 단번에 끝장내기를 원했다. 야고보 사도는 말씀의 실천가들이 되자고 권면하고 있다.

주

1) 이는 본질적으로 인간이 가지고 있는 죄의 성향이다. 죄에 대한 유혹이 우리 자신을 흔들 때 우리는 저항한다는 것조차 생각치 않고 끌려가고마는 것이 우리의 기본적인 성향이다.

2) "자유하게 하는 온전한 율법"(한글개역), "자유를 주는 완전한 그리스도의 법"(현대인의 성경), "완전한 율법 곧 자유의 율법"(표준번역).

3) 비기독교 지역인 중동 지방에서 살았던 그리스도인의 자세에 관하여 글리스나

(J. Gissenar)는 네스토리우스파 "앗수르인들" 가운데서 일했던 플란더 사제의 다음과 같은 연구 결과를 발표하였다. "즉, 그리스도인들은 조그마한 소망의 빛에 대해서도 집요하게 매달렸으므로 그들의 견해가 그토록 극적으로 변동될 수 있었던 것이다. 오늘날 이라크같은 지역에는 공산주의에 대하여 호감을 갖는 그리스도인들이 많다. 그것은 공산주의가 그들이 그토록 오랫동안 바라오던 자유와 평등을 제공해준다고 믿기 때문이다. 그러나 도중에 그들은 타협하여 제국주의적 외세의 하수인 노릇을 하게 되었다"(Arobiem Huilen Niet Blaricum, 1961. p. 193). 이러한 교회들은 바로 "세상과 타협하는 정신"의 지배를 받는 것처럼 보인다. 야고보 사도는 바로 이러한 정신을 경계하고 있다. 더 나아가서 글리세나(Glessenaar)는 이슬람교도들의 압박을 받았던 그리스도인들은 결국 게토(ghettoes : 유태인들의 집단 거주 지역)에서 살게 되었다는 사실을 지적한다. 그리스도인들은 게토 지역에서 외부의 이슬람 세력과 단절된 피난처를 찾아 그들의 경제력을 발전시키고 특수한 문화를 형성하였다. 이러한 현상은 때로 대다수를 이루는 이슬람교도들에게 미움을 사고 그리스도인들을 불신하게 만들었다. 이러한 불신과 적대 감정이 폭발하여 그리스도인들을 박해하고 약탈하게 되었다. 그리스도인들은 여기에 대하여 속임수, 음모 등의 간계로 대항하였다. (p. 142). 우리는 위협적인 소수 집단을 형성한 그리스도인들의 내부에서도 분열과 분쟁이 있었음을 알 수 있다. 때로 이러한 분쟁은 무력 충돌로까지 발전하였다.(pp. 115 이하, 210).

중동 지역에 있는 그리스도인 소수 집단들의 상태를 주의깊게 살펴본다면 야고보서를 이해하는데 많은 도움이 될 것이다. 신약 성경에서 말하고 있듯이 "이스라엘"과 "하갈"의 역할을 감당하는(롬 9장, 갈 4장) 유대인들은 오늘날 그리스도인들에 대한 당시의 이슬람교도들의 역할을 대신하고 있는 것이다. 유대인들의 행동은 그리스도인들에 대하여 위협과 유혹이 되었다. 이 그리스도인들은 말로만 하는 봉사, 자신의 힘을 의지함, 완악함, 원수들의 방식을 채용함, 형식주의, 다른 사람들과의 관계와 직무에서 냉정함, 물질주의, 교회의 독특한 모습을 상실함, 신앙 안에 있는 다른 형제들을 긍휼히 여기지 못하는 등의 악한 습관에 빠져 있었다. 야고보서에 전제되어 있는 조건들을 설명하기 위하여 정치적 혁명 세력들과 민족주의의 발흥의 와중 속에 있는 아시아, 아프리카의 많은 선교적 교회들의 상황을 지적해 볼 수 있을 것이다.

5. 말세의 독특한 모습들

(1) 부유한 박해자들

"흩어져 있는" 그리스도인들은 그들이 살고 있는 주변의 압력 때문에 매우 불안한 생활을 하였다. 그들의 박해자들은 부유하였으며 여러가지로 야비한 행동을 하였다.

야고보는 예언적인 두 구절(4 : 13－17과 5 : 1－6)에서 "부자들"의 행위의 부패성을 폭로하고 있다. 실로 인생이 얼마 안 있다가 사라져 버리는 안개이며 태양빛에 말라서 시들어 버리는 꽃에 불과하다면 부자들의 자랑이 무슨 소용이 있겠는가(4 : 14; 1 : 11)? 언제까지나 녹이 슬지않고 불에 타지 않을 인간의 재물이 있겠는가? (5 : 2 이하; 마 6 : 19－20) 부자들에 의해 자행되는 불의는 하늘에 상달된다.

유명한 4장 15절은 "주의 뜻이므로 우리가 살면 ……"이 아닌, "주의 뜻이면 우리가 살기도 하고 이것 저것을 하리라"고 기록되어 있다. 이 구절에서 미래사를 표시하는 "D. V."라는 표현이 유래되었다. "D. V."는 라틴어 데오 볼렌테(Deo Volente; 하나님이 원하시면 또는 하나님의 뜻이라면) 말의 머리 글자이다.[1]

(2) 이스라엘에 대한 심판

오순절은 "말세"의 시작을 의미한다. 심판이 문 앞에 이르렀으며 예수님은 이스라엘에 대한 그 말씀을 성취하실 것이며 악한 세대들과 회계하실 것이다.

야고보의 말씀을 주의깊게 읽어 본다면 야고보를 유대 율법주의자로 묘사하는 것은 전혀 왜곡된 평가임을 알 수 있을 것이다. 야고보가 유대인의 율법을 중요하게 생각했다고 해서 그가 "절정", 즉 이스라엘에 임할 심판이 얼마나 임박하였는지를 깨닫지 못한 것은 아니었다(야고보가 주의 강림, 즉 "파루시아"를 말할 때 이러한 심판을 가리킨 것이지 처음부터 그리스도의 재림을 가리켜 말한 것은 아니었다).

(3) 야고보의 죽음

플라비우스 요세푸스(Flavius Josephus)와 헤게시푸스(Hegesippus)에 의하면 야고보는 산헤드린과 대제사장들의 선동에 의해 율법을 범한 죄목으로 고소되어 A.D. 62년에 성전에서 죽임을 당하였다고 한다. 야고보 사도가 율법을 범한 것은 예수님을 그리스도라고 고백했기 때문이다(참조. 계 11 : 7-8).

야고보의 죽음으로 예루살렘에 있는 회당과 교회 사이가 더욱 멀어지게 되었으며 예루살렘에 임할 심판은 한층 더 임박하게 되었다. 헤게시푸스에 따르면 야고보는 "옳은 자"라는 호칭을 받았다고 한다. 그러므로 "너희가 옳은 자를 정죄하였도다 또 죽였도다"(5 : 6)라는 야고보 자신의 말이 바로 자신에게 성취되었다고 말할 수 있을 것이다.

야고보는 독자들에게 인내하고 오래 기다릴 것을 요구하고 있다. "파루시아", 즉 주의 강림이 가까왔기 때문이다(5 : 7 이하). 하나님의 백성들이 그리스도인의 풍습대로 살며 예언에 주의를 기울인다면 서로를 향하여 "원망하는" 일이 사라질 것이다(9절). 마지막 심판 때까지 보존받는 자들은 복된 사람들이다(5 : 11; 참조. 마 24 : 13). 야고보 사도는 예루살렘의 부요를 멸망시키기로 작정되었던 불(fire)에 비추어 본 서신을 썼다(참조. 계 8 : 7 이하).

(4) "종부성사"

이스라엘의 믿는 자들은 첫 열매들로서 자신들의 부르심에 합당하게 살므로써 하나님 왕국의 특징을 나타내야 했다. 그들은 맹세를 남용함으로써 범죄하지 말아야 했다. 왜냐하면 그것은 단지 심판을 가져올 것이기 때문이다(5 : 12; 3 : 1). 그들은 오직 기도와 찬송에 힘을 써야 했다. 연약한 자들은 기도와 복음 선포라는 "중재적" 방법에 의해 걱정을 물리칠 수 있도록 장로들에게 도움을 요청해야 할 것이다. 심판의 날이 다가올수록 믿는 자들은 서로 결속하여 타락한 자들을 다시 회복시키며 서로를 위하여 기도하고 죄를 고백하는 가운데 주님을 기다리는 것을 배워야 한다.

야고보 5장 13-16절은 종종 로마 가톨릭에서 말하는 고백과 종부성사 의식에 대한 근거 구절로 제시되어 왔다. 이 구절은 또한 신유의 신앙을 주장하는데에도 사용되어 왔다. 그러나 야고보가 이 구절들을 통하여 실제로 말하고 있는 것은 다가오는 언약의 진노 아래 살고 있는 당시의 교회가 그것을 어떻게 피할 것인지를 보여주는 것이다.

교회는 임종시의 성례인 종부성사를 인정하지 않고 다만 성령의 기름부음(4 : 5), 즉 "처음 성사"를 말한다. 성령의 기름부음을 통하여 성도들의 참된 교제가 가능하다. 그러므로 믿는 자들의 사랑이 하나님의 심판을 가리워줄 것이다(2 : 13).

야고보는 또한 주의 재림을 기다리는 자들의 태도를 말하고 있다. 주님의 뜻이라면(데오 볼렌테) 우리는 주의 이름에 대한 충성과 성도들의 공동체 가운데서 인내할 것이다. 우리는 언약에서 떠난 그 모든 배교들로 인하여 흔들리지 말고 오래 참고 견뎌야만 할 것이다.

주

1) 이 말은 다음과 같은 경우에 적용될 수 있다. "만일 주의 뜻이면 결혼식이 거행되겠지요……"(If it is the Lord's will, the wedding will be held…….")

베드로전서

1. 베드로가 그의 형제들을 격려함

(1) 반석 베드로

이 서신의 저자 시몬 베드로는 "복음서들"과 사도행전을 통하여 우리에게 잘 알려진 인물이다. 시몬은 본래 세례 요한의 제자였다. 그리스도를 따르면서 그로부터 베드로(Peter)라는 이름을 받았는데 이것은 그의 아람어 이름 게바(Cephas)에 해당되는 헬라어 형태이다 (베드로라는 말은 반석이라는 의미의 헬라어 단어에서 유래한 것이다).

베드로는 그리스도께서 고난 받는 것을 한사코 반대했으며, 위험에서 빠져나오려고 자신의 선생을 부인했던 사람이다. 그리스도는 부활하신 후에 베드로에게 나타나셔서(눅 24 : 34 ; 고전 15 : 5) "내 양을 치라"(요 21 : 17)는 명령을 주셨다.

우리는 오순절과 그 이후에 베드로가 다른 사도들을 대신하여 말하는 사실을 볼 수 있다. 그리스도의 은혜로 말미암아 베드로는 그리스도의 이름을 위하여 즐거이 고난을 받아들이는 반석으로 변하였던 것이다(행 5 : 41). 이 얼마나 놀라운 변화인가! 이제 베드로는 더 이상 고난을 회피하지도 않았으며 그리스도의 속죄 희생이 필요함을 충분히 이해하게 되었다. 베드로는 감옥의 고난과 그보다 더한 고난도 그리스도를 위하여 받을 각오가 되어 있었다.

(2) 베드로의 사명

주님을 부인했던 베드로가 어떻게 유대인들에게 그리스도께로 돌아와서 회개할 것을 그토록 담대히 외칠 수 있었을까? 오순절 이후부터 베드로는 심지어 심판에 대해서도 경고하고 있다. "너희가 이 패역한 세대에서 구원을 받으라"(행 2 : 40). 베드로가 평소처럼 직선적인 방법으로 다른 사람들을 가르치는 대신에 자기 자신을 좀 더 살펴야 하지 않았을까?

이러한 질문은 베드로 서신들에서도 제기될 수 있다. 그리스도께서 심문을 받으시던 대제사장의 법정 뜰에서 계집종을 두려워했던 사람이 이제는 고상한 말로 다른 사람들에게 고난을 가르치고 있다. "너희가 그리스도의 이름으로 욕을 받으면 복 있는 자로다"(4 : 14). 차라리 베드로는 이러한 문제에 관해서는 침묵하는 것이 더 낫지 않았을까? 더구나 유대인들(안디옥에 있는 흩어진 유대인들을 말한다)에 대한 두려움 때문에 베드로는 오순절 이후에도 소신껏 행동하지 못한 경우도 있지 않은가? (갈 2 : 12)

물론 이러한 질문들에 대한 대답은 "아니다"(no)이다. "최후의 만찬"에서 그리스도는 베드로에게 실족할 것을 예언하셨을 뿐만 아니라 그리스도의 사명을 올바로 이해한 후 그 형제들을 위하여 일하라는 명령을 주셨다. "시몬아 시몬아 보라 사단이 밀까부르듯 하려고 너희를 청구하였으나 그러나 내가 너〔단수〕를 위하여 네 믿음이 떨어지지 않기를 기도하였노니 너는 돌이킨 후에 네 형제를 굳게 하라"(눅 22 : 31-32). 이렇듯 베드로에게는 그의 형제들을 굳게 해야 할 사명이 있었던 것이다.

이 베드로서에서 베드로는 자신의 이러한 사명을 수행하려고 한다. 베드로는, 하나님께서 사람을 외모로 보시지 않는다는 사실을 알고 있었다(1 : 17; 행 10 : 34). 그런즉 중요한 사실은 베드로의 과거가 아니라 그리스도께서 주신 사명이었다.

베드로가 그의 서신의 끝부분에서 다음과 같이 말하는 것을 보면, 그가 그리스도의 말씀을 언급하고 있는 것으로 보인다. "모든 은혜의 하나님 곧 그리스도 안에서 너희를 부르사 자기의 영원한 영광에 들어가게 하신 이가 잠깐 고난을 받은 너희를 친히 온전케 하시며 굳게 하시며 강하게 하시며 터를 견고케 하시리라 내가 신실한 형제로 아는 실루아노로 말미암아 너희에게 간단히 써서 권하고 이것이 하나님의 참된 은혜임을 증거하노니"(5：10, 12; 참조. 벧후 1：12). 베드로는 회개하였으며 이제 복음을 올바로 이해한 후 소아시아에 있는 그의 형제들을 격려하고 굳게 하는 것이다.

(3) 바벨론에서 온 편지

베드로의 수신자들은 본도, 갈라디아, 갑바도기아, 아시아와 비두니아 등에서 살고 있었다(아시아 대륙의 이름은 이 지방에서 유래한 것이다). 이러한 지역들을 언급하는 것은 오순절 당시에 참석했던 사람들을 상기시키고 있다.

베드로는 자신이 편지를 쓰고 있는 장소가 "바벨론"임을 말하고 있다(5：13). 일부 해석가들은 베드로가 그 이름을 상징적으로 사용했다고 생각하지만 다른 사람들은 그것이 바벨론이라 불리는 구체적인 장소를 가리킨다고 생각한다.

베드로가 상징적으로 그 지명을 사용했다 하더라도 그가 로마를 의미했을 가능성은 거의 없다. 정부(2：13 이하)에 대한 베드로의 태도는, 그가 제국의 수도에 대하여 바벨론이라는 경멸적인 호칭을 사용할 정도는 아니었다. 베드로가 "함께 택하심을 입은 바벨론의 교회"(5：13)라고 말한 것은, 그가 베드로서를 썼던 곳에 있는 그리스도인 회중을 의미한 것이다. 이것은 또한 많은 유대인이 살았던 바빌로니아(Babylonia)를 가리킬 가능성도 있다.

(4) 실바누스

실바누스(실라)는 베드로의 비서로 신약에 나타나는 친숙한 인물이다. 그는 바울의 여행 동료였으며 데살로니가인들에게 보내는 두 개의 편지 서두에 언급되고 있다. 베드로의 서신과 바울 서신들 사이에 유사한 구절들이 있는 것은 실바누스의 영향 때문이라고 할 수 있다.

뿐만 아니라 우리는 그 당시에 설교하고 가르치는데 사용하던 특정한 언어가 있었다는 사실을 잊어서는 안 된다. 베드로가 그의 서신에서 그 언어를 활용한 것은 자연스러운 일이었다. 우리는 또한 베드로의 서신과 그리스도의 말씀 사이에 유사한 점을 발견할 수 있는데 그것은 놀라운 일이 아니다. 베드로는 주님과 아주 가까운 관계를 유지했던 제자였기 때문이다.

너희 형제들을 굳게 하라! 이 서신에서 베드로는 실바누스의 도움을 입어 주님의 이 명령에 순종한다. 그의 독자들은 어려운 시기를 맞이하고 있었다. 왜냐하면 사단이 그들을 밀 까부르듯 하려고 했기 때문이다. 이제 베드로는 목자로서 그들에게 격려를 주고 있는 것이다.

2. 나그네와 제사장 (1 : 1-2 : 10)

(1) 아등 시민들

팔레스타인 밖에 있는 유대인들은 디아스포라의 유대인들처럼 "흩어진 나그네"로 불리웠다. 그들은 그들이 살았던 땅에서 나그네요, 이방인들이었다. 그들의 진정한 고향 땅은 유대 또는 갈릴리 지역이었다.

베드로는 그의 편지 서두에서 "예수 그리스도의 사도 베드로는 본도, 갈라디아, 갑바도기아, 아시아와 비두니아에 **흩어진 나그네**"라는 표현을 사용하고 있다. 베드로가 여기에서 "**나그네**"라고 표현했을 때 그의 마음 속에는 이 세상을 고향처럼 생각하지 않는 그리스도인들을 염두에 둔 것이 아니었다. 베드로가 말하는 "나그네"나 "이방인"은 다른 종류의 의미를 가지고 있었다(베드로가 1 : 17에서 "나그네"로 표현한 말은 헬라어 파로이키아〈paroikia〉로서 오늘날 영어의 페리시〈parish〉라는 단어와 관계가 있다).

베드로는 단지 그의 수신자들이 처해 있는 상황을 묘사한 것 뿐이지 모든 그리스도인들이 이방인이나 나그네처럼 느껴야 한다고 말한 것은 아니었다. 문제는 베드로의 수신자들이 이등 시민 취급을 받았으며 압박과 고난을 받았다는 사실에 있었다. 그러한 의미에서 그들은 "나그네들"이라고 불리고 있는 것이다.

베드로는 한 순간이라도 이 세상에서 우리의 소명과 사명을 부인하려고 하지 않았다. 그가 그리스도인들을 "나그네들"이라고 부르는 것은 그들이 처해 있는 환경과 여건 때문이었다. 베드로는 하나님의 피조물이요, 상속자로서 그들의 권리를 결코 의심하지 않았다.

(2) 소망할 이유

이제 베드로는 이 나그네 "교구"를 격려하기 시작한다. 성부께서 그들을 선택하셨고 성령이 거룩하게 하셨으며 성자께서 새 언약의 피로 그들에게 뿌리셨다. 그러므로 그들에게는 소망할 이유가 있었다. 그리스도의 부활로 말미암아 그들을 위하여 썩지 않고 더럽지 않고 쇠하지 아니하는 기업이 하늘에 간직되어 있으며 장차 그들은 다시는 주위로부터 학대받지 않을 세상에서 그 기업을 누리게 될 것이다. 그들이 지금 당하고 있는 시련은 이러한 기업을 믿는 그들의 믿음을 시험하기 위해 있는 것이다.

그 기업의 영광은 그리스도가 다시 오실 때 완전히 드러나게 될 것이다. 예수님의 비하와, 영광 중에 승천하신 일을 통하여 오래 전 선지자들의 말씀이 성취되었다. 교회가 비록 그 구세주를 보지는 못했지만 믿음을 통하여 최후의 목적지에 이르게 될 것이라는 사실을 아는 것이다.

(3) 구속과 신생

베드로는 세례 요한이 예수님을 가리켜 "어린 양"이라고 말하는 것을 들었다. 이제 베드로 자신이 그리스도의 보혈을, "흠 없고 점 없는 어린 양"(1 : 19), 즉 희생제사에 합당한 어린 양의 피라고 말하고 있다. 이 피로 말미암아 그리스도인들이 무의미한 생활로부터 구속을 받았으며 제사장의 직분을 위임받았다. "오직 너희를 부르신 거룩한 자처럼 너희도 모든 행실에 거룩한 자가 되라"(1 : 15; 레 11 : 44). 그 말씀을 통하여 우리가 거듭나게 되고 형제 사랑과 믿음과 산 소망으로 새롭게 되는 것이다(1 : 21 이하).

중생 또는 신생은 인간이 완전히 수동적인 입장에 서는 어떤 신비스러운 사건이 아니다. 그것은 우리가 우리의 삶을 새롭게 하는 것으로서 우리 편에서의 변화 또는 변개를 의미한다. 우리를 움직이도록 하는 것은 바로 살아있는 복음을 전하는 하나님의 말씀이다. "갓난 아이들같이 순전하고 신령한 젖을 사모하라 이는 이로 말미암아 너희로 구원에 이르도록 자라게 하려 함이라"(2 : 2).

(4) 산 돌의 성전

예수님께서 베드로에게 반석(페트라)이라고 말씀하시면서 그 위에 교회를 세우겠다고 하셨다. 그런데 베드로는 그 그리스도를 산 돌로서, 교회를 산 돌의 성전으로서 묘사하고 있다. 그리스도는, 믿지 않는 자들에게는 거침돌이지만, 건축자들이 버린 이 **모퉁이 돌**은 믿는 자들을 부끄럽게 하지 않을 것이다(2 : 4 이하; 시 118 : 22; 사 28 : 16; 눅 20 : 17－19).

베드로는 역시 하나님의 언약 선포를 회고하면서 교회를 일종의 **제사장**(2 : 9, 5; 출 19 : 6), 즉 큰 왕께 속해 있는 제사장으로서, 신령한 제사를 드리는 신하로서 부르고 있다. 그러므로 베드로도 바울과 동일한 취지의 말을 하고 있다. 그는 전투하는 교회에 속한 그리스도인들에게 그들이 어떠한 신분인지를 분명하게 일러줌으로써, 다시 말하면 그들이 구약의 언약 백성들과 동일한 자들임을 가르쳐 줌으로써 그들을 굳게 하고 있다. "너희가 전에는 백성이 아니더니(로암미) 이제는 하나님의 백성(암미)이요 전에는 긍휼을 얻지 못하였더니 이제는 긍휼을 얻은 자니라"(2 : 10; 호 1 : 9 이하; 2 : 23). 이처럼 풍성한 언약의 약속을 상속할 당사자는 회당이 아니라 **교회**다. 베드로는 이러한 약속에 근거하여 권면과 훈계를 계속하고 있다.

3. 신령한 제사
(2 : 11-3 : 12)

(1) 절제 있는 행동

교회는 신령한 제사를 드려야 할 신령한 집이요 거룩한 제사장이다(2 : 5; 참조. 롬 12 : 1). 여기에서 신령한(Spiritual)이라는 말은 영(spirit)이나 물질을 초월한 상태 또는 승귀된 종류의 어떤 것 안에서를 의미하지 않는다. 그것은 성령에 의해 지배받는 것을 의미한다. 이러한 제사가 나타나는 것은 일상 생활에서다.[1)]

교회 밖에 있는 자들은 때때로 그리스도인들을 비방한다. 그런즉, 그리스도인들은 고소를 받지 않도록 해야 한다. 그리스도를 통한 구속은 방종과 무절제한 행동을 유발하지 않는다. 그리스도인들은 황제나 통치자에게 충성해야 한다. 그리스도인들은 "그리스도께서 나를 자유케 하셨으므로 더 이상 당국자들의 말을 들을 필요가 없다"고 말해서는 안 된다. 하나님을 경외하는 것은 곧 그 분께서 황제로 선택하신 자를 공경하는 것이다(2 : 17). "내 아들아 여호아와 왕을 경외하고 반역자로 더불어 사귀지 말라"(잠 24 : 21). 그리스도인들은 이와 같은 성경의 말씀을 따름으로써 애매하게 비판하는 자들을 잠잠케 할 수 있는 것이다.

(2) 그리스도의 모범

집에서 봉사하는 사환들(slaves)이 반역해서는 안 된다. 심지어 그 종들은 신앙 때문에 악한 주인으로부터 박해를 당하더라도 그를 반역해서는 안 된다. 베드로는 이에 대한 모범으로 그리스도를 제시하고 있다. 그리스도는 고난을 당할 때에 저항하지 않으셨다. 오히려 공의로운 판단을 하시는 분에게 모든 것을 맡겼다. "저가 채찍에 맞음으로 너희는 나음을 얻었나니"(2 : 24). 그러므로 종들에게 있어서 신령한 제사를 드리는 것은 곧 그들의 목자이신 예수님을 따라 행하는 것이었다.

동일한 원리가 아내들에게도 적용된다. 아내들도 말씀을 믿지 않는 남편들 때문에 어려움을 당하는 경우가 많다. 그렇다고 해서 아내가 남편에게 대적하여 일어날 수 있겠는가? 결코 그럴 수 없다. 오히려 경건한 생활을 통하여 남편들을 그리스도께로 인도하는 것이 그들의 의무이다.

(3) 말없는 봉사

베드로는 여인들에게, "너희 단장은 머리를 꾸미고 금을 차고 아름다운 옷을 입는 외모로 하지 말고 오직 마음에 숨은 사람을 온유하고 안정한 심령의 썩지 아니할 것으로 하라 이는 하나님 앞에 값진 것이니라"(3 : 3-4)고 권면하고 있다. 이 말씀은 결코 시대에 뒤떨어진 이야기가 아니다. 그것은 거짓된 자유의 시대에 살고 있는 우리들에게 커다란 의미를 가지는 것이다.

그리스도는 생활의 본래 질서를 회복시키신다. 비록 베드로가 아브라함을 "주"(lord)라고 부른 사라의 경우를 예로 들고 있긴 하지만 그는 여인들을 종의 위치로 깎아내리지는 않았다. 그렇다고 해서 그가 여성해방운동을 지지한 것은 아니다. 여인은 우두머리가 되거나 자신을 아름답게 치장함으로써는 자신의 존재 의의를 나타낼 수 없을 것이다. 여인에게 있어서 중요한 것은 온유한 봉사이다.

물론 아내들의 온유한 봉사를 남편들이 악용해서는 안 된다. 남편과 아내의 생활은 장차 얻을 기업에 대한 소망과 기도를 통하여 피차 고상하여질 것이다.

이상에서 열거한 삶의 태도는 "나그네"들인 그리스도인들의 생활을 지배하는 윤리여야 했다. 우리는 베드로의 말을 통하여 산상보훈을 연상하게 된다. 검을 사용하던 사람-겟세마네에서 말고의 귀를 베어버린 베드로를 생각하라-이 "변화되어" 이제는 자신의 형제들을 권면하고 격려하는 것이다.

주

1) 여기 신령한 제사(Spiritual sacrifices)는 "영적 제사"로 번역해야 오해가 줄어든다. 이 구절은 요한복음서 4장 24절 "신령과 진정으로"라는 말과 함께 다소 오해가 있는 구절이다. 어떤 이들은 우리 편에서 하나님께서 받으실 만한 "신령한" 예배라는 의미로 사용(국어사전에서 "신령"은 "신통하고 영묘하다"는 뜻이 있음) 함으로써 그 의미를 현저히 왜곡, 축소하고 있다. 그러나 그것은 어디까지나 성령께 지배받는 것을 뜻한다. 어떤 주석 성경은 이것을 다음과 같이 주석하였으나 전적으로 옳지 못하다. 『신령한 제사, (1) 하나님께 바치는 우리의 몸(롬 12 : 1) (2) 물질과 헌금(빌 4 : 18; 히 13 : 16), (3) 감사와 찬양의 제사(히 13 : 15), (4) 선을 행하는 것(히 19 : 16)』 우리가 드릴 영적 제사는 이상의 것으로서만 국한될 수 없는 삶의 전영역이 포함되는 것이다.

4. 고난 중에 소망을 가짐 (*3 : 13－5 : 14*)

(1) 나그네요 후사인 성도들

베드로는 고난의 주제, 아니 오히려 그리스도의 이름을 위하여 고난받는 자들의 소망에 대하여 다시 한 번 말하고 있다. 예수님께서는 친히 이렇게 말씀하셨다. "의를 위하여 핍박을 받는 자는 복이 있나니 천국이 저희 것임이라 나를 인하여 너희를 욕하고 핍박하고 거짓으로 너희를 거스려 모든 악한 말을 할 때에는 너희에게 복이 있나니"(마 5 : 10－11).

그리스도인들이 그리스도 안에서 올바로 행하고 있다면 아무 것도 두려워 할 필요가 없는 것처럼(3 : 14) 아내들도 두려움으로 놀라서는 안 된다(3 : 6). 비록 "세상"이 그리스도인들을 나그네로 만들었지만 그들은 사실상 후사들인 것이다.

베드로는 다시 한 번 그리스도를 가리키고 있다. 그리스도께서 육신으로 죽임을 당할 때 원수들은 그가 끝장이 났다고 생각하였다. 그러나 그리스도는 성령으로 살리심을 받았다. 그는 그 성령으로 말미암아 모든 천사들과 권세들이 그 앞에 굴복하는 하늘로 승천하실 수 있었다(3 : 18, 22). 그리스도의 능력 안에서 죽은 그리스도인들, 즉 핍박으로 인하여 육체를 따라 죽은 그리스도인들은 하나님의 뜻으로 말미암아 살게 될 것이다. "세상"에 대해서는 그가 외인이요 나그네(4 : 4)이지만 결국 후사가 되는 것이다.

(2) 하나님의 집에 대한 심판

신약 성경 가운데서 가장 어려운 구절 가운데 하나가 3장 19절 이하이다. 거기에는 그리스도께서 "옥에 있는 영들"에게 전파하신 사실이 기록되어 있다. 이 "영들"은 노아의 시대에 불순종하던 자들이라고 나타나 있다. 그들의 멸망은 노아의 방주를 통한 구원과 대조를 이루는데 그 방주는 신약에 있어서 세례에 해당되는 것이다.

이 구절의 의미는 무엇인가? 일부 해석가들은 그리스도께서 죽은 자들의 세계에서 전파하셨다고 생각한다. 다른 해석가들은 노아의 시대에 성령의 전파를 가리키는 것으로 해석한다. 또한 "옥에 있는 영들"이란 노아 시대의 사람들과 같은 불순종을 나타내는 자들을 가리킨다는 주장도 있다(참조. 벧후 2：5; 3：6). 그 구절이 언급하고 있는 것은 그리스도께서 승천하실 때 선포하신 메시지일 개연성이 있다.

베드로는 처음 세상의 멸망에 대하여 깊은 관심을 보였다. 이제 그는 그리스도께서 "둘째 세상"을 심판하실 것을 깨닫고 있다. 그리하여 그는 "만물의 마지막이 가까왔다"(4：7)고 말하는 것이다.

그리스도인들은 이러한 깨달음 속에서 매일매일을 살아야 한다. 노아의 시대처럼 이미 심판이 예비되어 있다. 그 심판은 우선적으로 하나님의 집, 즉 언약 백성들로부터 시작될 것이다(4：17; 참조. 겔 9：6) "그리스도인들"로서 고난 받는 자들만이 그들의 영혼을 아버지의 손에 부탁할 수 있다(4：16; 참조. 23：46). 그러므로 국가나 사회에 대하여 범하는 죄악으로 말미암아(4：15) 고난 받는 것은 아무런 공로가 되지 못한다.

(3) 제복으로서의 겸손

이 주제에 대해서도 베드로는 물론 할 말이 많았다. 그러나 회중들에게는 그들을 가르칠 장로들이 있었다. 그러므로 부활하신 주님으로부터 양을 먹이라는 명령을 받은 사도는 회중의 직무수행자들에게 동일한 명령을 내린다. "너희 중에 있는 하나님의 양 무리를 치되……"(5 : 2).

교회의 젊은이들은 장로들에게 스스로 복종해야 한다. 겸손은 그들이 입어야 할 제복이다(5절). 베드로는 여기에서 그리스도께서 최후의 만찬 전에 제자들의 발을 씻기신 사실을 생각했던 것일까? (요 13 : 1-17)

(4) 격 려

많은 개혁 교회들이 베드로의 서신을 그들의 예배의식에 사용하고 있다. 신앙고백을 한 후에 베드로전서의 끝부분을 축도하는데 인용하고 있다. "모든 은혜의 하나님 곧 그리스도 안에서 너희를 부르사 자기의 영원한 영광에 들어가게 하신 이가 잠간 고난을 받은 너희를 친히 온전케 하시며 굳게 하시며 강하게 하시며 터를 견고케 하시리라 권력이 세세무궁토록 그에게 있을지어다 아멘"(5 : 10-11).

이것은 전에 예수님이 고난 받아야 한다는 말을 듣고 "주여 그리 마옵소서 이 일이 결코 주에게 미치지 아니하리이다"(마 16 : 22)라고 말함으로써 사탄의 역할을 했던 바로 그 베드로가 한 말이다. 이처럼 담대한 말을 했던 저자는 유대인들의 보복을 두려워한 것 때문에 면박을 당했던 바로 그 사람이다(갈 2 : 12 이하). 하나님께서는 자기의 말씀을 통하여 흩어진 나그네들이 자기 이름을 위하여 고난 받는 법을 알도록 그들을 굳게 하고 계신다.

베드로후서

1. 베드로의 유언

(1) **저자 문제**

베드로후서는 전서와 그 문체가 아주 다르다. 그러므로 일부 학자들은 베드로후서의 진정성을 부인한다.

이 문제를 생각함에 있어서 우리는 베드로전서가 그의 비서 실바누스(실라)의 도움을 받아 기록되었다는 사실을 기억해야 한다. 베드로후서도 다른 사람의 도움을 받아 썼을 것이며 그러므로 그 문체가 약간 다를 수도 있을 것이다. 또 베드로후서와 전서가 각각 다른 주제를 다루고 있다는 사실도 염두에 두어야 한다. 마지막으로, 우리 중에 어느 누구도 베드로가 사용했던 문장과 단어에 대해서 자신있게 말할 수 있는 자는 없다는 것이다. 따라서 베드로후서의 원문이 우리의 이론 및 생각과는 다르다는 이유 때문에 그의 저작권을 의심할 권리는 우리에게 없는 것이다.[1)]

(2) **베드로와 유다**

"베드로후서"로 알려진 편지가 베드로의 저작이 아니라는 또 하나의 근거로 유다서와의 유사성이 대두되고 있다. 이러한 유사성 때문에 어떤 사람이 유다서에서 일부 자료를 취하여 상당 부분을 수정하여 베드로의 사도적 권위를 빌어 발표하였다는 추측을 낳게 한다. 만일 그렇다면 베드로후서는 하나의 표절 또는 위조 작품에 불과할 것이다.

사실상 베드로후서와 유다서 사이에는 다음에서 보는 것처럼 놀라운 유사성이 있다.

베드로후서	유다서
사랑하는 자들아 내가 이제 이 둘째 편지를 너희에게 쓰노니 이 둘로 너희 진실한 마음을 일깨워 생각하게 하여 곧 거룩한 선지자의 예언한 말씀과 주 되신 구주께서 너희의 사도들로 말미암아 명하신 것을 기억하게 하려 하노라 먼저 이것을 알찌니 말세에 기롱하는 자들이 와서 자기의 정욕을 좇아 행하며 기롱하여 (3 : 1-3, 참조. 5-16)	사랑하는 자들아 너희는 우리 주 예수 그리스도의 사도들의 미리 한 말을 기억하라 그들이 너희에게 말하기를 마지막 때에 자기의 경건치 않은 정욕대로 행하며 기롱하는 자들이 있으리라 하였나니 (17-18절)

이상의 비교에서 보듯이 베드로가 문제를 훨씬 더 깊이 다루는 듯한 인상을 주고 있다.

만일 베드로후서를 위조한 사람이 있었다면 왜 그가 이미 잘 알려진 유다서에서 표절하였을까? 뿐만 아니라 그 위조자가 베드로전서의 문체를 모방했어야 하지 않겠는가?

(3) 시의 적절한 주석

베드로후서를 사실 그대로 받아들여 보자. 즉, 나이 많아 죽음을 바로 눈 앞에 둔 베드로가 보내는 메시지로 생각해 보자는 것이다. 베드로후서는 주님과 야고보의 형제인 유다가 먼저 언급했던 사실에 관한 보다 상세한 주석서라고 할 수 있다. 어쨌든 베드로의 서신은 그 당시의 사건들에 대한 시의적절한 주석으로서 유용하다.

베드로는 최종적인 유언을 말하면서 독자들에게 오직 하나님의 말씀만을 굳게 붙잡을 것을 권고한다. 교회가 하나님의 말씀만을 굳게 붙잡는다면 우리 자신의 소욕에 따른 이단 사설을 용납할 여지가 없을 것이다.

주

1) 베드로의 저작설을 지지하는 자들은 일반적으로 다음과 같은 근거를 제시한다. (1) 본문 중에서 저자가 자신을 "시몬 베드로"라고 밝힌 점(1：1), (2) 저자는 자신이 변화산에서 예수님의 변화하심을 목격한 증인이라고 밝힌 점(1：4), (3) 예수님께서 죽음에 관해 예언하신 것을 친히 들었다고 밝힌 점(3：15), (4) 바울을 잘 알고 있다는 점(3：15), (5) 본서가 베드로전서의 후편임을 밝혔다는 점(3：1).

2. 성부께서 비준하신 예언의 말씀을 붙잡음

(1) 베드로의 사도적 소명

거짓 선지자들은 성경 이외의 자료에서 나온 지식과 계시를 주장한다. 그들은 그럴듯한 권위를 가지고 사람들을 쉽게 선동하며 그들의 가르침을 따르도록 만든다.

바로 이러한 이유 때문에 베드로는 사도로서의 자기의 소명을 강조한다. 또한 그와 그의 독자들이 동일한 보배로운 믿음을 붙잡고 있다는 사실을 지적하고 있다. 우리는 자기의 영광과 능력으로 말미암아 우리를 부르신 자를 아는 풍성한 특권을 누린다. 우리는 약속들 안에서 부요하다(1 : 3-4).

이것은 아무리 "신령하게" 보이는 것일지라도 거기서 무엇을 보충받을 필요가 없다는 사실을 의미한다. 사실 우리는 다른 첨가물들을 받아들일 수 없다. 우리는 우리의 부르심과 택하심을 굳게 하며 그것들을 확실하게 만들어야만 한다. 일단 신앙을 고백한 이상 우리가 확신하는 바에 근거하여 서야 한다(1 : 10). 베드로는 예수님께로부터 그의 형제들을 굳게 하라는 명령을 받았다(눅 22 : 32). 베드로가 베드로후서를 통하여 최선을 다해 하는 일은 바로 그의 형제들을 굳게 하는 것이다(참조. 1 : 12; 벧전 5 : 10).

(2) 목격자의 증언

베드로 사도는 신화나 공교한 이야기 또는 사람이 만들어 낸 "계시"

를 전파하거나 믿지 않았다. 복음은 신화에 의한 것이 아니라 목격자들의 증언에 의한 것이다.

베드로는 변화산상에서 보았던 그리스도의 영광을 회고하였다. 변화산에서 하나님은 예수님이 그의 아들이심을 선언하시고 그를 영광으로 덮으셨다. 베드로는 역시 옛 예언들이 예수님 안에서 성취된 사실을 보여주며 그것들이 "더 확실한" 것이 된 사실을 말하고 있다(1 : 19). 베드로는 계속해서 이렇게 말한다. "먼저 알 것은 경의 모든 예언은 사사로이 풀 것이 아니니 예언은 언제든지 사람의 뜻으로 낸 것이 아니요 오직 성령의 감동하심을 입은 사람들이 하나님께 받아 말한 것임이니라"(1 : 20-21).

3. 거짓 선지자들과 그들의 자유 신학

(1) 양의 옷을 입은 이리

자신들의 사사로운 원리로 성경을 해석하는 거짓 선지자들과 해석자들은 이미 옛 언약 시대에도 존재했다. 그들은 베드로의 시대에도 인간의 기호에 맞는 복음을 말하는 세력이었다. 그들이 말하는 복음은 주님의 계시 가운데 중요한 요소를 제외시켜 버린 것이었다. 즉, 하나님의 진노가 언약을 떠나서 배교한 자에게 나타나리라는 사실을 말하지 않았다. 거짓 선지자들은 비록 자신들이 멸망의 굴레속에 빠져 있었음에도 불구하고(2：19； 참조, 요 8：34； 롬 6：16) 백성들 앞에 평화와 자유의 이상을 제시하였다.

예수님은 거짓 선지자를 경계하시면서 그들을 가리켜 양의 옷을 입고 나오는 이리라고 말씀하셨다(마 7：15; 24：4 이하, 11：24). 거짓 선지자들은 할 수 있는대로 하나님의 택한 자들을 미혹하려고 한다. 거짓 선지자들은 특별히 유대의 민족주의와 열심주의가 성한 곳에서 활동하였다. 그들은 메시아의 시대, 즉 로마의 통치에서 벗어나게 될 자유의 시기가 도래했다는 메시지를 선포하였다.

우리는 또한 후기의 교회사를 통해서도 이러한 거짓 선지자들을 만나게 된다. 자신들의 생각대로 예언을 했던 재세례파들과 그들이 뮌스터(Münster)에서 라이덴의 요한(John of Leiden)의 지휘 아래 일으켰던 사건(1525년)을 생각해 보라. 재세례파들의 행동은 많은 로마 가톨릭 교도들에게 개신교의 그리스도인들에 대해 잘못된 생각을 갖게 하였다. 로마 가톨릭은 개신교도들과 재세례파들을 확실히 구별하지 못하였다. 그러므로 종교개혁 기간 동안에 이 "진리의 도"(Way of truth)는 아주 신령한 이 선지자들의 행동 때문에 비난을 받았던 것이다.

(2) 로마에 대한 반역

베드로는 장차 주께서 예루살렘을 심판하시려는 사실을 내다보았다. 그는 로마에 대한 반역을 부추기기 위해서 선지자의 역할을 하는 이른바 그리스도인들을 잘 알고 있었다. 유대를 떠나 다른 지방으로 갔던 그리스도인들 가운데도 거짓 선지자들이 있었다.

거짓 교훈에 사로잡혀서 예수님이 메시아라는 신앙을 놓쳐버리고 스스로 혁명적 이상, 즉 거짓 메시아적 이상에 빠져 버린 그리스도인들이 많이 있었다. 그러므로 베드로는 통상 어떤 유언에서나 볼 수 있는대로 자신이 무언가를 말해야 할 필요성을 느꼈던 것이다.

(3) 혁명의 기치

그 거짓 교사들이 가르치는 복음은 혁명 신학이었다. 그들은 자신들이 인정하지 않았던 "영광 있는 자"를 중상하는 일도 서슴치 않았다.

베드로가 여기에서 말하는 "영광 있는 자"는 천사들을 의미하는 것이 아니라 정부의 권위, 즉 다스리는 자를 의미한다. 거짓 선지자들은 폭력적인 활동을 수행하면서 동물적인 행동을 보여주었다.

그러나 불행하게도 오늘날도 그리스도인들 가운데 이와 같은 행동을 하면서 혁명의 기치를 흔드는 자들이 많이 있다. 베드로는 옛 언약에서와 마찬가지로 새 언약 아래서도 배교와 혁명에 대한 심판이 있을 것임을 지적한다.

(4) 죄의 삯

우리는 유다와는 달리 베드로가 연대기적 순서에 따라 실례들을 열거하고 있음에 유의해야 한다. 베드로는 배교한 천사들(2 : 4), 노아의 날(5절) 그리고 소돔과 고모라(6절 이하)에 대하여 말하고 있다. 노아의 날과 소돔과 고모라의 경우에 있어서 베드로는 구원의 도, 즉 여호와께서는 경건한 자들을 아시고 시험에서 건지신다는 사실을 강조하고 있다(9절). 그러나 돌아다니는 장사꾼의 정신에 사로잡혀 "의의 도"(21절)를 버리고 발람의 길(15절; 참조. 계 2 : 14)로 갔던 자들은 언약의 진노를 받게 될 것이다. 그리스도인들에게 있어서 죄는 시시한 것이 아니다.

베드로의 유언은 오늘날의 그리스도인들에게도 시의적절한 메시지를 담고 있다. 19세기 이래 선교지에서 이러한 일이 많이 일어났다. 우리는 유럽과 미국 그리고 제 3세계에도 혁명의 신학을 추종하는 자들이 많다는 사실을 알고 있다. 베드로는 날카로운 어조로 그들을 책망하고 있다. "의의 도를 안 후에 받은 거룩한 명령을 저버리는 것보다 알지 못하는 것이 도리어 저희에게 나으니라"(2 : 21).

4. 장래에 대한 거짓 예언과 참 예언

(1) 하나님의 때

구약의 선지자들 시대에도 "언약의 하나님이 죽었다"는 신학이 이미 존재했다. "인자야 이스라엘 땅에서 이르기를 날이 더디고 모든 묵시가 응험이 없다 하는 너희의 속담이 어찜이뇨"(겔 12 : 22; 참조. 사 5 : 19; 렘 17 : 15; 말 2 : 17).

그리스도께서는 주의 오심이 더디다고 생각한 나머지 해이해져 인내하지 못하는 우리의 자세를 분명히 경계하였다. "끝까지 견디는 자는 구원을 얻으리라"(마 24 : 13). 예수님께서는 반역의 정신에 휩쓸리게 될 유혹에 대하여 말씀하시면서 이러한 말씀을 하셨던 것이다.

하나님의 때는 우리의 때와는 다르다. 그에게는 하루가 천년 같으시다. 그가 심판을 지연하시는 것은 힘이 없어서가 아니라 인내와 자비하심 때문이다(3 : 9-15; 참조. 눅 18 : 1-8; 약 5 : 7-11; 벧전 3 : 20). 예루살렘에 대한 심판이 지연되었기 때문에 복음을 전파하고 회개를 촉구할 더 많은 시간이 있을 수 있었다(마 24 : 14; 롬 11 : 5. 13-14, 25-26).

(2) 잘못된 낙관주의

심판의 개념은 단지 인간의 두려움을 투사한 것일 뿐이라고 주장한 사람들이 있다. 그들은, 세계 역사가 곧 역사 그 자체의 심판장이라고 생각한다. 공산주의나 또는 미국 지상주의를 추종하면서 "화려한 새로운 세계"를 기다리는 자들도 있다. 그들은 "파루시아" 또는 주의 오심을 기다리는 것이 아니라 인간의 문명과 기술을 통한 혁명을 기대한다.

성경은 이러한 종류의 인본주의적 낙관주의를 철저하게 배제하고 있다. 그러나 성경은 온 세상이 내리막 길로 치닫고 있는 것으로 보는 실존주의적 비관주의도 배제하고 있다. 성경은 새 하늘과 새 땅에 대한 하나님의 약속을 보여 준다. 그리스도 안에서는 만물이 새롭게 된다.

(3) 구속의 목적

베드로는 구세주의 말씀을 자신이 살고 있는 시대에 적용시키는 방식을 채택하고 있다. 그가 "둘째 편지"(3 : 1)라고 말하는 것은 베드로후서의 후반부를 의미할 것이다. 베드로후서의 후반부와 전반부는 밀접하게 연결되어 있다.

베드로가 앞에서 언급한 심판들(예를 들면, 홍수)은 악은 언제까지나 계속될 수는 없다는 사실을 분명하게 보여주는 것이다. 주님께서 심판을 연기하시는 것은 그가 힘이 없기 때문이 아니라 어떤 구속의 목적이 있기 때문이다. 주님은 아무도 멸망치 않기를 원하신다(3 : 9, 15). 그렇지만 오랫동안 예고되어 왔던 그 심판은 분명히 실현될 것이었다.

(4) 우주적 용어로 표현된 심판

베드로가 주의 날에 관하여 말하고 있는 것은 일반적으로 최후의 심판을 가리키는 것이다. 당시의 사람들은 온 세상이 불에 탈 것이라고 말하였다. 이것은 고대 세계의 지배적인 사고방식과 부합되는 말이었다.

그러나 우리는 베드로가 이 문맥에서 말하고 있는 주의 날이 "지금 있는 예루살렘"(갈 4 : 25)에 장차 임할 심판을 가리키는 말인지의 여부를 검토해 보아야 할 것이다. 체질(3 : 10)이라는 단어는 현대의 화학적 의미로 이해해야 할 것인가? 아니면 이 단어가 갈라디아서 4장 9절과 골로새서 2장 20절에서와 같이 유대인 세계의 기본적인 것들(ABCs; 즉 예루살렘, 성전 그리고 성전 안에서의 예배)을 가리키는 것인가? 특정한 심판이 우주적 용어로 묘사되어 있는 구절들이 성경에는 더 많이 있다는 사실을 염두에 두라(신 32 : 22; 욜 2 : 30; 행 2 : 19-20; 마 24 : 29).

(5) 냉정하며 흔들리지 않음

믿는 자들은 이러한 심판의 선언 때문에 비관적이어야 할 이유가 없다. 오히려 그들은 그러한 사실 때문에 위대한 약속, 즉 의의 거하는바 새 하늘과 새 땅을 바라보면서 거룩한 길로 더욱더 매진할 수 있게 되는 것이다(3 : 11 이하).

이러한 기대는, 마치 우리가 인간의 문명이 언젠가는 "새 하늘과 새 땅"으로 발전하는 것과 같은 놀라운 진보를 기다리고 있는 것처럼 수평적인 개념으로 해석되어져서는 안 된다. 이 약속을 통하여 우리는 두 발을 땅에 붙이고서 냉정히 미래를 전망하며 흔들리지 않는 삶의 자세를 견지할 수 있게 되는 것이다.

반석 베드로는 그의 형제와 자매들을 굳게 하라는 부르심을 받았다. 베드로는 그의 서신을 통하여 바울이 역시 기록했던 것을 언급하면서 그러한 사명을 감당하고 있다. 베드로의 시대와 마찬가지로 오늘날도 우리가 하나님의 말씀, 즉 그의 예언의 말씀을 굳게 붙잡는다면 우리는 주 예수 그리스도의 은혜와 저를 아는 지식 안에서 강건하고 성숙한 그리스도인이 될 수 있는 것이다.

요한일서

1. 요한복음서와 요한의 서신들

(1) 문체와 표현에 있어서의 유사성

요한이 이 서신의 발신자로 밝혀져 있지는 않지만 내용으로 보아 그가 저자인 것은 분명하다. 요한복음서의 서두와 요한 일서의 서두를 비교해 보면 문체와 단어의 선택에 있어서 매우 유사성이 많다는 사실을 알 수 있다.

요한복음서	요한일서
태초에 **말씀**이 계시니라 이 **말씀**이 하나님과 함께 계셨으니 이 **말씀**은 곧 하나님이시니라 그가 **태초**에 하나님과 함께 계셨고 만물이 그로 말미암아 지은바 되었으니 지은 것이 하나도 그가 없이는 된 것이 없느니라 그 안에 **생명**이 있었으니 이 **생명**은 사람들의 **빛**이라 **빛**이 **어두움**에 비취되 어두움이 깨닫지 못하더라 율법은 모세로 말미암아 주신 것이요 은혜와 **진리**는 예수	**태초**부터 있는 **생명**의 **말씀**에 관하여는 우리가 들은 바요 눈으로 본 바요 주목하고 우리 손으로 만진 바라 … 우리가 저에게서 듣고 너희에게 전하는 소식이 이것이니 곧 하나님은 **빛**이시라 그에게는 **어두움**이 조금도 없으시니라 만일 우리가 하나님과 사귐이 있다하고 **어두운** 가운데 행하면 거짓말을 하고 **진리**를 행치 아니함이거니와 저가 **빛** 가운데 계신 것

그리스도로 말미암아 온 것이라(1 : 1-5, 17)	같이 우리도 빛 가운데 행하면 우리가 서로 사귐이 있고 그 아들 예수의 피가 우리를 모든 죄에서 깨끗하게 하실 것이요(1 : 1, 5-7)

여러분은 이상의 비교에서 이 두 구절들이 동일한 저자에 의해 씌어진 것임을 금방 알 수 있을 것이다. 이 구절들은 분명히 동일한 목격자의 말이다.

전형적인 "셈족의" 문체로 씌어진 이상의 논거는 계속해서 동일한 논지를 말하고 있다. 그러나 매 단계가 거듭될 때마다 나선의 형태로 점점 높은 수준으로 발전하고 있다. 요한 일서를 원문의 형태로 배열해 보면 이러한 사실을 더 확실히 알 수 있다.

사랑하는 자들아 내가 새 계명을
너희에게 쓰는 것이 아니라
너희가 처음부터 가진 옛 계명이니
이 옛 계명은 너희의 들은 바
말씀이거니와
다시 내가 너희에게
새 계명을 쓰노니 저에게와
너희에게도 참된 것이라
이는 어두움이 지나가고
참빛이 벌써 비췸이니라
빛 가운데 있다 하며
그 형제를 미워하는 자는
지금까지 어두운 가운데 있는 자요
그의 형제를 사랑하는 자는
빛 가운데 거하여
자기 속에 거리낌이 없으나
그의 형제를 미워하는 자는
어두운 가운데 있고

또 어두운 가운데 행하며
갈 곳을 알지 못하나니
이는 어두움이 그의 눈을 멀게 하였음이니라 (2：7－11)

이러한 구절에서 반복해서 사용되고 있는 단어들을 차례대로 적어보면 아래와 같이 될 것이다.

	어두움	그의 형제를 사랑함
새 계명	빛	빛
옛 계명	빛	그의 형제를 미워함
옛 계명	그의 형제를 미워함	어두움
새 계명	어두움	어두움
		어두움

마음의 여유없이 바쁘게 살아가는 우리들은 보통 이러한 문체의 세세한 부분들을 발견하지 못한다. 성경에서 이 서신들이 운문의 형식으로 번역되었더라면 더욱 도움이 되었을 것이다. 비록 더 많은 지면이 필요할지라도 운문 형식으로 번역되었더라면 신약의 문학성을 발견할 수 있는 안목을 열어 주었을 것이다. 우리 주 예수님도 시인이셨고 주님과 가까이 했던 요한 역시 시인이었다.

(2) 유사한 용어

이제 여러분은 요한일서와 요한복음서 사이의 관련성을 분명히 알게 되었을 것이다. 여기에서 우리 모두가 간과해 버리기 쉬운 아주 중요한 문제가 제기된다. 그것은 요한복음서에 나타난 어떠한 단어들의 의미가 요한일서에서도 동일한 의미로 사용되었다고 확실히 말할 수 있겠는가 하는 문제이다. 예를 들면, 과연 세상(world)이라는 단어와 어두움(darkness)이라는 단어가 요한일서와 요한복음서에서 동일한 의미를 갖는다고 확언할 수 있을까?

위에서 인용한 요한복음서의 구절 가운데서 어두움이란 용어는 예수님을 빛으로 받아들이지 않았던 이스라엘의 언약 백성들을 가리키는 말이다. "자기 땅에 오매 자기 백성이 영접지 아니하였으나"(요 1 : 11). 그러나 요한일서의 **어두움**이라는 단어에도 동일한 의미를 부여할 수 있을까? 요한복음서에서 **세상**이란 단어는 사단의 권세 아래 있으며 이스라엘의 지도층의 지배를 받는 이 세대 또는 이 세상을 표현하는데 사용되고 있다. **세상**이라는 말이 요한 일서에서도 과연 이러한 의미를 가지는가?

(3) 복음의 전승을 언급함

요한일서가 요한복음서의 서론으로 씌어졌다고 믿는 일부 학자들이 있다. 그러나 이러한 가설은 결코 증명할 수 없다. 왜냐하면 그 서신이 기록된 정확한 때를 알 수 없기 때문이다.

요한복음서와 요한일서 사이에 동일한 단어들이 두드러지게 나타나고 있다는 사실-우리는 이것을 확인하는데 컴퓨터를 동원할 필요는 없다-은 그것들이 한 저자의 작품임을 말해 주고 있다. 그것들은 동일한 수신인에게 보내진 것이며 동일한 지적 풍토의 산물이다. 이러한 사실로 보건대 요한일서가 요한 복음서와 거의 같은 시기에 기록되었다는 결론을 내릴 수 있을 것이다. 신약의 다른 모든 책들과 마찬가지로 요한일서도 A.D. 70년, 즉 예루살렘 멸망 전에 씌어진 것이다. 이 서신에서는 이미 요한복음서에 계시된 내용들을 언급하고 있으며 유대인 회당을 대적하고 있다.

요한일서의 저자는 반복해서 그 독자들이 이미 알고 있는 사실들을 암시하고 있다. 그는 또한 마태, 마가 그리고 누가복음서[1]에 기록된 예수님의 말씀을 인용하고 있다. 뿐만 아니라 자신이 쓴 복음서에 기록된 말씀들도 인용하고 있다.

그러므로 요한복음서에 사용된 용어와 요한일서에 나타난 용어들을 동일한 의미로 해석해도 무난하다. 이처럼 세상을 "미워하는 것"은 일반적인 증오가 아니라 "사단의 회"를 미워하는 것이다. 요한일서에 언급된 거짓 예언은 순전히 이방적인 것이 아니라 타락한 교회에서 발생된 문제였다.

이러한 이유 때문에 요한은 말씀 그 자체, 즉 전수받은 증거(전승; 2 : 7-27)로 돌아가자고 말하는 것이다. 학자들은 요한 자신이 복음의 전승을 강조할 때에 그 서신을 이해할 수 있는 **열쇠**를 제공하고 있다는 사실을 너무 자주 망각하고 있다. 교회가 요한일서를 해석하는데 실패하고 어려움을 겪는 것도 바로 이러한 이유 때문이다.

주

1) 다음의 요한일서 구절과 "복음서"에 있는 구절들을 비교하라. 2 : 17(마 7 : 21), 3 : 1-3(마 5 : 8-9), 4 : 1(마 24 : 11, 24), 5 : 3(마 11 : 30), 3 : 7(막 13 : 5), 5 : 15(막 11 : 24), 3 : 13(눅 6 : 22). 다음에서 살펴보면 알 수 있겠지만 요한일서와 요한복음서 사이에는 많은 병행구절이 있다.

요한복음서	요한일서
3 : 36	5 : 12
13 : 34(참조. 15 : 10-12)	1 : 8, 10(참조. 2 : 10)
15 : 11	1 : 4
14 : 16; 16 : 13	4 : 6
17 : 3	5 : 20
18 : 37	3 : 19

여러분 스스로도 더 많은 병행구절들을 찾아 볼 수 있을 것이다.

형제들아 세상이 너희를 미워하거든 이상히
여기지 말라 (3 : 13)

2. 내부에서 일어나는 반론

(1) 사단의 회

요한의 독자들은 "세상"의 미움을 받고 있었다. 세상이라는 용어의 의미는 요한복음서 15장 18절 이하에 나와 있으므로 여기에서는 "사단의 회"(synagogue of satan)에 대하여 생각해야 한다. 주 예수님은 제자들에게 다음과 같이 말씀하셨다.

> 세상이 너희를 미워하면 너희보다 먼저 나를 미워한 줄 알라 너희가 세상에 속하였으면 세상이 자기의 것을 사랑할 터이나 너희는 세상에 속한 자가 아니요 도리어 세상에서 나의 택함을 입은 자인고로 세상이 너희를 미워하느니라 (요 15 : 18－19)

예수님은 이렇게 자기의 제자들이 회당에서 쫓겨나 죽임을 당할 것을 말씀하셨다(요 16 : 2). 그의 독자들이 들었고 말씀되어졌던 사실에 여러 차례 호소하고 있는 요한은 역시 요한일서를 통하여서도 예수님을 인정하지 않고 예수님의 이름을 고백한 자들을 미워하는 언약백성에 대하여 말하고 있다.

2장 22절과 5장 1절로 보아 요한이 이교도들이나 사악한 일반 세상에 대하여 하는 말이 아닌 것은 분명하다. 요한이 다루고 있는 것은 이스라엘의 왕이신 메시아에 관한 고백, 즉 구약의 증거와 관련된 신앙고백의 문제이다(동일한 관점이 요한이서 9절에서도 나오는데 거기에서는 "그리스도에 관한 교훈"이 "그리스도 교훈"으로 기록되어 있다).

참으로 문제가 되는 것은 예수님을 메시아와 하나님의 아들로 인정하느냐는 것이다.[1)]

(2) 이단의 위협

요한일서는 요한복음서처럼 동일한 이단, 즉 세린투스(Cerinthus)와 같은 노스틱주의들을 반대했다는 주장이 종종 있어왔다. 이단 세린투스는 그리스도께서 피와 살을 가진 인간 존재가 되셨다는 사실을 부인했다. 노스틱주의자들은 예수님과 그리스도를 구별하였다. 그들은 그리스도께서 육체를 입으신 것처럼 보였을 뿐이라고 주장했다.

요한의 서신들이 이러한 이단 사설들에게 대항하기 위하여 씌어진 사실을 부인할 수 없다. 그러나 요한일서에서는 무엇보다도 인간이 되신 하나님의 아들을 고백하는 기본적이고도 원천적인 신앙고백을 배척하는 문제를 다루고 있음을 잊어서는 안 된다. 이러한 신앙고백을 부인하는 자들은 누구나 사단의 회에 속한 자들이다.

(3) 자기 주관에 치우친 예언

요한이 언급하고 있는 교회 안에는 그리스도에 관한 신앙고백이 핵심적인 문제가 아니라고 믿고 있던 거짓 선생들이 있었다. 그들은 자신들도 "영"을 받았다고 주장하였다. 여기에서 우리는 자기주관에 치우친 "기독교"의 예언, 즉 역시 "계시들"(12, 20절)에 호소하면서 그것이 합법적이고 "기름부음을 받은" 예언이라고 간주하는 거짓된 예언(4 : 1)이 있음을 보게 된다.

이러한 거짓 선지자들은 예수님을 메시아로 고백하는 신앙고백이 없이도 하나님의 이름을 부르며 하나님께 나아갈 수 있다고 가르쳤다. 또 속죄가 반드시 필요한 것은 아니라고 말했다(1 : 8 이하). 하나님은 단지 그 아들을 고백하는 자들에게만 아버지가 되시는 것이 아니라고 했다. 그들의 주장대로라면 예수님은 굳이 골고다에서 피를 흘리실 필요가 없었다(5 : 6, 8). 골고다는 복음의 필수적인 부분이 아니었던 것이다.

이러한 교훈들 때문에 거짓 선생들을 교회 밖으로 추방하지 않을 수 없었다(2 : 19). 그들은 복음의 진리에 순종하기를 거부하고 "세상", 즉 예수님을 증오했던 산헤드린과 회당의 편에 섰던 것이다(참조. 계 2 : 2-3, 6).

주

1) 하나님의 아들에 관한 고백에 대해서는 2 : 22; 4 : 15; 5 : 11-12; 마 26 : 46; 27 : 40 이하; 54절, 막 14 : 61 등을 참조하라.

3. 적그리스도에 대한 경고

(1) 거짓 메시아들

적그리스도(antichrist)라는 말은 황당무계하게도 자신을 그리스도라고 주장하면서 그리스도를 대적하는 자를 가리킨다. 교회는 언젠가 적그리스도가 출현하리라는 가르침을 받았다. 바울은 에베소를 떠나면서 장로들에게 이렇게 말하였다. "내가 떠난 후에 흉악한 이리가 너희에게 들어와서 그 양 떼를 아끼지 아니하며 또한 너희 중에서도 제자들을 끌어 자기를 좇게 하려고 어그러진 말을 하는 사람들이 일어날 줄을 내가 아노니"(행 20 : 29-30). 에베소는 요한서신의 수신자들이 살고 있는 곳이었다. 예수님은 복음서에서 이미 거짓 메시아와 거짓 선지자들에 관하여 예언하셨다(마 24 : 5, 11, 24). 이 서신을 쓸 때 밧모섬에 있었던 것으로 보이는 요한은 이제 이미 많은 적그리스도들이 출현하고 있다는 사실을 말하고 있다.

(2) 제 11시

이러한 사실은 "마지막 때"(2 : 18)를 가리킨다. 많은 거짓 선지자들이 "세상"(4 : 1), 즉 배교한 유대인 세계로 침투했던 것이다. "예수를 시인하지 아니하는 영마다 하나님께 속한 것이 아니니 이것이 곧 적그리스도의 영이라 오리라 한 말을 너희가 들었거니와 이제 벌써 세상에 있느니라"(4 : 3).

요한의 설명은 우리에게 "적그리스도"를 "마지막 때"가 될 미래의 사건과 관련된 것으로 생각하지 말 것을 분명히 밝혀주고 있다. 요한은 교회사의 시계를 보고 마지막 때가 이미 도래한 사실을 발견했다. 지금은 제 11시이다! 그러므로 우리는 요한의 말을 명심하고 "적그리스도"에 대한 개념을 확실히 하며 그가 말하는 거짓 선생들이 단지 미래에 나타날 어떤 적그리스도의 **선구자**에 불과할 뿐이라고 생각해서는 안 된다(참조. 요이 7절).

(3) 언약의 집단 내에서 출현할 적그리스도

적그리스도라는 명칭은 "성령으로 기름부음 받았다"고 주장하면서 언약의 집단 내에서 출현하는 어떤 거짓 선지자들에게 적용되는 이름이었으며 현재도 그러하다. 요한계시록에서 요한이 짐승에 대한 이상을 다룰 때 그는 온 세상을 자기 손 안에 넣고 다스릴 미래의 정치적 적그리스도를 말하지 않았다. 요한이 말하고 있는 것은 짐승같은 어떤 마귀가 이스라엘 **가운**데서 일어나서 교회를 공격하리라는 것이었다. 데살로니가후서 2장에서도 같은 취지로 말하고 있다. 3장 9절에서 요한은 하나님의 씨[1](하나님의 자녀)와 마귀의 자녀들(참조. 요 8 : 44)을 날카롭게 구분하고 있다.

요한은 박애정신과 인류의 결속을 부르짖었다는 의미에서 종종 사랑의 사도라고 불리운다. 그러나 다른 사람들의 감정을 해치거나 기분을 상하게 하지 않는 것을 중요하게 생각하는 감상적인 기독교는 요한이 천국의 열쇠로 말하는 사랑을 이상한 것으로 받아들여야만 했을 것이다. 현대의 사랑의 사도들은 요한일서의 일부분(예를들면, 하나님은 사랑이시라는 구절)에서 많은 사실들을 강조하지만 **적그리스도나 거짓 선지자** 같은 단어들, 즉 이 "우뢰의 아들"이 로마를 대항한 유대의 반동을 부추기는 자들을 묘사하는데 사용했던 단어들에 대해서는 아무런 관심을 기울이려고 하지 않는다.

주

1) 5장 7-8절에서 흠정역은 고대의 많은 사본들 가운데 빠져있는 부분들을 생략하고 있는 R.S.V와 N.E.B와는 달리 몇개의 단어들을 포함시키고 있다. 삼위일체를 말하는 이러한 단어들을 생략할 수 밖에 없다고 하더라도 삼위일체를 언급하고 있는 그 밖의 많은 구절들을 찾아볼 수 있다.

4. 하나님의 사랑과 인간의 사랑

(1) **그리스도의 사역의 열매**

오늘날 사람들은 인정을 베푸는데 아낌이 없다. 훌륭한 자유주의자들은 모두 세계 도처에서 굶주림에 허덕이는 수백 만명의 사람들에 대하여 관심을 가진다. 그들에 따르면, 하나님은 모든 사람들의 아버지가 되시며 따라서 우리는 모두 형제요 자매라고 한다. 성경에서도 이러한 취지를 강조하는 구절들이 나온다는 것이다!

그러나 요한일서에서 말하는 형제 사랑은 교회에 대한 하나님의 사랑에 근거한 것이다. 그 사랑은 예수 그리스도의 속죄사역을 통하여 우리의 죄를 용서하시는 가운데서 나타났다. 여기에서도 역시 모든 것들이 예루살렘에서 시작되어 예루살렘에서 끝나고 있다. 사랑은 인간의 호의에 뿌리박은 일반적인 기질이 아니라 그리스도의 사역의 열매이며 먼저 언약의 집단 내에서 나타나게 되는 것이다.

(2) **시험에 놓인 사랑**

형제 사랑이 시험되는 것은 바로 우리 자신의 집단 내에서 이다. 이것은 특히 핍박의 때에 두드러지게 된다. 요한일서의 독자들은 "세상"의 미움을 견뎌야 했다. 이것은 결국 물질적인 궁핍을 초래하게 했다(3 : 17). "짐승의 표"를 받지 않기로 결정했던 자들은 누구나 "세상"(유대인)으로부터 버림을 받았던 것이다(참조. 갈 6 : 12). 요한일서의 배경은 마태복음서 10장, 요한복음서 15장 그리고 요한계시록

등과 아주 깊은 관련이 있다.

그리스도에 대한 신앙고백을 필수적인 것으로 여기지 않고 하나님의 일반적인 부성만을 선호하는 자들은 어떻게 행동했던가? 그들은 교회 안에서 복음 때문에 고통을 당하는 형제들을 도와주려고 하지 않았다(참조. 야고보서).

그리스도에 관한 문제에 있어서 타협하는 형제들이 더 편하게 지내고 있지 않는가? 그들은 성자, 성부 모두를 사랑하지 않기 때문에 위험과 어려움을 겪고 있는 교회의 형제들을 도와주기 위하여 아무런 일도 하지 않았다. 그들은 "세상"을 사랑하며 사치스러운 생활을 원했다(2 : 15 이하).

(3) 냉수 한 그릇

"세상"을 사랑한다는 말은 곧 하나님의 창조물을 사랑한다는 말이 아니다. 하나님이 지으신 모든 것들은 선하다. "세상"을 사랑하는 것은 배교한 회당 편에 서는 것이며 그러한 결정으로부터 세상적인 이익을 얻는 것을 말한다. 이처럼 사랑이 없는 태도는 그리스도에 대한 신앙고백을 부인하는데서 오는 자연스러운 결과이다(1 : 6 이하; 2 : 9 이하; 3 : 14 이하; 4 : 20).

하나님의 참 사랑을 아는 사람은 그리스도를 위하여 십자가를 지는 것이 무엇을 의미하는지를 안다. 이러한 신자는 그리스도의 제자들에게 냉수 한 그릇을 대접할 때에 자신의 참된 모습을 보여주게 된다(3 : 17; 4 : 21).

5. 흔들리지 않는 확실성

(1) 요한의 선언

요한은 확고하고 일관된 말을 통하여 형제를 도와주고 있다. 의심하는 자들이 있었기 때문에 그는 단호하게 말해야 할 필요성을 느꼈다. 회중들은 거짓 선생들과 사도들 가운데 누가 옳은지에 대해서 더 이상 혼돈하지 않았다.

요한의 선언은 혼돈된 시대에 살고 있는 우리에게도 적용되는 풍성한 메시지를 담고 있다. 사도와 목격자로서 요한은 생명의 말씀을 전달하고 있다. 보혈을 흘려주신 그리스도에 대한 신앙고백을 취소하고자 하는 자들을 향하여 요한은 속죄받아야 할 죄가 없다고 하는 자마다 거짓말장이라고 주장하고 있다.

(2) 그리스도에 대한 신뢰

지나치게 "일반적인"(broad) 입장을 취함으로써 교회 안에서 형제사랑을 실천하지 않고 그러한 행동으로 인해 알면서 일부러 어떤 큰 죄를 범하는 자들에게 요한은 "하나님께로 난 자마다 죄를 짓지 아니하나니"(3 : 9; 참조. 5 : 18)라고 말한다. 이것은 그가 앞에서 했던 말과 상충되지 않는다. 왜냐하면 요한이 여기에서 말하는 죄는 성도들의 공동체를 배신하는 죄이기 때문이다.

우리는, 믿음은 그 열매로 나타나며 그 열매들로 인하여 우리는 그리스도를 신뢰하게 된다는 사실을 잊어서는 안 된다. "우리가 그의 계명을 지키면 이로써 우리가 저를 아는 줄로 알 것이요"(2 : 3). 요한은 또한 "그의 성령을 우리에게 주심으로 우리가 그 안에 거하고 그가 우리 안에 거하시는 줄을 아느니라"(4 : 13)고 말한다.

신자들은 기름 부음을 받은 자들이다. 그들은 그 말이 무엇을 의미하는지를 알고 있다. 그런즉 열등감으로 인하여 고통을 받아서는 안 된다. 그들은 또한 자신이 믿는 바를 확신할 수 있다. 따라서 의심의 구렁텅이에서 벗어나야만 한다.

형제에 대한 사랑은 그들 자신이 선택한 결과가 아니라 예수님의 희생적 사역의 열매인 것이다(3 : 16). 그러므로 요한은 이렇게 밝히고 있다. "우리가 하나님을 사랑하고 그의 계명들을 지킬 때에 이로써 우리가 하나님의 자녀 사랑하는 줄을 아느니라"(5 : 2).

참된 신앙 고백을 붙들고 그 결과 형제를 사랑하는 자들은 인간적인 박애주의자나 사회 복음의 지지자가 될 위험성에 대하여 염려할 필요가 없다. 참된 신앙은 "세상"과 "세상"에 대한 두려움을 이길 올바른 행동을 유발시킨다. 그러므로 이러한 신자는 희생의 어린 양이신 그리스도의 편에 서기를 두려워하지 않는다. 하나님은 사랑이시다. 그러므로 이 사랑(이것은 교회 공동체 안에서 나타나는 언약적 사랑을 의미한다) 안에 거하는 자는 하나님 안에 거하는 것이다(4 : 16).

6. 치명적인 죄와 우상 숭배

(1) 회개하지 않은 자에게는 죄용서가 없다

한때 하나님께서는 예레미야에게 "너는 이 백성을 위하여 기도하지 말라 그들을 위하여 부르짖거나 구하지 말라"(렘 11 : 4; 15 : 1)고 말씀하셨다. 뚜렷하게 표명된 것은 아니지만 요한일서에서도 이와 비슷한 명령을 찾아 볼 수 있다. 우리는 치명적인 죄를 범하지 않는 자들을 위하여 기도해야 한다. 그러나 요한은 그의 독자들에게 고의적으로 또는 의식적으로 죄를 범하는 자들, 즉 사하심이 없는 치명적인 죄를 범하는 자들을 위해서는 기도하지 말라고 권면한다. 요한은 이처럼 실족하고 넘어지는 "연약한 형제들"과 하나님을 정면으로 반역하면서 사는 자들 사이를 구별하고 있다.

물론 후자에 속하는 사람들도 회개한다면 하나님께서는 그들을 품어주신다. 그러나 요한은 고의적으로 죄를 지으며 불의로 그들의 정책을 삼는 자들을 용서해 주시도록 기도하는 것은 무의미한 일이라고 주장한다. 물론 요한이 염두에 둔 것은 이 세상을 사랑하여 (딤후 4 : 10) 교회의 공동체를 떠났던 자들, 즉 그리스도인의 형제애를 부인하는 자들(마 10 : 34-42)일 것이다.

(2) 상존하는 위험성

요한은 결론적으로 다음과 같이 말하고 있다. "또 아는 것은 우리는 하나님께 속하고 온 세상은 악한 자 안에 처한 것이며 또 아는 것은 하나님의 아들이 이르러 우리에게 지각을 주사 우리로 참된 자를 알게 하신 것과 또한 우리가 참된 자 곧 그의 아들 예수 그리스도 안에 있는 것[1]이니 그는 참 하나님이시요 영생이시라"(5 : 20).

그런즉 요한은 "자녀들아 너희 자신을 지켜 우상에서 멀리 하라"(21절)고 훈계한다. 일부 학자들은 이 구절을 문자 그대로 해석하여 이단자들이 어떻게 해서든지 이방인들과의 친선 또는 결속을 도모하였다는 의미로서 이해하였다. 그러나 저자가 보기에 이 구절은 오히려 구약의 배경에서 이해해야 한다고 생각된다. 우상 숭배란 자기의 말씀을 통하여 스스로를 계시하시는 참 하나님의 자리에 그 밖의 다른 어떤 것을 대치하는 것을 말한다.

단지 어떤 어려움을 회피하기 위하여 공적인 또는 분파적인 유대주의로 다시금 물러서는 것은 그리스도인들에게 있어서 우상에게 제물을 드리는 것 만큼이나 심각한 범죄이다. 그것은 성부와 성자와의 교제를 부인하는 것이며 생명을 포기하는 것이다. 우리는 여기에서 "그들이 다른 신으로 그의 질투를 일으키며 가증한 것으로 그의 진노를 격발하였도다"(신 32 : 16; 참조. 삼상 15 : 22; 시 81 : 10 이하)라는 모세의 노래를 상기하게 된다.

우리는 오늘날도 요한의 표현을 이해할 수 있겠는가? 매 주일 교회에 출석하고 경건하며 합당한 생활을 하는 사람도 우상 숭배라는 큰 죄를 지을 위험이 있다. 어떻게 이러한 죄에 빠질 수 있는가? 그것은 곧 그리스도를 고백하는 자들이 마땅히 받아야 할 멸시와 조롱을 원치 않음으로써 자행될 수 있는 것이다.

주

1) 여기 "하나님께 속하고"와 "예수 그리스도 안에 있는 것"이라는 표현은 "하나님과의 사귐 중에 있고", "예수 그리스도와 사귐 중에 있고"라고 번역할 수 있다.

요한이서

너희는 믿지 않는 자와 멍에를 같이 하지 말라 의와 불법이 어찌 함께 하며 빛과 어두움이 어찌 사귀며 (고후 6 : 14)

(1) "씨"(seed)에게 보내는 편지

이 짧은 편지는 "택하심을 입은 부녀와 그의 자녀"라는 구절로 시작된다. 이 부녀는 누구이며 또 5절에 "부녀"로 표현된 사람은 누구인가? 물론 어떤 교회를 가리키는 것이 분명하다.

요한이서의 끝에 나오는 "택하심을 입은 자매"는 사도 요한이 편지를 쓸 당시에 속해 있던 자매로서의 교회를 가리킨다. 성경에서 교회는 종종 여인으로 묘사되기도 한다(참조. 요 3 : 29; 계 12 : 1 이하, 17절; 21 : 9; 22 : 17). 또한 교회는 "씨", 즉 여인의 후손으로 표현되기도 한다.

(2) 진리의 삶

요한일서의 저자가 요한이라는 전승을 모른다 하더라도 요한복음서와 요한일서의 문체에 익숙한 사람이라면 본 서신의 저자가 요한임을 금방 알 수 있을 것이다. 예를 들면 요한이 그의 다른 글에서도 자주 사용하고 있는 진리라는 단어를 여기에서도 자주 사용하고 있다. 요한이 사용한 이 말의 의미가 사실과 부합된다거나 참되고 올바른 것만을 의미하는 것이 아니다. 요한이 "진리"라고 말했을 때 그는 하나님의 언약의 신실하심, 그의 예(yea)와 아멘, 구원의 계시, 하나님의 변치않는 뜻, 구약의 약속들의 성취를 가리키는 것이다.

"그 진리"는 교회에게 생명을 주는 능력이며 교회를 결속시키는 힘이다. 그 진리는 교회와 영원히, 즉 그리스도의 재림 후에도 언제까지나 함께 할 것이다(2절. 참조. 요 14 : 16). 그 진리는 역시 우리들에게 형제 사랑[1]에 대한 옛 계명들에 대하여 계속적으로 아멘할 수 있도록 만든다.

교회의 생활은 필요할 때 생기는 임기응변의 윤리에 의하여 지배되어서는 안 된다. 변치 않는 하나님의 불변의 진리로 사는 교회는 이 계명을 계속적으로 순종해야 한다는 사실을 아는 것이다(4-5절).

(3) 거짓 진보

교회는 앞으로 전진하기를 좋아하면서도 막상 그리스도의 교훈을 순종하는데는 미치지 못하는 진보주의자들과 결속해서는 안 된다(9절). 이러한 종류의 진보를 부르짖는 것은 하나님이 변하실 수 있으며 그의 뜻과 계명도 바뀐다는 사실을 선언하는 것이다. 새로운 교훈을 말하는 이단자들은 항상 진보에 관하여 이야기한다. 그러나 그들을 추종하는 자들은 사실상 진보하는 것이 아니다. 왜 그런가? 만일 그들이 옛 교훈을 붙들지 않는다면 이미 얻은 것들을 다 잃어버릴 것이기 때문이다. 옛 교훈에 거하는 자들만이 성부와 성자를 "모신다."

교회는 거짓 선생들의 활동을 차단시켜야 한다. 그들을 직무 수행자로 세우지 말아야 할 것은 물론 교회에서 추방해야 한다. 그들을 받아들이는 것은 그들의 악한 사역에 동참하는 것이다(7-11절).

오늘날 사람들은 각자의 차이를 줄여서 모든 사람들이 동의할 수 있는 "공통 분모"를 찾으려 하는 경향이 있다. 요한이서에서 우리가 유의해야 할 점은 "사랑의 사도"가 바로 이러한 진보적 자세를 피하라고 가르친다는 사실이다. 요한은 우리가 받았던 교훈을 강조하고 있다. "다른 견해"를 가진 사람들을 받아들이지 않는 자세를 과연 사랑이라고 할 수 있을까?

(4) 그리스도인의 사랑

이 요한이서에서 다루고 있는 문제들을 결코 낡아빠진 것으로 생각해서는 안 된다. 앞으로는 교회에서 무엇이 그리스도인의 사랑인가 하는 문제를 둘러싸고 많은 논쟁을 벌이게 될 것이다. 요한 당시의 그러한 이단자들과 그 추종자들에 따르면 그리스도인의 사랑이란 서로 배타적인 교훈들을 용납하고 혼합하는 것을 말한다. 그러므로 이것은 진보적이며 에큐메니칼한 것으로서 옛 교훈 안에 거하지 않는 자들을 "받아들이는" 것이다.

그러나 "진리"와 "사랑" 안에 거하기를 원하는 자들은 문제를 전혀 다르게 파악할 것이다. 그들은 이단을 대할 때 공손할 수 없고 그들을 대적할 것이다. 이단을 단호하게 대처하지 못하는 것은 진리와 사랑을 양보할 뿐만 아니라 그리스도와 사도들의 연합, 즉 요한복음 17장에 나타난 연합을 해치는 것이다. 참된 교회는 다른 선택이 있을 수 없다. 사랑과 진리는 이단에 대하여 조금도 용납하지 않고 있다.

주

1) 형제 사랑에 대한 계명은 사실상 구약에서 계속되어온 명령이다. 그런 의미에서 이미 오래된 계명, 즉 옛 계명이라 할 수 있다. 그러나 그것은 예수님께서 가르치신 새 계명이다. 그런 의미에서 요한이 그것을 다시금 새롭게 할 필요가 없었다는 의미에서 옛 계명이라 할 수 있을 것이다.

요한삼서

(1) 저작 시기

요한삼서가 아주 후기에 저작되었으며 사도 시대에 씌어진 것이 아니라고 주장하는 사람들이 있다. 그 이유로는 요한이 이 서신에서 책망하고 있는 디오드레베가 이미 교회를 다스리는 감독이 되어 있다는 사실을 들고 있다. 만일 그렇다면 이 서신은 후기 사도 시대의 저작일 것이며 요한이 기록할 수 없었을 것이다.

그러나 이러한 생각은 중요한 사실을 간과하고 있다. 저자가 디오드레베의 성직자적 행동을 그토록 강력하게 반대하는 사실은 아직도 "군주적인" 감독 시대가 아니라는 사실을 암시해 주고 있다. 다시 말하면 디오드레베의 태도가 당시의 통상적인 관례가 아니었다는 말이다.

(2) 독재의 위험

요한삼서는 요한이서와 대조를 이룬다고 말할 수 있다. 요한이서에서는 목회자적 관점에서 이단을 받아들이는 일에 대하여 목사식으로 반대하고 있다. 그러나 요한삼서에서는 여러 곳에서 온 신실한 종들을 받아들이지 않고 오히려 그들을 접대한 자들을 박해하는 디오드레베의 행위에 대하여 반대하고 있다.

"장로"는 이 서신을 가이오라는 사람에게 보내고 있는데 그는 가이오에 관해서 좋은 소문을 들었던 것이다. 이 가이오(그에 관해서는 더 이상 알려져 있지 않다)는 그리스도인 형제들이 자신의 지방을 지나갈 때 많이 도와주었다. 요컨대 이 형제들은 그리스도의 이름을 위하여 나아갔던 자들이 아닌가? 그리스도께서 제자들을 파송하실 때 그는 "접대할 것"을 하나의 계명으로 만드셨다. "너희를 영접하는 자는 나를 영접하는 것이요 나를 영접하는 자는 나 보내신 이를 영접하는 것이니라 또 누구든지 제자의 이름으로 이 소자 중 하나에게 냉수 한 그릇이라도 주는 자는 내가 진실로 너희에게 이르노니 그 사람이 결단코 상을 잃지 아니하리라"(마 10 : 40, 42).

사도 요한은 가이오에 관한 좋은 소문을 들었다. 그러나 가이오가 속해 있던 회중 가운데 한 사람인 디오드레베는 주도권을 잡으려고 했다. 디오드레베는 지교회(local church)가 독립해야 한다고 하면서 사도 요한으로부터 어떠한 간섭을 받는 것을 싫어하였다. 그는 심지어 사도 요한이 보낸 편지를 읽지도 못하게 하였다(9절). 그는 사도를 악한 말로써 비방하면서 자기 자신을 추켜세웠다. 디오드레베는 사도 요한이 교회에게 보낸 형제들을 영접하기를 거부했으며 그들을 접대하는 자는 누구든지 강제로 회중으로부터 추방하였다(10절).

그러므로 디오드레베는 독재적 성향이 강한 직무자였다. 디오드레베는 교회 안에서 성직자의 정치적 권력을 남용하는 실례가 되고 있다. 그는 권력을 사랑하여 교회를 강압적으로 다스리는 자였다. 교회사를 통해서 볼 때 이러한 성향은 결국 감독, 교황 등의 성직자 기구로 형성되며 교회가 성직자들에 의해서 완전히 지배되는 것이다.

(3) 진리를 섬김

요한은 본 서신을 끝내면서 데메드리오를 칭찬하고 곧 이루어질 약속을 말하고 있다(참조 12-14절; 참조 10절). 가이오는 그 형제들을 계속 "영접하라"는 지시를 받았다. 우리가 기억해야 할 중요한 사실은 모든 사람이 "진리를 위하여 함께 수고하는 자"(8절)라는 사실이다.

이렇듯 사도의 사역은 진리를 섬기는 것이었지만 디오드레베는 단지 지배하기를 원하였다. 지역 회중의 "자취권"(sphere sovereignty)을 주장하면서 사도의 권위를 무시했던 디오드레베는 모든 시대의 교회들에게 좌초하기가 얼마나 쉬운 일인지를 보여주는 대표적인 본보기가 되었다.

사도도 없고 교회가 그들의 권위있는 지도를 받지 않고 지내는 오늘날에는 요한의 "악한 것을 본받지 말고 선한 것을 본받으라"(11절)는 권면을 기억해야 할 것이다. 교회의 직무 수행자들이 이러한 호소에 귀를 기울인다면 진리를 섬기게 될 것이다. 그러면 사랑(이것은 올바른 형제들을 사랑하는 것을 말한다)과 진리는 조화를 이루게 될 것이다. 요한이서가 거짓된 연합을 경계하는 것이라면 요한삼서는 참된 연합을 호소하고 어떻게 그것을 성취할 수 있는지를 보여주는 것이다.

유 다 서

여호와여 내가 주를 미워하는 자를 미워하지 아니하오며 주를 치러 일어나는 자를 한하지 아니하나이까 (시 139 : 21)

1. 강력한 경고

(1) 야고보의 형제

유다라는 이름은 우리에게 친숙하다. 예수님의 제자들 가운데도 유다라는 이름을 가진 사람이 둘이나 있었다. 하나는 가룟 유다이고 다른 하나는 "야고보의 아들 유다"(눅 6 : 16)이다.

우리가 지금 상고하고 있는 이 짧은 서신을 기록한 저자는 자신을 "예수 그리스도의 종이요 야고보의 형제인 유다"로 소개하고 있다. 이 야고보는 사도 요한의 형제가 아니라 주 예수님의 형제(참조. 막 6 : 3)로서 예루살렘의 교회에서 주도적인 역할을 했던 사람이다.

처음에는 예수님의 친 형제들마저도 그를 믿지 않았다. 부활하신 후에 예수님은 교회의 일원이 되었던 야고보(고전 15 : 7)와 예수님의 다른 형제들(행 1 : 13-14)에게 나타나 보이셨다. 바울은 고린도전서 9장 5절에서 복음 사역을 위하여 주의 형제들을 데리고 다닌 사실을 말하고 있다.

그러므로 유다는 예루살렘에 있는 회중에게 친숙한 인물이었을 뿐만 아니라 흩어져 있는 유대인들과 그리스도인들에게 복음을 전하는 자였다. 신약의 다른 부분들과 마찬가지로 헬라어로 씌어진 그의 서신은 의심할 여지없이 흩어진 그리스도인들 특히 유대인들의 후손들을 위한 것이다. 유다는 교회에서 커다란 위협이 되는 거짓 선생들이 있다는 사실을 파악하였다. 따라서 그는 그들의 거짓 예언에 대하여 경계할 필요를 느꼈던 것이다.

(2) 생소한 표현

유다서는 오늘날에 별로 인기가 없는 책이다. 그것은 우리의 사고 방식과는 맞지 않기 때문이다.

유다는 아주 날카로운 표현을 사용하고 있다. 그러한 언어들은 베드로후서에서처럼 거짓 선생들을 대적하는데에는 제격이 아니겠는가? 절대적인 법칙이나 규범을 싫어하는 신경질적인 오늘의 시대에는 유다서가 전혀 환영받지 못하고 있다. 그리스도인들은 되도록 거치른 용어를 사용하지 않아야 할 것이다. 오늘날은 모든 사람들이 형제들이기 때문에 유다서의 접근 방식은 약간 시대에 뒤져 있다고 볼 수 있다.

그러나 다른 측면에서 보면 유다서는 아주 현대적이다. 유다가 사용하고 있는 일부 표현들은 표현주의자, 초현실주의자 그리고 마술적 실제주의자들이 그린 그림의 제목들처럼 들린다. 그는 다음과 같이 말한다. "저희는 기탄 없이 너희와 함께 먹으니 너희 애찬의 암초요 자기 몸만 기르는 목자요 바람에 불려가는 물 없는 구름이요 죽고 또 죽어 뿌리까지 뽑힌 열매 없는 가을 나무요 자기의 수치의 거품을 뿜는 바다의 거친 물결이요 영원히 예비된 캄캄한 흑암에 돌아갈 유리하는 별들이라"(12－13절).[1] 마치 죽음과 황폐가 배회하는 음산한 풍경화 같은 인상을 주는 표현들이다.

오늘날 유다서가 인기없는 이유는 이해하기에 너무 어렵기 때문이 아니다. 사실상 문제는 사람들이 유다의 메시지를 받아들이려고 하지 않는다는데 있다. 유다서가 일반적인 표현을 사용하고 있지 않지만 특정한 교리에 대하여 치명적인 것으로 경계하고 있다. 바로 이것이 사람들이 듣기 싫어하는 사실이다.

주

1) 베드로도 이와 유사한 표현을 사용하고 있다. "이 사람들은 물 없는 샘이요

광풍에 밀려가는 안개니 저희를 위하여 캄캄한 어두움이 예비되어 있나니"(벧후 2 : 17) 이와같이 유다서와 베드로 후서는 중세의 억압과 우리 시대의 불안을 표현한 히에로니무스 보쉬(Hierenymus Bosch), 윌링크(A.C. Willink), 파블로 피카소(Rablo Picasso) 등의 작품과 비교하여 설명할 수 있을 것이다.

이처럼 많은 예술가들이 인간의 암울하고 억압적인 상황 그리고 허무하고 불길한 운명 밖에는 표현하지 못했다는 사실은 불행한 일이다. 그들은 인간이 자기가 살고 있는 불행한 환경과 화목할 것을 바랐던 것처럼 보인다. 그러나 성경은 이러한 모든 황폐의 근본 원인을 지적하고 거기에서 벗어날 수 있는 길을 제시한다. 다음 기회에 실존주의자들의 작품을 감상할 때 유다서를 생각하라.

2. 자기구원을 말하는 거짓 복음과의 싸움

(1) 불화의 씨

유다는 성도들에게 단번에 전해진 믿음에 대한 위협이 있음을 감지하였다. "자유 신학"을 외치는 자들이 교회 안에 침투했던 것이다. 이 신학은 하나님 은혜의 복음과 대치되는 것이며 유일하신 통치자 주 예수 그리스도를 반역하는 것이었다(3-4절).

이 사람들은 처음에는 그리스도의 권위를 인정하다가 나중에 불평이 생겨 기존체제〔로마〕에 대항하는 분열의 씨를 뿌리기 시작했다(참조. 8절). 그들은 권위를 거부했고 관리들을 업신여겼던 것이다.

8절에서 우리는 그 거짓 선지자들이 백성들을 얼마나 오도하고 있는지를 알 수 있다. 그들은 환상에 젖어 있었던 것이다. 유다가 이러한 거짓 선생들을 반대하여 유대의 묵시[1]를 인용하고 있는 것을 볼 때 그 거짓 선생들이 교회의 회원들에게 로마에 대한 유대인의 반동에 참여토록 선동하기 위하여 그러한 저항 문학을 이용했다고 확신할 수 있다. 그들은 애찬의 기간 동안에도(12절) 이러한 일을 계속했다. 그러므로 유다가 여기에서 말하고 있는 것은 "기독교"의 기치 아래 투쟁해야 할 어떤 것으로서의 이상향을 백성들 앞에 제시하는 일종의 사회비평주의이다(16절).

(2) 혁명적 견해

유다서도 다른 모든 신약의 책들과 마찬가지로 A.D. 70년 이전에 씌어졌다. 우리는 앞에서 유다서가 베드로후서와 많은 유사성을 가진다는 사실을 살펴 보았다. 유다서는 거짓 선지자들의 열심에 대하여 강력하게 경계하고 있다. 우리는 이와 동일한 경고를 신약의 여러 곳에서 발견할 수 있다(마 7 : 15; 24 : 11, 24절; 살후 2 : 9-12; 벧후 2 : 1; 요일 4 : 1; 계 13 : 14; 16 : 13-14).

"유대 애국주의 전선"(Jewish Patriotic Front)을 위하여 예언하는 자들은 은혜의 구원을 자기구원의 복음으로 바꾸어 버렸다. 이처럼 유다서는 노스틱 이단들을 비평한다기 보다는 오늘날에도 많은 사람들의 지지를 받고 있는 혁명적 사고 방식을 반대하는 것이다. 이러한 혁명적 견해는 신약의 전반, 특히 "공동 서신"(베드로전서부터 유다서)과 계시록에서 책망받고 있다.

(3) 동일한 운명

예수님은 왕 중의 왕이시다. 다스리는 권위자들도 예수님을 섬긴다. 그러므로 혁명주의자들은 광야에서 반역하여 여호수아와 갈렙의 보고를 듣지 않았던 자들과 같은 운명에 처하게 될 것이다[2]. 그들의 운명은 타락한 천사들의 운명이 될 것이며 소돔과 고모라 가인, 발람 그리고 반역한 고라의 운명과 같이 될 것이다.

구원은 자기구속의 방법을 통하여 오는 것이 아니다. 물질주의자나 유토피아적 혁명주의자들은 정죄와 심판을 받게 될 것이다. "보라 주께서 그 수만의 거룩한 자[즉, 군대]와 함께 임하셨나니 이는 뭇 사람을 심판하사 모든 경건치 않은 자의 경건치 않게 행한 모든 경건치 않은 일과 또 경건치 않은 죄인의 주께 거스려 한 모든 강퍅한 말을 인하여 저희를 정죄하려 하심이라"(14-15절)[3].

우리는 유다서를 소홀히 해서는 안 된다. 오늘날에도 "우리의 일반으로 얻은 구원"과 "성도에게 단번에 주신 믿음의 도"(3절)는 자기구원의 거짓 복음과 정면으로 대립되는 것이다. 이 거짓 복음은 땅 위에서 창조 세계의 완성을 위하여[4] 그것을 파괴시키려는 것이다.

주

1) 유대인의 묵시주의는 주전 200년에서 주후 200년까지의 후기 유대 문학에서 많이 나타난다. 하지만 그들의 사상은 구약과는 다른 것이었다. 즉, 그들은 구약 사상의 영향을 받았으면서도 그것을 본질적으로 왜곡시켰다. 신앙 또는 은혜에 기초를 둔 구약에 비해 그들의 사상은 첫째로, 지나치게 율법적이었고, 둘째로 이스라엘 중심주의 및 선민의식만을 내세운 점, 세째로 지상에의 다윗 왕가의 회복과 종말론적 전우주적 변혁이 있을 것을 기대한 점이 다르다. 이렇듯 그들에게는 하나님에 대한 은혜의식(신앙의식)은 별로 없었고 율법적, 현세적, 정치적인 면에만 관심을 집중하였다. 이런 배경 하에서 바리새인과 사두개인이 나온 것이다. 예수님께서는 구약 사상을 바르게 이해하고 그것을 가르쳤으며 거기에 새로운 것을 포함시키되 용어는 그 당시의 사람들이 익히 알고 있는 것을 사용하셨다. 바울이나 신약의 기자들 역시 이러한 관점에서 그들의 서신을 기록하였던 것이다.

2) 권위를 거부하는 것은 결국 그것을 주신 분을 거부하는 것이기 때문에.

3) 이는 위경의 에녹서 1장 9절을 인용한 것이다. NIV는 이 부분의 상반절을 다음과 같이 번역하였다. "See, the lord is coming with thousands upon thousands of his holy ones to judge everyone, and to convict all the ungodly…"

4) 지상 낙원의 건설은 혁명주의자들의 지상목표가 아닌가?

3. 자기를 지키며 긍휼히 여기라

(1) 기롱하는 자들과 분리주의자들

거짓 선지자들은 갑작스럽게 나타나지 않았다. 사도들이 미리 그들에 대하여 경고하였다. 이제 거짓 예언들이 너무 널리 퍼져 있으므로 그리스도인들은 어떤 입장을 분명히 밝혀야 했다.

위험성을 지적하기 위하여 유다는 강력한 표현을 사용하고 있다. 신자들은 기롱하는 자들과 분리주의자들을 멀리 해야 했다. 유다는 신자들에게 거짓 예언은 부자연스럽거나 돌발적으로 나타나지 않는다는 사실을 보여주려 하고 있다.

(2) 타협하지 말라

유다의 권면은 거짓 선지자들과 신자들 사이에 있는 사람들을 위해서도 유용한 것이다. 유다는 단지 저주만 하는 것이 아니라 잘못된 길로 인도함을 받은 자들에게 긍휼을 베풀 것을 말하고 있다. 할 수만 있다면 그들을 불에 타는 자리에서부터 건져내야 할 것이다.

오늘날 많은 사람들에게 환영 받지 못하는 유다서에서도 긍휼을 말하고 있다. 위험을 지적해 주는 것이 **긍휼을 베푸는 것**이다. 그리스도인들은 "두려워하면서" 살아야 한다. 그리스도인들은 거짓 선지자들의 영향을 받아 그들과 타협하는 자들과의 "연합"을 모색해서는 안 된다.

많은 복음주의자들이 죄로 더럽혀진 것을 미워하지 못한 채 잘못된 긍휼을 보임으로써 좌초하는 경우가 많다. 우리는 어떠한 반대를 당하더라도 우리에게 전해진 믿음, 즉 사도들의 전통을 전적으로 붙잡을 때만이 진정한 소금의 역할을 다 할 수 있을 것이다. 하나님께서는 그리스도를 통하여 우리를 넘어지지 않도록 붙드시는 능력을 가지고 계신다.

요한계시록

1. 정치적 접근

(1) 요한계시록[1)]은 세계사의 연감인가?

계시록이 여러 시대를 통하여 해석되어온 방법들을 살펴 보면 마치 현대의 예술 작품이 평가받는 방식을 연상하게 된다. 어떤 해석자가 이러한 사실을 발견하면 또 다른 해석자는 다른 사실을 찾아내는 것이다. 일부 사람들에게 있어서 계시록은 미래에 관한 모든 예언을 찾아낼 수 있는 일종의 세계사 연감이다.

2차 대전 기간동안에 짐승의 수(13 : 18)인 666에 관하여 흥미있는 "발견"들이 쏟아져 나왔다. A라는 글자가 100에 해당하고 B가 101, C가 102, D가 103, 이런 식으로 생각한다면 그 짐승이 히틀러를 가리킨다고 할 수 있다. 즉, H가 107, I가 108, T가 119, L이 111, E가 104, R이 117이므로 이 모든 숫자들을 합한 666은 히틀러가 되는 것이다.

뿐만 아니라 666이라는 숫자는 몇몇 교황들의 이름과 일치되었다. 또한 칼빈이나 윌리암 오렌지(William of Orange)의 이름과도 일치된다. 보다 최근에는 "영원한 복음"(14 : 6)을 가지고 공중에 날아다니는 천사는 기독교 라디오 방송을 말하며 9장에 나오는 황충들은 현대의 무기이며, 쑥(8 : 11)이라고 불리는 별은 물을 방사능으로 오염시키는 폭탄을 가리킨다는 것이다.

(2) 계시록은 교회사의 연감인가?

17세기에 나온 유명한 화란어판 성서 "스타텐페르트탈링"(Statenvertaling)에 나오는 부록에 따르면 계시록의 환상들은 역시 교회사의 사건들과 일치된다는 것이다. 물이 변하여 피가 되는 구절(16 : 3 이하)을 읽을 때 우리는 루터의 시대, 즉 많은 나라들이 로마의 적그리스도와의 관계를 끊음으로써 결국 엄청난 피—"그 피는 매일 흐르고 있었다"—를 흘렸던 시대를 떠올릴 수 있다는 것이다.

"스타텐페르트탈링"의 설명에 의하면 화란에서의 8년 전쟁이 아직 끝나지도 않았을 때 독일에서는 30년 전쟁이 진행되고 있었다고 한다. 이러한 사건들이 계시록을 해석하는데 배경을 이룬다는 것이다. 앞에서 말했던 화란어판 성서 부록에는 또 다른 해석을 소개하고 있는데 물이 피로 변하는 사건은 로마 가톨릭의 종교회의 특히 트렌트 종교회의(Council of Trent)—트렌트 종교회의에서는 거짓되고 우상숭배적인 교리가 공식적으로 비준되었으며 그 교리를 신봉하는 사람들은 치명적인 오류에 빠지게 되었던 것이다—를 가리킬 수도 있다고 한다.

(3) 로마에 임할 심판을 기록한 것인가?

오늘날의 지배적인 견해는 요한이 A.D. 95년 경 계시록에 기록된 이상을 받았으며, 의무적인 황제숭배에 참여하기를 거부하는 자들에게 무자비한 박해를 가했던 도미시안 시대에 살고 있던 아시아 지역의 교회들을 격려하기 위하여 그 계시들을 전달했다고 생각한다. 그런즉 요한의 계시록은 그 당시 로마에 임할 심판을 선언한 것이었다고 한다.

그런데 로마는, 요한이 이상을 통해 보았던 "바벨론(이것은 당시에 로마에 대한 상징적 명칭이었다)이 멸망하는 방식대로 멸망하지 않았다. 이렇게 되자 일부 해석가들은 요한이 실수를 범했다는 결론을 내리면서도 그 실수는 별로 중요하지 않다는 사실을 강조하였다. 결국 요한이 묘사하고 있는 것은 상존하는 어떤 위험으로서 특히 그것은 초대형 조직과 대 제국이 득세하는 우리 시대에 해당되는 것이라고 한다. 그러면서 온 세상의 통제를 획득하려는 단일 정부의 위협은 항상 우리 주변에 있다고 주장한다.

다른 사람들은 요한이 말세에 나타날 세계대제국을 경고하고 있으며 단지 로마를 그 실례 가운데 하나로 제시하고 있을 뿐이라고 주장한다. 이 해석에 따르면 요한이 실수를 범했다고 말할 수 없을 것이다.

(4) 예수 그리스도의 계시

이상의 두 해석은 한 가지 중요한 측면에서 일치하고 있다. 그것은 곧 비록 그 제국이 종교적인 용어로 묘사되고 있긴 하지만 사실상 그 계시는 정치적인 위협, 즉 세계 제국의 위협을 묘사하고 있으며, 그 제국은 로마나 또는 "말세"에 나타날 로마와 같은 어떤 제국을 가리킬 것이라는 사실이다.

이상의 여러가지 해석들을 대할 때 여러분은 계시록의 초두에 나오는 "이 예언의 말씀을 읽는 자와 듣는 자들과 그 가운데 기록한 것을 지키는 자들이 복이 있나니"(1：3)라는 말씀이 참된 것인지의 여부에 의문을 갖게 될는지도 모른다. 우리가 이처럼 어려운 책을 읽을 때에 어떻게 해야 좋을지 모른다고 말하는 것이 더 솔직한 표현이 아닐까?

우리는 지금 상고하고 있는 책이 "예수 그리스도의 계시"(1：1)로서 주어진 것임을 잊지 말아야 한다. 그러므로 우리는 어깨를 움츠리면서 "그런 것들은 신학자들이나 생각할 문제야"라고 말해서는 안 된다. 우리들 자신이 성령으로 기름 부음 받았다는 사실과, 신학자들은 너무 영리하여 서로 모방하지 않을 수 없으므로 지적 유행에 희생될 수도 있다는 사실을 기억해야 한다. 우리가 계시록을 연구할 때 가져야 할 중요한 태도는 하나님의 말씀은 우리를 결코 혼미한 가운데로 인도하지 않는다는 믿음을 처음부터 가지고 출발에 임하는 것이다.

주

1) 이하에서 문맥에 따라 계시록 또는 요한계시록으로 번역한다.

2. 언약적 접근

(1) 로마 제국의 역할

계시록에 대한 현대의 견해(이것은 하나의 해석으로 정립된 지 2세기도 되지 않은 것이다)에서는 이 책이 로마 제국에 임할 심판을 선언한 것이라고 전제한다. 이 주장에 따르면 로마의 도미시안 황제가 요한을 불모지인 밧모섬으로 추방했다는 것이다.

그러나 이러한 해석은 그 근거가 아주 희박하다는데 약점이 있다. 우선 계시록이 로마를 향하여 증오감을 갖는 책이라면 권위에게 복종할 것을 말하는 신약 성경과는 조화되지 않는다(참조. 롬 13 : 1 이하; 딛 3 : 1; 벧전 2 : 13 이하). 빌라도가 그 권세를 하늘로부터 받았다고 가르쳤던 바로 그 사도가 로마 정부를 붉은 짐승으로 묘사할 수 있겠는가?

둘째로 계시록이 로마에 대하여 반박하는 것이라면 고대 교회는 의도된 교훈을 배우지 못했을 것이다. 왜냐하면 초대 교회의 교부들은 그 지도를 따르지 않았기 때문이다. 사데(이 교회는 계시록에 나오는 일곱 교회 가운데 하나이다)의 멜리도(Melito)는 A.D. 170년 경에 로마의 황제에게 "변명서"를 제출하였는데 거기에서 그는 교회와 로마 정부 사이에 평화적인 공존을 호소하고 있다.

세째로 도미시안 황제가 대대적으로 기독교를 박해했다는 설 역시 근거가 희박하다. 도미시안은 아주 의심이 많은 독재자로서 항상 음모를 두려워 했던 자이다. 그는 자신이 불신하는 자는 누구든지 살해해 버렸다. 그가 살해 당했을 때 그리스도인들 뿐만 아니라 전로마 제국이 안도의 숨을 내쉬었다. 그의 이름은 에베소에 있는 황제의 신전에서 지워졌으며 그의 동상은 파괴되었다.

네째로 계시록의 연대가 A.D. 95년이라는 사실도 결코 증명된 적이 없다. 이러한 연대는 교부 이레니우스의 말에서 유래한 것인데 이레니우스는 연대의 문제에 있어서 많은 실수를 범했던 사람이다. 따라서 우리는 계시록의 내용에 근거하여 그 저작 시기를 밝혀 내야만 할 것이다.

(2) 언약의 진노

우리가 계시록의 내용을 주의깊게 살펴 보면 그 책의 내용이 성경적이면서도 언약적인 용어들을 사용하고 있다는 사실을 부인할 수 없을 것이다. 비록 구약의 구절들이 직접 인용된 것은 없으나 많은 암시들이 나타나고 있다. 이러한 암시들을 단순한 유사성으로만 볼 수 없다. 왜냐하면 계시록에는 구약의 특징적인 요소들, 즉 하나님의 확실한 언약의 약속 뿐만이 아니라 언약의 진노까지도 나타나고 있기 때문이다.

계시록에는 주께서 자기 백성의 하나님이 되시기를 원하신다는 익숙한 구절들이 많이 나온다(21 : 3; 참조. 창 17 : 7; 출 6 : 6; 29 : 45; 레 26 : 11－12; 신 29 : 13; 사 7 : 14; 렘 7 : 23; 겔 11 : 20). 또한 기근, 칼과 역병의 재앙 등 모든 언약적 심판들에 대한 언급을 발견한다. 일곱 가지 나팔과 대접 재앙에 대한 기사는 레위기 26장에 언급된 일곱 가지 언약의 진노를 상기시킨다. 이렇듯 계시록은 율법과 선지서에서 시작된 사상과 그 맥락을 같이 하고 있는 것이다.

(3) 위대하신 왕의 자태

이상의 사실은 역시 이 책의 다른 특징들에서도 분명하게 드러난다. 신명기에서 우리는 이미 주께서 위대하신 왕으로서 말씀하시는 사실을 살펴 보았다. 이러한 모습은 구약 전반을 통하여 나타나고 있다(“왕에 관한 시편들”을 생각해 보라). 계시록에서도 동일한 모습을 발견할 수 있다. 즉, 왕의 왕께서 위대한 왕처럼 말씀하시고 행동하시며 알현을 받으신다(예를 들면, 11 : 15 이하; 12 : 10; 17 : 14; 19 : 11 이하).

여호와는 자기 백성을 다스리시는 가장 으뜸가는 왕이 아니신가? 그런즉 누가 그의 언약적 진노를 거부하겠는가? 자기 백성, 즉 배교한 이스라엘이 아니겠는가?

우리는 다음과 같은 어려운 질문을 피할 수 없다. 즉, 여호와의 진노가 참으로 로마를 향한 것이라면 어찌하여 계시록에서는 끊임없이 여호와와 그의 백성들 사이의 언약 관계에 근거하여 말하고 있겠는가? 요컨대 로마는 그 언약 안에 포함되어 있지 않다.

그러므로 우리는, 계시록에 흐르는 사상은 곧 선지자들의 정신이라는 사실을 결론적으로 말할 수 있다(신명기 32장에 나오는 모세의 노래를 참조하라). 계시록에서 다루고 있는 것은 로마가 아니라 교회 — (배교의 위험에 빠져있는) 그리스도인의 교회(계시록에서 “사단의 회”로 묘사되어 있는)와 “유대인의 교회” — 이다.

(4) 예루살렘에 대한 예언

우리가 이상의 사실을 인식할 때 예루살렘에 대한 예수님 자신의 예언이 계시록에서 계속 되고 있음을 볼 수 있을 것이다(호 10 : 8을 인용하고 있는 눅 23 : 30－31과 계 6 : 16－17을, 그리고 마 24 : 15－16과 23 : 35을 계 17 : 6, 16; 18 : 4, 24과 비교하라). 계시록에서 예수님께서는 선지자들을 죽인 피의 도시요, 소돔과 애굽보다 더 깊은 죄악에 빠진 예루살렘에 대한 경고를 계속하고 있다(계 18 : 24과 11 : 8을 마 21 : 34 이하; 23 : 37. 그리고 11 : 20 이하와 비교하라). 예루살렘이 소돔, 두로, 시돈 그리고 니느웨보다 더 깊은 죄악에 빠졌다면(눅 10 : 12 이하; 11 : 32) 그것을 “바벨론”으로 말할 수 있지 않겠는가? 예루살렘은 위대하신 왕의 증거자를 죽인 죄가 있지 않은가?

요한계시록을 성경 가운데서 아주 특이한 책으로 취급해서는 안 된다. 우리는 요한계시록을 일종의 묵시, 즉 참된 계시로 보는 법을 배워야 할 것이다. 주께서는 성경을 존중하고 그것을 부지런히 연구하는 자들에게는 일을 숨기지 아니 하시고 오히려 그들에게 자기의 목적들을 드러내 보이신다.

(5) 대세를 거스림

문제는 계시록에 있는 것이 아니라 우리 자신들 안에 있다. 저자는 이미 성경은 일반적인 인간사를 말하는 것이 아니라 하나님께서 자기의 언약 백성을 다루시는 사실을 말하고 있음을 지적하였다(참조 사 24-27장; 하박국, 그리고 요한복음서). 이러한 진술은 역시 성경의 맨 마지막 책인 계시록에도 해당되는 말이다.

그러나 불행하게도 계시록을 이러한 관점에서 해석하려는 사람들은 대세를 거스르는 자들이다. 왜냐하면 오늘날의 사람들은 우주적인 속죄와 온 지구상에 걸쳐 임할 큰 재앙에 관하여 새로운 것을 듣기 소망하고 있기 때문이다. 그러나 그들은 불충한 교회에 임할 언약적 진노와 하나님의 심판에 관해서는 관심이 없는 것이다[1].

주

1) 그럴지라도 우리는 이러한 해석 관점을 견지해야 한다.

3. 계시록은 세계사나 로마사가 아니다

(1) 어두운 그림자

많은 해석가들은 계시록이 세계 역사를 관통하는 정치적 사건들에 대한 연대기를 보여준다는 견해를 취하고 있다. 이러한 견해는 오늘날의 사람들에게 호소력을 갖는다. 오늘날의 저술가들과 연구자들은 "종말론적"인 용어들을 사용하기를 좋아한다. 그들은 "아마겟돈", "진노의 대접", "짐승들"에 관하여 말하기를 좋아한다. 우리의 문명이 멸망으로 치닫고 있다는 생각이 널리 받아들여지고 있다. 따라서 계시록은 그것이 풍기는 어두운 그림자 때문에 이러한 견해에 걸맞는 것으로서 읽혀지고 있다.

계시록은 다른 모든 "계시적" 저작물과 함께 분류되어 도서관 서가에 꽂혀 있다. 그래서 사람들은 흔히 계시록의 독특성을 발견하지 못한다. 그들은 계시록이 언약의 언어를 말하고 있다는 사실을 깨닫지 못하는 것이다. 계시록을 읽을 때 그들의 얼굴에는 "수건"이 가리워져 있는 것이다(참조. 고후 3 : 14-16). 그들은 계시록이 제기하는 수수께끼에 대한 참된 대답을 찾아내기 위하여 최선을 다하였다. 따라서 많은 색다른 해석들이 나오게 되었다(저자는 불란서에서 출판된 책 가운데 계시록 11장에 나오는 두 증인이 바로 히틀러와 뭇솔리니라고 기록된 것을 보았다).

(2) 그리스도를 통한 승리

우리는 계시록이 로마 제국의 멸망이나 세계적인 반기독교적 세력의 붕괴를 말한다고 생각하는 정치적 관점을 배격해야 한다. 계시록에는 유대 열심당의 묵시 이미지와 표현들이 약간 사용되고 있다. 그러나 그것은 "우리 승리하리라"[1]고 노래하는 유대 민족주의를 배격하는 의미에서이다. 계시록에서는 오직 예수 그리스도를 통하여 승리하리라는 사실을 보여주고 있다. 유대인들이 유월절을 그들의 민족적 해방을 기념하는 축제로 본다면 계시록은 그리스도께서 자기의 희생을 통하여 그 유월절을 완성하신 사실을 분명하게 보여준다. 계시록은 유월절 어린 양께서 불신앙의 이스라엘을 어떻게 대적하셨는지 그 진노를 보여주고 있다.

계시록은 회당에 있는 것들—촛대나팔, 두루마리, 종려나무 가지 그리고 분향단—에 대하여 말하고 있다. 그러나 그들이 문맥에서 갖는 의미는 메시아께서 그 거룩한 성읍과 약속의 땅에 거하는 백성들을 처리하시기 위해서 공의로 오신다는 사실이다. 이렇듯 계시록은 민족주의적인 유대 묵시주의의 어떠한 것도 직접적으로 반대하는 일종의 묵시이다.

우리가 일단 계시록이 A.D. 95년 도미시안 황제의 치하에서 기록되었다는 견해를 버리고 A.D. 70년 이전에 씌어졌다는 사실을 알게 된다면 계시록의 주된 의도를 파악할 수 있는 방향을 잡게 될 것이다. 계시록은 전혀 새로운 예언적 용어를 사용하지 않는다. 그것은 로마가 아닌 언약 백성들을 책망하는 구약의 예언들을 여전히 강조하고 있다. 계시록은 선지자들과 "예루살렘아 예루살렘아"(마 24장)라고 말씀하신 예수님의 예언자적 부르짖음에서 전개된 사상과 그 맥락을 같이 하고 있다.

(3) 교회의 통치와 로마의 통치

우리가 앞에서 살펴 보았듯이 처음 몇 세기 동안의 교회는 로마의 권위에 반발하는 것을 거절하였다. 오히려 교회가 로마의 통치자를 위하여 기도했다. 우리는 로마의 지배를 희화화하고, 어떤 황제의 독재 방법들을 강조하는 운동들에 빠지지 않도록 조심해야 한다.

초대 교회는 로마의 황제를 적그리스도로 보지 않았다. 계시록이 혁명과 해방의 신학을 가르친다고 생각하는 함정에 빠져서도 안 된다. 계시록을 통하여 말씀하시는 이는 어린 양이시며 그 주제는 언약의 진노이다.

주

1) 그 당시 유대 민족주의가 이러한 사상을 선호했듯이 오늘날 혁명적인 단체(또는 교회)에서 이러한 노래를 선호하고 있음을 우연의 일치라고만 할 수 있는 것인가? "우리 승리하리라"는 노래는 운동권에서 애창되고 있는 운동가요이다.

4. 목적과 내용

(1) 배교에 대한 예측

소아시아의 해변에서 그리 멀지 않은 밧모(Patmos)라는 작은 섬에서 요한은 이상과 계시를 받았다. 소아시아에 있던 일곱 교회들이 그 사도에게 대표를 파견했던 것으로 보인다. "요한은 하나님의 말씀과 예수 그리스도의 증거 곧 자기의 본 것을 다 증거하였기"(1 : 2) 때문에 유배를 당하였다. 요한이 예루살렘에 대하여 예언하고 있는 것으로 보아 A.D. 70년 경에 이스라엘의 중심지가 파괴되었던 사건은 아직 일어나지 않았다고 생각할 수 있다.

많은 교회가 "사단의 회"로 말미암아 고통을 당하고 있었다. 에베소와 다른 도시들에 있던 유대인들은 수가 많아서 상업과 무역의 도시인 그 곳에서 훌륭한 조직을 갖출 수 있었다. 이처럼 그들은 그리스도인이 된 유대인과 "하나님을 경외하는" 이방인들을 배척할 만한 방편들을 가지고 있었던 것이다.[1]

결국 이로 인하여 많은 교회가 배교의 위험에 직면하게 되었다. 여기에 저항하는 일부 교회(서머나, 빌라델비아)도 있었으나 다른 교회들은 잠을 자거나 미지근한 상태에 있었다(사데, 라오디게아). 일부 교회들에서는 타협의 선지자들이 출현하였다(버가모, 두아디라). 히브리서, 요한일서, 베드로후서 그리고 유다서와 같은 서신들의 배경을 이루는 문제들이 소아시아의 교회들 가운데도 나타나게 되었다.

(2) 상징으로서의 촛대

요한은 이상을 통하여 왕으로 나타나신 예수 그리스도를 보았다(1장). 예수님이 촛대들 사이에 계셨다는 것은 놀라운 사실이다. 요한의 이상에 나타난 이러한 세부적인 사항들은 풍부한 의미를 지닌다. 왜냐하면 그 촛대는 열방의 빛이 되어야 했던 성전과 유대주의를 상징하고 있기 때문이다.

부활하신 구주께서 그 촛대들은 일곱 교회들을 상징한다고 말씀하셨다. 이러한 사실들은 그리스도께서 어떻게 자기 교회들을 다루시며 말씀하시는지를 보여주고 있다. 그리스도는 촛대를 회당에서 옮겨 교회에게 주셨다. 이처럼 언약적으로 촛대를 옮기신 것은 무조건적이 아니다. 그 촛대는 교회로부터 또 다른 곳으로 옮겨질 수도 있었다.

(3) 이스라엘의 경우

그 언약의 조건적 성격은 일곱 가지의 메시지 가운데서 "만일 너희가 회개치 아니 하면……"이라는 말씀으로 강조되고 있다. 동일한 주제가 이상 가운데서, 즉 회개하기를 거부하는 형태로 나타나고 있다. 이스라엘의 경우는 교회들에게 하나의 경고가 되고 있다(롬 11 : 21; 고전 10 : 1－12).

첫번째 이상 가운데에서 요한은 하나님의 보좌를 보았다. 그 어린 양은 보좌 위에 앉아 생명의 책을 펼 권리를 받았다. 요한이 언약의 진노가 나타나는 것을 보았듯이 심판을 통하여 그 인이 떼어질 것이다.

심판에 관한 이상들 사이에, 주께서 아직도 이스라엘의 "남은 자"(14만 4천 명)를 보존하고 계신다는 사실을 말해주는 위로의 이상이 나타난다. 일곱 나팔은 마음을 강퍅케 하는 자들에게 심판을 선언한다.

이러한 이상들은 그 메시지들을 설명하는 것으로 보아야 할 것이다. 교회는 그들의 박해자인 예루살렘이 심판을 받고 처벌될 것을 바라보았다.

(4) 사단의 형상

10장에서는 새로운 부분이 시작되고 있다. 요한은 다시 이상을 보게 되고 그것을 예언하라는 부르심을 받았다. 그는, "큰 성"에서 "무저갱에서 올라온 짐승"에게 죽임을 당한 두 증인들에 관하여 듣게 된다. 이것은 나중에 더욱 상세하게 묘사되고 있다.

이 "짐승"은 무엇을 나타내는가? 12장에서 우리는 사단이 그의 아비"이며 그 짐승은 사단의 형상과 모습이 닮았다는 사실을 보게 된다. 사단은 그 여인의 씨를 맹렬히 공격한다. 그가 이 짐승을 불러낸 이유가 바로 여기에 있다. 그 짐승은 차례로 다른 짐승, 즉 거짓 선지자의 도움을 받는다. 성경에서 거짓 예언은 반드시 언약적 문맥 안에서만 나타나고 있다. 그러므로 우리는 이 두 짐승을 마귀, 즉 큰 뱀인 사단의 동료들로 간주해야 할 것이다.

(5) 이상들의 목적

여기에서 우리는 잠시 일곱 가지의 메시지를 살펴 보아야 한다. 거기서 우리는 사단의 회에 대해서 두가지로 언급(2 : 9; 3 : 9)된 것과, 역시 사단의 위(2 : 13), 사단의 깊은 것들(24절), 마귀의 활동(10절)에 대한 언급을 살펴볼 수 있다. 이러한 사실에서 우리는 이상들이 그 메시지를 보다 더 명료하게 설명해 준다는 사실을 다시 한 번 보게 된다.

여인(교회)에게는 씨 혹은 자손(12 : 17)이 있다. 뱀에게도 여자의 씨를 대적하는 씨(참조. 마 3 : 7; 12 : 34; 23 : 33)가 있다. 그러므로 계시록 11－13장의 내용이 말해주는 것은 "복음서들"에서 이미 나타난 것이며 또 일곱 가지 메시지를 통해서도 잘 알 수 있는 것이다. 다만 중요한 차이점은 그 내용들이 우리에게 이상의 형태로 전달되었다는 사실 뿐이다.

(6) 심판에 대한 감사

그 짐승이 출현했던 큰 성읍은 어떻게 되었던가? 소돔과 애굽이라는 영적이고 예표론적인 명칭들은 바벨론(14：8; 17：5)이라는 또 하나의 이름으로 보충되고 있다. 그러나 이로 인하여 계시록의 저자가 새로운 주제를 말하고 있는 것은 아니다. "바벨론"에 대하여 말할 때 그는 "가증한 것들"(참조. 겔 8－9장)이 있는 도시 예루살렘을 의미하는 것이다. 교회는 예루살렘에 대한 심판에 대하여 감사를 드린다(16：7).

진노의 일곱 대접을 쏟을 때에 우리는 일곱 가지의 언약의 진노가 어떻게 시행되는지 이상을 통하여 보게 된다. "진노의 대접들"은 나팔소리처럼 애굽을 강타했던 질병들을 상기하게끔 한다.

(7) 병행 구절

계시록에는 요한의 두 가지 소명이 나타나고 있다. 다음의 도표는 그 두 소명과 거기에 뒤따르는 구절들을 병행한 것이다.

계 1－9장	계 10－16장
1：9－20 위대하신 왕 예수 그리스도의 영광의 계시. 첫번째 소명.	10：1－11 위대하신 왕이 보내신 사자(messenger)의 영광의 계시. 두번째 소명.
2：1－3：22 위대하신 왕이 일곱 교회들에게 보내는 메시지.	11：1－14 위대하신 왕의 사자가 요한에게 보내는 메시지.
4：1－11 하나님의 보좌 앞에서 행하는 의식.	11：15－19 하나님의 보좌 앞에서 행하는 의식.

계 1－9장	계 10－16장
5：1－14 어린 양 곁에 있는 보좌 앞으로 나아감. 찬양의 의식.	12：1－12 남자 아이 곁에 있는 보좌 앞에 나아감. 사탄이 하늘에서 내어쫓김. 찬양의 의식.
6：1－17 어린 양의 진노. 심판의 이상(인).	12：13－13：18 용의 진노. 짐승 곁에 있는 보좌로 나아감. 두번째의 짐승으로 인한 찬양의 의식.
7：1－17 인 맞은 자들과 하나님의 보좌 앞에서 행하는 그들의 의식. 대환난으로부터의 구원.	14：1－20 인 맞은 자들과 하나님 보좌 앞에서 행하는 그들의 의식. 장차 바벨론에 임할 심판에 관한 소리와 이상.
8：1－5 "애굽"에 대한 심판에 앞서 행하는 의식.	15：1－8 "애굽"에 대한 심판에 앞서 행하는 의식.
8：6－9：21 "애굽"에 대한 심판(나팔).	16：1－21 "애굽"에 대한 심판(대접).

계시록의 다음 장들은 "바벨론"과 새 예루살렘을 다루고 있다. 뿐만 아니라 그리스도의 재림, 교회의 승귀, 사단과 그 부하들의 운명 그리고 최후의 심판들을 다루고 있다.

(8) 계속적인 경고

이러한 주제로 인하여 계시록은 매우 호소력있는 책이 되었다. 크고 음란하며 타락한 성이 무너졌으므로 교회는 그것을 경고삼아 자신의 운명을 살피는 일에 게으르지 않아야 한다.

위에 있는 새 예루살렘(갈 4：26)이 땅에 내려 왔다. 그러나 이 성에 들어가기를 원하는 자는 먼저 지금 있는 예루살렘(갈 4：25)과의 관계를 끊어야 할 것이다.

> 다른 음성이 나서 가로되 내 백성아, 거기서 나와 그의 죄에 참예하지 말고 그의 받을 재앙들을 받지 말라 그 죄는 하늘에 사무쳤으며 하나님은 그의 불의한 일을 기억하신지라 (18：4－5)

(9) 계시록의 현대적 의의

두말 할 필요없이 계시록은 자꾸만 한계를 없애버리기 좋아하는 오늘의 시대를 향하여 분명한 메시지를 주고 있다. 우리는 계시록을 통하여 성경의 다른 책들 모두 하나님의 어린 양이신 그리스도를 중심으로 하는 언약적 용어들로 표현되어 있다는 사실을 이해하게 된다. 계시록은, 성경이 일반 인류를 다루고 있는 것이 아니라 교회를 다루고 있다는 사실을 다시 한 번 설명하여 주는 책이다.

계시록이 오늘날 우리에게 주는 현대적 의미를 놓치지 않도록 하자. 계시록은 고대 로마의 죄악성을 다루고 있거나 미래의 어느 날 무서운 모습으로 출현할 적그리스도와 세계의 상태를 다루는 책이라는 생각을 결코 갖지 않도록 하자.[2]

주

1) 어떤 사람들은 유대인들이 로마 제국 인구의 칠분지 일을 차지했을 것이라고 생각한다. 팔레스틴에 있던 오십만명을 제외하고도 다른 나라에 약 육백만명의 유대인들이 있었다. 후기에 세워진 사데에 있던 회당은 오늘날로 보아서도 상당히 큰 건물이었으며 폭이 19m, 길이가 80m나 되었다. 물론 유대인 단체 회원들을 위한 잔치가 여기에서 열렸을 것이다. 애굽의 알렉산드리아 회당에서도 동일한 상업에 종사하는 자들이 예배를 드리기 위하여 함께 무리를 지어 모여 들었던 것이다. 그러므로 유대인들은 상업 뿐만 아니라 정치적으로도 상당한 영향력을 행사하였던 것이 분명하다.

2) 요한에게 주어진 계시가 우선적으로 교회에 관한 것이라는 생각이 수 세기 동안 유행되었다. 그러나 그렇게 큰 지지를 얻지 못하였다. 중세에는 일부 사람들이

교황을 "적그리스도"로 생각하였다. 교황을 반대하지 않았던 단테도 1277년부터 1280년까지 교황 노릇을 했던 니콜라스 3세에게 아래와 같은 말을 하였다. "요한이 보았던 환상 곧 땅의 임금들도 더불어 행음하였던 많은 물 위에 앉은 큰 음녀란 당신같은 사람을 가리킬 것이다"(계 17 : 1-2, 9 참조)

종교개혁 시대에는 로마의 현세적 권력을 짐승, 거짓 선지자 그리고 음녀로 표현하는 습관이 있었다. 1560년에 작성된 스코틀랜드의 신앙고백서에서는 거짓 교회를 "더러운 회"와 "가증한 음녀, 악한 교회" 등으로 말하고 있다. 벨직 신앙고백 제 29항도 계시록 2 : 9, 3 : 9 그리고 17장에 대하여 언급하고 있다. 비록 종교개혁 시대의 계시록 해석에 대한 추세가 계시록의 원래 목적에 충분한 주의를 기울이지 못했을지라도 후기에 나온 해석들보다는 훨씬 그 핵심을 잘 파악했던 것이다. 후기에 등장한 해석들은 계시록에 나오는 음녀나 도시를 로마 제국 또는 미래의 어떤 사회나 국가와 동일시 했던 것이다.

고딕양식의 교회당(예를 들면 파리와 레임〈reims〉의 노트르담 사원 그리고 스트라스부르크에 있는 사원 등)의 입구에는 눈이 멀고 패배당한 회당과 빛나는 에클레시아(교회)에 대한 묘사를 볼 수가 있다. 이러한 사상이 말해 주는 것은 교황의 교회가 결코 사단의 회가 될 수 없다는 사실이다. 이러한 생각은 종교개혁자들이 부인했음에도 불구하고 오늘날 다시 머리를 들고 있다. 이러한 견해가 광범위하게 수용되고 있는 것은 계시록을 오늘 우리의 시대에 적용시키려는 숨어있는 요소들 가운데 하나이다. 우리는 모든 교회들이 참 교회의 일부분임을 잘 알고 있다.

5. 제사장이시며 왕이신 분께서 자기 교회에 말씀하심

(1) 일곱 교회에게 보내는 메시지

사도 요한은 어느 주의 날 밧모섬에서 왕권을 가지신 예수 그리스도를 보게 되었다. 그리스도는 제사장의 복장으로 성전을 배경(나팔, 촛대 등)으로 하여 나타나셨다. 부활하신 주님께서는 요한에게 소아시아에 있는 일곱 교회들에게 보내는 메시지를 말씀하셨다. 밧모섬에 있던 요한에게 파견된 "천사들" 또는 "사자들"은 각 교회들에게 계시록의 사본을 가지고 갔던 것 같다.

각 교회에게 보내는 메시지는 어떤 순서에 따라 구성되어 있다. 각 메시지의 서두에는 요한이 본 이상 가운데 나타난 예수님의 **칭호**가 언급되고 있다. "……하신 이가 가라사대"라는 표현에서 우리는 위대하신 왕의 모습을 엿볼 수 있다. 그 다음에는 "내가 아노니"라는 구절을 통하여 편지를 보내는 교회들의 **특성**을 묘사하고 있다. 그리고 약간의 **격려**와 **책망**이 나온다. 책망할 경우에는 보통 "그러나 너를 책망할 것이 있나니"라는 구절로 시작하고 있다. 그 메시지는 "귀 있는 자는 들을지어다"라는 **호소**와 **약속**으로 끝나고 있다. 마지막 네 개의 메시지들 가운데 처음 나오는 약속들은 계시록 끝에 나오는 이상들, 즉 생명나무, 생명책, 둘째 사망, 하나님의 보좌 등을 가리키고 있다.

(2) 니골라당

이 구절들을 읽어 보면 니골라당 때문에 교회들이 얼마나 큰 어려움을 겪었는지 알 수 있게 된다. 또한 회당도 사단의 회로 간주되고 있다. 소아시아에 있는 유대인들은 그들의 조합과 정치적 경제적 위치를 통하여 커다란 영향력을 행사하였다. 그들은 유대인 출신 및 회당에 참석하는 "하나님을 경외하는" 이방인들로 구성된 그리스도인들을 궁지로 몰아넣었다.

니골라당이 회당과 교회 사이의 타협을 모색했던 것이 분명하다. 계시록의 나머지 부분을 이해하려면 이 반교회 운동이 제기하는 위험성을 기억하는 것이 중요하다. 그러면 여러분은 일곱 교회에 보내는 편지와 뒤이어지는 이상들의 관계를 이해할 수 있을 것이다.

(3) 예 견

예수님은 메시아를 배척한 예루살렘에 임할 언약의 심판을 내다보는 "이상"을 보여 주심으로써 자기 교회들을 위로하고 격려하신다. 사실상 그 이상들은 교회에게 보내는 "편지들"에 대한 설명과 주석이라고 할 수 있다.

이렇게 보면 요한계시록이 기묘한 주제를 다루는 신비스럽고 어두운 책이 아니라 우리가 잘 아는 복음서들이나 히브리서와 똑같은 주제를 다루고 있는 책인 것을 알 수 있다. "그런즉 우리는 그 능력을 지고 영문 밖으로 그에게 나아가자"(히 13：13). 나의 백성이여! 배교한 교회, 즉 회당으로부터 나오라!

6. 하나님의 어린 양

(1) 천상의 예배 의식

4장과 5장은 다음의 도표를 통해서 분명하게 설명할 수 있을 것이다.

무지개
하나님의 보좌
두루마리
그 룹　　　　　　　　그 룹
어린 양
그 룹　　　　　　　　그 룹
12 장로　　　　12 장로
일곱 등불

요한은 하나님의 보좌를 둘러싼 천상의 예배 의식을 보았다. 그 보좌로부터 나오는 불빛은 시내 산에서 있었던 사건을 상기시켜 준다. 24 장로들이 보좌 앞에 모여 있었고 천사들은 다스리는 제사장의 역할을 하였다(참조. 대상 24-25장). 하나님의 거룩한 자들이 하나님 앞에서 그를 경외하고 있었다.

"짐승들" 또는 "생물들"은 그룹들이다. 우리는 성경의 다른 곳에서도 이러한 그룹들을 볼 수 있다(즉, 창세기 3장의 언약궤에 대한 묘사 또는 에스겔의 소명에 관한 기사 등에서). 이러한 그룹들은 그 모습에 있어서 이사야가 부름받을 때(사 6장) 나타났던 스랍들과 공통점이 있다. 그들은 하나님의 보좌를 호위하며 동시에 하나님의 겉옷으로서 섬기고 있었다. 그들의 무서운 모습은 하나님에 관한 어떤 것을 말해주기 때문이다. 이러한 생물들과 장로들[1)]은 서로 의식적인 관계를 맺고 있다. 말하자면 그들은 서로 섬기고 있는 것이다.

(2) 두루마리

보좌에 앉으신 이는 두루마리를 쥐고 계셨다. 이 두루마리는 일반적으로 하나님의 총회(counsel)의 책으로서 인식되고 있다. 계시록이 거듭해서 "생명책"(3 : 5)에 관해서 말하기 때문에 우리는 역시 이 두루마리를 선택된 자들의 이름이 적혀있는 책으로서 간주해야만 한다.

아무도 이 책을 열 수 없다. 창조물 중 그럴 만한 자격이 있는 자는 아무 곳에도 없다. 그런즉 목베임 받았던 어린 양이 나오셔서 그 두루마리를 취하시는데 그것은 "어린 양의 생명 책"이 된다(13 : 8; 17 : 8).

예수 그리스도는 진실로 사람(유다의 사자요 다윗의 뿌리)이시다. 하나님의 보좌를 호위하는 그룹의 곁을 지나가도록 허락받은 의로운 사람이시다. 그는 역시 진실로 일곱 영을 지니신 하나님이시다. 이 하나님의 어린 양께서는 모세의 토라의 주제(즉, 교회와 왕의 제사장; 출 19 : 6; 계 5 : 9−10)를 성취하신다.

여러분 이름이 생명책에 기록되어 있다. 한 회원으로서가 아니라 그 앞에서 위대한 부르심을 받은 일종의 직무 수행자의 이름으로 기록되어 있다. 구원은 피곤한 영혼을 위한 피난처가 아니다. 오히려 그것은 하나님의 형상을 지닌 자로서의 우리 실존의 의미를 실현시키는 것이다.

(3)제단 아래의 순교자

인을 떼자 굶주림, 칼 그리고 질병 등 구약에서부터 널리 알려진 세 가지 재앙이 출현하게 된다(참조. 렘 14－15장; 겔 4－6장, 14장). 우리는 전쟁, 기근 그리고 질병이 많은 희생자를 내는 것을 본다. 스가랴 6장에 묘사된 것과 같은 말들이 출현하고 있다.

백마를 탄 사람은 이미 이상 속에서 어린 양으로 나타나셨던 그리스도도 아니며 복음도 아니다. 그 말 탄 자는 하나님의 심판 방법인 전쟁을 수행하려고 파송된 자이다. 그는 혁명의 붉은 말과 기근과 질병의 창백한 말을 타고 나온다.

다섯번째 인은 이러한 심판의 배후에 있는 추진하는 힘을 나타내준다. 천상의 분향단 아래있는 순교자들은 신원해 주시기를 부르짖고 있다. 성도들의 기도가 응답되는 것은 바로 이 제단에서이다.

(4) 피의 도시

계시록 6장 10절, 16장 6절, 17장 6절 그리고 18장 24절을 마태복음서 23장 33절, 24장 6－14절 27장 25절, 누가복음서 18장 8절, 21장 22절 그리고 23장 28절 이하 등과 비교해 볼 때 계시록에는 선지자들을 죽인 피의 성읍에 임할 심판이 분명히 선언되었다는 사실을 알 수 있다. 어린 양의 진노가 나타나고 있다(6 : 16; 참조. 눅 3 : 7).

세례 요한은 예수님을 가리켜 하나님의 어린 양이라고 말했었다. 요한은 이제 어린 양이신 예수님이 그 땅에서부터 평화를 거두어 가시며(참조. 6 : 4; 참조. 눅 2 : 14) 임할 진노를 쏟으시는 사실을 본다. 왜냐하면 이스라엘은 평강을 얻기 위하여 필요한 일을 하지 않았기 때문이다(눅 19 : 42－44).

(5) 장막절

요한을 괴롭힌 큰 문제는 "하나님이 자기 백성을 버리셨느뇨"(롬 11 : 1)라는 질문이었다. 위로에 관한 이중적인 이상이 요한에게 대답을 제공해 주었다. 요한은 이스라엘 가운데 14만 4천명이 인 맞은 자들 중에 있는 것을 보았다(참조. 겔 9장). 요한은 숫자를 듣고 그 무리들을 보았던바 수 많은 무리들이 종려나무 가지를 흔들며 일년 중 마지막 축제인 장막절을 거행하고 있는 것을 보았다.

여기에서 우리는 복음서를 통하여 이미 배운 것처럼 어린 양의 희생을 기념하는 유월절은 장막절을 통하여 그 절정에 이른다는 사실을 알게 된다. 그 완성의 때까지 견디는 자는 구원을 얻을 것이다(욜 2 : 32; 마 24 : 13; 행 2 : 40).

(6) 애굽의 재앙을 상기시킴

이러한 예언들을 역사적 구조 안에서 파악하는 것은 중요한 일이다. 즉, 유대인 그리스도인들은 예루살렘과 이스라엘을 강타하는 이 모든 재난들에도 불구하고 구원받으리라는 약속을 받았던 것이다. 이미 성취되었던 이러한 예언은 우리에게 커다란 위로가 된다. 왜냐하면 우리들도 심판이 점점 가까이 다가오는 시대에 살고 있기 때문이다. 다행히도 교회는 여전히 흔들리지 않는 확실한 약속들을 가지고 있다.

일곱째 인으로부터 일곱 나팔이 나온다(나팔은 성전의 악기이지만 심판의 신호로도 사용되었다). 16장에 나온 대접처럼 나팔은 애굽을 강타했던 질병들을 상기시키는 재앙을 가져다 준다. 이러한 사실을 보고 놀라서는 안 된다. 왜냐하면 예루살렘이 "애굽"처럼 되었다고 말하고 있기 때문이다(11 : 8). 애굽에 있던 이스라엘 사람들처럼 인 맞은 사람들은 해를 받지 않게 된다(9 : 4; 참조 7 : 3).

(7) 우리를 위한 경고

오늘날의 사건들에서 문자 그대로의 이론적 성취를 찾거나 요한이 핵 무기와 오염을 통한 환경 파괴 같은 것을 언급했다고 추정하는 것은 계시록을 올바로 취급하는 것이 아니다. 계시록에서 예수 그리스도는 마태복음서 24장에서 시작된 사상을 계속 말씀하고 계신다. 그것은 곧 심판이 일곱 가지 언약의 진노와 함께 하나님의 집에서부터 시작된다는 것이다(참조. 레 26：18 이하).

이것은 참으로 오늘날에 있어서 심각한 문제이다. 수세기 전에 일어났던 사건은 우리에게 그와 같은 동일한 실수를 반복하지 않도록 경고하는 하나의 실례가 되어야 한다. "하나님의 어린 양을 보라" 이러한 호소를 우리는 결코 가볍게 취급해서는 안 된다!

주

1) 교부 시대로부터 이러한 "장로들"은 교회를 대표하는 것으로 생각되어 왔다. 그러므로 흠정역에서는 그 장로들이 이렇게 말하는 것으로 표현되어 있다. 일찍 죽임을 당하사 각 족속과 방언과 백성과 나라 가운데서 사람들을 피로 사서 하나님께 드리시고 저희로 우리 하나님 앞에서 나라와 제사장을 삼으셨으니 저희가 땅에서 왕 노릇 하리로라"(5：9－10). 현대의 번역들에서는 대명사 "우리"가 "그들"로 대치되어 있다. 교회의 계급 제도의 분위기와 성자들에 대한 숭배 사상은 옛 번역에서 더 쉽게 찾아볼 수 있다. "짐승들"은 종종 잘못 해석되어 피조물을 대표하는 것으로서 생각되기도 했다. 이레니우스(Irenaeus) 시대 이래 네 개의 짐승들은 사 복음서 기자들을 상징하는 것으로 해석되어 왔다. 사람의 얼굴을 가진 짐승은 마태를 말한다고 한다. 마태복음서에서 예수님은 자신을 "인자"로 묘사하고 계시기 때문이다. 사자는 주님이 하신 일에 관하여 많은 것을 기록하고 있는 마가를 가리킨다고 한다. 황소는 그리스도를 희생과 제사장으로 묘사한 누가를 말한다고 한다. 독수리는 그 사상과 저술에 있어서 높이 날아 오른 요한을 가리킨다고 한다. 많은 고딕 사원들의 팀파눔(Tympanum)에는 네 측면에 후광을 입고 좌정하신 영광 중의 그리스도가 배열돼 있으며 "장로들"은 아치를 따라 배열돼 있다. 중세의 작은 교회들 가운데에는 이 네 가지 생물들이 종종 제단 위에 있는 프레스코(frescoes) 벽화 위에 있는 성단소의 천정에 나타난다(이것들은 스위스의 베른(Berne) 근처에 있는 뷔렌(Büren), 루비(Rübi), 드렌테(Drenthe), 그로니겐(Groningen) 지방에 각각 위치에 있는 셀링겐(Sellingen)과 엥로(Anlo)에서도 찾아볼 수 있다).

여호와가 이 큰 성에 이같이 행함은 어찜인고
(렘 22 : 8)

7. 예루살렘과 교회

(1) 소돔과 애굽

계시록 10장부터는 새로운 부분이 시작되고 있다. 요한은 다시 예언하도록 부르심을 받는다. 에스겔처럼 두루마리를 먹으라는 지시를 받는다(겔 2 : 9 이하). 요한이 이제 보고 듣는 것은 그가 일찍이 예언했던 내용의 연속이다. 새로운 계시 가운데서 전에 했던 예언들이 더욱 깊어지고 명확하게 되었다.

11장에서는 예루살렘이 이러한 예언의 중심이라는 사실이 밝히 드러나고 있다. 그 심판은 세계적인 것이 아니고 주님과의 언약을 버리고 예수 그리스도의 부활을 증거하는 자들을 죽인 그 도시를 강타하는 심판이었던 것이다. 예루살렘은 소돔과 애굽이 되었다.

(2) 그 "짐승"

요한은 위대한 왕의 성읍인 이 거대한 도시와 관련된 더 많은 사실들, 즉 이 "커다란 도시"가 "바벨론"으로 언급되고 있음을 보았다. 그러나 요한이 먼저 본 것 가운데 가장 놀라운 것은 예루살렘의 무저갱(11 : 7-8)으로부터 올라오는 "짐승"의 출현이었다.

계시록을 읽어 가는동안 그 짐승이 "교회" 생활의 구조들 안에서 나타난다는 사실을 잊지 말아야 할 것이다. 그 짐승은 어떤 일반적인 정치적 현상이 아니다. 그는 "사단의 회"를 자기의 교두보로 삼는다.

12장과 13장에서는 이 난폭한 짐승에 관하여 더욱 상세하게 묘사되고 있다. 무엇보다도 우리는 낙원의 옛 뱀인 사단이 여인(주님의 교회)을 노려보고 서 있는 것을 볼 수 있다. 사단은 그 여자의 아기(예수님)를 데려가는데 실패한다. 그리스도의 승리를 통하여 사단의 세력은 줄어들고 하늘로부터 추방된다. 사단은 더 이상 그리스도께서 구속하신 자들을 비방하지 못한다. 이러한 사실로 인하여 사단은 한층 더 분노로 가득차 여인의 씨를 대적하여 싸운다.

(3) 거짓 예언

교회에 대한 박해를 더 가중시키기 위하여 사단은 바다에서 짐승을 불러온다. 그 짐승은 사단과 같은 모습을 하고 있으며 기꺼이 사단의 계획을 도와 준다. 이 짐승은 땅에 출현하는 또 하나의 짐승인 거짓 예언을 하는 짐승의 도움을 받는다.

첫 짐승이 예루살렘에서 출현한 것은 의미심장하다. 구약에 따르면 예언은 오직 언약의 맥락 안에서만 가능한 것이다. 그러므로 거짓 예언은 항상 참된 예언을 모방하려고 한다. 거짓 예언은 교회가 개악된 것을 가리키는 일종의 지시자이다. 예수님께서 거짓 메시아들과 거짓 선지자들의 출현을 예언하신 사실을 기억하라. 그 근본 메시지는 분명하다.

(4) 메시아적 환상

마귀는 다른 두 마귀의 도움을 청구한다. 우리는 곧 "그 큰 도시"가 사단의 세력에 완전히 붙잡혀 있음을 보게될 것이다. 거짓 예언들을 통하여 그들은 "사단의 회", 즉 뱀의 씨(마귀의 손아귀에 잡혀 있는 자들)로 구성된 모임 가운데 메시아적 환상을 불러 일으킨다. 하나님께서 주신 임마누엘의 약속으로 말미암아 유대인들은 예루살렘이 로마에 대한 투쟁 가운데서도 유지될 것을 굳게 믿고 있었다.

예루살렘과 그 주변 지역은 그리스도를 배척하고 그리스도인들을 박해하였다. 그때에 그리스도인들은 그리스도와 하늘, 즉 천상의 예루살렘에 거하는 다른 신자들로 더불어 용기를 얻었다(13 : 6-7, 16절 이하). 소아시아에 있는 유대인 그리스도인들은 교회에게 충성을 다하는 결과로 고통스러운 댓가를 치루어야 했던바 경제적 보이코트와 조합으로부터의 소외를 받아야 했다.

(5) 사단적인 영감

이 모든 사실들을 살펴 볼 때 계시록 13장을 미래에 나타날 적그리스도에게 적용시키는 것은 정당하지 못하다는 결론에 이른다. 계시록 13장은 처음 그리스도인 독자들에게 보내는 구체적인 메시지를 포함하고 있다. 첫번째의 짐승을 로마의 황제 또는 네로를 상기시키는 다른 독재자들로 보는 정치적 해석도 삼가야 할 것이다. 계시록 13장은 "말세"에 있을 독재자에 관한 예언이 아니다.

13장에서 지적하는 것은 사단과 그의 군사들이 교회와 유사한 것 즉, 회당을 이용하여 하나님의 백성들을 오도하려는 시도를 보여 주고 있다. 그러므로 오늘날의 그리스도인들은 교회 안에 상존해 있는 사단적인 영감의 위험을 인식해야 할 것이다. 우리는 깨어 있어야 한다.

(6) 어린 양의 주변에 모임

교회를 위로하기 위하여 요한은, 교회가 시온산 위에서 어린 양의 주변에 모이며(14 : 1-5), 유리 바다의 언덕 위에 서 있는 모습을 묘사하고 있다(15 : 1-4). 거기에서 하나님의 백성들은 겉으로는 짐승들에게 패배한 것처럼 보임에도 불구하고(15 : 2; 13 : 7) 승리자로서 어린 양과(참조. 출 15장, 신 32장) 모세의 노래를 부르는 것이다.

요한은 그 승리의 근거를 보았다. 그것은 곧 주께서 자기 교회의 피를 신원하시며 배교한 자기 백성들에게 진노를 쌓으시는 것이었다. 현대인들은 교회가 복수를 위하여 기도한다는 사실에 아주 깜짝 놀랄 것이다. 현대의 세계는 하나님과, 그가 어떠한 분이신지(또는 어떠한 분이어야 하는지)에 대한 아주 구체적인 개념을 가지고 있다. 그들은 하나님에 대해 자기들이 원하는대로 옷을 입히려고 하는 것이다.

(7) 신원을 위한 기도

요한이 본 심판에 관한 묵시적 이상에 대한 우리의 태도는 구약에 대한 우리의 태도에 따라 좌우될 것이다. 모세의 노래에서는 신원에 대한 부르짖음이, "보수는 내 것이라… 그들의 실족할 그때에 갚으리로다"(신 32 : 35, 43)라는 하나의 약속으로 나타나 있다. 이러한 약속에 근거하여 신원을 부르짖고 있는 시편의 구절들을 생각해 보라. 계시록은 하나님의 심판이 어떻게 교회의 기도, 즉 어떤 의식적인 방법을 통하여 하늘에 상달된 신원을 위한 기도에 의하여 수행되는지를 거듭하여 보여주고 있다(6 : 10; 8 : 3 이하; 16 : 7).

계시록은 주께서 자기 심판을 시행하실 그 때에 하늘이 얼마나 **감사를 드리는지**를 보여 주고 있다(16 : 7; 18 : 20; 19 : 1－2). 예루살렘이 애굽과 바벨론처럼 될 때에 그것은 애굽과 바벨론에 해당되는 심판을 받는 것이 마땅하다. 믿는다는 것은 거침돌이 되는 복음을 받아들이는 것을 의미한다. 16장은 "애굽"에 내렸던 재앙들이 쏟아지는 사실을 보여 주고 있다("삼분지 일"에 제한된 멸망을 말하고 있는 8－9장도 참조하라).

(8) 일곱 산들

우리는 구약에서 "음녀"라고 불리는 배교한 언약 백성들이 자주 나오는 것을 본다(렘 2장; 겔 16장; 23장; 호 2장). 이러한 특징은 계시록에서도 나타나는데 이것은 "바벨론"이 일반적인 **정치적** 세력(로마나 미래의 세계적 왕국)이 아니라 **언약적** 원수들(선지자의 피를 마시고 흘리게 했던 예루살렘)을 가리킨다는 사실을 말해 주는 것이다.

여자가 앉은 일곱 산(17 : 9)은 종종 로마가 건설된 일곱개의 언덕으로 해석되어 왔다. 그러나 이러한 해석은 받아들일 수 없다. 왜냐하면 그 언덕들은 산이라고 말 할 수 없기 때문이다. 뿐만 아니라 일곱 언덕 위에 건설된 도시들은 얼마든지 있는 것이다.

우리는 일곱이라는 숫자가 성경에서 항상 상징적으로 사용되고 있다는 사실을 기억해야 한다. 이처럼 우리는 이 일곱 산이 첩첩이 쌓여진 산 전체를 말하는 것으로 생각하는 것이 나을 것이다. 우리는 구약에서 예루살렘에 대하여 "여호와의 전의 산이 모든 산 꼭대기에 굳게 설 것이요"(사 2 : 2)라고 말하는 것을 볼 수 있다.

(9) 완성된 출애굽

요세푸스는 일종의 공포의 사건이었던 예루살렘의 멸망을 기술하고 있다. 우리는 요한의 묵시에서 이 사건의 배경을 볼 수 있는데 어린 양이 전투에 참가하고 백마 탄 자가 짐승의 군대와 충돌한다(17 : 14; 19 : 11 이하). 무너졌도다. 큰 성 바벨론이여! 큰 성에 대한 세가지 애곡을 담고 있는 계시록 18장은 하나의 위대한 드라마와 같다. 그 성은 처음부터 살인한 자와 진리에 서지 못하는 자를 자기의 아비로 선택했던 것이다(요 8 : 44).

이러한 일련의 예언적 드라마의 목적이 무엇일까? 그것은 교회에게 경고를 주기위한 것이다. 우리는 결코 속박의 집으로 다시금 돌아가서는 안된다. 계시록의 어조는 "세상에서는 너희가 환난을 당하나 〔참조. 계 17 : 14; 3 : 10; 마 24 : 21〕 담대하라 내가 세상을 이기었노라"(요 16 : 33)고 말하는 제 사복음서의 표현과 동일한 것이다.

요한복음서에서 **세상**이란 용어는 유대인, 즉 "사단의 회"를 가리킨다. 계시록은 언약적 문제들을 뒤로 하고 정치적 문제에 관심을 가지는 책이 결코 아니다. 성경의 다른 책들과 마찬가지로 계시록 역시 **교회**에 관하여 관심을 갖는다. 어린 양은 완성된 출애굽을 가져다 주신다. 따라서 전투적 교회는 승리자이신 그리스도를 믿는다.

주께서는 어찌하여 이 큰 성읍을 이렇게 다루시는 것일까? 그것은 그 성이 주님과의 언약, 즉 언약의 하나님을 저버렸기 때문이다(렘 22 : 8-9).

8. 주의 날

(1) 확실한 보증

예언적 표현에 있어서는 종종 실제적인 사건들 사이의 매우 긴 시간의 격차가 무시되기도 한다. 따라서 예언적 표현이 사용되고 있는 계시록에서는 예루살렘의 멸망을 통한 그리스도의 오심과 그의 최종적인 오심이 하나로 결합되어 있다.

이 두가지 사실을 연결시키는 것은 우리를 속이거나 혼동시키려는 것이 아니다. 그 목적은 우리가 간과하기 쉬운 예언의 요점 즉, 언약의 성읍에 대한 심판이 그리스도의 실제적인 재림을 나타내는 것이기 때문에 그것은 역시 그의 최종적인 오심에 대한 확실한 보증이 된다는 사실을 분명히 하기 위해서이다.

예수님께서 아직 지상에 계실 때에 "이스라엘의 모든 동네를 다 다니지 못하여서 인자가 오리라"(마 10 : 23)고 말씀하셨다. 또한 제자들에게 "진실로 너희에게 이르노니 여기 섰는 사람 중에 죽기 전에 인자가 그 왕권을 가지고 오는 것을 볼 자들도 있느니라"(마 16 : 28)고 말씀하셨다. 우리는 지금 그가 말씀했던 것이 무엇을 의미하는지를 깨닫는다.

(2) 사단에 대한 최종적 심판

하나의 "오심"이 또 하나의 "오심"을 가리키기 때문에 계시록에 나타난 예언들은 쉽게 하나에서 또 하나로 옮겨지고 있다.[1] 어린 양의 혼인 잔치가 다가오고 있다. 이것은 짐승 즉 거짓 선지자와 그들의 추종자들에 대한 심판을 상징하는 "하나님의 큰 잔치"와 첨예하게 대조를 이루고 있다(19 : 7, 9, 17).

사단에 대한 최후의 심판 때가 다가오고 있다. 그 심판은 단계적으로 진행된다. 첫째로 사단이 하늘로부터 내어 쫓기며(12 : 7-8), 다음으로 결박되며, 마지막으로 그는 불못 가운데 던짐을 당한다.

사단의 결박(두번째 단계)은 천년동안 계속될 것이라고 말한다(20 : 2). 사단이 결박되어 있는 동안 의인들은 죽음에서 일어나 그리스도와 함께 마음껏 왕노릇 할 것이다.

계시록 20장에 언급되어 있는 천년 동안의 기간은 종종 "천년 왕국"(millennium)[2)]이라고 불린다. 이 천년왕국에 관하여 여러가지 이상한 견해들이 퍼져 있으므로 다음에서 간략하게 살펴 보고자 한다.

(3) **무천년설**(Amillennialism)[3)]

이 "무천년설"은 문자적인 의미에서 천년 왕국은 없다는 주장이다. 보다 구체적으로 말하자면 계시록 20장에 나타난 천년은 우리의 전시대(entire dispensation)를 상징적으로 언급한 것이거나 아니면 이미 지나간 시대를 가리키는 것으로 보는 것이다.

천년 왕국의 끝-이는 우리가 살고 있는 현시대의 끝을 가리킴-에 이르러 적그리스도가 출현할 것이다. 이 "천년"은 그리스도의 승천이나 아니면 A.D. 313년에 콘스탄틴 대제에 의한 교회의 해방과 더불어 시작된다고 보는 것이다. 이상의 사실을 도표로 나타내 보면 다음과 같다.

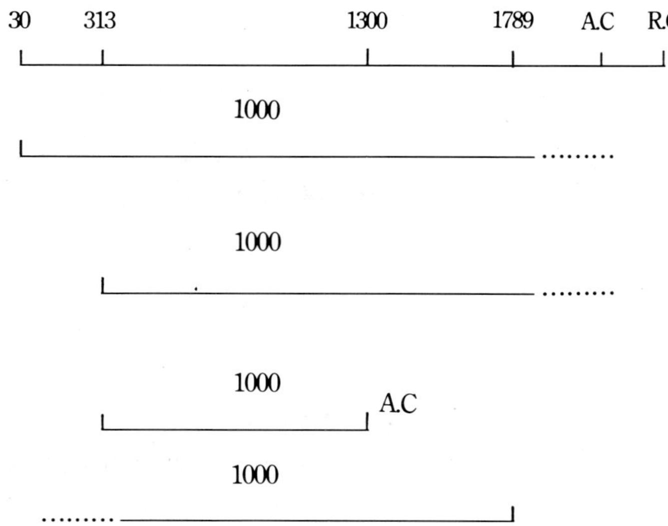

AC = 적그리스도(Antichrist)
RC = 그리스도의 재림(Return of Christ)

(4) 후천년설(Postmillennialism)

많은 그리스도인들이 그리스도께서 천년왕국 이후(post)에 재림하실 것이라고 믿는다. 그렇게 본다면 천년의 기간은 교회가 꽃 피고 열매를 맺는 기간이 될 것이다. 일부 후천년설자들은 적그리스도는 일단 천년이 끝난 때에 출현하리라고 믿는다.

정통주의 진영에서도 후천년설주의는 지지를 얻고 있다. 후천년주의자들은 사태가 점점 악화되고 있다고 말하는 무천년설자들을 비판한다. 무천년설자들은 비극적인 양차 세계대전을 그 증거로서 제시하면서 세상이 참으로 급속도로 내리막길로 치닫고 있다는 반론을 제기한다.

자유스러운 입장을 취하는 후천년설자들에 따르면 세상은 점점 나아지고 있다는 것이다. "사회복음"의 옹호자들은 역사 속에서 이 세계가 보다 고상한 형태를 향하여 발전하고 있음을 역설한다.

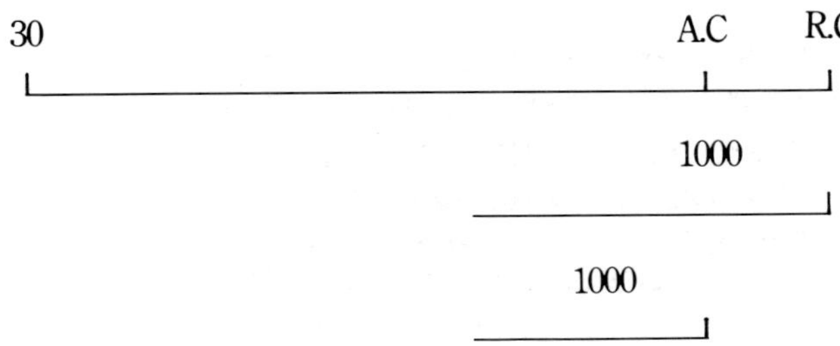

(5) **전천년설**(Premillinnialism)

오늘날 아주 인기를 얻고 있는 견해는 천년왕국 또는 천년은 그리스도의 재림으로 말미암아 시작되리라는 것이다. 다시 말하면 그리스도의 재림은 천년왕국 이후에 오는 것이 아니라 이전(pre)에 있게 된다는 말이다. 이러한 입장을 지지하는 자들은 전천년설주의자 또는 실리아스트(Chiliasts)라고 불린다(헬라어 실리오이(chilioi)는 일천을 뜻한다).

실리아즘(Chiliasm)은 여러가지 형태로 발전되었다. 일부 실리아스테주의자들은 신자들이 하늘로 올라간 후(소위 휴거)와 천년 왕국이 시작되기 전의 칠년의 기간(다니엘서 9장에 언급된 70 이레)이 있을 것을 주장한다. 이 기간의 중간 쯤에 적그리스도는 그 때에 복음으로 돌아와서 성전을 재건하게 되는 유대인을 향하여 맹렬히 활동할 것인바 이러한 사건은 그리스도의 재림으로 끝나게 될 "대환난"의 시작을 의미한다.

실리아스트들은 그리스도께서 지상에서 천년 동안 왕 노릇 하실 것을 믿는다 이 천년의 기간동안에 이스라엘에게 주셨던 "아직 성취되지 않은" 모든 약속들이 최종적으로 성취될 것이라고[4] 한다. 세대주의자들에 따르면 교회는 소위 칠년의 기간 전에 사라지게 될 것이라고 한다.

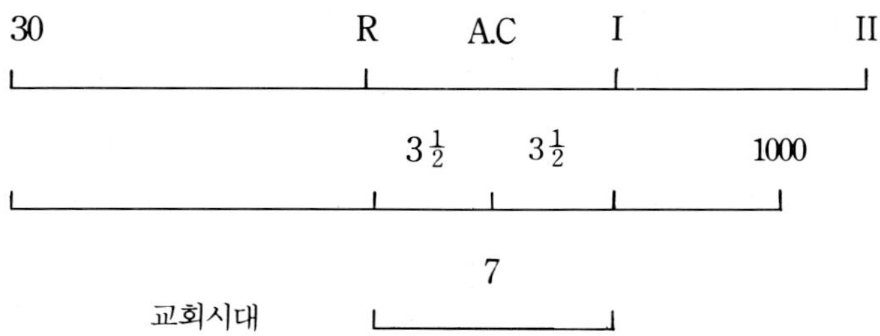

R＝휴거(Rapture)
I ＝천년왕국의 시작을 위한 그리스도의 첫번째 재림 (First Return of Christ, to inaugurate the millennium)
II＝최후의 심판을 개시하시기 위한 그리스도의 두번째 재림(Second return of Christ, to begin the final judgement)

많은 그리스도인들에게 있어서 이러한 종말론적인 프로그램은 누가 참된 신자인가를 결정하는 시금석이 되고 있다. 그러나 이러한 종말론이 성경적인 근거에 의해 변호될 수 있을까? 그리고 무천년주의나 후천년주의 역시 성경적인 근거를 가지고 있는가?

(6) 울부짖는 사자

무천년주의에 따르면 사단이 결박되어 있는 기간이 있다는 것이다. 이처럼 천년을 교회역사의 기간으로 해석하는 풍유적인 방법은 어거스틴이 그의 만년에 변호했던 해석이지만 성경의 지지를 받지 못하고 있다. 오히려 성경에서는 "너희 대적 마귀가 우는 사자같이 두루 다니며 삼킬 자를 찾나니"(벧전 5 : 8)라고 말한다. 사단은 짧은 줄에 묶여 있는 사나운 어떤 개가 아니다.

사단이 결박되었다는 견해는 중세 교회의 역사가 보여 주듯이 우리에게 지나친 승리감에 도취하게 만들며 교회는 자기 만족에 빠지게 된다. 콘스탄티노플에 있는 교회들의 지붕이 금으로 장식된 것은 천년 왕국이 도래했다는 상징적 선언이었다. 콘스탄틴의 덕분에 교회들은 마침내 박해로부터 벗어날 수 있었다. 그러나 오래지 않아서 "그 날" 즉 교회가 신원받을 날에 대한 열망이 식어져 버렸다. 그리스도의 재림을 갈망하는 마음은 항상 핍박의 시기에 더욱 강해졌으며 바로 그 때 교회들은 금과 같이 단련을 받았던 것이다.

(7) 부자연스러운 결과

후천년주의에서는 진화론에 근거하여 무천년주의에 대한 답변을 모색한다. 후천년주의자들에 따르면 교회를 위하여 영광스러운 시기가 준비되어 있다는 것이다.

그러나 이러한 견해도 배척해야 한다. 비록 하나님이 이 세대에 우리에게 축복을 약속하셨지만 영광스러운 평강의 왕국이 역사 발전의 자연스러운 결과로서 땅 위에 건설될 것으로 생각해서는 안 된다.

(8) 교회와 이스라엘

마지막으로 전천년주의자들의 입장은 현세대와 그리스도의 최종적 재림 사이에 천년동안의 기간을 삽입함으로서 유대 민족의 묵시 개념을 도입시켰던 것이다. 교회 그 자체는 중간기적 현상[5]이 되었으며 "교회 시대"는 천년 왕국이 시작되기 전에 끝난다는 것이다.

전천년설의 잘못된 점은 교회가 구약의 언약 백성인 이스라엘의 계승자요 연속이라는 사실을 깨닫지 못한다는데에 있다. 일단 이러한 실수가 생기면 이 땅은 "두번째 기회"를 가질 수 있기 때문에 우리가 사는 기간은 결정적인 것이 아니라는 견해를 받아들일 수 있는 여지가 생기게 된다.

이러한 종말론적인 교리들을 검토하는데 있어서 물어야 할 중요한 질문은 언약에 관한 것이다. 우리의 시대에 효과를 가지는 언약이 특별한 천년 기간동안에는 전혀 다른 구조를 가진 언약과 대치된다는 교훈은 성경 어디에서도 찾아볼 수 없다. 뿐만 아니라 그리스도께서 재림하실 때 "공중에서" 그리스도를 만나지 못한 자들이 유대인 개종자들이 지배하는 특별한 기간동안에 회개할 수 있는 제 이의 기회를 갖는다고 생각할 근거가 전혀 없다.

(9) 그리스도 재림의 날

지금까지 언급된 세 가지 견해들을 모두 배척해야 한다면 계시록 20장을 어떻게 해석해야 할 것인가? 이러한 문제를 해결하기 위한 좋은 방법으로 초대 교회를 살펴 보는 것이다. 처음 수 세기 동안의 교회들은(초기의 어거스틴의 견해를 포함해서) "천년 기간"을 어떻게 보았던가?

"천년"은 주의 날(the day of the Lord)을 가리키는 것으로 해석되었다(주의 목전에는 천년이 하루 같다는 시 90 : 4의 말씀을 생각하라). 그 천년은 그리스도의 재림 날을 상징한다. 그 날에 신자들은 무덤에서 일으킴을 받아 하나님으로부터 칭의를 받고 변호를 받을 것이다. 그리고 나서 그들은 그리스도와 함께 다스리게 될 것이다(단 7 : 22; 딤후 2 : 12).

계시록 20장은 땅 위에 있는 왕국을 말하지 않으며 더구나 유대인의 왕국을 말하지 않는다. 신자들은 사랑받는 도성 안에 있는 성도들의 무리 가운데로 데려감을 받을 것이다. 사단이 그들을 해할 수 없다. 주의 날의 끝에 사단이 놓임을 받으나 그의 자유는 오직 그를 최후의 정죄와 파멸로 이끌어 갈 뿐이다.

(10) 결산의 시간

신약은 끊임없이 주의 날을 가르치고 있다. 그러므로 우리는 주님의 최후 승리를 향한 우리의 열정이 식어지지 않도록 해야 한다. 우리는 계시록 20장을 잘못 해석하는 자들에게 임할 화를 당하지 않도록 해야 한다.

우리가 자신감을 가지고 기다리는 것은 그리스도의 날(빌 1：9; 2：16; 살전 2：19)이지 "개인적인 불멸"이나 "하늘 나라"가 아니다. 모든 성도들과 함께 우리는 그 큰 날을 기다리는 것이다(벨직 신앙 고백서 제 37항을 참조하라). 주 예수여 속히 오시옵소서!

그 날에는 역시 하나님을 대적했던 모든 세력들이 결산을 당할 것이다. 이것이 바로 계시록 20장의 결론이 보여 주는 사실이다. 최후로 멸망시켜야 할 원수는 사망이다.

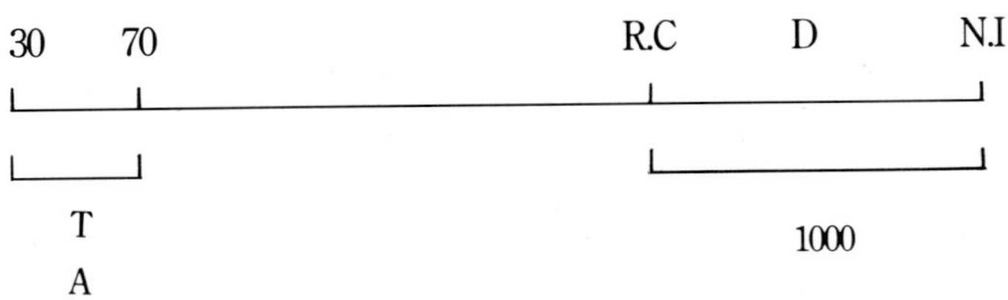

A =사도 시대(Apostolic era)
RC=그리스도의 재림(Return of Christ)
T =이스라엘을 향한 결정적인 날(Time of decision for Israel)
D =주의 날(Day of the Lord)
NJ=새 예루살렘이 지상에 임함(The New Jerusalem descends to earth)

주

1) 좀 더 의역하여 설명한다면 다음과 같다. 본서의 저자 반더발은 구약의 예언서를 다루듯 신약의 예언서를 다룬다. 즉, 어떤 예언이 꼭

예수님의 초림을 묘사한 것이라거나 재림을 묘사한 것이 아니라고 한다. 초림에 대한 예언은 성취와 동시에 재림을 예표하고 보증하는 기능이 있다는 것이다. 따라서 어떤 오심을 예언한 계시록의 예언은 동시에 재림을 예언한다는 것이다. 그러기 때문에 그 예언은 또 하나의 오심과 그 때의 상황을 묘사하다가도, 재림 때의 상황을 묘사하는 것으로 급속히 전환을 이룬다는 것이다.

2) 천년왕국에 대한 자세한 논의는 W.J. 그리어, 재림과 천년왕국(서울, 새순출판사), 1987을 참조하라.

3) 천년왕국을 가리키는 "millennialism" 앞에 "a"라는 단어가 첨가됐는바, 이는 그 의미를 정반대로 바꿔 놓은 효과가 있는 접두어이다. 예, "ahistorical."

4) 실리아스트의 견해를 지지하는 자들은 다음과 같이 생각한다. "구약의 예언들이 문자적으로 성취될 것이며 '물질적' 의미에 있어서 이루어질 것이다. 유대인들은 팔레스틴 땅으로 돌아올 것이며 거기에서 회개하게 될 것이다(롬 11 : 25－26에 근거한 것). 이 사건은 열매가 풍성한 시대를 도래하게 할 것이다. 즉, 예루살렘을 중심(예수님께서 예비적으로 재림하신 후에 거주하시는 곳)으로한 온 세상은 그리스도인들이 될 것이다."

이러한 견해 가운데서 우리는 (예를 들면, 바울이 그랬던 것처럼) 하나님의 약속을 진지하게 받아들이고 그리스도의 "날"을 기대하면서 살기를 바라는 소망을 찾아볼 수 있다. 그러나 실리아스트들은 구약의 약속들이 "새 하늘"과 "새 땅"에서 성취－"물질적" 측면에서도－될 것을 깨닫지 못하기 때문에 현재의 질서와 앞으로 올 새로운 질서 사이에 있는 "지상의" 왕국에 관한 유대인의 이론을 받아들였던 것이다.

5) 이들은 그리스도의 초림과 재림 사이의 기간, 즉 교회 시대를 "괄호와 같은 긴 시간"(great parenthesis)으로 말한다. 세대주의의 관심은 교회가 아니라 이스라엘이다

9. 대완성

(1) 대 조

성경의 마지막 두 장에서 새 예루살렘은 바벨론과 대조되어 나타나고 있다. 우리는 여인과 여인이 대조되며 산과 산 그리고 도시와 도시들이 서로 대립하는 것을 보았다. 새 예루살렘의 영광은 앞 장에서 묘사된 것과 같이 바벨론의 멸망과 대조를 이룬다. 언약의 진노가 지나간 후에 언약의 축복이 온다.

본 장에서 우리는 예수 그리스도의 계시가 팔레스타인의 예루살렘에 소망을 둔 유대인의 애국적 묵시 사상과 얼마나 직접적인 대조를 이루는지를 볼 수 있다. 새 예루살렘은 오직 어린 양을 통해서만 임하게 될 것이다.

다음의 병행 구절들을 참조하라.

바 벨 론	새 예루살렘
17 : 1-18 짐승과 음행의 도시 사이의 언약에 관한 이상.	21 : 1-8 하나님과 그의 신부가 되는 성읍 사이의 언약에 관한 이상.
18 : 1-24 하늘에서 온 사자가 바벨론의 심판에 관해 전함.	21 : 9-22 : 5 하늘의 사자가 보여준 새 예루살렘과 새 낙원에 관한 이상.

19 : 1-10 아멘으로 화답하는 천상의 의식. 하나님께 대한 경배.	22 : 6-9 메시지에 대하여 아멘으로 화답할 하나님께 대한 경배.

(2) 위대하신 왕의 선포

요한이 "새 예루살렘"을 말할 때 우리는 유대 민족주의자들의 소원을 반영하는 용어가 아닌 옛 예루살렘에 대한 용어를 통하여 생각하도록 인도받는다. 구약이 미래의 예루살렘의 영광과 존귀에 대하여 말해야 했던 모든 것들이 여기에서 새로운 도시를 가리키는데 동원되고 있다. 그 새로운 성읍에서 주님은 어린 양의 보좌를 세우신다. 낙원이 다시 회복되며 생명강과 생명나무가 다시 모습을 나타낸다.

맨 마지막에 음성이 들린다. 우리는 다시 한번 위대하신 왕의 모습을 대하는바 그는 이 책에 아무 것도 가감하지 말라는 경고를 하신다. 이처럼 엄숙한 경고로 인하여 수수께끼의 책이 아닌, 위대하신 왕의 선언인 계시록은 권위있는 책으로 여김받는다. 최초의 내용이 맨마지막에서 반향되고 있다.

위대하신 왕께서는 자기의 언약의 말씀으로 우리들을 굳게 붙잡으신다. 우리는 오직 믿음, 오직 은혜, 오직 성경으로써만 살 것이다!

주제별 색인

— ㅅ —

— ㅇ —

— ㅈ —

— ㅊ —

— ㅌ —

— ㅎ —

주제별 총 색인

— ㄹ —

— ㅁ —

— ㅂ —

— ㅅ —

— ㅇ —

－ㅈ－

— ㅊ —

— ㅌ —

— ㅍ —

— ㅎ —

예배와 찬양시리즈

하늘사다리
책사랑 주님사랑

하나님은 예배하는 자를 찾으신다 1

하나님은 예배의 형식에는 관심이 없으시고 다만 전심으로 자신을 향하고, 자신의 인도함에 열려있으며 자신의 음성에 민감하게 귀기울이는 자를 찾으시며 자신과 아버지의 관계를 발전시키시는 아들을 찾고 계신다. 이 책은 예배 인도자와 하나님을 예배하기 위한 모든 사람들에게 효과적인 지침서가 될 것이다.

크리스 보와터 지음/값 5,500원

이것이 예배다 2

21세기 예배 교과서로 하나님에 대한 갈망으로 목말라하는 이들에게, 시대에 뒤떨어지는 문화를 어떻게 재구상 할 것인가 고민하는 경배사역자, 리더들에게 어떻게 하면 문화적으로 적절하며 진실된 경배로 이끌어 갈 것인가에 관한 모든 것을 말하고 있다.

샐리 모갠쌀러 지음/값 13,000원

하나님을 갈망하는 예배사역 3

금세기 최고의 예배사역자인 저자는 이 책에서 예배의 본질과 예배가 삶이 되어야 하는 이유, 하나님이 찾으시는 예배, 예배 인도의 방법과 예배 인도자의 자세 등을 다루고 있다. 우리의 예배가 단순히 과거의 제한적인 상태나 현재 교회의 새로운 유행에 반응하지 않도록 도와 줄 것이다.

그래함 켄드릭 지음/값 6,000원

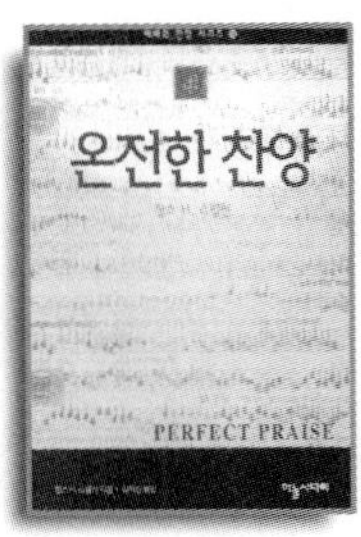

온전한 찬양 4

설교의 제왕 스펄전은 주님의 백성으로 마땅히 해야 할 바는 찬양이며, 그 찬양을 온전하게 드려져야 한다고 말하면서 우리의 찬양이 제 흥에 겨워 불려지는 노래가 아닌 하나님과 주고받는 음악이 되기 위해서는 찬양의 대상과 의미와 능력을 잊어서는 안 된다고 저자는 강력하게 말한다.

찰스 H. 스펄전 지음/값 4,500원

이 시대의 영적거장

Gordon Macdonald

4

현실세계, 믿음, 진정한 그리스도인

참된 부흥은 현실세계에 나타나야 한다

내면세계의 믿음을 현실세계로 확장시킴으로써 내면에만 머무는 삶이 아닌 현실세계를 역동적으로 변화시키는 삶을 살아야 한다고 한다. 그것이 참된 부흥이요, 신실한 제자요, 진정한 그리스도인의 삶이란 것이다. 본서는 21C를 신실하게 살아가고자 하는 많은 진정한 그리스도인들에게 꼭 필요한 지침서이다.

신국판/박가영 옮김/값 9,800원

5

무너진 세계를 재건하라

하나님의 성경적이고 능력있는 구원의 길

개인적인 재난과 엄청난 실패로 마음 속에 품었던 이상과 소망, 계획들이 모두 엉망이 되어 절망과 좌절 속에 목적도 없는 '생존 욕망'으로 기계적 생활을 맞이하게 된 현대인들에게 성경은 그 누구도 예외가 없는 소중한 회복과 소생을 약속한다. 이 책은 이러한 성경이 주는 소망과 마음의 회복의 방법을 통찰력 있게 제시하고 있다.

신국판/박가영 옮김/값 8,400원

게일 맥도날드

열정적인 사역자 입니까

능력있는 사역자가 되길 원하십니까?

게일 맥도날드는 영적 지도자의 삶을 살아가는 많은 사역자들을 격려하고자 사역자로서 살아온 '어항속의 삶'을 이 책에서 솔직히 나누면서 남편인 고든 맥도날드의 목회로부터 배운 감정적, 영적 교훈들을 소개하고 있으며 그리하여 사역이라는 최상의 부르심과 그 위대한 특권을 이해하고 감싸안는 법을 터득하라고 권고하고 있다.

신국판/윤정길 옮김/값 5,000원

휫셔맨 성경연구 시리즈

A FISHERMAN BIBLE STUDY

하늘사다리
책사랑 주님사랑

- 주제별 성경연구 TOPICAL STUDIES
- 책 별 성경연구 BIBLE BOOK STUDIES
- 인물별 성경연구 BIBLE CHARACTER STUDIES

TS 01

예배 래리 시블리 지음

어떻게 하나님을 예배할 것인가?

우리는 하나님을 예배하기 위해 창조되었다. 그러나 아직도 전능하신 하나님을 충분히 느끼지 못하고 있다. 이 성경공부 교재는 "신령과 진정으로 드리는 예배"의 성경적 의미를 가르쳐 줄 것이며, 삶 전체가 예배이어야 한다는 진정한 의미를 발견 할 것이다. 예배는 우리의 삶을 역동적으로 변화시킬 것이며 영원히 드려질 것이다.

TS 02

하나님을 아는 지식 데이빗 사무드 지음

진정 하나님을 얼마만큼 알고 있는가?

하나님은 어떤 분이신가? 하나님은 우리와 어떤 관계를 맺고 계신가? 성경에 나타난 하나님의 다양한 성품 - 전능하심, 선하심, 거룩하심, 신실하심, 공의로우심, 지혜로우심 등 - 을 관찰함으로써 하나님에 대한 관점을 확장시키고 우리의 삶을 의뢰할 수 있도록 도전하게 된다.

TS 03

내면세계의 회복 루스 고링 지음

마음의 회복을 통한 부흥 원리

영적으로 침체되어 있거나 일과 책무에 지쳐 있는 사람들에게 이 성경공부 교재는 많은 도움을 줄 것이다. 우리의 내면세계 - 쉼, 목표, 꿈, 창조성, 소망, 예배 등 - 는 질서있게 회복될 필요성이 있다. 이 성경공부 교재는 침체되거나 불만을 품은 사람들을 하나님과 말씀으로 인도해 삶의 목적을 새롭게 하고, 영적으로 신선하게 회복될 수 있는 기초를 제공 할 것이다.

TS 04

일과 만족 폴 스티븐슨 & 게리 소버즈 지음

일하는 기쁨과 직장사역의 성경적 원리

오늘을 사는 우리는 일과 직업에서 일련의 만족을 추구하게 된다. 또 그 직업이 의미 있고, 우리의 달란트와 상관 있으며, 계속적으로 도전할 수 있고, 충분히 보상받을 수 있는 일이길 바란다. 그러나 크리스천이라 하더라도 "내 일에 만족하지 못해"하는 불만을 토로해도 더 이상 놀랄 일이 아니다. 그렇다면 크리스천의 일에 대한 관점은 무엇인가? 이 성경공부 교재는 창세기부터 계시록가지 나타난 일과 예배, 직업윤리, 승진과 성공, 창조적인 쉼을 등을 통해 일하는 만족과 함께 직장에서의 소명과 의미있는 사역에 대해 지침을 제공할 것이다.

TS 05

영적전쟁 스캇 모리우 지음

성경은 영적 전쟁에 대해 어떻게 말하는가?

성경은 그리스도인들이 전쟁 중에 있다는 것을 분명히 하고 있다. 대부분의 그리스도인들이 영적 전쟁이라는 용어에는 익숙하지만 이 문제에 성경적으로 접근하는 것을 어려워한다. 이 교재를 통해 영적 전쟁의 범위에 대한 균형 잡힌 관점과 영적 전쟁의 군사가 취해야 될 태도 그리고 하나님의 능력과 주권을 잃지 않고 어떻게 영적 전쟁을 직면할 수 있는지에 대해 공부하게 될 것이다.